フランス革命と
神聖ローマ帝国の試煉

今野　元
Konno Hajime

フランス革命と神聖ローマ帝国の試煉

大宰相ダールベルクの帝国愛国主義

岩波書店

カール・テオドル・フォン・ダールベルク帝国男爵(1811 年)

神聖ローマ帝国(1789年)

エステルライヒ領

プロイセン領

神聖ローマ帝国国境

AB：アンハルト＝ベルンブルク侯国
AC：コルヴァイ大修道院領
AD：アンハルト＝デッサウ侯国
AE：エッセン女子修道院領
AK：アンハルト＝ケーテン侯国
AZ：アンハルト＝ツェルプスト侯国
BR：ブリクセン司教領
BS：ブラウンシュヴァイク＝ヴォルフェンビュッテル侯国
FB：フリートベルク(帝国自由都市)
FG：ヴァルデック・ピュルモント侯国
FI：イーゼンブルク侯国
FR：ロイス侯国
FS：フライジング司教領
GB：ベントハイム伯領
GN：ゲルンハウゼン(帝国自由都市)
GS：ザルム伯領
HB：ブレーメン(帝国自由都市)
HC：ザクセン＝コーブルク公国
HD：ヘッセン＝ダルムシュタット方伯領
HG：ザクセン＝ゴータ公国
HH：ハンブルク(帝国自由都市)
HK：ヘッセン＝カッセル方伯領
HL：リューベック(帝国自由都市)
HM：ザクセン＝マイニンゲン公国
HW：ザクセン＝ヴァイマール公国
LH：ヘッセン＝ホンブルク方伯領
LI：リッペ伯領
MB：バーデン辺境伯領
MS：メクレンブルク＝シュトレーリッツ公国
MZ：マインツ大司教領
PE：エルヴァンゲン主任司祭領
SO：ゾルムス侯国
SR：シュヴァルツブルク＝ルードルシュタット侯国
SS：シュヴァルツブルク＝ゾンデルスハウゼン侯国
SY：ザイン侯国
WI：ヴィート侯国
WÜ：ヴュルツブルク司教領
WT：ヴュルテンベルク公国

デンマーク王国
シュレスヴィヒ
オストフリースラント侯国
イェーファー
ホルシュタイン公国
リューベック侯国
フォルポンメルン公領（スウェーデン領）
ネーデルラント連合共和国（七州連合共和国）
AZ
オルデンブルク公国
HL
MS
HH
メクレンブルク＝シュヴェリーン公国
北海
ブラウンシュヴァイク＝リューネブルク（ハノーファー）公国
HB
リンゲン伯領
オスナブリュック司教領
HK
GB
ブランデンブルク辺境伯領
ブラウンシュヴァイク＝ヴォルフェンビュッテル侯国
ラーフェンスベルク伯領
ミンデン侯国
HK
LI
ミュンスター司教領
AC
AZ
AB
AK
AD
ケルン大司教領
クレーフェ公国
AE
マルク伯領
ヴェストファーレン公国（ケルン大司教領）
HK
BS
AB
ザクセン公国
アイヒスフェルト侯国
SR
SS
エステルライヒ領ネーデルラント
FG
ベルク公国
SY
SY
ヘッセン＝カッセル方伯領
エルフルト
ヴァイマール公国
ユーリヒ公国
HD
HW
ゴータ公国
MZ
リュティヒ司教領
ナッサウ公国
SY
アーヘン
SO
ヘッセン＝ダルムシュタット方伯領
HC
HK
SS
SR
FR
HG
HG
ラインIII
WI
SO
HC
FR
WI
FB
FI
HK
マイニンゲン公国
HM
HK
LH
GN
MZ
WÜ
コーブルク公国
エステルライヒ領ネーデルラント
フランクフルト
HK
マインツ
FI
ヴュルツブルク司教領
バンベルク司教領
バイロイト侯国（辺境伯領）
MB
HD
マインツ大司教領
ニュルンベルク
ライン宮中伯領（プファルツ＝バイエルン）
トリール大司教領
アンスバッハ侯国（辺境伯領）
レーゲンスブルク司教領
HD
PE
レーゲンスブルク
ヴュルテンベルク公国
バーデン辺境伯領
アイヒシュテット司教領
GS
ストラスブール（シュトラスブルク）
フライジング司教領
ザルツブルク
バイエルン公国（プファルツ＝バイエルン）
MB
WT
ベルヒテスガーデン主任司祭領
フランス王国
ケンプテン大修道院領
FS
ザルツブルク大司教領
アウクスブルク司教領
リヒテンシュタイン侯国
ヌーシャテル（ノイエンブルク）侯領
ティロル伯領
BR
シュヴァイツ誓約同盟
ブリクセン司教領
BR
トリエント司教領
サルデーニャ王国
ミラノ公国
ヴェネツィア共和国

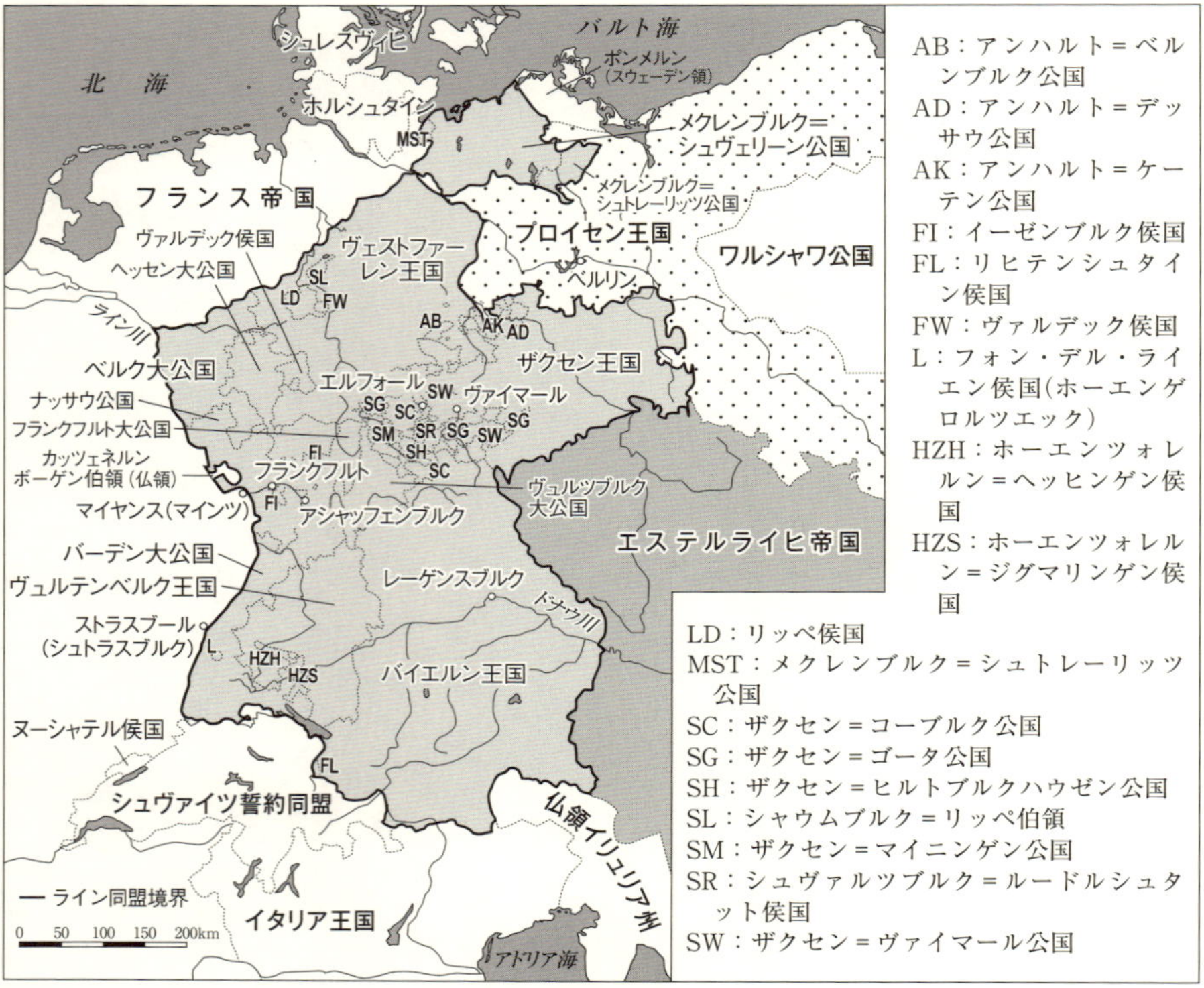

ライン同盟(1812 年)

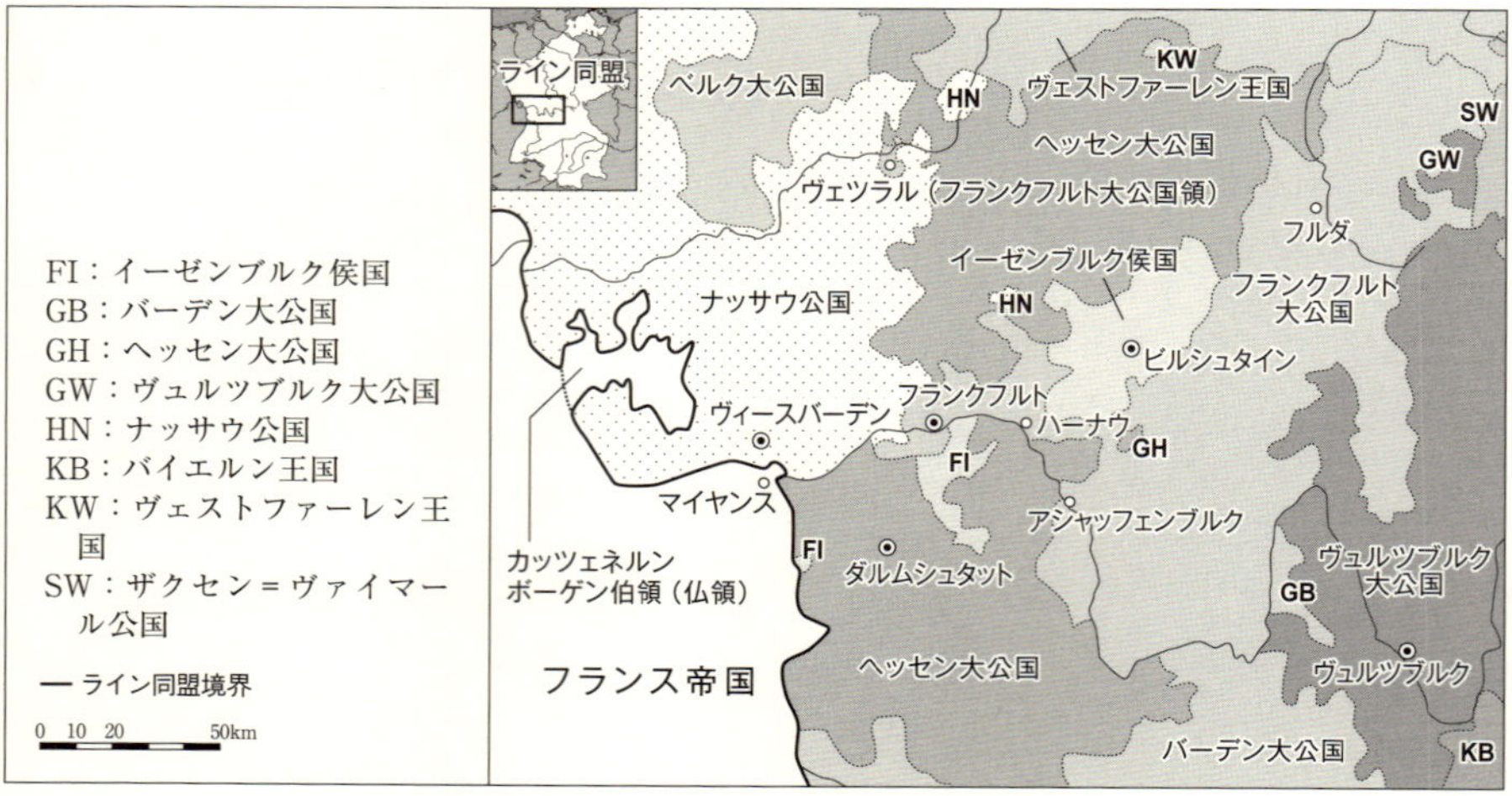

フランクフルト大公国(1812 年)

序文　甦る神聖ローマ帝国

ドイツは遂に「世界大国」(Weltmacht)になった。連邦宰相アンゲラ・メルケルの率いるドイツ連邦共和国が、世界で西欧的＝「普遍的」理念を先導するという状況が生まれている。欧州連合では、フランスが経済や秩序の混乱に喘ぎ、移民増大に困惑するイギリスが脱退を宣言するなかで、ドイツのみが欧州統合を力強く牽引できる国となった。またアメリカ合衆国が西欧的＝「普遍的」理念に伴う道徳的負担に耐えかねて、「アメリカ第一」を唱えるドナルド・トランプ政権を生んだことで、米覇権の時代が過ぎさったことが明らかになりつつある。多極化していく世界のなかで、欧州指導国ドイツの存在感が相対的に高まっている。

過去一世紀の国際政治史におけるドイツの役柄の変化は著しかった。二〇世紀初頭、ドイツ帝国は経済的・軍事的勃興の途上にあったが、先行覇権国の英仏はそれを政治的「後進国」として貶めようとした。ドイツ側でも、英米仏の権力資源である「一七八九年の理念」の普遍妥当性を否定しつつ、「一九一四年の理念」を誇り高く対置した。西欧的＝「普遍的」理念に対決するドイツの立場は、第二次世界戦争において明確化したとされる。だが一九四五年の全面敗北から生まれたドイツ連邦共和国は、「ドイツ特有の道」からの脱却、西欧的＝「普遍的」理念への同化に朝野を挙げて取り組んだ。従来ドイツ「固有」の文化とされたものは、一転して「後進的」だとして否定され、最近ではそもそも「虚構」だったとして存在すら否認する声もある。一九九〇年のドイツ統一は欧州統合の更なる深化を伴い、いまやドイツは西欧的＝「普遍的」理念の旗手になったのである。

だがドイツが「普遍的」理念を担うのは二一世紀が初めてではない。一八〇六年までドイツの地には「神聖ローマ帝国」があり、欧州文明の出発点たる古代ローマ帝国の継承者、キリスト教世界の牽引者を自負していた。ドイツ王はローマ皇帝を兼ね、ローマ教皇と共に八百年以上、西洋世界の最高権威であり続けた。そのドイツが政治的「後進国」とみなされるようになったのは、この帝国がフランス革命によって破壊され、古代ローマ理念・キリスト教に代わる新しい西欧的＝「普遍的」理念となった近代政治理念、つまり自由、平等、人権といった発想を基準として、内政が比較され、各国が序列付けられるようになったからである。

形骸化した中世の遺物、統一的国民国家形成の失敗例とされてきた神聖ローマ帝国は、半世紀前からドイツの歴史学界でその再評価が進み、いまや「近世最大の平和構築」、「原初的立憲君主制」、「ドイツ国民国家」として扱う議論すらある。日本のドイツ史学界では、帝国より領邦や地方、エステルライヒよりプロイセンや小領邦、政治史・法制史より社会史・文化史が重視され、また「ドイツ特有の道」批判の先入観が強いため、神聖ローマ帝国を有名無実とする旧弊が残っている。だがその日本ですら、最近は「ウェストファリア神話」の脱構築が進みつつある。本書はこの流れを受けて、神聖ローマ帝国に対する旧来の歴史像を払拭することが、近現代に至るドイツの歩みを理解する上でも必要不可欠だという立場から出発している。

凡　例

一、本論は「神聖ローマ皇帝」という表現を用いない。当時の用語法に適い、ドイツ歴史学界でも定着した表現は、「ローマ皇帝」(Römischer Kaiser)である。神聖ローマ帝国がほぼドイツ王国と重なっていたために、「ローマ＝ドイツ皇帝」(Römisch-deutscher Kaiser)と呼ぶこともあるが、「神聖ローマ皇帝」に当たるドイツ語はない。ただ英語圏には Holy Roman Emperor なる表現があり、これは「神聖ローマ帝国」(Holy Roman Empire)からの恣意的類推だと思われるが、日本にこの通俗表現を輸入する必要性はないと思われる。

二、本論では、「帝国」とは「皇帝」を頂く君主国を指す。近年は大規模な多民族共同体を随意に「帝国」と呼ぶ風潮が見られ、神聖ローマ帝国と並ぶ中世の「アンジュー帝国」、「フランス帝国」、近世の「スペイン帝国」を論じたり、遂にはアメリカ合衆国やソヴィエト連邦まで「帝国」扱いしたりする。筆者はこうした「帝国」の濫用には与しない。

三、本論では Stände を「諸身分」と訳す。従来のドイツ近世史研究は「等族」という訳語を用いてきたが、これは君主に対する Stände の立場を誇大評価した表現である。君主と Stände とは、法的に(選挙君主制でも即位後は)明瞭な主従関係にあり、フランス語の pair、英語の peer と違い、ドイツ語の Stände には、「君主と対等」などという含意は全くなく、実態上も Stände が君主を翻弄する政治的局面があったにせよ、両者が「対等」だったなどと言うことはできない。

四、本論では Reichskreis を「帝国管区」と訳す。従来の「帝国クライス」という訳語は、漢字・片仮名の交ぜ書きが不自然である。また Reichskreis は帝国統治の単位であり、「帝国管区」という表現が最適である。

五、本論では、原文の記載に従って、「トイツ」(Teutschland)、「ドイツ」(Deutschland)を共に使用する。近世ドイツ語は表記の揺らぎが多く、ダールベルクの文章にも「トイツ」、「ドイツ」が混在していた。両者に内容的な違いはないが、本論は当時の雰囲気を再現するため、敢えて揺らいだ表記を揺らいだまま用いることにする。

六、本論ではFöderalismus(連邦主義)と対置されるUnitarismusを「統一主義」と訳し、「単一国家主義」という語を用いない。国内統治に関して連邦主義を採る「連邦国家」(Bundesstaat)でも、外交軍事を中央政府に一本化していれば、対外的には「単一国家」だと言える。またUnitarismusは統一化を求める多様な発想を包含する概念で、連邦制を前提とした統一性強化論も含んでいる。加えて「連邦主義」という四文字熟語に対し、「単一主義」ならともかく、「単一国家主義」という六文字熟語を対置するのも不釣り合いである。

七、本論では「ドイツ・ナショナリズム」は「ドイツ愛国主義」と同義とし、次のように定義する。「「ドイツ人」の一人であるという自覚を有し、その上で主観的に「ドイツ的」と思われるもの(例えばドイツ国家の領土、ドイツ国家の領土外における影響力、ドイツ語の使用範囲、ドイツ文化の影響力等)の維持、場合によっては更に発展を希望する思考」。なおドイツ・ナショナリズムの歴史とは「ドイツ国民[deutsche Nation]」という単語の歴史とは同一でない。もし両者が同一であるならば、「ドイツ民族」、「ドイツ人」のように「国民」という言葉を使用しない「ドイツ的」なるものの称揚が、ドイツ・ナショナリズムには全く入らないことになってしまう。ドイツ・ナショナリズムの中核概念は飽くまで「ドイツ」及びそれと互換的な共同体名(「トイツ」、「ゲルマニア」、「ゲルマニエン」など)である。なお本書は、「ナショナリズム」は否定的意味合いで、「愛国主義」は肯定的意味合いで用いるという流儀は採らず、共に否定・肯定とは無関係な分析概念として使用する。

本論では「帝国愛国主義」を「神聖ローマ帝国への帰属意識を前提に、主観的に同国のものと思われるものの維持や発展を希望する思考」と定義する。なお帝国の愛し方には様々なものがあり、帝国愛国主義には皇帝寄りで統一主義的なものも、帝国諸身分寄りで連邦主義的なものも存在したというのが、本論の立場である。「ドイツ・ナショナリズム」＝「ドイツ愛国主義」と「帝国愛国主義」とは、論理的には別物だが、ドイツと神聖ローマ帝国とを同視している場合は、結果的に同一物になる。ドイツ・ナショナリズムを近代以降のもの、帝国愛国主義を前近代のものと決めてかかる必要はないし、そう截然と区別することもできない。

八、本論では、「近世」(Frühe Neuzeit)は宗教改革からフランス革命まで、「近代」(Neuzeit/Moderne)はフランス革命から第二次世界戦争終結までとする。

九、本論で使用した図版の出所は以下の通りである。

カール・テオドル・フォン・ダールベルク帝国男爵（一八一一年）：Heritage Images／ゲッティイメージズ（口絵）
帝国宝器を身につけたヨーゼフ二世：Joseph Hickel, *Ritratto di Giuseppe II d'Asburgo.*（第Ⅰ部扉）
保存されている常設帝国議会の室内：二〇一四年九月一〇日著者撮影（一一頁）
現在のフランクフルト市庁舎：二〇一二年一二月一日著者撮影（三二頁）
ヘルンスハイム宮殿：二〇一七年八月二七日著者撮影（六三頁）
マインツ大聖堂：二〇一七年八月二七日著者撮影（七〇頁）
エルフルト総督府（現在はテューリンゲン州庁）：二〇一七年八月二九日著者撮影（八七頁）
ペータースベルク要塞（エルフルト）：二〇一七年八月二九日著者撮影（九八頁）
神母教会：二〇一七年八月二六日著者撮影（一二二頁）
玉座に座るナポレオン一世：Jean-Auguste-Dominique Ingres, *Napoleon on His Imperial Throne.*（第Ⅱ部扉）
ピルニッツ宮殿：二〇一七年八月三〇日著者撮影（一四二頁）
エステルライヒ帝国宝器（ヴィーン宮城宝物館）：二〇一三年一月九日著者撮影（一九三頁）

フォンテーヌブロー宮殿に保存されているナポレオン一世の玉座：二〇一二年一一月一六日著者撮影（一九六頁）
ナポレオンを出迎えるダールベルク：Heritage Images／ゲッティイメージズ（二二九頁）
ダールベルクの心臓を入れた容器：シュティフト教会（Die Stiftsbasilika St. Peter und Alexander）提供（二八四頁）
ダールベルクの慰霊碑：二〇一四年九月九日著者撮影（二八五頁）

一〇、本論に掲載した地図は以下を参考に作成した。
神聖ローマ帝国（一七八九年）：Map of the Holy Roman Empire, 1789. ©Robert Alfers, kgberger.（口絵）
ライン同盟（一八一二年）：Rheinbund 1812, political map. ©Ziegelbrenner.（口絵）
フランクフルト大公国（一八一二年）：Grandduchy Frankfurt 1812. ©Ziegelbrenner.（口絵）

目次

序章　帝国大宰相はなぜ帝国を去ったのか

一八〇六年夏、神聖ローマ帝国が風前の燈火となるなか、帝国大宰相ダールベルクは一体どういう心境で、自ら帝国を脱退し、フランス皇帝ナポレオン一世を「庇護者」と仰ぐライン同盟の「首座司教侯」となったのか――これが本書の追求する問いである。

カール・テオドル・フォン・ダールベルク帝国男爵（一七四四―一八一七年）は、ドイツ最後の聖界君主である。帝国騎士の一家に生まれたダールベルクは、神聖ローマ帝国（ドイツ王国）の大宰相を兼務するマインツ大司教ブライトバッハに仕えて、帝国政治に触れた。マインツ大司教領エルフルトの総督となったダールベルクは、カトリック啓蒙の担い手の一人となり、カール・アウグスト公、ゲーテ、シラー、ヘルダー、W・v・フンボルトら知識人と交流した。一七八七年にマインツ大司教・ヴォルムス司教エルタールの協働司教に選出され、次期帝国大宰相として名乗りを上げたダールベルクは、ローマ皇帝ヨーゼフ二世と帝国国制改革について対話した。だがヨーロッパはここでフランス革命に突入する。一八〇二年にダールベルクが実際にマインツ大司教・ヴォルムス司教に就任したとき、マインツはすでにフランス共和国の一都市マイヤンスになっていた。ダールベルクは帝国大宰相として、一八〇三年に大規模な帝国再編を実施し、自らは一定の領国を有するレーゲンスブルク大司教へと転じた。一八〇六年、この間に「フランス人の皇帝」となっていたナポレオンが神聖ローマ帝国の解体に取り掛かると、ダールベルクはハプスブルク家のローマ皇帝位をナポレオンに譲渡しようとし、遂にはナポレオンを「庇護者」と仰ぐライン同盟の「首座司教侯」に就任した。ダールベルクは既婚者ナポレオンとハプスブルク家のマリー・ルイーズ大公女との縁談を進め、一八一〇年にナポレオンからフランクフルト大公に任じられた。ダールベルクは一八一三年の「解放戦争」でもナポレオン側を離れず、ヴィーン会議では統治権なきレーゲンスブルク大司教として余生を送ることを許され、その地で薨去した。

現代日本の西洋史研究の「優等生」なら、劈頭の問題提起に即座にこう言い返すだろう――ナショナリズムは近代の産物である。それはフランス革命以前の旧体制社会には存在しない。英仏などとは違い、神聖ローマ帝国は中世以来の普遍的多民族共同体であり、ドイツ国民国家でも主権国家でもない。そもそも近世にあったのは「ドイツ」ではなく、神聖ローマ帝国のみである。近世の神聖ローマ帝国は、ヘーゲルも言うように国家ではなく、プーフェンドルフも「化け物のよう」と評した代物で、プロイセンなど多くの絶対君主制国家の集積に過ぎず、各邦が外国と好き勝手に同盟を結び、外国もドイツ領邦を所有していた。一聖界君侯たるマインツ大司教が隣国フランスと昵懇になることは、何ら不思議なことではない。しかも彼が啓蒙思想家であるなら、文化面でも英仏に親近感があって当然である。更にローマ＝カトリック教会は世界に展開する普遍的組織であり、その大司教ともなれば国家の枠組になど当然拘らないだろう。そもそも「帝国」だとか「ドイツ」だとか、近現代ドイツ史で悲劇をもたらすことになるそういったアイデンティティに固執せず、革命後のフランスと共に歩んだダールベルクは称揚すべき人物なのであって、その行動を「なぜ？」と訝ること自体が、忌まわしき「国民史」の旧弊に囚われた道徳なき「歴史家ツンフト」の残党、最新の研究動向を心得ぬ手合いの短慮なのである――等々。

ところが話はそう簡単ではない。神聖ローマ帝国は、確かに普遍国家という理念を最後まで持ち続けたが、同時にドイツ国家として同時代人に認識されていった。短く数えても八百年以上の歴史がある神聖ローマ帝国は、時代によってその性格を変えている。なるほど古代ゲルマニアや東フランク王国が、あるいはオットー一世の帝国が、近現代ドイツとどの程度連続しているのかは慎重な検討を要する。だが流石に近世ともなると、神聖ローマ帝国は「ドイツ帝国」と呼ばれることも多くなっていた。その場合の「ドイツ」とは、ドイツ語を母語とし、出自を共有するドイツ民族の祖国という意味である。また近年では、ヴェストファーレンの講和によって神聖ローマ帝国が無意味化したという「ウェストファリア神話」が疑問視され、統一主義的な絶対主義国家とされてきたフランス、イギリス、スペインについても、「社団国家」論、「礫岩国家」論、「複合君主政」論が提起されて、従来自明視されてきた近世ドイツとの違いは曖昧になってきている。[1] なるほど神聖ローマ帝国は、常備軍及び官僚制を完備し、平等化された国民を一括して把握する近代国家ではなかったが、そういう共同体は近世にはどこにも実在しなかった。非成文憲法を保持し、私闘を禁止し、機能した選挙君主制、常設の身分制議会や裁判所を備え、分担制軍隊を有した法的共同体だった神聖ローマ帝国を、近世国家と呼ぶことは可能だろう。呼ばないのなら、例えばポーランド「共和国」なども国家ではないはずである。神聖ローマ帝国は確かに一八〇六年に崩壊したが、フランス革命軍が粉砕した国々は、ヴェネツィア共和国、シュヴァイツ誓約同盟、スペイン王国、ネーデルラント連合共和国など数多い。それらの国々をみな形骸だったという者がいるだろうか。独立したアメリカ十三邦をアメリカ合衆国にまとめようとしたジェイムズ・マディソン（一七五一—一八三六年）が、連邦憲法起草に際して参照したのは神聖ローマ帝国の国制であり、アメリカ大統領はローマ皇帝を参考に構想されたのである。[2] 帝国大宰相はその神聖ローマ帝国の舵取り役であり、ダールベルクは「ドイツ帝国」への愛国心を唱道し、「ドイツ国民」精神を称揚していた人物である。またダールベルクは「ドイツ国民教会」樹立を生涯の目標とし、国家を超えたカトリック教会の普遍的団結とは逆向きの人物だった。だからこそ、彼が国家存亡のときにナポレオンに従ったことを「なぜ？」と問う意味があるのである。

この問いに従来の研究は十分答えていない。そもそも帝国愛国主義というものが、まだ整理されていないように思われる。[3] 帝国大宰相ダールベルクも、帝国崩壊の中心人物であったにも拘らず、今日ではドイツ一般社会でも忘れられた存在となっている。ドイツ史概説で言うと、トーマス・ニッパーダイはダールベルクの帝国愛国主義の失敗に若干触れてはいるが、エルンスト・ルドルフ・フーバーはナポレオンの一追従者としてのみ扱い、ハンス＝ウルリヒ・ヴェーラーに至ってはその甥エメリヒと混同する始末である。(4)ダールベルクの伝記研究は存在するが、ドイツ・ナショナリズムの立場から彼の裏切りを非難するか、彼の帝国愛国主義を擁護するかの対立が顕著である。

本論は一八世紀中盤から百年間のヨーロッパ政治史を踏まえつつ、ダールベルク及びその周辺の人物の思想的変遷を追い、冒頭の問いに答えていきたい。ダールベルクの啓蒙派知識人としての著作に関しては、近年著作集が刊行されたが、政治的書簡に関しては伝記作家ボーリュー＝マルコネなどがその著作のなかで多数引用している。ダールベルク関係文書は中核が失われているが、一部がミュンヒェンの中央国家文書館に保存されている。

本論は二部構成を採る。第Ⅰ部は、マインツ協働司教となったダールベルクが、皇帝権力の強化を狙うローマ皇帝ヨーゼフ二世とどう対峙したかを扱った部分である。第Ⅱ部は、マインツ協働司教としての、そして更に最後のマインツ大司教、帝国大宰相としてのダールベルクが、フランス革命後の全く新しい状況下で、いかに欧州の覇者ナポレオンと向き合ったかを扱った部分である。「皇帝と大宰相」という問題設定は、後述のコンラート・M・フェルバーが打ち出したものだったが、フェルバーはナポレオンとダールベルクとの対峙を念頭に置いていた。これに対し筆者は、ダールベルクの人生において「皇帝」との対峙は二度あったと考え、ヨーゼフ二世との対決を加えたのである。

第 I 部

ローマ皇帝ヨーゼフ二世と協働司教ダールベルク

帝国宝器を身につけたヨーゼフ２世

第一章　フランス革命前の神聖ローマ帝国

一　「ドイツ国民の神聖ローマ帝国」——ドイツ人が担う普遍国家

神聖ローマ帝国には二つの性格がある。第一は、西洋世界の普遍国家（特定民族の枠組を越えて拡大した国家）という性格であり、第二は、ドイツ民族（国民）を基盤とする中世・近世ドイツ国家という性格である。時を追うごとに第一の性格は希薄化し、第二の性格は明確化していったが、見逃せないのは二つの性格が最後まで併存したという点である。一方で神聖ローマ帝国をドイツ国家と同視するあまり、その普遍主義的自己認識の残存を看過することは許されない。他方で神聖ローマ帝国が一八〇六年まで普遍国家としての自己認識を維持したという点をもって、この国家が中世後期から近世にかけて、次第にドイツ国家として認識されるようになっていった経緯を見失うのも適当ではない。この「普遍」と「ドイツ」との並行性は、かつて大ドイツ主義史学が強調した論点だが、一八七一年の小ドイツ主義的統一以降は忘却され、現在でも看過されがちである[1]。

前近代の西洋世界では、ローマ皇帝こそ古代帝国を継承しキリスト教を庇護する普遍的支配者というのが建前だった。「神聖ローマ帝国」は、九六二年にオットー一世が「神聖ローマ皇帝」になって突然出現したわけではない。東方キリスト教世界ではローマ帝国が「ラテン帝国」を挟んで一四五三年まで存続したのに対し、西方キリスト教世界では八〇〇年にフランク王カールに、それを継承して九六二年に東フランク王（のちのドイツ王）オットーに、一旦滅亡したローマ帝国の「帝権移譲」(Translatio Imperii)が行われ、「ローマ皇帝」が再登場したとされる。一九世紀に建立されたヴィーン宮城のヨーゼフ二世像も、フランツ二世像も、古代ローマ皇帝の装いで表現されている。ただ実際の皇帝号は一定しておらず、例えばオットー一世は「皇帝」(Imperator Augustus)、「ローマ人・フランク人の皇帝」(Imperator Augustus Romanorum ac Francorum)などを用いた。国号も一定せず、ザリエル朝が「ローマ帝国」を用いたあと、シュタウフェン朝から「大空位時代」にかけて「神聖帝国」、次いで「神聖ローマ帝国」が使用されるようになったが、その表現は最後まで揺らいだ[2]。

神聖ローマ帝国は最後までドイツと完全に一体化することはなかった。神聖ローマ帝国は、ドイツ王国、イタリア王国、ブルグント王国からなると観念されていた。このうち「ブルグント王国」はフランス王国に蚕食されていったのに対し、「イタリア王国」(Regnum Italicum/Regnum Italiae)はナポレオン戦争まで存続し、神聖ローマ帝国内の非ドイツ的残滓であり続けた。ドイツ史で「帝国領イタリア」(Reichsitalien)と呼ばれるイタリア王国は、フランク王カールが七七四年にランゴバルド王国を征服し、これをフランク王国には併合せずに、地域独自の法体系を一部残しつつ同君連合で支配したことに端を発する。東フランク王オットー一世(大帝)も「フランク人及びイタリア人の王」を称し、のちのドイツ王国もイタリア王国を併合しなかった。帝国領イタリアはイタリア半島北西部に限定されており、帝国末期にはトスカナ大公国、サルデーニャ王国、パルマ公国、モデナ公国、ミラノ公国、ジェノヴァ共和国などが含まれていた。帝国領外のイタリア半島には、教会国家(教皇領)、ヴェネツィア共和国(元来は東ローマ帝国の総督領)、両シチリア王国などがあった。このイタリア王国の大宰相は、後述の通りケルン大司教である。トスカナ大公国は、領主メディチ家の断絶後にエステルライヒとは区別されたハプスブルク家の「次男領」(Sekundogenitur)となり、ローマ皇帝ヨーゼフ二世(長男)の時代には、ピエトロ・レオポルド大公(三男、次男は夭折)が統治した[3]。

神聖ローマ帝国の統治には欧州諸国も参画していた。ヴェストファーレンの講和以来、フランス王国及びスウェーデン王国が帝国国制の「保証国」(Garantiemächte)となった。またテッシェンの講和以来、衰退するスウェーデンに代わってロシヤ帝国が保証国として名乗りを上げた。保証国はハプスブルク家のドイツ覇権を阻止するべく帝国諸身分に肩入れもしたが、ナポレオン戦争でロシヤがフランスに対峙したように、第三国から帝国への攻撃に際して防波堤となることもあった。加えて選帝侯には、ザクセン公(ポーランド王)、ホルシュタイン公(デンマーク王)、ブラウンシュヴァイク=リューネブルク公(イギリス王)など、外国君主を兼ねる者もいた。更に北海沿岸のイェーファーはアンハルト=ツェルプスト侯国出身のロシヤ皇帝エカテリーナ二世が相続し、ポンメルンはスウェーデンが領有していた。オスマン帝国もローマ皇帝戴冠式にはフランクフルトに使節を送ってきた。こうした意味で「帝国政治」(Reichspolitik)とは、ドイツ政治であると同時に西洋政治全体の縮図でもあった。

それでも神聖ローマ帝国にはもはや普遍国家とは言い難い現実があった。それはのちにドイツと呼ばれる地域にますます限定されていったのである。フランク王カールの加冠により、蛮夷とされたゲルマン人の指導者ながら西ヨーロッパ世界の軍事指導者となったフランク王が、文明世界の統率者たるローマ皇帝の権威を帯びて、文明世界と野蛮世界とを統合した。当時は東ローマ帝国でレオン四世の皇后エイレーネーが息子コンスタンティノス六世を追放して皇帝を自称しており、東ローマ皇帝からの自立を考えていた教皇レオ三世は、この紛争でコンスタンティノポリスには皇帝がいなくなったと断定した。(4) カール大帝(仏 シャルルマーニュ)の後継者ルートヴィヒ敬虔帝(仏 ルイ一世)の息子たちが鼎立して、西フランク王国、ロタール王国、東フランク王国に分かれると、幾多の変遷を経て、ローマ皇帝号は東フランク王、後年の「ドイツ王」(羅 Rex Germaniae/独 König in Germanien)が帯びることが習慣化していく。「ドイツ王」という表現は、「ローマ王」を自称するハインリヒ四世の普遍的支配要求を却下する文脈で、教皇グレゴリウス七世の官房が一〇七四年に rex Teutonicorum(ドイツ人の王)という表現を使用して広まったとされ、当初は「ドイツ国民」意識の表現ではなかった。だが一三世紀前半の「ザクセン法鑑」には、すでに「ドイツ人」(de Dudeschen)

が自分たちの王を選出するという発想が明示されている。[5] 近世になると「ドイツ国民」意識は明確化し、ローマ皇帝も自らドイツ王を名乗るようになる。例えば一五三一年一月七日にカール五世はケルンで渙発した勅令で、神の恩寵によるローマ皇帝、「ドイツ王」(kunig inn Germanien)などと名乗っている。後述の帝国解体宣言(一八〇六年)でも、ローマ皇帝フランツ二世は「ドイツ王」と名乗っている。フランク人、東フランク人、ドイツ人は、自分たちの王が西洋世界の最高権威でもあるという光栄に浴することとなった。ローマ皇帝の選挙協約でも、最初のカール五世から最後のフランツ二世まで、毎回冒頭で特別に「トイツ国民」または「ドイツ国民」(die teutsche Nation/die deutsche Nation)の守護が規定されていた。この「国民」とは、帝国末期の理解では貴族から一般市民までを含む概念であり、その「上層」(die Vornehmeren)が「帝国諸身分」(Reichsstände)だと理解された。[6] 神聖ローマ帝国は、一五世紀末から「ドイツ国民の神聖ローマ帝国」(Heiliges Römisches Reich deutscher Nation)などとも呼ばれ、「ドイツ国民」と帝国との密接な関係が意識されるようになった。[7] なおこのローマ皇帝が、フランス、イングランド、ポーランドに支配を及ぼしたことはない。近世のみならず中世にも、ローマ皇帝は実際に西欧世界一円の支配者だったわけではなかった。帝国領イタリアはサヴォイアを除いて帝国管区を形成しておらず、レーゲンスブルクの帝国議会にも代表を出していない。神聖ローマ帝国がなし崩し的に「ドイツ帝国」と言い換えられていく近世に、帝国領イタリアの存在は希薄になっていった。ただそれでも、その残滓は一八〇六年を越えてハプスブルク帝国崩壊まで維持された。

「ドイツ王」なる称号の定着の遅れは、「ドイツ」の語源とも無縁ではないだろう。「ドイツ(的)」(deutsch)という単語の起源をなすtheodiscusは、元々「民衆語の」という意味の形容詞だった。つまりラテン語ではないゲルマン系言語を話す人々がdeutschな人々だったのであり、のちにdeutschを民族名、国名と考える習慣が生まれたのである。[8] この経緯からすれば、「ドイツ王」を自称することは田舎大名を自認することに等しい。教皇ボニファティウス八世は、選挙された「ドイツ王」が教皇の承認で「ローマ王」になり、戴冠後に「ローマ皇帝」になると理解していた。[9] つまりドイツ王が選挙後一足飛びに「ローマ王」を自称することには、ドイツ王選挙・ローマ皇帝戴冠への教皇承認権を否認する含意があった。君主が「ドイツ」という国名に誇りを持ち、自ら「ドイツ王」と名乗るようになるには、長い年月を経なければならなかったのである。但し「ドイツ」という固有名詞の歴史と、今日「ドイツ」と呼ばれる国（政治共同体）の歴史（ドイツ史）とは、論理的に別物である。「ドイツ」という国名の定着前には、「ドイツ史」は存在しなかった、などということにはならない。

ローマ皇帝位はドイツ王が帯びることが慣習化していたが、誰がドイツ王になるのか、本当にドイツ王しかローマ皇帝になれないのかは争われていた。教皇庁は、ギリシア人が手にしていたローマ帝権をフランク王カールに移転させたのは教皇だと考えるようになり、シュタウフェン家のローマ皇帝との争いが起きた。教皇グレゴリウス九世はフランス王ルイ九世に、その弟ロベールにドイツ王権を移転させることを提案したが、実現はしなかった。ハインリヒ六世（シュタウフェン朝）崩御後の混乱期には、フランス王フィリップ二世やイングランド王リチャード一世が候補に指名されたことがあり、シュタウフェン朝滅亡後の「大空位時代」には、イングランドのコーンウォル伯爵リチャード、カスティーリャ王アルフォンソ一〇世がドイツ王として選ばれたこともあった。ルートヴィヒ四世（バイエルン人帝）崩御後には、イングランド王エドワード三世が指名され、マクシミリアン一世のあとには、イングランド王ヘンリー八世が名乗りを上げたこともあった。西フランク王の系譜を継ぐフランス王も、近世に入りローマ皇帝位に関心を示すようになり、フランソワ一世やルイ一四世がその獲得を考えた。一七世紀にトルコ来寇でハプスブルク家に余裕がなくなると、帝国西部へのフランス王国の侵略が著しくなり、ブルグント自由伯領や帝国都市シュトラスブルクがフランス軍に占領される事態となったが、フランス側はこれを「再統合」政策と呼んで正統化しようとした。パリの高等法院判事アントワーヌ・オーベリは、カール五世以降の全ドイツ王選挙は異端を生ぜしめたため無効だとし、ルイ一四世のフランス王権はクローヴィス（独 クロートヴィヒ）の古フランク王権と同一であり、弱体な現皇帝とは異なり強大なフランス王こそローマ皇帝位に相応しい、そもそもドイツの大半はフランス王国の領地で、ドイツ諸侯は元来フランス貴族(ペール)だったのであり、その事実を受け入れてフランスに回帰するべきだと主張した。オーベリは、フランス王太子(ドーファン)を将来の普遍的皇帝位の合法的継承者としたのだった。[10]

神聖ローマ帝国は歴代の選挙協約で第一にドイツ語、次いでラテン語を「帝国語」に認定していた。一九世紀末のハプスブルク多民族帝国の印象を、神聖ローマ帝国に投影することはできない。「ザクセン法鑑」や「金印勅書」はラテン語で書かれ、のちドイツ語に翻訳されたが、「帝国大審院規則」や「帝国ポリツァイ規則」は、ラテン語が堪能な法律家が、初めからドイツ語で書いた。皇帝の選挙協約を起草する際も、最終回の一七九二年に至るまで、使用するのは二言語のみであった。帝国議会(特にプロテスタント諸身分)がドイツ語を重視するのに対し、皇帝(及びカトリック諸身分)はラテン語も併せて重視していた。ちなみに「金印勅書」第三一章は、選帝侯の息子や相続者には、「母語」たるドイツ語に加え、七歳から一四歳までラテン語・イタリア語・チェスコ語を学ぶ義務を課していた。つまり出発点はあくまでドイツ語で、次の可能性としてラテン語及びロマンス系・スラヴ系民衆語を念頭に置いていたのである。やがてイタリア語、チェスコ語の学習義務は忘却され、代わって影響力を増したのがフランス語だった。一八世紀になると、ドイツ人君侯同士や家族親族内の私信でもフランス語を用いることが多くなる。それでもフランス語が「帝国語」に採用されることは遂になかった。一七世紀以降は、帝国国法学者ヨハン・ヤーコプ・モーザー(一七〇一—一七八五年)のように、帝国の名誉及び利益、フランスなど外国の文化流入への対抗から、法律語としてのドイツ語の確立を求める論者も現れた。「プロイセン諸国一般領邦法典」(一七九四年)は、そうしたドイツ語強化運動を受けて、言語学者なども加わって起草されたドイツ法律語の「芸術作品」であった。[11] ただ近世ドイツ語には Acceptation/Visitation/Association/Relation などラテン系の単語が頻繁に登場し、一見すると近代ドイツ語より英仏語に近い印象がある。

保存されている常設帝国議会の室内

神聖ローマ帝国の中央機構はドイツ語の標準形成・普及にも貢献した。近世ドイツ語は少なからず地域差を孕んでいたが、常設帝国議会(写真)ではそうした様々な方言を話す使節たちが一堂に会し、共同で作業したために、標準ドイツ語の形成を促すこととなった。一七世紀には、マルティン・ルターのドイツ語訳聖書と共に、帝国議会の帝国決定、帝国大審院の判決、皇帝官房のドイツ語が、標準ドイツ語の模範として通用したのである(12)。

二 「トイツの自由」——近世帝国国制のドイツ的立憲主義

「ドイツの後進性」——それはかつて政治史、法制史から社会史、文化史まであらゆる分野で聞かれた通奏低音である。政治史の領域では、英仏が近世に国家統一を成し遂げ、順調に国民意識を育み、立憲主義を世界に先駆けて確立した先進国なのに対し、神聖ローマ帝国が形骸化したドイツでは宗派が不統一で、ドイツ国家主権も確立せず、ドイツ民族／国民意識も形成されず、ドイツ共通の政治もなく、「社会的規律化」を進めたのは領邦のみで、そこでは神権的絶対君主制が二〇世紀まで立憲主義の発達を妨害したという論調になる。だが見方を変えれば、近世英仏は宗派的に不寛容で、君主権神授説を奉じ、身分制議会も解散する絶対君主制で、その反動でクロムウェルやジャコバン派の革命独裁を生んだのであり、神聖ローマ帝国は「トイツの自由」(teutsche Libertät)を旨とし、皇帝と帝国諸身分との共同統治、両宗派対等、身分制議会常設を維持していたので、内発的な革命(体制転覆)を不要としたとも言える。ドイツでは著しい専制がなく、司法制度があり、貧富の差が顕著でないので革命に至らないという解釈は、フランス革命当時からあった[13]。そもそも民衆暴動を、悪逆非道な権力者に対する民衆の義挙として単純化・理想化し、その不存在を恥じるという発想自体が、学問にとって当然のものではない。

ドイツ国民の神聖ローマ帝国は近世ドイツ独特の立憲主義体制を採っていた。「立憲主義」とは、権力分立による独裁防止及び国家構成員の権利保障を重視する政治原理である。国家構成員とは、近代国家では自由で平等な個々人としての国家帰属民だが、前近代国家では権利義務の異なる諸身分となる[14]。「トイツの自由」という表現の由来だが、ハプスブルク家が勢力拡張により国際的勢力と化し、とりわけ皇帝権強化を目論んだカール五世がスペイン王で、外国人の顧問団や軍隊を伴っていたことから、「スペインへの屈従」に抗する「帝国諸身分」(Reichsstände)の国民的戦いを呼号するべくそう呼んだ面があったようである[15]。

神聖ローマ帝国は「非成文憲法」の国だった。「非成文憲法」とは通常、「大憲章」、「権利の請願」、「権利章典」など多数の法令・詔勅をまとめて「憲法」とみなすイギリス国制について用いられる表現である。だがその程度でイギリスに「非成文憲法」があると言えるのなら、近世ドイツにも「非成文憲法」があったと言わねば不公平だろう。神聖ローマ帝国では、「ヴォルムス政教条約」(一一二二年九月二三日)[16]、「金印勅書」(一三五六年一月一〇日・一二月二五日)[17]、「永久国土平和令」(一四九五年八月七日)[18]、「帝国大審院規則」(一四九五年八月七日)[19]、「アウクスブルクの宗教平和令」(一五五五年九月二五日)[20]、「ヴェストファーレンの講和」(一六四八年一〇月一四・二四日)[21]、「帝国宮廷顧問院規則」(一六五四年三月一六日)[22]、歴代皇帝の「選挙協約」(Wahlkapitulation)[23]などが総体として帝国国制法をなしていた。一つの「憲法典」ではなく、複数の法令や詔勅が国制を規定するという形式は、前近代諸国では一般的であった。あるいは「選挙協約」を重く見て、神聖ローマ帝国は皇帝の代替わりごとに更新される「成文憲法」を有していた、と述べてもよいのかもしれない。

(1) 選挙君主制

「帝国元首」(Reichsoberhaupt)たる「ローマ皇帝」(Römischer Kaiser)には、選挙された「ドイツ王」

が即位していた。古代ローマ帝国では、その時々の実力者が、元老院、民衆、軍隊の喝采を浴びて「皇帝」(Imperator/Augustus/Caesar)に就任した。またフランク族は、「マイフェルト」で部族長を選挙していた。更にローマ＝カトリック教会は、大聖堂参事会が司教候補を選出し、ローマ司教及び教会国家元首たる教皇も「教皇選挙」(コンクラーヴェ)で選ばれた。こうした制度を背景に、中世・近世ローマ皇帝の選挙制度も帝国崩壊に至るまで存続した。神聖ローマ帝国ではフランス王国やイングランド王国、あるいはドイツ諸領邦のような世襲君主制が法的には成立しなかったため、帝国は最後まで皇帝と帝国諸身分との共同統治体制であり続けた。「ハプスブルク朝」のように、特定家門出身者がほぼ連続して選出される実態はあったが、それは世襲君主制の成立を意味するものではない。同じような選挙君主制は、ヤギェウォ朝断絶後のポーランド王国＝リトアニア大公国(いわゆる「共和国」(Rzeczpospolita))でも行われ[24]、今日でもヴァティカン市国に見られる。

ローマ皇帝の有資格者については議論がある。「金印勅書」には、皇帝候補者の資格に関する記述は見当たらない。帝国国法学者(マインツ大学教授)クリストフ・ルートヴィヒ・プファイファーは、次のような条件を挙げている――①男性、②ドイツ生まれの者、③ドイツ高位貴族、④世俗支配者、⑤キリスト教徒。ただこれらの条件には異論もあった。性別に関しては、明示的な女性排除の規定はないが、「サリー法典」の影響で女性の領邦君主が想定されていないので、結果的に女帝誕生は困難なのだった。宗派に関しては、プロテスタント系の皇帝候補がカール五世の時代以来何度か話題になった。プロテスタント教徒が多い帝国国法学者もプロテスタント系皇帝の選出を可能と論じたが、選帝侯は一八〇三年までカトリック系が多数派のままで、プロテスタント系皇帝の選出は混乱を招くので、その実現可能性が高まったことはなかった[25]。なお選挙協約は、毎回冒頭で「ローマ教皇台下」の守護を謳っていたので、もしプロテスタント教徒がドイツ(ローマ)王に選出される場合には、この文言をどうするかという議論が生じたはずである[26]。

ローマ皇帝戴冠の前提たるドイツ（ローマ）王選挙の有権者を「選帝侯」（羅 Princeps Elector／独 Kurfürst）と呼ぶ。選帝侯制度はシュタウフェン朝期に始まり、レンゼ選帝侯同盟などを経て確立した。「金印勅書」は、選帝侯としてマインツ大司教（ドイツ王国大宰相）、ケルン大司教（イタリア王国大宰相）、トリール大司教（ブルグント王国大宰相）の三聖界諸侯、ベーメン王（大献酌官（Erzschenk））、ザクセン公（大式部官（Erzmarschall））、ライン宮中伯（大内膳官（Erztruchseß））、ブランデンブルク辺境伯（大財務官（Erzkämmerer））の四世俗諸侯を挙げた。大宰相、大献酌官、大式部官、大内膳官、大財務官というのは「帝国官職」（羅 archiofficia／独 Erzämter）といい、元来はローマ皇帝・ドイツ王の「宮廷職」（Hofämter）で、その起源は民族大移動期のゲルマン諸部族長のそれに遡るが、ドイツ大宰相以外は戴冠式での儀礼的官職となっていった。ちなみに皇帝とは別に皇后にも「大官房長」（Erzkanzler：フルダ司教）、「大司祭」（Erzkaplan：ザンクト・マクシミン大修道院長）、「大式部官」（Erzmarschall：ケンプテン大修道院長）が付いた[27]。

選帝侯位には幾多の変遷があった。一五〇二年、マクシミリアン一世はティロルに新しい選帝侯位（「大宮内官」（Erzhofmeister））を設けようとして失敗した。一六二〇年、プロテスタント諸侯の首領となったライン宮中伯フリードリヒ五世は、ベーメン王位を要求したが、ヴァイセンベルクの戦いでの敗北で選帝侯位を失い、それが一六二三年には戦功のあったバイエルン公に授与された。一七〇二年、スペイン継承戦争で皇帝に叛逆したバイエルン公は帝国追放となり、バイエルンの選帝侯位はカトリック系のプファルツに戻されたが（帝国官職は「大会計官」（Erzschatzmeister））、ユトレヒトの講和で結局バイエルン公の選帝侯位も維持されることになった。但し当時バイエルン公とライン宮中伯とは共にヴィッテルスバッハ家だったので、片方の家門が断絶すると共に、二つの選帝侯位も統合されることが規定された。そして実際一七七七年にバイエルン系ヴィッテルスバッハ家が断絶したために、プファルツ系ヴィッテルスバッハ家のライン宮中伯カール・テオドルがバイエルン公を兼ねることになり、選帝侯位も「プファルツ＝バイエルン選帝侯」、帝国官職も「大内膳官」に統合された。一六九二年、ローマ皇帝レオポルト一世は第九の選帝侯位を、皇帝に忠義を尽くしたブラウンシュヴァイク＝リューネブルク＝カーレンベルク公エルンスト・アウグストに授与したが（ブラウンシュヴァイク＝リューネブルク選帝侯、通称ハノーファー選帝侯）、プロテスタント選帝侯の増加を懸念した教皇の抗議を受けた。この際ハノーファー選帝侯は「大軍旗官」（Erzbannerherr）という新しい帝国官職を授与されたが、のちプファルツ＝バイエルン統合の際に余った「大会計官」を譲渡された。一八〇三年の「帝国代表者会議主要決議」では、仏領となったケルン、トリールの選帝侯位が廃止され、マインツの選帝侯位はレーゲンスブルクに移され、ザルツブルク公、ヴュルテンベルク公、バーデン辺境伯、ヘッセン＝カッセル方伯に選帝侯位が授与されたが、最後の選挙が一七九二年だったため、これら新選帝侯たちが選挙権を行使する機会はなかった。[28]

選帝侯のうちベーメン選帝侯は特殊な変遷を経験した。「ザクセン法鑑」では、ベーメン王は後述のようにドイツ人ではないとの理由で、ドイツ王選挙の有権者から外されていた。だがルクセンブルク朝のカール四世がローマ皇帝とベーメン王とを兼ねると、ベーメン王には逆に世俗選帝侯の第一位が与えられるようになる。やがてハプスブルク朝でローマ皇帝とベーメン王とが半ば恒常的に兼任されるようになると、選帝侯としてのベーメン王の重要性は低下する。ベーメン王はローマ皇帝の選挙協約を起草する段階で議論から外れ、ドイツ王（「ローマ王」）選挙でも自分自身に投票するのを避けた。またベーメン王はローマ皇帝戴冠に際して帝国大献酌官だったが、自分で自分に酌をするわけにもいかなかった。一七〇八年、ハノーファー選帝侯位創立を機に、ベーメン王も選帝侯部会の一員として「再認可」（Readmission）され、選帝使節が選挙協約起草にも参加し、国王選挙でも自分の主人に投票するようになった。但し一七四〇年、四二年には、ベーメン王マリア・テレジアが女性であったため、国王選挙・皇帝戴冠の過程から排除された。[29]

国王選挙の有権者及びその序列には変遷があった。「ザクセン法鑑」領邦法第三書第五七条第二項及び封建法第四条には、「皇帝選挙」または「ドイツ人が王を選び、この王がローマに聖別を受けに行く」ことについて記述があり、選挙権者として第一の司教トリール、第二の司教マインツ、第三の司教ケルンが挙げられ、次いで第一の信徒ライン宮中伯、第二の信徒ザクセン公、第三の信徒ブランデンブルク辺境伯が挙げられ、ベーメン王は「ドイツ人ではない」という理由で選挙権を否定されている。それに次いで、「全ての帝国諸侯、聖職者、信徒」が有権者に挙げられている。つまりこの時点では、すでに選帝侯たる有力諸侯の存在を意識しつつも、選挙権をまだ彼らに明確に限定していなかったと言える[30]。これに対し一三五六年にローマ皇帝・ベーメン王カール四世(羅 カロルス四世)が渙発した「金印勅書」の前文・第一条・第三条などでは、「ローマ王にして将来の皇帝」が七人の選帝侯によって選挙されることが明記された。そしてそこには、かつて排除されていたベーメン王が含まれ、選ばれるのが「ドイツ人」の王であることが明記されていない(カール四世自身もドイツ王を名乗っていない)。ただ同時にこの勅書では、国王選挙を「ドイツ大宰相」マインツ大司教が主宰し、「イタリア大宰相」たるケルン大司教や「ガリア及びアレラート王国〔ブルグント王国のこと〕大宰相」たるトリール大司教より重視されること、フランクフルト・アム・マインで選挙を行うこと、「民衆語」または「ドイツ語」で選帝侯または選帝使節が宣誓することなども定められた[31]。この間、一三―一四世紀にはケルン大司教が国王戴冠の権利を主張し、マインツ大司教の優位が確立したあとも、紛争は一八世紀に至るまで尾を引いた[32]。

「ドイツ人」の王たる人物が「ローマ王」を名乗るという流儀は、ハインリヒ二世が一〇〇七年に始め、コンラート二世、ハインリヒ三世が引き継いだが、これは「ローマ皇帝」の候補であること(Anwartschaft)を内外に印象付ける意志を示している。だがこの国王選挙は沿革上「フランク人」あるいは「ドイツ人」の王を選ぶ意味のものであり、ドイツ史研究では「ローマ王」は「東フランク王」あるいは「ドイツ王」として整理されてきた[33]。「ローマ王」は「ローマ皇帝」としての戴冠が決まった候補だという考え方は、後述のようにローマ皇帝フランツ一世が存命中に長男ヨーゼフ大公を「ローマ王」とし、自分の死後「ローマ皇帝」ヨーゼフ二世となるように計らった事例に表れており、また仏帝ナポレオン一世が息子の出生後に早速「ローマ王」の称号を授与したことにもつながってくる。

ローマ皇帝の戴冠にはローマ教皇の役割も看過できない。カール大帝の故事に倣い、ドイツ王は選出されたのち、ローマに遠征して教皇より帝冠を受けることになっていた。こうした経緯で教皇は、皇帝・国王の代替わりに際してその確認権を主張した。これに対し、アヴィニョンでフランス王権に奉仕する教皇ヨアンネス二二世から選出を否認されたドイツ王ルートヴィヒ四世を擁護して、皇帝権は教皇権に先行しており、国王選挙の権限は神から人民に与えられたのだと説き、選帝侯をローマ元老院議員に見立てたのがウィリアム・オヴ・オッカムである。ルートヴィヒ四世は、結局一三二八年にローマに遠征してローマ市民代表の手でローマ皇帝としての戴冠を果たし、対立教皇ニコラウス五世を擁立してヨアンネス二二世の廃位を試みた。一三三八年にベーメン王を除く選帝侯は「レンゼ選帝侯同盟」を結び、国王選挙への教皇の確認権を認めないとの「レンゼ判告」を打ち出した。次代のカール四世が一三五六年に渙発した「金印勅書」に、教皇の役割に関する記述がないのは意図的だろう。やがてハプスブルク朝の時代となり、フリードリヒ三世は一四五二年にローマで戴冠式を行ったが、次代のマクシミリアン一世はヴェネツィア共和国の妨害に遭い、ローマに到達できなかった。このため彼は、一五〇八年に教皇の勅許を得て、ローマでの皇帝戴冠式を果たすまでは「選出されたローマ皇帝」(羅 Electus Romanorum Imperator／独 Erwählter Römischer Kaiser)を名乗ることにしたが、結局戴冠式は実現しなかった。イタリアでのローマ皇帝戴冠は、一五三〇年に(一五二七年の掠奪で荒廃したローマではなく)ボローニャで行われた次代のカール五世のものが最後となった(カール五世は一五三〇年から正式に「ローマ皇帝」を名乗った)[34]。

(2)「帝国大宰相」(Reichserzkanzler)　帝国には宰相職が置かれていた。帝国大宰相はドイツ王選挙・ローマ皇帝戴冠式や、帝国議会の議事運営を取り仕切った。帝国大宰相は、ドイツ首座たるマインツ大司教が常時兼任していた。マインツ大司教はドイツ大宰相で、トリール大司教がガリア(ブルグント)大宰相、ケルン大司教がイタリア大宰相という分担だったが、神聖ローマ帝国におけるガリア、イタリアの役割は減少していき、ドイツ大宰相が事実上、帝国大宰相として指導的役割を果たした。

マインツ大司教座の起源は、初代マインツ司教の聖ボニファティウス（六七二？—七五四年）に遡る。マインツはローマ帝国時代にはラテン語でモグンティアクムと呼ばれ、すでにキリスト教徒がいたとされるが、本格的なマインツ教会の歴史はこのボニファティウスの登場と共に始まる。ウェセックス出身のアングロサクソン人ボニファティウス（ウィンフリード）は、後年「ドイツ人の使徒」（羅 Apostolus Germanorum）として崇敬された、ドイツをキリスト教化した功労者である。キリスト教布教を志した彼は、「在ドイツ特使」（羅 Legatus Germanicus）として司教叙任の特権を得、個人として大司教号を許可された。彼はフランク宮宰カール・マルテルの後ろ盾も得つつ、ヴュルツブルク司教座、ブラブルク司教座、エルフルト司教座などアウストラシア（のちのベルギー、ロレーヌ、中部ドイツ付近）の教会を組織し、七四六年頃マインツ司教となったが、フリースラントでの宣教中に殉教し、遺骸は聖遺物としてフルダに安置された。聖ボニファティウスの現地人の弟子だった聖ルルスは、フランク王カールの下で七八〇年頃に創立されたマインツ大司教座の初代大司教になった。その後ドイツ最古の大司教座マインツを「ドイツ首座」（羅 Primas Germaniae）と呼ぶ習慣が生まれた。フランス王国で聖レミギウスの後継者たるランス大司教が国王の塗油・戴冠を担ったように、ドイツ王国では多くの場合マインツ大司教がそれを主導したのである。但し「ドイツ首座」号は教会法により授与されたものではなく、ドイツ教会全体の裁治権を意味するわけでもない。また「首座」号は他の大司教も名乗ることがあり、例えば東方布教の使命を担い、司教叙任の特権を有し、「半教皇」と呼ばれたザルツブルク大司教も「生来の教皇特使」、「ドイツ首座」を名乗り、一八二三年に教皇レオ一二世により確認された。ザクセン朝の拠点、スラヴ人布教の出発点だったマグデブルクの大司教も教皇から「ドイツ総大司教」、「ドイツ首座」と呼ばれたが、宗教改革でプロテスタント側に移行した。ケルン大司教も「ドイツ首座」を、トリール大司教も「ベルギー州首座」を名乗ったことがある。[35]

帝国大宰相はローマ皇帝から自立した帝国政治の主体であった。ローマ皇帝は(選挙により通常)エステルライヒ大公、帝国大宰相はマインツ大司教であり、各々領邦君主として別な利害を有していた。このためローマ皇帝は、マインツにいる帝国大宰相とは別に、ヴィーン宮廷で「帝国副宰相」(Reichsvicekanzler)を任命し、これが「帝国宮廷宰相府」(Reichshofkanzlei)を統括していた。「帝国宮廷宰相府」の名目上の長は帝国大宰相だが、普段はヴィーンではなくマインツにいるため、事実上の長は帝国副宰相ということになる。「帝国宮廷宰相府」は、ヴィーンとマインツとの長年の綱引きの結果、皇帝の補佐機関となっていた。ヨーゼフ二世の時代、帝国副宰相はルドルフ・ヨーゼフ・フォン・コロレード＝ヴァルトゼー侯爵(一七〇八―一七八八年)であった。ちなみにヴィーン政府では、帝国官職である帝国副宰相から分離した領邦官職である「国家宰相」(Staatskanzler)が「帝国・王国枢密帝室宮廷国家宰相府」(K. K. Geheime Haus-, Hof- und Staatskanzlei)を統括するようになっていくが、フランツ一世、ヨーゼフ二世時代の国家宰相は、ヴェンツェル・アントン・フォン・カウニッツ＝リートベルク侯爵(一七一一―一七九四年)であった。帝国副宰相は帝国政治、国家宰相は領邦(世襲領)政治と、両者の権限分担は一見明瞭であったが、実際には二つの領域は複雑に絡み合っており、両官職は競合することとなった。[36]

(3) 身分制議会　帝国政治の基本方針は「常設帝国議会」(Immerwährender Reichstag)で決定された。常設帝国議会は、選帝侯部会(Kurfürstenkollegium)・諸侯部会(Fürstenrat)・都市部会(Städtekollegium)の三部会制で、フランス議会(聖職者部会・貴族部会・平民部会)、イングランド議会(貴族院・庶民院)とは、区分こそ異なれいずれも同じ身分制議会である。フランス議会(日本でいう「三部会」)は一六一四年から一七八九年まで長きに亙って解散されており、一七八九年に再開された途端に革命に突入した。イングランド議会も「権利の請願」提出のあとで、一六二九年に国王チャールズ一世により一旦解散させられた。これに対し神聖ローマ帝国の帝国議会は開かれ続け、一六六三年から一八〇六年までは「常時継続して」（immerwährend）の開催となった。それは自然法や社会契約論に根差した公選制議会ではないが、この点は英仏でも同じである。帝国議会はまたその活動を通じて、宗派対立や諸侯対立にもかかわらず帝国の一体性が維持されていることを世に示す機能も有していた。諸侯部会では、墺普両勢力が小帝国諸侯の票を争い、帝国末期には後者の影響力が前者のそれを圧迫していった。これに対し都市部会は、プロテスタント系都市も含め、一八世紀末には皇帝派が掌握していた。帝国自由都市では皇帝が庇護者として立ち現れ、都市間や都市参事会・市民間の紛争が起きると、皇帝が使節を派遣して、帝国宮廷顧問院で処理を行ったのである。同時に帝国自由都市も皇帝との結び付きにより、併合を狙う周辺諸侯からの自立性を維持したのだった。ちなみに帝国議会で、帝国侯爵以上のような「個人票」（Virilstimme）を持たず、「集合票」（Kurialstimme）のみを持つ帝国伯爵たち、帝国議会にも管区議会にも議席がない数多の帝国騎士（帝国男爵など）たちも、皇帝の庇護にその存立を依存しており、皇帝と相互依存的関係に立っていた。皇帝軍の将校には、頻繁に帝国騎士の名前を見付けることができた[37]。

一六六三年の常設化以来、帝国議会は君主や市長本人ではなくその使節の集会となった。マルティン・ルターが召喚されたヴォルムス帝国議会（一五二一年）の頃には、皇帝カール五世やザクセン公フリードリヒが親臨していたが、やがて使節が帝国議会に常駐し審議するようになっていく。帝国議会は、常設化以前から開催地に選ばれていた帝国自由都市レーゲンスブルクで、その市庁舎を議場に開かれた。これはドナウ川の交通があるため、トルコ襲来の際にも皇帝がヴィーンにすぐ帰還できる上に、この都市が一五四二年以来プロテスタント系でありながら、その城壁内にレーゲンスブルク司教領、帝国教会領ザンクト・エメラム（ベネディクトゥス派修道院）、オーバーミュンスター及びニーダーミュンスター（女子修道院）といった帝国直属のカトリック教会領が犇《ひし》めき、更にザルツブルク大司教、ブリクセン司教、アウクスブルク司教、バイエルン公、ドイツ騎士団、マルタ騎士団、各種修道会の地所もあって、宗派共存を体現していたからである。レーゲンスブルク市はまた都市部会の議長も務めていたが、帝国議会への使節派遣が難しい諸都市に関しては、同市参事会員がこれを代行した。なおレーゲンスブルクには、皇帝や帝国諸身分の使節だけでなく、スペイン、フランス、イギリス、教皇庁からモスクワ大公国（のちロシヤ）まで欧州各国からの公使も集い、今日の欧州連合にとってのブリュッセルのように、まさしく欧州政治の縮図が展開されていた(38)。

ローマ皇帝は、常設帝国議会に「首席監察官」(Prinzipalkommissar)を派遣していた。「首席」というのは、法学的知識を備えた補佐役の「共同監察官」(Konkommissar)と区別するための表現である。首席監察官は皇帝の一存で任命されるもので、当初は司教やフュルステンベルク侯爵などが務めていたが、世襲職ではない。皇帝カール六世の崩御後、その首席監察官だったヨーゼフ・ヴィルヘルム・ツー・フュルステンベルク＝シュトゥーリンゲン侯爵は、ヴィッテルスバッハ家から選ばれた皇帝カール七世に加担して、先帝の娘マリア・テレジアの不興を買った。一七四八年に首席監察官に任命されたアレクサンダー・フェルディナント・フォン・トゥルン・ウント・タクシス侯爵は、二年後に前任のフュルステンベルク侯爵の娘を娶り、以後帝国崩壊までトゥルン・ウント・タクシス侯爵が首席監察官に三代続けて任命された。元来トゥルン・ウント・タクシス家は世襲郵便業者で、スペイン、ネーデルラント、エステルライヒに跨るハプスブルク領の連絡を任されたのを契機に、「帝国郵便」(Reichspost)の「郵便総監」(Generalobersptpost-meister)となり、一六九五年に帝国侯爵に叙されていた。やがて同家はレーゲンスブルクのザンクト・エメラム帝国修道院に宮廷や郵便本部を設け、皇帝の誕生日・洗礼名聖人日には盛大な祝宴を開いたが、同家の威勢は今日もなお同地に痕跡を留めている。首席監察官の職務は、帝国議会で玉座に着き、実際は欠席している皇帝の存在を再現前することであり、皇帝の代理として交渉することではなかった。ハプスブルク家当主は、ローマ皇帝として首席監察官を介して再現前されただけでなく、ベーメン王としても選帝侯部会に議席を有し、またエステルライヒ大公としても諸侯部会の議長役をザルツブルク大司教と交互に務めていた。ベーメン王使節はエステルライヒ国家宰相の下に位置し、帝国末期にはトラウトマンスドルフ伯爵、ザイレルン伯爵、ブロイナー伯爵と引き継いだ。エステルライヒ大公使節は帝国副宰相の下に位置し、帝国末期にはボリエ男爵、ヒューゲル男爵、ファーネンベルク男爵と引き継いだ。[39]

帝国大宰相たるマインツ大司教は、帝国議会では「議長」(Direktor)を務めた。この「議長」は、各帝国諸身分使節・各外国公使を「認証」(Legitimation)し、帝国議会で報告される全事柄を「筆記」(Diktatur)し、会議を「招集」(Ansage)し(開会時の「召集」は皇帝が行う)、皇帝の「提案」(propositio/Proposition)を受けて審議し、一致した採決に向けて三部会間を「調整」(Relation または Korelation)し、審議結果を「帝国上奏」(consultum imperii/Reichsgutachten)として整理するなど、重要な役割を果たした。この「帝国上奏」を皇帝が「裁可」(sanctio/Ratifikation)すると「帝国決定」(conclusum imperii/Reichsschluß)になるが、その管理も帝国大宰相の任務だった。マインツ大司教本人に代わってレーゲンスブルクでの任務を担った使節を「議長使節」(Direktorialgesandter)といい、帝国議会全体のみならず、マインツ大司教が議長を務める「選帝侯部会」をも率いた。帝国末期には、カルク男爵、アルビーニ男爵がマインツ「議長使節」を務めている。議長としてのマインツ大司教の権限は、現場官吏によって拡大解釈されることもあったので、他の帝国諸身分からはマインツの横暴だと疑問を呈されることもあった。[40] マインツ大司教は帝国大宰相であるばかりでなく、クールライン帝国管区の「伝奏」(Kreisausschreibender Fürst)、「議長」(Kreisdirektor)でもあり、またマインツ大司教がしばしば兼任したヴォルムス司教はオーバーライン帝国管区の「伝奏」だったので、その帝国政治において果たす役割は大きなものがあった。[41]

(4)　宗派共存　神聖ローマ帝国は多文化共生の壮大な実験場だった。帝国ではカトリック・プロテスタント両宗派を尊重する制度を採っていた。フランス王国では宗教戦争の泥沼を、プロテスタント派の首領アンリのカトリシズム改宗、「アンリ四世」(ブルボン朝)としての国王即位、及び「ナント勅令」による宗教寛容令によって収めたが、ルイ一四世の時代になってナント勅令を廃止してカトリック教会の優位を確立し、ユグノー(プロテスタント教徒、特にカルヴァン派)はドイツなどに亡命した。イギリスでもテューダー朝、ステュアート朝の時代に激しい宗派対立が起き、結局は英国国教会制度が確立して、カトリック教徒は近現代に至るまで二級市民扱いとなった。このように近世英仏は宗派共存に失敗したが、近世ドイツでは余儀ない事情から宗派共存体制が生まれた。宗教改革の母国ドイツではプロテスタント派は強固だったが、ローマ皇帝や帝国大宰相など要職がカトリック教会と深く結びついており、長い宗教戦争でも対立の決着は付かなかった。このため常設帝国議会の帝国諸身分は、「旧教団」(Corpus Catholicorum)と「新教団」(Corpus Evangelicorum)とに分かたれ、一八世紀になるとほぼ全ての案件が新旧宗派別に採決されるようになり(Itio in partes)、双方で可決されないと帝国議会の可決ともならないようになった。なおザクセンやプファルツのように、家門のみがカトリシズムに移ったプロテスタンティズム領邦は、新教団に留まったものの、帝国政治における影響力を減退させていった。更に少数派ながら団結の強い新教団に対し、多数派の旧教団は不統一が目立った。マインツ大司教が議長を務める旧教団は、「帝国」の担い手を自負していたが、皇帝と聖界諸侯との対立を抱えていた。[42]

(5) 裁判制度　神聖ローマ帝国は、一四九五年の「永久国土平和令」(Ewiger Landfriede)で「私闘」(Fehde)を禁止し、紛争を二つの帝国裁判所で解決することにした。ヴェツラルに落ち着いた「帝国大審院」(Reichskammergericht)、ヴィーンの「帝国宮廷顧問院」(Reichshofrat)がそれである。君主は統治者であると同時に裁判官でもあったため、「巡幸王権」の時代には、裁判はその都度皇帝・国王の御座所で行われた。だがまず一五世紀末には帝国大審院が常設されるようになり、次いで一六世紀に帝国宮廷顧問院が置かれるようになる。実はこの帝国宮廷顧問院の議長は帝国大宰相(マインツ大司教)だったが、通常はヴィーンにいないので皇帝側の機関となり、帝国副宰相が率いた。[43]

一四九五年のヴォルムス帝国議会で、ドイツ王マクシミリアン一世は帝国大審院を新設した。この頃ハプスブルク家は、ローマ皇帝・ドイツ王の地位をほぼ維持しつつ、帝国・ドイツ内外の領地を巡って多くの紛争に直面していた。マクシミリアン一世は、ハンガリーなど帝国外の紛争に対処するために帝国内の支持基盤を確保しようと、帝国諸身分の要望に応じた帝国裁判所を設けることにした。こうして誕生した帝国大審院は、その「判事」(Kammerrichter)を

「ドイツ国民」(deutsche Nacion)出身の、必ずしも法律家ではない帝国直属貴族が務めることになっており、皇帝・国王が空位となっても帝国代理の下で活動を続けた。またその「判事補」(Assessor)は、聖界諸侯が三名、世俗諸侯が三名、皇帝が二名、各帝国管区が四名ずつという具合に指名できる人数が決められており、一六一〇年にはカトリック二十四名、ルーテル派十名、カルヴァン派二名という宗派分布になっていた。帝国大審院は当初フランクフルト・アム・マインに設けられたが、のちヴォルムス、ニュルンベルク、レーゲンスブルク、アウクスブルク、エスリンゲン、シュパイヤーを転々とし、しばしば機能を停止した。一六八八／八九年、プファルツ継承戦争でシュパイヤーが破壊されると、帝国大審院はヴェツラルへと移転した。やがて帝国大審院はマインツの帝国大宰相との関係を深め、ヴィーンの皇帝からは距離を置くようになる[44]。

帝国大審院は、帝国諸身分にとっては帝国の権威を体現する機関となった。マインツ大司教ブライトバッハ、エルタール、ダールベルクに仕えたグロシュラークやアルビーニら官僚たちは、帝国大審院と家系的に、あるいは個人的に深い関係を有していた。ゲーテもストラスブール大学で法学博士号に当たる称号を取得したあと、一七七二年五月一〇日から四箇月間ここで実習生として経験を積んだ。ゲーテ曰く「ここには神聖ローマ帝国が再び集結していた。それは外面的祝祭のためだけにでなく、最も真剣な業務のためにもであった」。なおこの実習の準備として、ゲーテは一七七一年冬に、帝国大審院を設立したヴォルムス帝国議会について研究したが、彼は同じ頃私闘を扱った史劇『鉄腕のゲッツ・フォン・ベルリヒンゲン』(一七七三年)を執筆している[45]。

これに対し帝国宮廷顧問院は、ローマ皇帝フェルディナント一世により一五五九年に設置された。帝国諸身分の影響が強い帝国大審院に対抗して、皇帝の裁判所たる帝国宮廷顧問院がヴィーンに設置されたことは、皇帝の帝国政治への影響力が増したことを意味した。またプロテスタント諸侯の登場で、カトリック諸侯は皇帝にその後ろ盾を見るようになっていたが、帝国大審院の判事補が新旧両宗派に配慮して任命されていたのに対し、帝国宮廷顧問院の場合は顧問官二十四人中カトリック教徒が十八人を占めることがあった。また帝国宮廷顧問は帝国司法に加え、帝国行政全般に関する皇帝の相談役をも務めた。カール七世（ヴィッテルスバッハ家）の治世には、帝国宮廷顧問院はフランクフルトで開かれ、のちミュンヒェンに移転する予定だった。皇帝が崩御すると、「帝国宮廷顧問官」(Reichshofrat)たちは最終会議を開いて総辞職した（但しフランツ一世が急逝しヨーゼフ二世が即位した際には一旦留任した）。帝国諸身分は、宗派対等でなく皇帝の影響が強い帝国宮廷顧問院が、帝国大審院と並ぶ帝国裁判所であることを疑問視し、前者を通じて皇帝がエステルライヒの「私的利害」を追求していると主張し続けた(46)。

双方の裁判所の管轄事項は一部重複していたが、基本的には帝国宮廷顧問院が封建関係事項、皇帝特権・留保権事項を扱い、帝国大審院が国土平和事項を扱った。また帝国大審院は、帝国領イタリアやハプスブルク家領のベーメン王国、エステルライヒ、ブルグントなどを管轄外としていた。裁判の進展は、一般的には帝国宮廷顧問院の方が帝国大審院よりも速かった。帝国宮廷顧問院も万全ではなかったが、特に帝国大審院は恒常的な人員不足で業務が遅滞し、皇帝ヨーゼフ二世による監察が行われる契機となった。とはいえ帝国司法の最高峰たる帝国大審院での訓練は、法律家として活躍するためには得難い経験だった(47)。

このように帝国裁判所は二つに分権化されていたが、こういった帝国司法を整備拡充することに、特に強大な帝国諸身分は消極的だった。彼らは帝国司法によって自分たちの行動が制約されることを恐れた。これは今日、アメリカ合衆国や中華人民共和国などの大国が、国際刑事裁判所の規範的拘束に及び腰なのと同じ論理である。ヨーゼフ二世の帝国大審院監察の失敗も、プロテスタント帝国諸身分、特にザクセンやハノーファーの選帝侯がそれに反対したためだった(48)。

(6) 帝国管区(Reichskreis)　帝国は「帝国管区」に分割されて統治された。帝国管区は、皇帝マクシミリアン一世の「帝国改革」の一環として、「帝国統治院」(Reichsregiment)の構成員を選出する単位として設置されたが、結局は帝国大審院の決定に基づいて「帝国執行」(Reichsexekution)を行い、「帝国軍」の分担兵力を徴用し、帝国大審院の判事補を選出するなどの機能を果たす行政区画になった。十あった帝国管区のうち、バイエルン、フランケン、クールライン、オーバーライン、シュヴァーベン、ヴェストファーレン帝国管区は聖界諸侯が「伝奏」など指導役を務めていた。エステルライヒ、ブルグント帝国管区はハプスブルク家が掌握し、ニーダーザクセン、オーバーザクセン帝国管区ではハノーファー、ザクセン、プロイセンなどプロテスタント諸侯が「伝奏」、「長官」(Kreisobrist)など指導役を担っていて、帝国管区としての活動実態が乏しく、バイエルン帝国管区は平時には活動していなかった。ハプスブルク家世襲領のベーメン王国は、帝国管区の枠外に置かれていた。最も活発だったのはシュヴァーベン帝国管区で、ウルムで「管区議会」(Kreistag)が開催されていた[49]。

以上述べてきたような神聖ローマ帝国の国制は、ドイツ連邦共和国の国制にも影響を残している。前記の要素のうち、(1)、(3)、(6)は連邦制の起源となった。各領邦の使節会議だった常設帝国議会は、今日では「連邦評議会」(Bundesrat)という名称で残っている。連邦制とは要するに空間的権力分立に他ならない。また(2)は、「連邦宰相」(Bundeskanzler)の遠い起源となった。(4)は連邦共和国の行事で励行される「宗派共同礼拝」(ökumenischer Gottesdienst)にその名残を残している。新旧宗派は、今日でも連邦共和国の「公法上の社団」であり続けている。(5)は法治国家の基本であり、連邦共和国の連邦憲法裁判所などに受け継がれている。

このようなわけで、神聖ローマ帝国はよく言われるような形骸ではなく、近現代ドイツ国家にも多大の影響を与えた中世・近世国家だったのである。

とはいえ自由と混乱とは紙一重である。自由は人々に発展の可能性だけでなく、無秩序の不安をも与える。自由が国の強化と繁栄とをもたらすとも限らない。ドイツ的立憲主義体制を採っていたからこそ、神聖ローマ帝国には混乱が尽きなかったのである。①「ドイツの自由」は中央権力の軍事的・財政的強化には障碍となった。「帝国愛国主義」

を自分たちの自己主張と同視する帝国諸身分は、皇帝の指導性強化に強く抵抗し、そのためにフランスやスウェーデンなどの外国勢力、あるいはプロイセンなどと結ぶことも厭わなかった。フランス革命のような緊急事態でも、帝国諸身分がそれぞれ自分の利害に固執した結果、「帝国戦争」の宣言が遅れ、宣言されても諸身分は「帝国軍」への兵力分担を渋った。また帝国の財政基盤は弱く、「帝国戦争」遂行には帝国議会で毎回「ローマ月税」の議決を行う必要があった。ローマ月税とは、本来ドイツ王がローマ皇帝としての戴冠のためローマに遠征するのを支援する税で、これが帝国財政一般の基盤をなしていた。このような貧弱な状況では、帝国官僚制を整備するのは困難で、帝国政治は事実上エステルライヒ官僚やマインツ官僚が担っていた。②常設身分制議会があったことが、外国勢力の介入を招いた。フランスやロシヤは、レーゲンスブルクでドイツ諸領邦の使節と個別に交渉し、自国の利益のために工作を繰り返した。③両宗派共生は、ヴェストファーレン講和後の神聖ローマ帝国でも、問題なく実現していたわけではなかった。なるほど宗教戦争は終わったが、相互不信は根強く残っており、それは至るところで火を噴いた。プロテスタント諸侯は、ローマ皇帝がカトリック教徒から選出され続けているなど、カトリック勢力の優位が残っていることに納得しておらず、帝国行政での影響を拡大しようとした。教皇大使アンニーバレ・デッラ・ジェンガが一八〇六年にレーゲンスブルクの帝国議会に赴任してきたときなどは、その提出した文書(Breve)に「カトリック教会」ではなく「普遍教会」とあったのに対し、プロテスタント教会は教皇の普遍的支配になど服していないとザクセン使節が異を唱え、プロテスタント代表たちが同調し、エステルライヒ使節、バイエルン使節、マインツ使節が反論するという争いが繰り広げられたのである。(50)

三　ドイツ王選挙・ローマ皇帝戴冠式——可視化された帝国国制

カール大帝が復興したローマ帝権を継承し、近世帝国国制を可視化したのが、ドイツ王選挙及びローマ皇帝戴冠式である。西洋世界の普遍的権威の登極であるだけに、その儀式は盛大であった。青年時代に参列したメッテルニヒはこう回顧する。「フランクフルトにおけるローマ皇帝の戴冠式は、確かに世界が目にした最も荘厳で、同時に最も華麗な光景の一つである。そのあらゆる側面が、最も小さな個々の部分に至るまで、伝統の力によって、またかくも多くの壮麗さの集約によって、魂に、そして心に語り掛けてくるのである」[51]。

ローマ皇帝戴冠式は西洋・東洋文化の総合芸術である。共和制から帝制に移行した古代ローマでは、皇帝はローマ民衆、とりわけ軍隊や元老院の「喝采」(acclamatio)により即位していた。このため「ローマ人の皇帝」(Imperator Romanorum)というラテン語正式名称も一八〇六年まで残った(ドイツ語正式名称は「ローマ皇帝」(Römischer Kaiser))。そこには当初、皇帝を神聖視する要素はなかった。こうした共和制の建前に立脚した西洋の即位儀礼に対し、中近東(アッシリア、バビロニア、エジプト)には君主を神の子あるいは神そのものとして神聖視する習慣があり、祭司による戴冠などの儀式が生まれた。この両者がやがてローマ帝国で融合し、更にキリスト教化の影響も加わって、東ローマ帝国の即位儀礼が形成された。六四一年にハギア・ソフィア大聖堂で行われた戴冠式では、コンスタンティノポリス総主教が皇帝と共に説教壇に上り、そこに準備された即位の装束を前に祈禱文を読み、宦官たちが皇帝にそれを着せた。次いで総主教は帝冠を前に祈禱文を読み、「父と子と聖神との御名において」これを皇帝の頭に乗せた。つまり民衆や総主教によってではなく、神によって帝冠が授与されたと解釈するのである。このビザンツ式の戴冠式は、西部欧州の君主制にも受容されていき、東フランク王国ではハインリヒ一世から確認できる。そしてここに加わったのが塗油である。塗油は旧約聖書に基づく習慣で、イベリア時代の西ゴート族にはすでにあったが、定着したのはフランク族においてである。東フランク王国では、カロリング朝断絶直後のコンラート一世の即位時(九一一年)から塗油が確認できる(但しハインリヒ一世は行わず)。塗油の儀式がなかったビザンツ式即位儀礼には、第四次十字軍前後に新たにそれが導入された[52]。

神聖ローマ帝国のローマ皇帝戴冠式は、カール大帝以来、一五世紀半ばまでローマのサン・ピエトロ大聖堂（コンスタンティヌス一世以来のバジリカ様式のもの）で、教皇により行われていた。新帝一行は戴冠式のあと、テヴェレ川を渡ってラテラノ宮殿に向かった。但しルートヴィヒ敬虔帝（仏 ルイ一世）はランス（八一六年）で、スポレート公ランベルトはラヴェンナ（八九二年）で、カール五世はボローニャ（一五三〇年）で戴冠式を行っており、ロタール・フォン・ズップリンブルク（一一三三年）及びハインリヒ七世（一三一二年）はローマのラテラノ大聖堂で戴冠式を行っている[53]。

帝国自由都市フランクフルト・アム・マインは、一五六二年以来ドイツ王選挙の地となった。七九四年にフランク王カール（のちのカール大帝）が王国会議、教会会議の地と定めて以来、フランクフルトはフランク王国、神聖ローマ帝国で重要な役割を果たし、カロリング家のロタール一世やアルヌルフ・フォン・ケルンテンはこの地でフランク王に選ばれた。一四世紀半ばより、ドイツ王はフランクフルトで選出され、ローマ市民の喝采を得て教皇によりローマ皇帝として戴冠することになり、ドイツ王は更にローマに遠征し、（ロートリンゲンの中心都市としての）アーヘンで戴冠することになっていた。だが一六世紀以降、ドイツ王はローマには行かずに「選出されたローマ皇帝」を名乗ることとなった。またアーヘンが経済的衰退、大火、ペストの危険などで敬遠されるようになり、一五六二年のマクシミリアン二世のローマ王としての即位時から、ドイツ王選挙・ローマ皇帝戴冠は主にフランクフルトで行われるようになった（レーゲンスブルク、アウクスブルクで行ったこともある[54]）。

皇帝が崩御すると直ちにドイツ王選挙が準備された。皇帝の死は、帝国大宰相（ドイツ王国大宰相）たるマインツ大司教によって一箇月以内に他の選帝侯全員に通知され、彼らは三箇月以内にフランクフルトに集合した。マインツはフランクフルトから近いため、マインツ大司教は主宰者役を果たすには適任で、ドイツ王選挙・ローマ皇帝戴冠には毎回本人がその全過程に参加した。これに対しトリール大司教（ブルグント王国大宰相）、ケルン大司教（イタリア王国大宰相)は、全ての選挙に本人が参加したわけではなかった。ケルン大司教は中世以来マインツ大司教と戴冠儀礼の主導権を争っていたが、ケルン教会管区内のアーヘンでの儀礼がなくなったことで、その役割を減退させた。世俗諸侯はいつも全員が欠席し、代理として選帝使節を送った。選挙に際しては、各国大使や諸身分代表もフランクフルトに集結し、選挙の過程を見守った[55]。

選挙に集まる選帝侯たちは、ドイツ各地から盛大な行列を組んでフランクフルトに入城した。例えばマインツ大司教ロタール・フランツ・フォン・シェーンボルンは、一七四一年のカール七世(ヴィッテルスバッハ家)の選挙の際に、五百四十頭の馬、六百四人の従者(三十四人の楽士、三十三人の料理人を含む)、七人の菓子職人などを伴ってフランクフルトに入城した。フランス革命の最中に行われた最後の国王選挙(一七九二年)では、マインツ大司教エルタールは千五百人の従者を伴ってフランクフルト入りした。またライン宮中伯ヨハン・ヴィルヘルムは、一七一一年の国王選挙に際し、八十人の従僕、三十人の侍従武官、六十人の騎兵や大臣、九十五人の近衛兵などを伴い同市に入った。「金印勅書」では、選挙地の平安を維持するために、二百人以上の従者(うち武装した者は五十人以上)を連れてはいけないことになっていたが、そうした規定は忘却された。これ以外にも各国使節がやってきたが、レオポルト一世が即位した一六五八年には、フランスが三百三十一人、スペインが三百十九人の使節を送ってきた。マクシミリアン二世が即位した一五六二年には、スルタン＝カリフの使節イブラヒム・パシャがターバンを巻き、八十人のイェニチェリや駱駝を伴ってフランクフルトに到着している。こういった外国人の大量来訪は、市民に圧迫感を与え、特にフランス人の無作法は紛争の種ともなった。「帝国世襲式部官」(Reichserbmarschall)を務めるパッペンハイム帝国伯爵(「帝国大式部官」(Reichserzmarschall)たるザクセン選帝侯の代理)が百八十八人の宮廷ユダヤ人を引き連れ、ケルン大司教が一人の宮廷小人を連れてくるなど、各種の宮廷奉仕者もこれを機にこの地に集まってきた[56]。

皇帝崩御と共にフランクフルトは国王選挙の準備に入った。四週間の諒闇を経て、「レーマー」(ローマ人)と呼ばれ

現在のフランクフルト市庁舎

るフランクフルト市庁舎(写真)内に、黒い帳を下した選挙部屋が設営された。選挙日にはフランクフルト市民兵に加え、臨時に雇用した傭兵などが、市の城壁や城門の警護に当たり、乞食や流浪民の市内への出入りが禁止された。外国大使の多くは、市内ではなく近郊のオッフェンバッハに宿泊した(57)。

選挙会議は午前のファンファーレで始まった。喇叭《らっぱ》や太鼓が鳴らされ、選帝侯たちやその代理である選帝使節たちは、祝砲が轟くなかを六頭立馬車で市庁舎に到着した。各々の選帝侯やその選帝使節には、四人の市参事会員が供奉したが、紋章官が市庁舎を封鎖すると、彼らは立ち去った。選挙部屋には、司会のマインツ大司教を上座に、各選帝侯が指定席に着き、選帝使節は信任状を捧呈した。この選挙会議では、候補者や選挙協約について話し合われた。会議は長引くこともあり、カール七世(ヴィッテルスバッハ家)が選出されたときには、合計四十九回に及んだ。候補者やその特権について参加者の合意が得られた上で、一同は大聖堂での投票日を決定したのである(58)。なお一七六四年三月三日、少年ゲーテはこの選挙会議が開始される光景を目撃している。

使節のうちで私の印象に残っている人物は、まずはマインツ選帝侯の首席使節で、のちに選帝侯となるフォン・エルタール男爵であった。容姿に際立ったところがあるわけではなかったが、レースの付いた黒い礼服をまとったこの人物は、いつも私の好みであった。次席使節フォン・グロシュラーク男爵は恰幅のいい、一見気楽そうな、しかし挙措のきわめて洗練された、世慣れた紳士であった。全体的に彼は非常に寛いだ印象を与えた。ベーメンの使節であるエステルハージ侯爵は、長身ではないが恰幅のいい、生き生きしていて同時に気品のある洗練された人で、傲慢さや冷酷さは感じられなかった(59)。

大聖堂での投票日、午前六時に教会の鐘が一斉に鳴り、市城門の閉鎖と市民兵の出動とが告げられた。フランクフルトではこの日は祝日となり、商店や工場は休業となり、アルコールやコーヒーの提供が禁止された。盛装した選帝侯たちやその選帝使節たちは、騎馬や儀装馬車で赤い砂岩が印象的な聖バルトロメウス大聖堂に向かった。教会にはすでに人々が集まっており、マインツ大司教が他の選帝侯たちを出迎えた。彼らはミサに参列したが、プロテスタント系選帝侯は「選挙礼拝堂」(Wahlkapelle)内で待機した。ミサのあと全ての選帝侯たちはマインツ大司教の読み上げる誓詞を繰り返し、有能な人物を選ぶことを聖書及び祭壇に誓約した。二人の公証人が控え、聴取したこと全てを記載した。一同は選挙礼拝堂に入り、その扉が閉じられた。帝国大宰相たるマインツ大司教は、各選帝侯に誰に投票するかを尋ね、最後に自分自身に関してザクセン選帝侯に尋ねさせた。投票が終わると選挙礼拝堂の扉が開かれ、公証人が結果を確定した。こうして公式に当選者が発表され、祝辞が述べられた。「国王万歳」(Viva Rex)の祝祭歌が流れ、城壁から百発の号砲が発せられるなか、一同は市庁舎に向かった。次の日曜日には祝祭・感謝ミサが行われた(60)。

ドイツ王(「ローマ王」)選挙が終わると、ローマ皇帝戴冠式に向けて「帝国宝器」(Reichskleinodien)が準備された。帝位が個人の生涯を越えて継承されることを示すために、帝位の正統な保持を象徴する宝器(レガリア)を準備するという流儀は、日本の「三種の神器」にも通じるものがある。帝国宝器は、「帝国権標」(Reichsinsignien：「帝冠」(Kaiserkrone)、「帝国林檎」(Reichsapfel)、「帝国宝剣」(Reichsschwert)、「帝国十字架」(Reichskreuz)、「聖槍」(Heilige Lanze)など)及び戴冠式装束(ダルマティカ、アルバ、ストーラ、手袋、靴など)など大半のものはニュルンベルクに、「帝国福音書」など一部のものはカール大帝ゆかりのアーヘンに保管されていた。元来これらの宝器は、生涯皇帝が保管するものだった。例えばザリエル朝の時代にはシュパイヤー大聖堂にあり、ベーメン王だった皇帝カール四世の時代にはプラーク郊外のカールシュタインにあった。だがフス戦争を契機に、皇帝ジギスムントが一四二四年にニュルンベルクの聖霊病院附属教会を大半の宝器の常時保管場所と決めた。帝国宝器は、毎年復活祭に際して聖母教会で民衆向けに展示されるが、戴冠式の際にはニュルンベルク、アーヘンの代表団を伴い、六頭立馬車でフランクフルトに運搬され、フランクフルト市民の歓迎を受けた。このように選挙後の戴冠式の準備は数箇月に及ぶこともあった。なおアルバ、ストーラ、ダルマティカというのはカトリック聖職者の祭服と共通する要素であり、皇帝位が単なる世俗的官職ではなく、聖界的色彩をも帯びていることを示している(61)。

やがて当選したドイツ王(「ローマ王」)がフランクフルトに入城する。支配者(勝者)の入城式典は西洋の風習で、そこではキリストのイェルサレム入城の故事も念頭に置かれている。ハプスブルク家当主はドイツ王としてフランクフルトに入城するだけでなく、ハンガリー王としてプレスブルクにも、ベーメン王としてプラークにも入城している。ただ宗教改革以降はそうした儀礼を制限、排除する発想も生まれていた(62)。一七六四年の場合は、フランクフルト近郊ホイゼンシュタムのシェーンボルン帝国伯爵の城館にいたヨーゼフ大公に、まず帝国世襲式部官パッペンハイム伯爵が口頭で選挙結果を伝達し、その翌日に「帝国軍最高司令官」(Reichsfeldmarschall)ライン宮中伯フリードリヒ・フォン・ツヴァイブリュッケンが行列を組んで現れ、公証人が証明した当選通知書を交付した。他の当選者もアシャッフェンブルクなど近郊で当選通知を受け取っている。このドイツ王の入城の際には最も盛大な行列が組まれ、レオポルト二世は一七九〇年に千三百三十六人の歩兵、千四百九十三人の騎兵、二十二台の四頭立馬車、八十二台の六頭立馬車を伴っている。その際、ボルンハイマー・ハイデ、市城門、大聖堂と三箇所でドイツ王一行の歓迎式典が開催され、毎回百発の号砲を鳴らされた。ボルンハイマー・ハイデには幔舎が設けられ、選帝侯や選帝使節が跪いてドイツ王に恭順を誓う儀式があった。市城門では、フランクフルト市参事会員がドイツ王に市城門の鍵を捧呈し、これをドイツ王が直ちに返却する儀式があった。ここでドイツ王は新たな馬に乗り、同市従僕の方陣に囲まれ、市民兵の守護するなかを大聖堂へ向かった。(63) 皇帝に奉仕する一家に生まれたゲーテは、一七六四年のヨーゼフ二世の入城風景を目撃し、後年それを描写している。

前に我々が詳細に記述することを避けたマインツ選帝侯の入城は、まことに豪華絢爛にして堂々たるものであって、ある優れた人物の空想力のなかでは、預言された偉大な世界支配者の到来を思い描かせたほどのものであった。我々もまたそれを少なからず眩しく思ったのである。しかしいまや、皇帝及び将来の国王が市に近づいていると伝えられたとき、我々の期待は極限まで高まった。ザクセンハウゼンから少し離れたところに幄舎が一つ設けられ、そこには市参事会員全員が集結して帝国の元首に相応の敬意を示し、市城門の鍵を捧呈しようとしていた。そこより更に先の美しい広々とした平地に別の豪華な幄舎が設けられ、両陛下を奉迎するために、選帝侯及び選帝使節が残らず参集していた。その間、彼らの随員たちは沿道に並び、順番が来るごとに次々に市に向かっての行進を再開し、適宜行列に加わろうとした。いよいよ皇帝が幄舎に到着してなかに入った。選帝侯及び使節は恭しく奉迎したのち、至高の支配者のために規則通り道を開くべく退いた。

我々それ以外の者は市中に留まって、郊外よりは市城壁のなかの通りで、この盛儀にもっとよく感激しようとしたのだが、しばらく通りの市民の二列の人垣、群衆の雑踏、そういう際に見られる様々な冗談や不作法を大いに楽しんでいるうちに、遂に打ち鳴らされる鐘の音と祝砲の轟きとが、皇帝が間近に近付いたことを告げた。フランクフルト市民を特に愉快にさせたに違いないのは、この機会に、かくも多くの君主やその代表者たちの居並ぶ前で、帝国都市フランクフルトも一つの小主権者として姿を現したことであった。というのも市の主馬頭が行列を先導し、赤の地に白い鷲が鮮やかに浮き出た鞍掛を付けた幾頭もの騎馬がそれに続いたからである。更に従者、下僚、鼓手、喇叭手、市の制服をまとった徒歩の市参事従僕を従えた市参事会員たちが続いた。そしてそのあとには、手綱さばきも鮮やかな市民騎兵隊の三個中隊が続いた。これは我々が幼い頃から、随行団を迎えるときやその他の公的な機会に、目にしてきたものであった。我々はこの栄誉を共に味わい、そしていまその燦然たる輝きのうちに現れた主権の十万分の一に与かることができたのである。それに続いて帝国世襲式部長官や、六人の世俗選帝侯から派遣された選帝使節の様々な随員が徐々に進んだ。それらの随員のいずれも二十人の従者と二台の儀装馬車より少ないものではなく、幾つかのものは更にその数が多かった。聖界選帝侯の随員はますます増えるばかりで、従者や従僕は数え切れないほどであった。ケルン選帝侯及びトリール選帝侯は二十以上の儀装馬車を持ち、マインツ選帝侯は一人でそれだけの数を持っていた。騎馬や徒歩の従者はまことに絢爛たる服装で、馬車に乗った聖界及び世俗の高官たちも更に一段と豪華で気品のある衣装をまとい、あらゆる勲章で飾り立てていた。皇帝陛下の供奉員は当然ながら他に抜きん出ていた。調教師、換え馬、馬具、馬衣、鞍敷きはあらゆる人の目を惹き付けた。皇帝侍従、枢密顧問官、宮内財務官、侍従長、主馬頭が乗った六頭立の儀装馬車十六台が、豪華絢爛として、行列のこの部分の殿《しんがり》を務めていた。この部分は壮麗で、また延々と続いたにも拘らず、行列のただの露払いに過ぎなかったのである。

そしていまや威容と壮麗さとがましていき、行列が充実してきた。というのは、多くが徒歩で、一部が馬に乗った選り抜きの従僕を従えて、選帝使節並びに選帝侯本人が、格式の高い者ほどあとに、いずれも豪華な儀装馬車に乗って現れたからである。マインツ選帝侯のすぐあとに十人の皇帝の使丁、四十一人の従僕、八人のハンガリー歩兵が両陛下の先触れを務めた。まことに絢爛たる儀装馬車が現れ、背後にも一面に窓ガラスを備え、絵画、漆塗、彫刻、鍍金によって飾り立て、刺繍を施した赤いビロードを天井及び内面に張りつめていたが、そのなかに我々は、長らく待ち望んだ元首、皇帝及び国王がゆったり寛いで、素晴らしい威容のうちにいる様を眺めることができた。行列は大きく回り道をして進んだ。これは一方で行列をとにかく展開させる必要があるからで、他方で多くの観衆に見えるようにするためである。行列はザクセンハウゼンを通過し、橋を越え、ファール通りを抜け、ついでツァイレを下っていった。そしてカタリーナ門を通って市の中心部へ向かった。この門は昔の市城門であったが、市域が拡張されて以降は自由に通行できた。この門に関して我々は、幸せなことに、ここ数年来世俗の外見的華美さがますます高さ、広さを増してきたことに気付かされたのだった。測量してみた結果、王侯や皇帝が何度も出入りしたこの門も、今回の皇帝の儀装馬車では、その彫刻や装飾がぶつからずに通過することはできないということが判明していた。協議の末、面倒な迂回を避けるために舗石を取り外し、出入りを容易にすることが決定された。同じ意図で往来の店の庇も取り外させ、王冠や鷲や守護神がぶつかったり傷ついたりしないように予め準備をした。

かくも高貴な内容物を乗せたこの豪華な容器が近付いてきたとき、当然我々の目はその高貴な人々に注がれていたが、しかしまた我々の目は見事な馬や、馬具、その房飾りにも向けられずにはいなかった。だが特に我々の注意を惹いたのは、風変わりな服装をした、騎乗の二人の御者と露払いとであった。宮廷の礼式に倣って、黒黄のビロードの長い上着を着け、大きな羽根飾りの帽子を被った彼らは、別の国民[Nation]から、いや別の世界からきた人のように見えた。いまや非常に多くのものが一緒になって押し寄せてきたので、もう一々よく見分けることができなくなった。馬車の両側のシュヴァイツ人近衛兵、右手にザクセンの剣をかざした世襲式部長官、近衛兵の指揮官として馬車のあとに従う騎馬の将軍たち、数多の皇帝付き小姓たち、そして最後に近衛兵が続いた。彼らは、縫い目を全て華やかに金糸の笹縁で飾った、幾重にも重なった襟飾りのある黒いビロードの外衣をまとい、その下に、同様に華やかに金糸で縁取りした赤い上着と、黄褐色のチョッキを着ていた。誰もが夢中になって眺めたり、説明したり、人に注意を促したりしていたので、劣らぬほどきらびやかな服装をした選帝侯たちの近衛兵にはほとんど注意を向ける者がなかった。もしも我々がなお、十五輛の二頭立馬車で行列の殿を務めた我々の市参事会員、特に最後の馬車に赤いビロードの座布団の上に市城門の鍵を持っている書記を見ようと思わなかったならば、恐らく我々は窓から顔を引っ込めていたであろう。我らの市擲弾兵中隊が殿を務めているのも、我々には非常に名誉なことに思えた。そして我々はこの光栄の日を、ドイツ人として、またフランクフルト人として、二重に心から嬉しく思った(64)。

大聖堂に着いたドイツ王(「ローマ王」)は選挙協約署名式を行った。この選挙協約は、内容を事前に調整し、本人が承認したものである。ドイツ王はレーゲンスブルクの帝国議会に、自分が当選し、その結果を受諾する旨を通知し、空位期間に帝国統治を代行していた二人の「帝国代理」(Reichsvikar)の任を解いた。この帝国代理は別名「帝国摂政」(Reichsverweser)とも言い、「金印勅書」によるとライン・シュヴァーベン地方及びフランク法地域に関してはプファルツ選帝侯(のちバイエルン選帝侯)、ザクセン法地域に関してはザクセン選帝侯が務めることになっている。ヨーゼフ二世崩御時(一七九〇年)及びレオポルト二世崩御時(一七九二年)には、プファルツ＝バイエルン選帝侯カール・テオドル及びザクセン選帝侯フリードリヒ・アウグストが帝国代理を務めた。帝国代理の職を解いたドイツ王は、ローマ皇帝戴冠式の日取りを決定した。ドイツ王はこの戴冠式をしなければローマ皇帝を名乗れない。ドイツ王が改めてローマ皇帝としての戴冠をするのは、カール大帝の加冠(八〇〇年)以来の伝統である。フランクフルト市到着から戴冠式までの間に、ドイツ王はフランクフルト市などから多数の祝詞、献上品を受領した。[65]

ローマ皇帝戴冠式の日、午前に大聖堂へのドイツ王(「ローマ王」)の行進が始まる。選帝侯(または選帝使節)以下百官が礼装でフランクフルト市庁舎に集合し、ドイツ王をその宿舎に迎えに行った。教会の鐘が一斉に鳴り響き、百発の祝砲が轟くなか、大聖堂への行列が続く。中央では騎乗した帝位要求者のドイツ王が、巨大な「双頭の鷲」(Doppeladler)が刺繍された金襴または絹の「移動用天蓋」(Baldachin)に守られて進む。ドイツ王の露払いをするのが各世俗選帝侯の代理たちで、それぞれ帝国権標を乗せた座布団を捧げ持っている。中央ではプファルツ選帝侯代理の「帝国世襲内膳官」(Reichserbtruchseß)たるヴァルトブルク伯爵が帝国林檎を掲げ、右側ではブランデンブルク選帝侯代理の「帝国世襲財務官」(Reichserbkämmerer)たるホーエンツォレルン伯爵が帝笏を掲げ、左側ではハノーファー選帝侯代理の「帝国世襲会計官」(Reichserbschatzmeister)たるジンツェンドルフ伯爵が帝冠を掲げ、後方でザクセン選帝侯の代理たる帝国世襲式部官パッペンハイム伯爵が聖マウリティウスの抜身の剣を掲げた。彼ら自身の帽子はしばしば同伴の小姓が捧持した。ドイツ王が大聖堂に到着すると、太鼓や喇叭によるファンファーレでそれが告知された。[66] ゲーテも一七六四年四月三日、ヨーゼフ二世の行列を市庁舎(レーマー)の特等席から見ていた。

[…]そこには左右に大きな桶を据えた噴泉が新たに設けられていて、台座の上の双頭の鷲の二つの嘴から、それぞれの桶に白葡萄酒と赤葡萄酒とが注ぎ出されるようになっていた。その向こうには燕麦が山のように積み上げられ、手前には大きな板張りの小屋が建っていた。その小屋のなかでは数日前からよく肥えた牡牛がまるごと巨大な串に刺されて、炭火で焼かれ、焙られていた。レーマーからの通路と、他の通りからレーマーに通じる通路は全て両側に柵が設けられ、衛兵によって守られてい

た。大広場は次第に人で一杯になった。群衆は新しい光景が現れ、何か目ぼしいことがあると教えられた方向へ、できさえすればいつでも押し寄せようとしたので、群衆の雑踏はますます激しく盛んになってきた。

それでもそこはかなりの静寂が支配していた。そして警鐘が打ち鳴らされたとき、群衆は全て戦慄と驚きとに襲われたように見えた。上から広場を見下ろしていた全ての人々の注意を最初に惹いたのは、アーヘン及びニュルンベルクの高官が帝国宝器を大聖堂へ運んでいく行列であった。宝器は帝国守護の聖遺物として馬車の最上席を占め、使節たちはそれを前にして後ろ向きの席に恭しく端然と座っていた。次いで三人の選帝侯が大聖堂に入った。宝器がマインツ選帝侯に手渡されたあと、直ちに王冠と宝剣が皇帝の行在所へもたらされた。何が行われるか前もって教えられていたので、我々は十分想像できたわけだが、その間教会のなかでは、その後の準備と様々な儀式とで、当日の主役たちも拝観者も忙しく立ち働いていたのだった。

そうするうちに我々の目の前を、使節たちがレーマーへ馬車を駆った。レーマーからは下士官たちによって、天蓋が皇帝の行在所へ運ばれるのである。直ちに騎乗するのは、世襲式部長官フォン・パッペンハイム伯爵である。伯爵はとても美しい細身の人で、スペイン風の衣装、豪奢な胴衣、金色の外套、高い羽根帽子、梳《くしけず》った風になびく髪が大変よく似合っていた。彼が馬を進めると、鐘が一斉に鳴り響くうちに、使節たちは皇帝選挙の日よりも一段ときらびやかな服装で、彼に従って皇帝の行在所へ向かって馬を駆る。こういう日には体が幾つあっても足りないように思うのであるが、我々はそこへもまた行ってみたかった。その間我々は、そこで行われることを話し合った。我々は言った。「皇帝はいま宮廷礼服を着ているが、これは昔のカロリング家の方にならって作られたものだ。世襲官が帝国宝器を受け取り、これを捧げ持って馬に跨る。皇帝は礼服を、ローマ王はスペイン風衣装を着て同様に馬に乗る。これらのことが行われている間に、先駆の果てしない行列が、皇帝らの出発を早くも我々に告げ知らせるのだ」。

華やかな衣装を着けた数多の従僕のその他の役人たち、堂々と足を運ぶ貴族たちを眺めているだけで目は疲れた。次いで選帝使節、世襲官、そして最後に十二人の陪審員と市参事会員によって捧げられ、一面に刺繍をほどこした天蓋の下に、趣きのある衣装をまとった皇帝、その左に少し下がって、スペイン風の衣装を着けたローマ王が、きらびやかに飾り立てた馬に跨ってゆったりと通り過ぎたとき、目はもはや自分に満足できなかった。できることなら、呪文によってこの現象を一瞬でも留めておきたいと思った。しかし壮麗な行列は留まることなく過ぎ去った。そして行列の通り過ぎたあとは、たちまち押し寄せる群衆によってまた埋められた。(67)

大聖堂ではいよいよ戴冠式が行われる。これは「マインツ典礼」(Mainzer Ordo)と呼ばれ、カトリック司教の叙階式と形式上の共通性がある。先に大聖堂に着き、聖具室で聖職者の祭服に着替えたマインツ大司教は、トリール大司教、ケルン大司教と共に、下馬したドイツ王(「ローマ王」)を聖水、祈禱、祝福で出迎える。民衆は大聖堂に入ることができないが、それでも各方面からの使節などで大聖堂は混雑している。ドイツ王は着衣を脱いで装飾のない姿になり、戴冠式祭壇の前で信仰の護持者、教会の守護者、帝国の公正な統治者、未亡人や孤児の庇護者、不偏不党の審判者などになることを誓い、帝国福音書の前で確認する。その上で参列者を帝国議会に見立て、この人物を帝国元首とし、彼に従うことを欲するかが聞かれる。参加者(聖職者及び民衆)は口頭で「弥栄! 弥栄! アーメン!」(Fiat! Fiat! Amen!)、「国王万歳!」(Vivat Rex in aeternum)などを叫んで同意する。ドイツ王は上半身下着一枚になって跪き、マインツ大司教が手を洗って、父・子・聖霊の三位一体に呼び掛けつつ、ドイツ王の頭頂、胸、首筋、両肩の間の背、右腕、関節、手のひらに聖油を塗り、そのあとすぐにマインツ大司教及びエルフルト補佐司教が木綿とライ麦パンとで拭き取る。ドイツ王は選挙礼拝堂に導かれ、そこで戴冠式装束を身に着けるが、ニュルンベルク市参事会員がベルトを締める以外は、着衣は一人で行う。締め括りにブランデンブルク選帝侯の選帝使節がドイツ王にストーラを掛けて、大聖堂中央に連れていく。ここでドイツ王は跪き、帝国権標を授与される。まず机上から抜き身のカール大帝の剣を取り、これをザクセン選帝侯の選帝使節がベルトで腰に固定する。次いでフランクフルトの大聖堂主任司祭に手袋及び指輪を授与されたあと、帝国林檎を右手に、帝笏を左手に持つ。ザクセン選帝侯の選帝使節が、カール大帝の抜身の剣を、帝国世襲式部官が掲げてきた聖マウリティウスの剣と交換する。最後に帝国世襲財務官がマントを着せかけて完成する。帝国世襲会計官が準備していた帝冠を、マインツ大司教を中心に三聖界選帝侯が座布団から一緒に高く掲げ、共同でドイツ王の頭上に置く。戴冠したローマ皇帝は、ドイツ語及びラテン語で誓詞を述べ、恐縮の意を示して（あるいは頭からずり落ちるのを防ぐために）一旦帝冠を脱ぎ、金貨一枚を賽銭として祭壇に献納して、聖体を拝領する。皇帝は玉座でミサの終了を待ち、マインツ選帝侯は選帝侯の装束に戻って、皇帝への臣従の意を示す(68)。玉座に着いたローマ皇帝がミサの直後に行うのが騎士叙任である。各選帝侯には十二人の騎士候補者を推薦する権限があるが、皇帝は制限なく候補を挙げることができた。鎧に身を固め、兜を脇に抱えた男子が進み出ると、皇帝はカール大帝の剣でその右肩に二回触れて、騎士に叙任した。騎士叙任に続き、アーヘンの代表団が皇帝にアーヘン大聖堂参事会に加入するよう求める儀式も、一三〇〇年頃より行われていた。神の讃歌「テ・デウム」が歌われ、鐘が鳴り、祝砲が響くなかで、大聖堂の戴冠式は終わりを迎えたのだった(69)。

戴冠式を終えたローマ皇帝は、完全な装束で天蓋を伴って大聖堂から出御し、群衆のなかを行列を組んで市庁舎に向かった。英仏の戴冠儀礼が宮廷内の行事だったのに対し、神聖ローマ帝国のそれは民衆と一緒に祝うもので、その流儀はハンガリー、ベーメン、ポーランド、プロイセンに影響を与えた。大聖堂から市庁舎まで二百メートルの間は、市参事会の出費で三十センチメートルの高さの花道が設けられた。皇帝が大聖堂から出てくると、群衆が皇帝めがけて押し寄せてくるので、カール五世などは六人の家臣に貨幣を投げさせ、群衆の注意を逸らした。皇帝の行列が過ぎ去った広場では、牛の丸焼きや葡萄酒が民衆に振舞われ、夜には華やかな花火が披露された。市庁舎では、戴冠式の大饗が行われた。一八世紀には世俗選帝侯は選帝使節が代理したので、大饗での彼らの席は空席になっていた。なお一連の戴冠行事から、婦人やユダヤ人は排除されていた(70)。

一連の行事の締め括りに、市庁舎前広場では「忠誠宣誓式」(Huldigung)が行われ、参列者一同がローマ皇帝個人への忠誠を神に誓った。この「忠誠宣誓式」は、一八世紀までは広く行われ、一八三五年に即位したエステルライヒ皇帝フェルディナント一世に対しても「世襲忠誠宣誓式典」(Erbhuldigung)が挙行されたが、三月革命以後は姿を消した。ただリヒテンシュタイン侯国では、現在でも「世襲忠誠宣誓式典」が行われている。(71)

四　二元体制——エステルライヒ・プロイセンと「第三のドイツ」

神聖ローマ帝国の政治は、ローマ皇帝位をほぼ独占したエステルライヒと、これに対抗する新興国家プロイセンとが激突して困難を来すことになる。この両国による「二元体制」(Dualismus)は、同時に宗派対立という面も有していた。

エステルライヒの支配家門ハプスブルク家は、小領主から事実上皇帝位を独占するまでに擡頭した。一二七三年にルドルフ・フォン・ハプスブルク(一二一八—一二九一年)がドイツ王ルドルフ一世として選出されたのは、シュタウフエン朝滅亡後の「大空位時代」のことだった。ハプスブルク家はエルザス、シュヴァイツに起源を有し、競争相手のベーメン王・選帝侯(プシェミスル朝)オットカール二世(チェスコ語 オタカル二世)を、一二七八年のマルヒフェルトの戦いで打倒して、バーベンベルク家やプシェミスル家が支配していたエステルライヒを掌中に収めた。この「エステルライヒ」(Österreich)という地は、古代にはライン地方と共にローマ帝国領で、属州ラエティア、ノリクム、パンノニアに当たり、中世欧州の文化的発信源イタリアにも近かった。ハプスブルク家は徐々に「結婚政策」で、相続により領土を拡張していったが、この過程でシュヴァイツが反抗し自立するという失策もあった。一五世紀前半のアルブレヒト二世以来、ハプスブルク家はローマ帝冠を持続的に保持するようになり、ハプスブルク家こそ「帝室」(Erzhaus)だという通念が生まれていく。同じ選挙君主制でも、事実上の帝室を持ったことで、ドイツはポーランドより安定することになる。ハプスブルク家はかねてからイベリア半島にも進出しており、最盛期のスペイン王として「日の沈まぬ帝国」を支配した。

ところがハプスブルク家が絶頂期を迎えた一六世紀初頭に、ドイツでは宗教改革が勃発し、カトリシズムに留まったハプスブルク家その他の帝国諸身分と、プロテスタンティズムに改宗した帝国諸身分との間に亀裂が入った。シュマルカルデン戦争、三十年戦争を経て、旧教団と対峙する新教団が形成されると、ルターの拠点だったザクセン公国がその議長国となった。ところがザクセンの指導体制は長続きしなかった。「強健王」(der Starke)として知られるザクセン公(選帝侯)フリードリヒ・アウグスト一世がポーランド王選挙に立候補・当選し(ポーランド王アウグスト二世)、アルブレヒト系ヴェッティン家がカトリシズムに改宗したために、ザクセン公国そのものはプロテスタント系に留まったものの、新教団議長としての影響力を失っていく。

ヴェッティン家のザクセン公国に代わって擡頭したのがホーエンツォレルン家のプロイセン王国である。その起源はブランデンブルク辺境伯領及びドイツ騎士団国にある。ホーエンツォレルン家は西南ドイツのツォレルン地方に起源を有し、ヘッヒンゲン、ジグマリンゲンなどに留まった一族は、宗教改革後もカトリシズムを信奉した。ニュルンベルク城伯となった一族は、一五世紀にブランデンブルク辺境伯(選帝侯)の地位を獲得し、宗教改革でルーテル派に、のちカルヴァン派に改宗した。同時に一族のアルブレヒト・フォン・ホーエンツォレルン＝アンスバッハはドイツ騎士団総長になったが、彼の時代にドイツ騎士団国はルーテル派に改宗して世俗国家プロイセン公国へと変容し、これも(ポーランド宗主権下の)ホーエンツォレルン家領となる。ブランデンブルク辺境伯領(選帝侯国)及びプロイセン公国はやがて統合されてブランデンブルク＝プロイセンとなり、一七〇一年のプロイセン公の王号取得で徐々に全体が「プロイセン王国」と呼ばれるようになっていく。一七世紀にはスウェーデンやポーランドと対決していたブランデンブルク＝プロイセンは、一八世紀半ばからハプスブルク家の強敵として登場することになる。

一七四〇年に即位したプロイセン王フリードリヒ二世は、政治家、軍人、知識人として名を成し、「大王」(der

Große)と呼ばれた人物である。フリードリヒ二世は、ドイツの啓蒙派知識人たちに広く影響を与えた。文人肌だった王太子フリードリヒは、哲学にふけり音楽をたしなんで、「ポツダム巨人軍」を閲兵して喜ぶ父の「軍人王」(Soldatenkönig)フリードリヒ・ヴィルヘルム一世と折り合いが悪かった。フリードリヒ王太子はイギリス亡命を企てて失敗し、身代わりとなった従者カッテの斬首を目撃させられ、一現場官吏に降格され、ヴェルフェン家(ブラウンシュヴァイク=ヴォルフェンビュッテル=ベーヴェルン侯)の娘との結婚を強要された。若き日のフリードリヒの思想は、ニッコロ・マキアヴェッリの『君主論』の各章毎に反論した匿名出版『反マキアヴェッリ論』に現れている。

だがプロイセン王フリードリヒ二世となった途端に、彼は異なる相貌を見せ始める。この頃ハプスブルク家は存亡の危機を迎えていた。男子のいなかったローマ皇帝カール六世は、ハプスブルク家世襲領を長女マリア・テレジアに一括相続させるとした。だが女子の家督相続を認めない「サリー法典」(Lex Salica)が通用するドイツでは、この決定には無理があった。ハプスブルク家は、ロートリンゲン公フランツ三世をマリア・テレジアの婿に迎え、ロートリンゲン公国を抛棄しトスカナ大公となったフランツがやがてローマ皇帝に就くという方向性を示した。これに対し帝国諸身分の間で異論が起き、バイエルン公(選帝侯)カール・アルブレヒトが選出されてローマ皇帝カール七世として即位した。三百年ぶりにローマ帝冠を失ったハプスブルク家の危機に乗じて、フリードリヒ二世はマリア・テレジアのハプスブルク家世襲領相続を認める代わりに、エステルライヒ領シュレジエンの割譲を要求し、拒否されるとシュレジエンを武力で占領したのである。このシュレジエン侵攻はプロイセンの軍事的栄光の象徴であると同時に、プロイセンのなりふり構わぬ侵略主義の表れとして、後年まで強烈な印象を与えることになる。

ハプスブルク家はエステルライヒ大公・ハンガリー王・ベーメン王となったマリア・テレジアを中心に、この危機に可能な限り対処した。夫君のトスカナ大公フランツ・シュテファン(元ロートリンゲン公)はカール七世が崩御したことでローマ皇帝フランツ一世になることができた。しかしマリア・テレジアは、対プロイセン「帝国戦争」たる七年戦争で、フリードリヒ二世をあと一歩のところまで追い詰めたものの、ロシヤ皇帝がエリザベータからピョートル三世に代替わりしたことで、ロシヤ帝国がプロイセン側に寝返り、シュレジエン奪還に失敗した。シュレジエンは一九四五年までプロイセン領に留まり、その後ポーランドが奪取した。

墺普「二元体制」が顕著になると、「第三のドイツ」と総称されたそれ以外のドイツ諸領邦は右往左往した。「第三のドイツ」は一枚岩ではない。一方で中規模領邦のバイエルン、ヴュルテンベルク、ザクセン、ハノーファーなどは、墺普対立の狭間で国益追求の可能性を模索した。他方で聖界諸侯(大司教、司教、修道院長など)、帝国侯爵、帝国伯爵、帝国騎士、帝国都市、帝国村などは、存立そのものが危うい状況に置かれた。彼らは一七七二年の第一次ポーランド分割のように、墺普両国の圧倒的軍事力によりドイツが二分割されることを恐れていた。また彼らは、中規模領邦が自領を併合することも恐れていた。このため小帝国諸身分は、帝国国制に自己保存の拠りどころを見出していた。この「第三のドイツ」こそ帝国愛国主義の担い手だった、とりわけ聖界諸侯は皇帝の支持基盤だったというのが通説である。[72] けれども小帝国諸身分が本当に帝国存続に貢献したと言えるのかどうかには大いに疑問の余地がある。「第三のドイツ」が自分たちの存立基盤としての帝国国制を死守するというのも一種の帝国愛国主義ではあろうが、結局自己保存が根源的動機であるのなら、実体は帝国愛国主義の仮面をかぶった領邦愛国主義だったのかもしれないからである。本論で見るように、小帝国諸身分は自己防衛のために旧来の「トイツの自由」に固執し、皇帝権力の強化を恐れるあまり、皇帝の対抗馬プロイセンに左袒し、エルザスでの権益が侵されたといって皇帝に対仏介入を迫り、にも拘らず開戦後は兵力分担を躊躇し、自領邦を自分で防衛することもできず、遂にはライン同盟に鞍替えして、帝国を崩壊せしめたのである。[73] 帝国最末期、プロイセンが勝手に帝国戦争から離脱し、「第三のドイツ」が自己保存に奔走するなかで、帝国維持の最終責任を引き受けたのは、結局はローマ皇帝(エステルライヒ)だったのである。

一七六三年二月一五日のフベルトゥスベルクの講和で、エステルライヒはシュレジエンを奪還できなかったが、ローマ皇帝位は確保した。皇帝フランツ一世は自分の在位中に長男のヨーゼフ大公を「ローマ王」(Römischer König)、いわば皇太子として選出させることに成功したのである。一七六四年四月三日、ヨーゼフ大公は父の見守るなかでローマ王として戴冠した。彼のローマ王選出はフランツ一世の即位直後にも考慮されていたが、一七六四年になってようやく実現したのだった。フランツ一世が一七六五年八月一八日、三男ピエトロ・レオポルド大公(のち皇帝レオポルト二世)の結婚式でインスブルック滞在中に急逝すると、当時二十四歳のローマ王ヨーゼフがローマ皇帝ヨーゼフ二世として即位した。但し母マリア・テレジアが一七八〇年に崩御するまで世襲領の共同統治者に留まった。

五　玉座の改革者——ヨーゼフ二世の帝国改革と領国経営

皇帝ヨーゼフ二世は評価の分かれる啓蒙専制君主である。フランツ・シュテファン及びマリア・テレジアの長男として生まれたヨーゼフ大公は、幼少より帝王教育を受け、ドイツ及びイタリアの啓蒙思想、あるいはフランス旅行から刺戟を受けて、「全ては民衆のために、だが民衆によってではなく」を信条とした。新帝を支えたのは、首席財務官フランツ・クサーファー・ヴォルフ・フォン・オルシーニ＝ローゼンベルク伯爵(のち帝国侯爵)、主馬頭ヨハン・カール・ディートリヒシュタイン＝プロスカウ伯爵(のち帝国侯爵)、陸軍元帥フランツ・モーリッツ・ラシー伯爵、陸軍元帥ギデオン・フォン・ラウドン男爵、ヴィーン軍司令官カール・フォン・リヒテンシュタイン侯爵、警察大臣ヨハン・アントン・フォン・ペルゲン伯爵、外交官ゴットフリート・ファン・スヴィーテン男爵、ヴィーン大学官房学教授ヨーゼフ・フォン・ゾンネンフェルス男爵(父の世代にユダヤ教からカトリシズムに改宗し貴族に列した啓蒙派知識人・ドイツ語改革者・フリーメイソン団員・啓明団員)ら側近たちである。ヨーゼフ二世は、母の股肱《ここう》の臣だったカウニッツから内政の実権を奪取し、母の政策を引き継ぎつつ「福祉国家」(Wohlfahrtsstaat)の建設に勤しんだ。外政では、ヨーゼフ二世は皇帝の権力基盤を強化する帝国国制改革を志した。彼の使命感、職務の励行、国内からイタリア、フランス、ロシヤに及ぶ視察旅行（「ファルケンシュタイン伯爵」を名乗っての隠密旅行も含む）は目を惹くものがあり、一九世紀には偉大な改革者として自由主義者や改革派官僚の偶像となり、二〇世紀にはアドルフ・ヒトラーがドイツ化政策の先駆者として敬意を示すようになるが、同時代には自己中心的で他者への配慮を欠くとの評価も根強く、多くの政敵を作ることになった(74)。

新帝ヨーゼフ二世は即位すると直ちに帝国改革に乗り出した。一七六六年一一月、ヨーゼフ二世は帝国副宰相コロレード侯爵、エステルライヒ国家宰相カウニッツ侯爵に、帝国国制改革に関する「二十一箇条の勅問」を行い、その施政方針を示した。侍従長ヨハン・ヨーゼフ・ケーフェンヒュラー＝メッチュ侯爵の日記によると、その内容は以下の通りであった。⑴皇帝の権威を高め諸身分の必要にも応じた人員配置、⑵大抵のプロテスタント諸侯が唱える皇帝裁判権の全廃を回避する方策、⑶カトリック及び他の善良な信条の諸侯を軍事制度・領国統治の充実へと導く方策、⑷多くの外国列強（の侵略？）による帝国人口の減少への対処、⑸商業振興・通貨整備、⑹無為無策でフランスと同盟するバイエルン選帝侯に皇帝・帝国・カトリシズムへの奉仕を促す方策、⑺バイロイト・アンスバッハ、バーデン＝バーデン、ヴュルテンベルクの相続に対していまから取る方策、⑻以上の業務遂行のための帝国大臣職拡充の必要如何、⑼帝国宮廷顧問院への有能で公平無私な人材の登用、⑽帝国大審院監察に向けての監察官への訓令の起草、⑾費用を掛けずに皇帝支持派の如才ないプロテスタント言論人（Schriftsteller）を確保する方策、⑿教皇庁及び全カトリック聖職者に、帝室の権力こそ彼らの支柱であるという「大きな真実」（die große Wahrheit）を確信させる方策、⒀帝国管区「伝奏」なども兼務する大司教、司教など聖職者の選挙で、善良で皇帝の宮廷を尊重し、有能な人材が選ばれるための方策、⒁従来等閑にされてきた帝国の信徒禄（Layenpfünde）を活用し年金や廃兵支援に向ける方策、⒂「トイツ及びイタリア」における皇帝の封建領主としての支配を明確にする方策、特にジェノヴァ共和国に帝国・皇帝への義務遂行を促す方策、⒃モデナ公国の相続を念頭にいまから人材を集める方策、⒄帝国都市を帝国・皇帝にとって従来以上に有益なものとする方策、特にハンブルク及びフランクフルトの繁栄を維持し、ニュルンベルク、リューベック、ブレーメン、ウルム、アウクスブルクを迫る頽廃から守り、それら諸都市の商業を世襲領(Erbländer)のそれと結び付け、彼らの繁栄がこの地の君主制に依存していることを認識させる方策、⒅帝国騎士をより皇帝に結び付け、プロイセンを始め強大な帝国諸身分への依存から解放し、特にプファルツ宮廷などからの抑圧から守る方策、⒆若年のザクセン選帝侯が、帝国法に違反し、皇帝の権威、全帝国国制、カトリック教会に非常に不利で、残念ながらすでにヴュルテンベルク、ヘッセン゠カッセル、ツヴァイブリュッケンで有害な前例を示している宗教政策を領邦諸身分に課すのを防ぐ方策、⒇ザクセン選帝侯家、ブランデンブルク選帝侯家、ハノーファー選帝侯家の間の延々と続く不信感を維持し、(ブラウンシュヴァイク゠)ヴォルフェンビュッテル家、ヘッセン゠カッセル家、エルネスト(系ヴェッティン)家をプロイセン依存から脱却させる方策、(21)全ての帝国侯爵家の有能な侯子たちを、プロイセンや外国の軍隊での勤務から引き離し、皇帝の軍隊で勤務させる方策。[75]

この二十一箇条の勅問には、ヨーゼフ二世の帝国愛国主義が表現されている。帝国元首としての責任感に燃える彼は、「帝国」を皇帝と対峙する帝国諸身分と同視するのではなく、皇帝を中心とする国家全体と見ていた。従ってヨーゼフ二世の帝国愛国主義とは、「トイツの自由」を旨とする旧来の帝国国制を墨守することではなく、皇帝主導で帝国統治を刷新しドイツが一丸となること、いわば「帝国国制の根本的再編」[76]なのだった。これは後述するヘーゲルの帝国愛国主義とも一脈通じる統一主義的、主権論的な秩序構想である。ヨーゼフ二世は自らが強大な庇護者として、帝国教会、帝国自由都市、帝国騎士を守ることを目指した。このためヨーゼフ二世は、皇帝権力の強化こそ帝国刷新の出発点と考え、あらゆる手段で皇帝の政治的・経済的影響力を増大させ、母の好敵手フリードリヒ二世のプロイセンを弱体化させようとした。ヨーゼフ二世にとってエステルライヒの領国経営は、即位当初から帝国国制刷新と一体不可分であった。従ってエステルライヒ領国経営を皇帝の私的利益の追求に他ならないと見るケムニッツ流の帝国愛国主義者にとっては、ヨーゼフ二世は後述のバイエルン継承問題や教区再編問題の勃発を待つことなく、初めから「反帝国的」脅威だった。勃興するプロイセンに対抗するハプスブルク家世襲領の強化こそ帝国国制維持の前提だというのは、ヨーゼフ二世に固有の発想でもなく、カウニッツにしても、トラウトマンスドルフにしても、ヴィーンの有力政治家たちが共有する立場である。ヨーゼフ二世の腹心の部下ペルゲン伯爵もその上奏文で、ローマ帝冠こそ帝国内の支持を集め、ハプスブルク家の権力や栄光を増すとして、帝国元首としての活動の意義を説いていた。ただペルゲンは、帝国元首が帝国諸身分の権利を尊重しないときには、ローマ帝冠がハプスブルク家にとって有害になると警告もしていた[77]。

帝国副宰相コロレード及び国家宰相カウニッツの奉答（一一月一二・三〇日）[78]を受けてヨーゼフ二世が着手したのが、帝国司法改革である。帝国宮廷顧問院（ヴィーン）及び帝国大審院（ヴェツラル）の改革は、帝国の権威を復興するための最重要案件だった。

まず行われたのは帝国宮廷顧問院の改革である。帝国副宰相コロレードはすでに一七六五年一二月二四日、勅問に先立って帝国宮廷顧問院の人員補充を提案していた。ここでコロレードは、当時二十一歳だったダールベルクも新顧問の候補として挙げている。だがヨーゼフ二世が欲したのは、人員補充ではなく組織改革、つまり審議迅速化、腐敗の除去だった。また皇帝は、帝国宮廷顧問院での決定を帝国宮廷宰相府を介さずに親裁することを欲した。コロレードは皇帝の提案に難色を示したために勅勘を蒙り、帝国宮廷顧問院の審議に同席できなくなった。ヨーゼフ二世と帝国副宰相コロレードとの対立は、皇帝と帝国大宰相ブライトバッハとの対立に発展し、最終的には皇帝が自分の要求を撤回するという気まずい事態となった[79]。

続いて皇帝ヨーゼフ二世が、墺普協調を背景に一七六七年から十年間行ったのが、「帝国大審院監察」(Reichskammergerichtsvisitation)である。帝国大審院の監察は、帝国法によれば毎年行われるべきものだったが、実際には一回だけ、一七〇七年から一七一三年まで行われただけだった。ヨハン・シュテファン・ピュッターの『両最高裁判所の現状に関する愛国的描写』(一七四九年)など、その監察を求める声は以前から上がっていたが、帝国諸身分は監察を皇帝による介入だと考え消極的だった。この監察中に実習生を務めたゲーテによると、帝国大審院には二万件の未処理案件があり、毎年新案件が加わるが、処理されるのは毎年六十件だったという(もっとも一時的滞在者に過ぎないゲーテの酷評は鵜呑みにできないとの説もある)。その背景には、帝国諸身分が出資を拒むことによる財政難、人員の不足もあった。一七六七年に、カール・エゴン・ツー・フュルステンベルク゠シュトゥーリンゲン侯爵を第一監察官、ゲオルク・フォン・シュパンゲンベルク男爵を第二監察官とする大審院監察が始まる(後年各々フランツ・グンダカー・ツー・コロレード゠マンスフェルト侯爵、フランツ・ルートヴィヒ・フォン・エルタール男爵と交代)。この監察で大審院内の贈収賄が発覚し、数人の判事補が免職になった。するとこの監察は新教団の抵抗に遭遇する。ブラウンシュヴァイク゠リューネブルク(イギリス)は監察の前提として墺仏同盟破棄を求め、プロイセンも敢えて皇帝を応援しようとしなかった。またマインツ大臣グロシュラークも、皇帝使節レオポルト・フォン・ナイペルク伯爵の前では皇帝の意向に賛同しつつ、ブライトバッハ大司教には皇帝への抵抗を勧めていた。監察は一七七六年に、期待通りの成果を上げずに終わり、若い皇帝に深い挫折感を与えることになった。(80)

帝国国制以外でもヨーゼフ二世の改革は次々と実行された。皇帝は帝国領イタリアでの司法改革には成果を上げた。皇帝は父から相続した二千二百万グルデン(年収の数十倍に当たると見られる)の私財を国家債務の返済に充て、家屋税を設けるなど税制改革を行い、緊縮財政にも努めた。皇帝は一七八〇年、マリア・テレジアやカウニッツにも内緒で、モヒレフでロシヤ皇帝エカテリーナ二世と対面し、サンクト・ペテルブルクを訪ね、翌年墺露同盟を締結した。皇帝はエステルライヒ軍を強化し、軍人の地位を引き上げ、「社会の軍事化」を進め、自ら軍服で執務し、閲兵式を頻繁に行った。皇帝は帝室関係者への手への接吻や跪拝などの儀礼を簡素化し、スペイン式宮廷服を廃止し、ヴィーンの宗教行列を聖体行列のみにし、埋葬様式を簡素化した。皇帝はプロテスタンティズムを参考にカトリック典礼の簡素化を試み、一七八一年にエステルライヒ領内での「アウクスブルク派」(ルーテル派)、「ヘルヴェティア派」(カルヴァン派)、「カトリック教会に統合されていないギリシア人」(正教徒)にも完全な市民権及び宗教の「私的行使」を保障し、翌年ガリツィア併合で増大したユダヤ教徒の同化を期待して寛容令を出し、アラウィー朝モロッコ王国から大使を迎えた。皇帝はカトリック教会堂をプロテスタント教会堂に変え、約七百にも及ぶ修道院を廃止してその財産を小教区司祭の手当とし、司教区を行政単位と一致させて教区神学校を国立とし、婚姻関係の裁判を国家の管轄とした。皇帝は大学を官僚養成機関として重視し、収賄を禁止し、行政効率化のためにハンガリー王国でのラテン語行政をドイツ語行政に転換し、ミラノ及びマントヴァを統合して墺領ロンバルディアとし、一般民法典を編纂した。皇帝は世襲隷農制を廃止し、(軍隊を除く)死刑や拷問を廃止し、初等教育を拡充し、検閲を削減し、教会や貴族の特権を削減し、「狂人塔」(世界初の精神病院)など医療機関を整備し、プラーターやアウガルテンなど公園を整備した。皇帝は有望な芸術家をヴィーンに集め、アントニオ・サリエリやヴォルフガング・アマデウス・モーツァルトを競争させ、国民教化の一環でドイツ語演劇を推奨した。皇帝はヴィーン市内に現れ、火事場に急行し、民衆の声を聴き、耕作を体験するなど民情視察に努めた。同時代の啓蒙専制君主として、ヨーゼフ二世はダールベルクと類似した行動様式を取っていたが、二人の関係は後述の通り良好ではなかった。(81)

六　帝国国法学の二極化

帝国愛国主義者の間では、神聖ローマ帝国を主導するのは皇帝なのか、帝国諸身分なのかを巡って対立があった。

アリストテレスの政体論で言えば、帝国政治は君主政なのか、貴族政なのかの対立である。ある政治共同体の発展に資するのはトップダウン型かボトムアップ型かという議論は、政治学の永遠のテーマでもある。帝国崩壊まで続いた、こういった君主、大臣、知識人たちの帝国国制論議を、「帝国国法学」(Reichspublizistik)という。

「帝国国法学」は、帝国の表看板の裏に論者自身の利害を潜ませていた。つまり観照的に帝国国制について議論しているようでも、実は自分の立ち位置から都合のいい帝国論を説いていたのである。だがそれでいて、帝国を解体して自領邦の利益のみを貫徹するという議論にはならず、飽くまで帝国存続を前提として、その変革を求める議論なのだった。

三十年戦争末期に擡頭した帝国諸身分派の論客に、ボギスラウス・フィリップ・フォン・ケムニッツ(一六〇五―一六七八年)がいる。メクレンブルク、ポンメルンのスラヴ系・ルーテル派知識人一家出身のケムニッツは、スウェーデン宮廷の御用歴史家になり、一六四八年に貴族及び宮廷顧問官とされている。このケムニッツは、ラテン語筆名「ヒッポリトゥス・ア・ラピデ」で、『我らがローマ＝ドイツ帝国における国家理性に関する考察』(一六四〇年)を刊行した。彼は神聖ローマ帝国を貴族政国家と評価し、ローマ皇帝は元首として優先権を有するが、帝国諸身分の一人に過ぎないとし、(ボダンのいう)「主権」が帝国議会に代表された帝国諸身分全体にあると説明した。ケムニッツは、貴族政的性格を明確化することが帝国のためであるとし、ハプスブルク家の権勢及びローマ法継受を批判した。ケムニッツは、クールラント出身のルーテル派帝国国法学者ディートリヒ・ラインキンク(一五九〇―一六六四年)が、ローマ法の Imperium/Imperator 概念を援用して、帝国を君主政国家と解釈したのに触発され、これを打破するべく反君主政論を展開し、ヴェストファーレンの講和の背景で二人が論争を展開した。ケムニッツはカトリック批判者ではなかったが、宗派対立が帝国を分断していることを危惧し、皇帝ではなく帝国諸身分により帝国の統一を成し遂げるべきだとの考えを示した。ケムニッツはマインツ大司教ヘンネベルクが構想し立ち消えとなった、帝国諸身分が担う

「帝国統治院」を理想の中央政府として、その再興を望んだ。ケムニッツは皇帝が同一家門から連続して選出されるのは二人までとし、有力家門のみならず帝国諸身分の輪番にするべきだと考えた。更にはケムニッツは、ハプスブルク家を滅ぼし、その領地を将来の皇帝の収入に充てるべきだとまで提案した。ケムニッツの急進的反ハプスブルク＝反皇帝路線は、一八世紀に至るまで国内外の反ハプスブルク派の論拠となった。プロイセン王フリードリヒ二世もヒッポリトゥスの愛読者であり、推奨者である。フランス王ルイ一四世による帝国領西部の蚕食が進むなか、一六七七年にパリで刊行された『ドイツ史』で、ジャン・ル・ロワイエ・シュール・ドゥ・プラードは、ハプスブルク家を滅ぼしてその所領を後任皇帝の費用に充てるというケムニッツの提案を支持し、更に選帝侯の所領も充てるべきとの考えを示した。(82)

一六六六年、ヘッセン＝ローテンブルク＝ラインフェルス方伯エルンスト（一六二三―一六九三年）が「思慮深いカトリック教徒」の筆名でケムニッツへの対抗案を提示した。エルンストは厳格なカルヴァン派のヘッセン＝カッセル家に生まれたが、実家からの自立を目指し、エステルライヒ、フランスなどカトリック勢力の支援を期待して、一六五二年にカトリシズムに改宗していた。エルンストは、三十年戦争での秩序崩壊を憂慮し、皇帝権の強化による秩序恢復を目指し、ハプスブルク家の大公の皇帝への選出を容易にするために、ベーメン王の国王選挙権再認可を提案した。エルンストはカトリシズム改宗者だが、カトリック教会領を「世俗化」して皇帝領とするべきだと主張し、また熱狂者及び無神論者と対決し、全宗派を統合する政治的平和の達成を目指した。エルンストは彼の提案を四十八部しか印刷せず、親しい人々にしか配布しなかったが、それでも両宗派から反撥の声が上がった。騒ぎになったため、エルンストは文書を取り戻そうとするようになった。(83)

一六六七年、ハイデルベルク大学国際法教授ザムエル・フォン・プーフェンドルフ（一六三二―一六九四年）が、イタリア人旅行者「セヴェリヌス・デ・モンツァンバーノ」を名乗って、『ドイツ帝国の状況について』を刊行した。プーフェンドルフはマイセン伯領で代々ルーテル派神学を奉じる家庭に生まれ、のちストックホルムに移りスウェーデン王から男爵位を授与されている。この著作の初版で、プーフェンドルフが帝国国制を「化け物のよう」と表現したことは有名だが、それは帝国を否定する意図ではなく、アリストテレスの政体論や混合政体論では説明できないと指摘しただけである。プーフェンドルフは、ケムニッツを病んだ帝国の「医師」ではなく「処刑者」だとし、そのハプスブルク家討伐論を強く否定し、ハプスブルク家の帝位継承も肯定した。ただプーフェンドルフは、皇帝権力に対する警戒心をケムニッツと共有していた。プーフェンドルフは、皇帝の権限行使を制限することには同意し、また帝国の常備軍を設けると、皇帝がそれに依存して、やがては国家の没落を招くので、スウェーデンのように平時には中核となる軍隊だけを置くことを主張した。加えてプーフェンドルフは、帝国の一体性を維持するために、帝国内の紛争処理のために帝国諸身分による非党派的な仲裁裁判所を設け、また帝国諸身分が外国勢力と同盟し、その介入を招くという事態を防ごうとした。プーフェンドルフは宗派的不一致がドイツの不統一の背景にあると見て、諸侯は教師に宗派に固執しない人材を登用すべきだとした。ケムニッツとは違い、プーフェンドルフはカトリック教会を盛んに攻撃し、自分の富強化ばかり求めるレヴィアタンのような存在だ、「怠け者の軍団」だとして、修道院を廃止して軍隊予算に充てるべきとした。プーフェンドルフはドイツの司教たちがドイツ諸侯でありながら、ドイツよりもローマを愛している、そもそも司教職は世俗支配とは両立しないとして、教会領の「世俗化」を訴えた。プーフェンドルフは宗派対等原則の徹底を求め、また連邦制的国制理解に通じる傾向があった。ちなみにプーフェンドルフは、同書が再版されるにつれ、カトリック教会やハプスブルク家に対する批判、帝国を「化け物」に譬えた表現などを弱め、やがて削除していったが、その知的衝撃は後世に残り、帝国末期の帝国国法学者、ゲッティンゲン大学教授ヨハン・シュテファン・ピュッターも、「ドイツ国法学文献」の「主役」だと称揚した(84)。

一六七〇年、マインツ大司教領の判事だったゴットフリート・ヴィルヘルム・ライプニッツ(一六四六―一七一六年)

が、『ドイツの最高権及び使節派遣原則について』を刊行した。ライプニッツは、ザクセン選帝侯国ライプツィヒ生まれのプロテスタント教徒だったが、マインツ大司教領に仕官していた。ライプニッツは、皇帝権は帝国内では制限を加えられた権力であるべきではあるが、教皇権に比肩するような、あらゆる欧州君主に対する上級支配権であるべきだとの考えを示し、皇帝権の普遍的性格の強化を考えた。また諸侯間の紛争は、教会の公会議に当たるような全体会議で決着が図られるべきだとした。ライプニッツはまた、高まるフランスの脅威を受けて、帝国執行、帝国防衛の充実を図るべきとし、帝国諸身分ではなく帝国が自国防衛のために直接徴兵に当たり、諸侯評議会が指揮する制度を提案した。ライプニッツは一六九四年にも『即応的軍制』(Geschwinde Kriegsverfassung)という文書を執筆している。(85)

エステルライヒ継承戦争、七年戦争を経た一七六〇年代には、皇帝派のフリードリヒ・カール・モーザー（のちフォン・モーザー帝国男爵）（一七二三―一七九八年）が「ドイツ国民精神」論を提起した。モーザーはヴュルテンベルク出身で、帝国国法学者ヨハン・ヤーコプ・モーザー（一七〇一―一七八五年）の長男である。J・J・モーザーは、バイエルン出身の薄弱な皇帝カール七世の失敗のあとで、強力な皇帝権こそが帝国を守り、またヴュルテンベルク領邦諸身分の権利をヴュルテンベルク公の介入から守れると考えるようになっていた。その子F・C・モーザーは、当初はフリードリヒ二世の礼讃者で、一七五九年には彼を新しきグスタフ・アドルフ（三十年戦争でドイツ・プロテスタント諸身分の救援に駆けつけたスウェーデン王）、ドイツの自由の救済者として顕彰していた。プロテスタント教徒のモーザーは、プロイセンの武力を通じてしか信仰・良心の自由は守れないと述べていた。また統治者は法の下に置かれるべきであり、臣民の生命、名誉、自由、財産を恣意的に処分してはならないと説いていた。ところがヨーゼフ二世のローマ王選出の頃、モーザーは皇帝側に寝返った。一七六四年一〇月二九日、帝国副宰相コロレード侯爵がペルゲン伯爵に、モーザーを皇帝側に獲得せよと指令を出したという。F・C・モーザーは、ドイツ「国民意識」を強化し、フランスのような外敵に立ち向かうべきだと、帝国議会の構成員たちに訴え始める。この「国民精神」という概念は、ヴォルテールのesprit des nationsやモンテスキューのesprit de la nation、あるいは英語のpublic spiritから影響を受けたものと考えられている。モーザーは、ドイツ人が領邦や宗派を越えて「ドイツ国民」としての一体感を持つように呼び掛けた。更にモーザーは、神聖ローマ帝国とドイツ国民(国家)とを同視していた(86)。モーザーの代表作である『ドイツ国民精神について』(Von dem Deutschen Nationalgeist)(一七六六年)の冒頭部分(87)は、一九八九年の「ベルリンの壁」崩壊によって再び注目されるようになった。

我々は一つの民族である[Wir sind Ein Volk]。それは一つの名前及び言語を持つ。そして一人の共通の元首の下にいる。そして一つの、我々の憲法の下にいる。憲法とはすなわち、権利や義務を決める法律のことである。そして我々は、自由という共通の大きな利益と結び付いている。そして我々は百年以上続く国民議会に、この重要な目的のために集結している。[我が国は]内なる力と強靭さとにおいてヨーロッパ第一の国[das erste Reich in Europa]である。その王冠は、ドイツ人の族長たちの頭上に輝いてきた。[…]

これに対してプロイセン王フリードリヒ二世は、神聖ローマ帝国廃止を提唱こそしなかったが、帝国や皇帝への忠誠心は持ち合わせなかった。彼は『政治的遺言』(一七五二年版)で、「時代遅れで奇妙な帝国国制」は、嫉妬深い帝国諸侯や周辺大国の意向で今後も維持されるだろうし、教会領「世俗化」も教皇やカトリック諸侯の反対で起きないだろうが、小諸侯や都市の数は絶えず減少していくだろうと予想している。ここでフリードリヒ二世は、プロテスタント大国が周辺小国を併呑していく過程を念頭に置き、自国に関してはアンスバッハ・バイロイト辺境伯領やメクレンブルク両公国の併合を考えていた。同時にフリードリヒ二世は、選帝侯が団結してフランスに支援を受けるなら、彼らが反皇帝勢力となり、ローマ皇帝の権力は凋落するだろうと予想した。フリードリヒ二世はまた「エステルライヒ家」、「皇帝」、「ヴィーン宮廷」を互換的に用いる習慣も疑い、ハプスブルク家を帝位から追い出すために、よき同盟者に支援された強大な家門を必要とし、薄弱だった皇帝カール七世を他山の石として、ヴィッテルスバッハ家がバイエルン・プファルツ両選帝侯国を統合し、ハプスブルク家の対抗勢力に成り得るかに注目していた。なおフリードリヒ二世は、プロテスタント教徒を帝位から排除する法はないはずとしつつも、自分の後継者が「空虚な称号」の獲得に乗り出すことを戒め、プロイセン領拡大への専心を求めた。フリードリヒ二世は教会領「世俗化」にも意欲的で、エステルライヒ継承戦争の際にはカール七世の領国バイエルン公国を、墺領の併合、ザルツブルク、パッサウ、フライジング、レーゲンスブルク、アイヒシュテット、アウクスブルクの教会領、幾つかの帝国都市の併合で強化し、バイエルン王国に昇格させる案を掲げて、全ドイツに衝撃を与えた。七年戦争時には、彼はハノーファー選帝侯とオスナブリュック、パーダーボルン、ミュンスター、ケルン、マインツの教会領併合を構想した。こうしたフリードリヒ二世の「世俗化」案は、他の世俗諸侯の領土欲をも刺戟し、教会領全廃による帝国国制変革をもたらす可能性を孕んでいた。[88]

ただ文化面では、フリードリヒ二世はドイツ・ナショナリストだったといえる。この哲人王は仏語著書『ドイツ文芸について』(一七八〇年)で、「ドイツ」(L'Allemagne)を「我々の共通の祖国」(notre commune Patrie)と呼び、ギリシア、イタリア、フランス、イギリスなどと比較して、ゲーテ『鉄腕のゲッツ・フォン・ベルリヒンゲン』などを挙げて、その文芸の現状を嘆きつつ、標準ドイツ語の形成及び洗練によるドイツ文芸の発展を願った。「勝者になる途上でまだ走っているものを、勝者と呼んでしまうわけにはいかない」として、彼はドイツ文芸に愛の鞭を振るったのである。彼にとっては、古色蒼然たる神聖ローマ帝国と文化的発展の途上にあるドイツとは別物だった。[89]

ちなみにフリードリヒ二世もこの著作で、仏語の nation、独語の Nation を、ドイツ人、ギリシア人、イタリア人、フランス人、イギリス人などに対して用いている。それは貴族や知識人などエリートに限定された意味でではない。

フリードリヒ二世やモーザーだけでなく、ダールベルクも革命前から「ドイツ国民」について盛んに語っていた。これらの言葉が欧州政界に登場したのは、nationを「第三身分」と同視するエマニュエル＝ジョゼフ・シェイエスの『第三身分とは何か？』（一七八九年）が最初では全然ない。「初めに革命ありき」ではないのである。[90]

七　「聖なるドイツ」――帝国教会とカトリック啓蒙

帝国愛国主義の発信源の一つに「帝国教会」（Reichskirche）があった。帝国教会とは、キリスト教国家たる神聖ローマ帝国の内部に展開するカトリック教会領を指しており、「聖なるドイツ」（Germania Sacra）ともいう。

帝国教会は西方キリスト教圏に根差した制度である。東ローマ帝国では聖職者の政治活動への関与が禁じられ、聖界諸侯もいなかったのに対し、フランク王国、神聖ローマ帝国ではあらゆる公的領域で聖職者が活動し、「国家」とはまさに「教会」として初めて成り立ったとまで言われる有様である。フランク宮廷に仕えた宮廷司祭は、国王と個別に主従関係を結んで行政全般に関わったが、これがやがてマインツ大司教を「帝国大宰相」と呼ぶ制度を生んだ。教会の言葉であるラテン語は、キリスト教布教と共に欧州諸国共通の書き言葉として広まり、行政でも用いられた。ドイツはキリスト教世界でカトリック教会が最も所有地や権利に恵まれた地となり、その点は宗教改革を経ても変わらなかった。[91]

「帝国教会」とはいうものの、そういう名称の団体が実在したわけではない。ローマ＝カトリック教会は普遍的組織であり、教皇庁は司教たちが特定地域ごとに団結することを好まなかった。「ドイツ司教会議」（Deutsche Bischofskonferenz）が発足したのは、第二ヴァティカン公会議直後の一九六六年である。その前身で「ドイツ」を名乗らない「フルダ司教会議」も、初会合はようやく一八六七年だった（但しヴュルツブルク司教会議が一八四八年に開催されたことがある）。しかもバイエルンの司教たちは、一八七三年から一九三三年まで「フルダ司教会議」に参加せず、別に「フライジング司教会議」を構成していた。それ以前は、「エムス会議」のように、必要に応じた関係司教（あるいはその使節）の会談があるのみだった。「帝国教会」とは、神聖ローマ帝国内の各種カトリック教会領（大司教領、司教領、大修道院領、騎士修道会領など）の総称に過ぎない。[92]

個々の教会領は、司教や修道院長など高位聖職者を首長と頂く君主政国家とも言えたが、同時にその首長を選挙する「大聖堂参事会」（Domkapitel）に代々子息を送り込む「教会貴族」（stiftischer Adel）たちの「貴族共和国」だとも解釈できた。これは帝国が君主政とも貴族政とも解釈できたのと似た構造である。[93] 大聖堂参事会が選んだ司教候補は、教皇から司教職に任命されたが、教皇から拒否されることもあった。「大聖堂参事会」は合議制団体で、例えば『マインツ選帝侯国宮廷国家年鑑』（一七八四年）によると、まず五人の「高僧」（Prälat）がおり（「大聖堂主任司祭」（Dompropst）、「大聖堂幹事長」（Domdechant）、「大聖堂管理長」（Domkustos）、「大聖堂神学長」（Domscholastiker）、「大聖堂歌唱長」（Domsänger））、次いで十九人の「参事会員」（Kapitular-Herren）がおり、最後に十七人の「参事会員候補」（Domizellar-Herren）がいた。[94]「参事会員候補」は「剃髪」（Tonsur）を済ませていれば七歳から聖職誓願済みとして扱われるという若手参事会員だが、親族に最低三十二人の帝国騎士層帰属者がいることを証明する必要があり、参事会員に昇任するためには、副助祭叙品、二十四歳以上の年齢、一つの大学での二年以上の修学が求められた。マインツ大司教領の場合、平民（つまり非貴族）の参事会員が採用された例はなく、現職参事会員が死去すると、通常はその甥や従兄弟が後継者に指名された。その際、親族の身分を確認するために系図などを検査する「祖先審査」（Ahnenprobe）が行われた。[95]

教会領の統治については評価が分かれていた。ヴィーン宮廷は、この教会領が教会貴族の子弟の扶養施設と化し、司教座を巡って陰謀が渦巻き、怠惰が横行し、プロテスタント勢力から軽蔑されていると問題視し、司教選挙のたびに皇帝監察官を派遣していた。このように教会領を批判する声がある一方で、「牧杖の下では生活が楽」（Unterm

Krummstab ist gut leben)という標語もあるように、民衆にとっては教会領の方がプロテスタント絶対君主制の諸領邦より支配が穏和で、祝日が多いとの好意的評価もあった(96)。

神聖ローマ帝国には司教領や修道院領とは別に、二つの騎士修道会領もあった。ドイツ騎士団、聖ヨハネ騎士団(マルタ騎士団)がそれである。この両騎士団は、それぞれフランケン帝国管区、シュヴァーベン帝国管区に属し、その総長は帝国諸侯に列していた。これらの組織も小帝国諸侯の扶養機関と化していたが、(特に後者は)皇帝に忠実で、その点在する領土は皇帝軍の滞在地となり、皇帝に官吏から兵士まで人材を供給した(97)。

近世の帝国教会は常に二つの敵と対峙していた。第一の敵は、カトリック教会領を併合しようと狙う世俗諸侯である。カトリシズム自体を疑うプロテスタント世俗諸侯は無論のこと、ローマ皇帝を含むカトリック世俗諸侯も聖界諸侯と利害が対立することがあった。後述のようにバイエルンやエステルライヒが自国領域に沿った教区再編を求めたり、バイエルンが教会領レーゲンスブルク侯国を併合したりという事態である。第二の敵は、ローマから全世界の信徒を統制しようとする教皇庁である。フランスの司教たちは逸早く教皇に距離を置いて、自国内で組織化する「ガリア主義」(Gallicanisme)体制を形成していた。この影響で、帝国教会でも自立的な「ドイツ国民教会」(deutsche Nationalkirche)を結成しようとする運動が起きる。一六六〇年、ケルン大司教マクシミリアン・ハインリヒ・フォン・バイエルンが皇帝レオポルト一世に、フランスの先例を意識してドイツ教会刷新のための「国民公会議」(Nationalkonzil)の召集を奏上したが、実現はしなかった。こうした運動は、一面でドイツ・ナショナリズムであり、他面で南欧の保守頑迷と対決するアルプス以北の啓蒙思想でもあった。反教皇庁的な「左のナショナリズム」の系譜は長く、一六世紀のルターの宗教改革も、一九世紀の「ドイツ・カトリック教会」、「古カトリック教会」形成も、二〇世紀の第二ヴァティカン公会議でのドイツ人神学者の活躍も、その延長線上にある(98)。

一八世紀後半、帝国教会では「フェブロニウス主義」(Febronianismus)が擡頭した。一七六三年、トリール補佐司教ニコラウス・フォン・ホントハイム（一七〇一―一七九〇年）が、「フェブロニウス」の筆名で出版したその著書『教会の状況及びローマ教皇の正当な権限について』で、教皇首位権に疑問を呈し、帝国教会の教皇からの自立を説くと同時に、新旧宗派を統合した「ドイツ国民教会」を樹立することを目指した。この著作は、ドイツの全司教の支持を得たわけではないが、教皇庁が対抗措置を取り、著者が一七七八年に撤回したにもかかわらず、影響力を広げていった。宗派対等の「ドイツ国民教会」構想に関しては、すでにオスナブリュック（カトリック司教とプロテスタント監督との交互支配）、ミンデン及びリューベック（両宗派による大聖堂参事会の構成）で実験的試みがなされていた（但し教皇はそもそもヴェストファーレンの講和を無効と考えており、プロテスタント監督を支配者に選出したカトリック教徒は破門された）。この「ドイツ国民教会」構想には、皇帝カール七世の時代からしばしば話題に上るようになった「世俗化」、つまり教会領廃止という措置からの教会の自己防衛という側面もあった[99]。

高まる「ドイツ国民教会」論に対抗するべく、教皇ピウス六世はミュンヒェンに教皇大使館を新設した。バイエルン選帝侯位を相続したプファルツ選帝侯カール・テオドルは、教皇との直結によってヴィッテルスバッハ家領の自立化を狙い、自分の宮廷があるミュンヒェンに、ケルン、ヴィーンに次ぐドイツ第三の教皇大使館の設置を目論んだ。教皇ピウス六世も、この教皇大使を事実上、帝国各地に点在する全ヴィッテルスバッハ家領を管轄する教皇直属の司教にすることで、反教皇的な帝国教会に楔を打ち込むことを狙った。ミュンヒェン教皇大使館設置は一七八四年に教皇の裁可を得、一七八五年に実現した[100]。

ミュンヒェン教皇大使館の出現に帝国教会は騒然となった。カトリック啓蒙の代表者で、モーツァルトの雇用主だったザルツブルク大司教ヒエロニュムス・コロレード・フォン・ヴァルトゼー・ウント・メルス伯爵（帝国副宰相の次男）は、マインツ大司教エルタールに共闘を呼び掛けた。一七八六年八月にザルツブルク大司教、マインツ大司教、ケルン大司教マクシミリアン・フランツ・フォン・エステルライヒ、トリール大司教クレメンス・ヴェンツェスラウス・フォン・ザクセン、フライジング司教ルートヴィヒ・ヨーゼフ・フォン・ヴェルデン男爵の使節は、マインツ領内のバート・エムスに集結し、ドイツの司教をドイツ人に限定することなどを求める「エムス宣言」(Emser Punktation)を発表した。(101)

ローマ教皇の影響をドイツから排除しようとするドイツのカトリック司教たちは、カトリック教会に啓蒙思想を取り入れて理論武装を行った。「カトリック啓蒙」(katholische Aufklärung)は、広義にはヨーゼフ主義、バイエルン国教会主義のようなカトリック世俗諸侯の改革構想も含むが、狭義にはフェブロニウス主義やヤンセン主義のようなカトリック教会の改革構想を指す。(102)ドイツの司教たちは、大学や学術アカデミーを後援し、行列や巡礼など民間信仰を制限し、財政再建を試み、民生改善のために奮闘した。またドイツの啓蒙思想は英仏のそれと比較して宗派分断の克服への関心が強く、これはカトリック啓蒙にも受け継がれた。(103)そしてカール・テオドル・フォン・ダールベルクこそ、このカトリック啓蒙の代表例として論じられる人物なのである。

第二章　ダールベルクの修業時代

一　帝国男爵家の出生

ヘルンスハイム宮殿

ヴォルムス郊外の丘陵地帯にヘルンスハイムという集落がある。周囲には葡萄畑が広がり、白葡萄酒の醸造所が点在している。集落の中核をなすのが、カトリック系のペーター教会及びヘルンスハイム宮殿である（写真）。太く丸い塔がある薄緑色の宮殿には、ダールベルク家の紋章が誇らしげに掲げられている。高低差のあるその敷地には、緑豊かな英国庭園が広がり、近辺の古風な二つの塔は、「シラーの塔」、「鸛《こうのとり》の塔」と呼ばれている。

このヘルンスハイムを本拠とする家門の長男として、カール・テオドル・アントン・マリア・ヴォルムス財務卿フォン・ウント・ツー・ダールベルク帝国男爵は、一七四四年二月八日にマンハイムで生まれた。マンハイムはライン宮中伯領（プファルツ選帝侯国）の首都で、父は当時その宮廷に出仕していたのである。洗礼時の代父は、ライン宮中伯カール四世テオドル・フォン・デル・プファルツ（プファルツ選帝侯カール・テオドル）及びシュパイヤー大聖堂神学長アン

トン・フォン・エルツ＝ユッティンゲン男爵（母方の親戚）だった。(1)

ヴォルムス財務卿ゲナント・フォン・ダールベルク帝国男爵家は、神聖ローマ帝国では知られた家である。この家門は聖母マリアの従兄弟ガイウス・マルケルスに連なると称し、古くはリューデスハイムの史料に登場する。同家の人々は、マインツ大司教、ヴォルムス司教にミニステリアーレス（非自由奉仕者）として仕えていたが、後者への出仕に関連して「ヴォルムス財務卿」（Kämmerer von Worms）という官職を獲得し、のちそれがそのまま家名になった。このヴォルムス財務卿家が、断絶した（元々の）ダールベルク家の財産（ダールベルク城など）を、姻戚関係にあったことから相続し、「ヴォルムス財務卿ゲナント・フォン・ダールベルク」なる結合姓を帯びるようになり、一般には単に「ダールベルク家」として知られるようになる。同家は宗教改革で一部がルーテル派に改宗したが、やがてカトリック教会に復帰した。ダールベルク家は、ヘリベルト・フォン・ダールベルク（?―一二二三年　ケルン大司教）、ヨハン・フォン・ダールベルク（一四八二―一五〇三年　ヴォルムス司教）、ヴォルフガング・フォン・ダールベルク（一五八二―一六〇〇年　マインツ大司教）、フランツ・エーベルハルト・フォン・ダールベルク（帝国大審院長官）、アドルフ・アントン・フォン・ダールベルク（一七二六―一七三七年　フルダ大修道院長）などを生み、ダールベルク家はマインツ選帝侯国顧問官ヴォルフガング・ハルトマン及び帝国大審院長官フランツ・エーベルハルトの時代に帝国男爵位を取得した（一六五三／五四年）。また一族のうち、ケルン大司教ヘリベルト及びフランケンタール修道院主任司祭エルケンベルトの二人は列聖されている。ダールベルク家の所領は、ヘルンスハイム、アベンハイム（ヴォルムス北方）、ヘスロッホ（アルツァイ東方）、ガプスハイム（ヴェルシュタット・ウンデンハイムの間）など、ライン宮中伯（プファルツ選帝侯）領、ヴォルムス司教領などに接した各所に点在しており、まとまった「ダールベルク男爵領」はなかったが、一六世紀には各領土を包含する裁判制度を設けていた。ただダールベルク帝国男爵家のような小君主は、自力での防衛には限界があり、私闘を禁じた帝国国制によって守られている状態にあった。ダールベルク家が帝国直属の栄誉を得たのは、一五四二年にドイツ王フェルディナント一世がトルコ撃退などのために帝国税徴収を求めたのに協力したのが契機だという。ダールベルク家には皇帝戴冠式での特殊な役柄があった。ローマ皇帝マクシミリアン一世に与えられた特権により、皇帝が戴冠した際、紋章官が「ダールベルク家の者は居らぬか?」(Ist kein Dalberg da?)と三度呼び声を上げ、(場所がローマならテヴェレ川の橋の上で)同家の者が数多の候補者のなかで真先に騎士に叙任されるのである。例えば一七六四年にはローマ王ヨーゼフ二世からダールベルクの父フランツ・ハインリヒが、一七九〇年にはローマ皇帝レオポルト二世からダールベルクの長弟ヴォルフガング・ヘリベルトが、この流儀で騎士に叙任されている。なお「絶対的権力は絶対的に腐敗する」と述べて、第一ヴァティカン公会議の教皇不可謬論を批判したイギリス人カトリック教徒のジョン・ダルバーグ=アクトン男爵(一八三四—一九〇二年)は、ダールベルクの甥エメリヒ・ヨーゼフの外孫で、一七九四年に退却するフランス革命軍が放火して荒廃し、その後拡充工事が行われていたヘルンスハイム宮殿を相続していた。一八六九年には、イグナッツ・フォン・デリンガー、アクトン卿ら反不可謬論派がヘルンスハイムに集結している。だがアクトン卿は一八八三年にヘルンスハイム宮殿を、ヘッセン大公国の企業家・帝国議会議員(国民自由党)コルネリウス・ヴィルヘルム・ハイル(のちハイル・ツー・ヘルンスハイム男爵)に売却した。[2]

カール・テオドル・フォン・ダールベルクは十一人兄弟姉妹(三男八女)の第一子である。父フランツ・ハインリヒ・フォン・ダールベルク男爵(一七一六—一七七六年)は、ライン宮中伯領、次いでマインツ大司教領に出仕し、同ヴォルムス総督などを歴任した。母マリア・ゾフィア(一七二二—一七六三年)は、モーゼル川流域のエルツ城に君臨したエルツ=ケンペニヒ伯爵家の出身である。ダールベルクの長妹である長女(第二子)マリア・アンナ(マリアンネとも。一七四五—一八〇四年)は、フォン・デル・ライエン帝国伯爵家へ嫁し、夫の死後は領地ヴェストリヒの統治者となり、啓蒙派知識人としても活躍して「偉大なる帝国伯爵夫人」(große Reichsgräfin)と呼ばれた。ダールベルクの長弟である次男(第六子)ヴォルフガング・ヘリベルト(一七五〇—一八〇六年)は、ヴォルムス総督、バーデン辺境伯領大臣などを務め、ダールベルク家の血筋を後世に残した。ヴォルフガング・ヘリベルトは、兄カール・テオドルと同様にフリーメイソン、啓明団の一員となり、マンハイム劇場総監を務めるなど、カトリック啓蒙の一角を担った。末弟のフリードリヒ・フーゴー（一七六〇―一八一二年）はトリール、ヴォルムス、シュパイヤーの大聖堂参事会員を務めたが、同時に作曲家としても活動した。(3)

ここでダールベルクの家族関係や政治活動の背景にあるものとして、フリーメイソン、啓明団にも触れておきたい。ダールベルク周辺には常に多くのフリーメイソン団員、啓明団員がいて、政治・文化の両面で密接な交流をしていたのである。またダールベルクやゲーテに顕著な親プロイセン感情も、フリーメイソンの繋がりを背景としたものであった可能性がある。

「フリーメイソン」（独 Freimaurerei）はイギリス起源の人道主義団体である。フリーメイソンはイギリスの石工組合から始まり、美徳と隣人愛とを唱道し、人間の倫理的完成、「人道の神殿」の建設を目指す啓蒙派知識人・政治家の団体へと発展し、一七三五年以来フランスを始め世界中に広まっていった。とりわけプロイセンでは一七三八年にフリードリヒ王太子（のちのプロイセン王フリードリヒ二世）が加入し、それ以降プロイセン王家は一九世紀のドイツ皇帝ヴィルヘルム一世、フリードリヒ三世に至るまで、フリーメイソンと断続的に密接な繋がりを有した。フリーメイソンは唯一神への信仰を前提としていたが、同時に現存宗教への批判的視点を有していたので、教会の教義を蔑ろにし、陰謀を巡らす秘密結社だとの印象を生み、のちにはイエスス会やユダヤ人とならぶ危険な国際派として警戒されるようになる。一七三八年にはライン宮中伯カール・フィリップがユーリヒ・ベルク公国の文武官に対してフリーメイソンへの参加を禁止し、同年教皇クレメンス一二世が大勅書「イン・エミネンティ・アポストラトゥス・スペクラ」で、破門をもってカトリック教徒の同団参加を戒めた。だがローマ皇帝フランツ一世は、自らもフリーメイソン団員であり、この大勅書を帝国内で発布せず、カトリック教徒の更なる入団者も相次いだ。マインツ大司教ブライトバッハは、このフリーメイソンの抑制を試み、一七六七年からは大聖堂参事会員に就任する際にフリーメイソン団員でないことを宣誓することになっていたが、その寵愛を受けたダールベルクはフリーメイソン団員だった。ダールベルクがフリーメイソン団員となった契機は分からないが、ヴォルムスのロッジ「兄弟愛のヨハネ」が一七八一年に創立された際には、ダールベルクがその「議長」(Meister vom Stuhl)に選ばれており、加入はそれ以前と思われる。のちダールベルクは、ライン同盟時代にもフランクフルトの支配者として同地のロッジを庇護し、一八一二年には「ナポレオン法典」施行に伴う秘密結社禁止令からも守ったという(4)。

「啓明団」(Die Illuminaten)はドイツ啓蒙主義者のイエスス会である。啓明団はインゴルシュタット大学教授(自然法・教会法)のアダム・ヴァイスハウプトが、イエスス会の反啓蒙主義を打倒するべく、イエスス会の組織原理(教育活動と秘密組織化)を範として、学生たちと一七七六年に創立した秘密結社で、当初は「完璧主義者の会」を称し、悟性の完成、学問の振興、悪癖の打破を目標としていた。南ドイツを活動の場としていた啓明団は、一七八〇年にヴァイスハウプトがフリーメイソンのアドルフ・フランツ・フォン・クニッゲ男爵と交流して以来、フリーメイソンの団員資格を啓明団加入の前提条件とするようになり、フランクフルト・アム・マインからライン川沿岸都市に拡大した。後述のようにダールベルクは、エルフルト時代に啓明団に入ったと考えられている。なお宰相メッテルニヒの父フランツ・ゲオルクも啓明団員であり、ダールベルクの腹心となるコルボルンも啓明団員となっている。ゲーテも、ヘルダーも、ザクセン＝ヴァイマール・アイゼナハ公カール・アウグストも、ブラウンシュヴァイク公フェルディナントも、アイヒシュテット大聖堂主任司祭ルートヴィヒ・コベンツル伯爵も、ヨーゼフ・フォン・ゾンネンフェルスも、マクシミリアン・フォン・モンジュラも啓明団員で、最盛期には全ドイツで六百人から七百人に及んだ。だが一七八四年にバイエルン公カール・テオドルが禁止令を出し、翌年活動を終えている(5)。

ダールベルク家の長男カール・テオドルは、十歳にもならぬうちに、恐らく両親の意向でカトリック聖職者になることを決定された。一七五四年二月一日にダールベルクは叔父から聖職禄を譲渡され、ヴュルツブルク司教領の大聖堂参事会員候補となった。更にダールベルクは、一七五四年四月二〇日にマインツ大司教領の大聖堂参事会員候補ともなり、一七五八年七月にはヴォルムス司教領のそれにもなった(6)。

少年カール・テオドルは家庭で最初の教育を受けた。彼はダールベルク家の宮殿が二つあったマインツなどで生育し、家庭でラテン語やフランス語を学んだ。彼の家庭教師の一人である「ムッシュー・ニコレ」は、のちにダールベルクが総督を務めるエルフルトで隠棲し、「宮廷顧問官」号を授与されるなどダールベルクから数々の栄典を受けた(7)。

ダールベルクは十五歳で大学に入る。彼はまず一七五八年七月からヴュルツブルク大学で物理学や学問史を学んだ。彼の自然科学との関わりは、このヴュルツブルク時代に一つの起源がある。ただ彼のヴュルツブルク大学との関係はよく分かっておらず、大学附属ギムナジウムへの通学ではないかとの説もある。一七五九年一一月二八日には、ダールベルクはハイデルベルク大学に転学して法学を専攻し、民法学者ヨハン・ヴィルヘルム・アントン・ダーメン教授(『法学提要』担当)の家に居住して学習した。ハイデルベルクは祖先のヴォルムス司教ヨハン・フォン・ダールベルクと縁が深い地であった。またダールベルクは、一時は法学で名高いプロテスタント系のゲッティンゲン大学にも通学したというが、これも確認はされていない。一七六一年一一月二三日、十七歳のダールベルクは、ハイデルベルク大学で「両法博士」(Doctor juris utriusque：世俗法及び教会法に関する博士)の口頭試問を、「大きく幅広い喝采と共に」終えた。博士論文はダーメンが専攻した相続法に関するもので、ある父親(甲)が、自分の息子たちが成人前に死亡してしまう場合に、甲の遺産の相続人としてある別の人物(丙)を指名し、その息子たちの母親(乙)には甲の遺産への遺留分がないとの遺言を書いた事例で、乙が自分は甲の遺言に拘束されないと主張して遺留分を請求できるかという問いに、ダールベルクはローマ法を援用し、肯定的な答えを出している。この話題は、ダールベルクがエルフルト総督として取り組んだ寡婦支援事業とも関連するものである。ただハイデルベルク大学には口頭試問の記録はあっても、学位取得の記録がなく、また同大学法学部の博士号も規定上は五年の在学を前提とするものだったので、彼の学位取得の実態は謎に包まれている。なおダールベルクが神学を専攻しなかったことは注目されるが、これはライン地方の伝統には沿うものだったという[8]。

法学博士号を取得したダールベルクは「騎士旅行」(Kavalierstour)に出発した。これは当時の貴公子たちの習慣で、イタリア、フランス、オランダなど欧州各地を旅行して、見聞を広げるというものである。教皇領のローマでは、ダールベルクは教皇クレメンス一三世に謁見した。教皇クレメンス一三世は、啓蒙主義者の標的たるイエスス会の擁護者だったが、来訪したダールベルクを洗練された若者だとして大いに気に入ったという。帝国領イタリアのミラノ公国では、ダールベルクは南ティロルの名門貴族で、長年ロンバルディアの統治を担ったカール・ヨーゼフ・フォン・フィルミアン帝国伯爵(一七一六―一七八二年)と交際した。この人物は、プロテスタント教徒追放で暴虐との印象が強いザルツブルク大司教レオポルト・アントン・フォン・フィルミアン伯爵の甥に当たるが、敬虔でありながら聖職者の専制支配に批判的で、学問・芸術の発展、産業の振興に力を尽くしていた。ダールベルクは『美学の原則』(一七九一年)の末尾で、フィルミアンとの美学談義を再現している。ダールベルクにとってフィルミアンは理性と人間愛の体現者であった。ダールベルクの友人フランツ・オーバーテュールによると、フィルミアンはダールベルクにとって「友、師、指導者」だったという。ダールベルクはこのフィルミアンと共にザルツブルク、ヴィーンを訪れ、その後フランスやオランダも回って様々な国制を見学し、加えてヴァイマールなど幾つかのドイツ宮廷を回った[9]。

二　マインツ選帝侯国への出仕

帰国後の一七六三年、ダールベルクはマインツ選帝侯国の官吏となり、十九歳にしてその中央官庁で勤務を始めた。

マインツ大聖堂

マインツ選帝侯国（Kurfürstentum Mainz、略称 Kurmainz）、即ちマインツ大司教領（Erzstift Mainz）は、中部ドイツに領地が点在する教会国家である。「大司教領」（Erzstift）は、教会の宗教的管轄領域である「大司教区」（Erzbistum）とは異なり、大司教の世俗的支配領域である（「司教領」、「司教区」は Hochstift、Bistum という）。赤い砂岩のマインツ大聖堂（聖マルティン教会）は、ロマネスク様式にゴシック・バロック様式を加えた巨大な建築物である（写真）。マインツ選帝侯国はダールベルク家には馴染みの就職先だった。この頃そこでは父フランツ・ハインリヒや叔父カール・ヨーゼフが枢密顧問官を務めており、他にも一族の者が勤務していた。ダールベルク家を始めシュタディオン家、メッテルニヒ家、エルタール家、オスタイン家、フェッヒェンバッハ家、エルツ家、シェーンボルン家、フォン・デル・ライエン家などが、マインツ大聖堂参事会に子息を送る「教会貴族」層を為していた。今日でもマインツ市内には、ダールベルク新宮殿（一八世紀初頭竣工）を始め、エルタール宮殿、オスタイン宮殿といった赤い砂岩に白壁の大邸宅が軒を連ねている。同年にマインツ大司教・選帝侯（四年後ヴォルムス司教も兼任）となったエメリヒ・ヨーゼフ・フォン・ブライトバッハ・ツー・ビュレスハイム帝国男爵（一七〇七―一七七四年）は、啓蒙派知識人として知られ、若いダールベルクを重用した。一七七一年、ダールベルクはマインツ大司教総代理になる。ブライトバッハはダールベルクに、改革志向の大司教政府と慎重な大聖堂参事会との仲介役を期待したとの見方もある。[10]

　ダールベルクが勤務を始めた頃、ドイツ随一の教会国家たるマインツ大司教領には多くの有力政治家がいた。ブライトバッハ大司教が大臣に採用した、宮内長官カール・フリードリヒ・フォン・グロシュラーク＝ディーブルク男爵（一七二九―一七九九年）、宮廷官房次長アンゼルム・フランツ・フォン・ベンツェル男爵（一七三八―一七八六年）は、宮廷大官房長（Großhofmeister）アントン・ハインリヒ・フリードリヒ・シュタディオン＝ヴァルトハウゼン伯爵（一六九一―一七六八年）が育成した若手啓蒙派官僚であった。また当時、カール・フィリップ・フォム・ウント・ツーム・シュタイン帝国男爵も、ナッサウのプロテスタント系帝国騎士でありながら、一官吏としてマインツ宮廷に勤務しており、やがて大司教の枢密顧問官となった。彼の息子たちはプロイセン王国政府に出仕し、その一人は（実質的な）首相になっていく(11)。

ブライトバッハ＝ビュレスハイム大司教の時代、マインツ大司教領はカトリック啓蒙の一大中心地であった。すでに前任のマインツ大司教ヨハン・フリードリヒ・カール・フォン・オスタイン伯爵（一六九六―一七六三年）は、シュタディオン＝ヴァルトハウゼンを登用したが、シュタディオンはフランス留学を経て啓蒙思想の熱心な支持者になった人物で、ロックやモンテスキューの政治理論や『百科全書』に傾倒し、ヴォルテールも敬意を表したヤンセン主義者だった。またオスタイン大司教の下で、女子教育も含めた研究教育の拡充が図られ、一七五四年にはエルフルト実学アカデミーが、一七五八年にはマインツ芸術アカデミーが設立された。だがオスタイン大司教はイエスス会にも配慮し、シュタディオンがイエスス会が建立した聖ネポムクの記念碑を除去して広場を拡大したのに、信心深い信徒たちが不満を表明したとき、シュタディオンの政策を撤回させ、新たな十字架の建立を認めた。続くブライトバッハの下で、グロシュラークやベンツェルが推進した政策はより徹底しており、財政再建、軍備縮小、殖産興業、商業振興、裁判制度の整備、師範学校の設立、学校での聖職者の影響削減、宗教的・世俗的休日の削減、巡礼・行列の制限・禁止、修道院の再編・制限、イエスス会の免税権廃止、イエスス会神学校の廃止と「ギムナジウム・エメリキアヌム」への転用、エルフルト大学へのルーテル派学者の教授採用などが実施された。このうち休日の削減は、休日が多いカトリック圏がプロテスタント圏に対して経済活動で後れを取ることを危惧しての措置で、またそれを司教が実施することは、教皇に対する自立性の顕示でもあった。また「聖体行列」(Fronleichnamsprozession)は、二〇世紀になるとバイエルン出身の教皇ベネディクトゥス一六世(一九二七年—)がカトリック信仰の華として推奨することになるが、一八世紀のマインツ大司教領では制限が加えられていたのである。すでにオスタイン大司教は聖書の登場人物に扮した人々の聖体行列への参加を禁止していたが、ブライトバッハ大司教は騎馬聖体行列なども禁止した。一七七三年に教皇によりイエスス会が廃止されたとき、会士たちを住民から敬意を示されないように密閉された護送車に乗せ、兵士たちで囲んで修道院へ送った。つまりマインツ宮廷が自国のカトリック色を薄める方針を採り、大聖堂参事会の反対を排して信心深い民衆を上から啓蒙し、実践的活動へと導こうとしていたのである(12)。

更に帝国大宰相ブライトバッハ=ビュレスハイムは、自分がマインツ大司教としてローマ王冠を授けたローマ皇帝ヨーゼフ二世と対決していた。ブライトバッハ大司教は、一七六四年のヨーゼフ二世のローマ王選挙に際しても、全ての選帝侯をフランクフルトに集めてレーマーで選帝侯会議を開催するなど、帝国政治に意欲を見せていた。またブライトバッハ大司教は親仏傾向が顕著で、皇帝とは対決を辞さない姿勢だった。その対立は、ヨーゼフ二世が帝国諸身分の影響の強い帝国大審院の監察を行ったことで顕在化した(13)。

帝国大宰相たるマインツ大司教がローマ皇帝たるハプスブルク家当主と対立するのは、近世帝国政治ではよくある光景だった。大司教ベルトルト・フォン・ヘンネベルク伯爵(一四四一頃—一五〇四年)は、帝国宰相府を皇帝のではなく帝国の機関にしようとし、また「帝国統治院」構想、「帝国大審院」構想などを掲げ、帝国諸身分を代表して皇帝マクシミリアン一世と対峙した。大司教ヨハン・フィリップ・フォン・シェーンボルン(一六〇五—一六七三年)は、ドイツ王選挙でこそハプスブルク家のレオポルト大公に投票したものの、エルザスやロートリンゲンなど帝国西部を蚕食するフランスと連携して、皇帝レオポルト一世と敵対する親仏同盟を築いた。シェーンボルンはフランスの政治指導者ジュール・マザラン枢機卿(伊 ジュリオ・マッツァリーノ)と連携し、他の聖界・世俗諸侯と(第一次)「ライン同盟」を結成して、帝国内でのハプスブルク家の覇権を阻止し、教会領の存続を保証する帝国国制を維持しようとした。ヴェストファーレンの講和では、皇帝及び帝国に反抗する同盟は締結できないと規定されていたが、シェーンボルンは帝国国制を守るためとして、帝国諸身分の利益を重視して皇帝に反抗する道を選んだのである。大司教フィリップ・カール・フォン・エルツ＝ケンペニヒ男爵(一六六五―一七四三年)は、皇帝カール六世から帝国伯爵位を授与され、一七三二年、年に十万グルデンの年金を得て、次回ドイツ王選挙でその女婿(マリア・テレジアの夫)フランツ・シュテファン大公(のちの皇帝フランツ一世)への投票を約束したにも拘らず、エステルライヒ継承戦争が勃発すると、フランスの圧力が高まるなかで、他の選帝侯とともにバイエルン選帝侯カール・アルブレヒト(皇帝カール七世)に投票して、優勢な反ハプスブルク軍から領国を守ろうとした(14)。

とはいえヴィーン宮廷及びマインツ宮廷は、同じカトリック系宮廷として、あるいは帝国政治の二大拠点として協力しなければならない立場にあり、人的交流も多かった。グロシュラークは、父同様に帝国大審院長官になろうとヴィーン宮廷の有力者に働きかけたり、またコロレードの不人気に乗じて帝国副宰相職を目指したりした(15)。後述のようにエルタールは、ヴィーン駐箚マインツ使節だった頃はヴィーン宮廷と良好な関係を構築しており、マインツ大司教領首相、フランクフルト大公国大臣となるアルビーニも、それ以前にダールベルクの支援でヴィーンで「帝国宮廷宰相府ドイツ部門参事官」(Reichsreferendar für deutsche Expedition)を務めたりもした。帝国宮廷宰相府参事官とは帝国大宰相が皇帝との合意の下に任命する、ヴィーンの帝国副宰相を補佐する役職で、「ドイツ部門」及び「ラテン部門」の二人がいるが、皇帝とドイツ諸身分との関係を担当する「ドイツ部門」は重要であった(16)。

この帝国大審院問題で、ダールベルクは帝国愛国主義者として初陣を飾った。帝国大審院は、一五三〇年以降マインツ大司教の指導下にあり、一七世紀にはその膨大な文書をアシャッフェンブルクのヨハンニスブルク宮殿で引き受けたこともあった。また帝国大審院は、かつてダールベルク家からも長官を出した裁判所である。一七六八年、ダールベルクは『大審院官房との関連でのマインツ選帝侯の大宰相としての権能が攻撃されている大審院の司法制度の改善についての様々な書簡のうち第三部の七つのものに対する反論の試み』(以下『反論の試み』)を刊行した。この作品でダールベルクは、マインツ大司教の帝国大審院に関する歴史的権限を擁護し、その削減を目指す皇帝側の法学者ヨハン・ヤーコプ・フォン・ツヴィールライン男爵(一六九九—一七七二年)に反論した。これはヨーゼフ二世の帝国大審院監察に対抗するブライトバッハ大司教を自主的に応援する言論活動であった(17)。ちなみに帝国大審院には啓明団員の判事補がいたことも知られており、この点がダールベルクの発言の動機だった可能性もある(18)。

この『反論の試み』でダールベルクは、フランク=ドイツ史を振り返り、ドイツに弱い君主制が生まれた経緯を説いた。まずダールベルクは、モンテスキューを援用してこう述べている。「法律が歴史を説明し、歴史が法律を説明する」。ダールベルクは、カール・マルテル、ピピンが独断専行の支配者だったのに対し、カール大帝が新しい国制を構築したと説く。カール大帝は、「専制権力」は「卑屈な奴隷は作れても男は作れない」という「真理」を見抜いていたため、「国民」(Nation)に「立法権」を与えたという。ダールベルクは、フランスとドイツとが別れ、フランスではカール大帝の国制が維持できなくなったが、ドイツでは「国民の状況」により適合していたため、より長く維持されたという(19)。

次いでダールベルクは、マインツの帝国大宰相(Erzkanzler)の歴史を描いた。「ドイツ諸部族」(Die deutschen Völker)は文字の読み書きができなかったが、ガリアを占領した際に、書面での契約をすることを学んだ。当時の彼らの「母語」は法律概念を知らず、彼らは「頭脳労働」ではなく「肉体労働」を好み、文書はラテン語で作成されていたので、聖職者が文書作成を担った。こうして(法律に関して)国王の口や筆となったのがErzkanzler、つまり本来は「大官房長」であり、これをマインツ大司教が務めるようになったという(20)。

その上でダールベルクは、帝国大審院の成立及びマインツ大司教の権限を説いている。元来は皇帝が最高裁判官だったが、皇帝権力の弱体化によってドイツは「流血の舞台」となり、私闘が絶えなくなった。ここでようやく人々は、「法律なき自由は、長い目で見ると全員の利益を損ない、誰も得をしない」と悟って、帝国司法の重要性に気付いたという。ダールベルクは、古代ギリシアのアテナイ、スパルタ、テーバイが「嫉妬」に駆られて同盟関係を解消した結果、ギリシアの自由そのものが失われたという故事を引き、同じ轍を踏まぬよう「ドイツ国制の維持」が必要だと訴えた。ダールベルクは、皇帝マクシミリアン一世が帝国大審院を設立する際に、マインツ大司教ベルトルト・フォン・ヘンネベルクがそれを提案したことを重視し、後者を「祖国への強い愛情に満たされた、偉大で深い洞察を持った君主」だったと評した。またダールベルクは、マインツ大司教が帝国大審院に特別の権限を有していることを指摘すると共に、それが帝国諸身分の裁判所であることを強調する。つまりダールベルクは、「法律なき自由」を解消するために、再び皇帝権力を強化し、最高裁判官としての権威を恢復するべきだとは、露ほども考えなかったのである。(21)

ちなみにダールベルクはこの文章で、「ドイツ」(Deutschland)、「帝国」(Reich)、「ドイツ帝国」(deutsches Reich)、「神聖帝国」(Heiliges Reich/Sacrum Imperium)、「ゲルマニア」(Germania)などを互換的に用いている。ダールベルクにとって、神聖ローマ帝国とは「ドイツ帝国」であり、普遍国家としての起源は有するが、基本的には「ドイツ諸部族」の居住する国であった。帝国領イタリアやベーメンなど、帝国の非ドイツ的領域の存在は等閑視されている。前述のようにダールベルクは、ドイツ史を専らフランス史との対比において理解し、ドイツ人を自由だが元来粗野な民族と見ていた。(22)こうしたダールベルクの基本認識は、彼の晩年まで引き継がれていく。

ダールベルクがブライトバッハ大司教に助勢したのは帝国国制問題だけではなかった。ダールベルクは一七七一年七月三〇日付の「男子修道会のためのマインツ選帝侯令」の起草に関与したとされる。この命令は、男子修道院に綱紀粛正を指示するもので、修道院での葡萄酒提供を無作法で危険に満ちているとして一律禁止し、また修道士が修道院外で宿泊することを厳しく制限し、修道志願者の審査を厳格にするなどというものだった。こうした一連の修道院対策は、宗教的純化を意図したというよりは、啓蒙絶対主義による宗教勢力抑制の文脈で理解されるべきものだろう。[23]

ブライトバッハ大司教を力強く支援したダールベルクは、一七六八年にはマインツ大聖堂参事会員に、一七七〇年にはヴォルムス大聖堂参事会員に、一七七九年にはヴュルツブルク大聖堂参事会員になった。名門の御曹司ダールベルクは、縁故のある就職先で家柄に相応しい出世を遂げつつあった。[24]

三　エルフルト総督としての啓蒙専制

一七七〇年一二月、マインツ大司教領の飛地「エルフルト国」(Erfurter Staat)の総督(Statthalter)だった大司教の甥カール・ヴィルヘルム・フォン・ブライトバッハ＝ビュレスハイムが死去すると、ダールベルクはブライトバッハ大司教に嘆願して、翌年四月五日にその後任に任命され、九月には枢密顧問官の称号も得た。[25]

マインツ大司教にとってエルフルト国は厄介な領地だった。元来エルフルトは「ドイツ人の使徒」ボニファティウスが七四二年に司教座を置いた都市である。七五五年にエルフルト司教区はボニファティウスが司教を務めるマインツ司教区に吸収され、一一世紀にはマインツ大司教の世俗的支配にも服した。だが本領マインツから遠く離れた飛地エルフルトには、近隣のテューリンゲン方伯が影響力を行使しようとした。また都市エルフルトは商業が発達した結果、近隣のミュールハウゼンやノルトハウゼンと同様に帝国自由都市として自立することを望み、一三九二年には市立エルフルト大学も創立されるに至る。ドイツ王選出を巡る争いでは、エルフルトは同地に四度も滞在したローマ皇帝フリードリヒ二世に加担して、マインツ大司教の官吏を排除した。ルドルフ一世、アルブレヒト一世らハプスブルク家のローマ皇帝、ドイツ王たちも、滞在して特許状を与えるなど、この都市を優遇した。またテューリンゲンに勢力を拡大するザクセンのエルネスト系ヴェッティン家は、エルフルトにも関心を示し、一五世紀末にはエルフルトがマインツ大司教の宗主権下でヴェッティン家により統治された時代もある。更に宗教改革や農民戦争が勃発すると、反マインツ感情の渦巻くエルフルトではプロテスタント勢力が支配的となり、カトリック教会を襲撃して財産を没収した。ダールベルクの時代にも農村部は圧倒的にプロテスタント系で、都市エルフルトは両宗派が半々であった。三十年戦争では一六三一年一二月二二日にスウェーデン王グスタフ二世アドルフがエルフルトを占領したが、その総督となったザクセン＝ヴァイマール公ヴィルヘルムはこの都市に重税を課し、自分の領地に併合しようとした。そうした幾多の変遷にも拘らず、ヴェストファーレンの講和（一六四八年）でマインツ大司教のエルフルト支配が最終的に確認されると、エルフルトの帝国自由都市への道は塞がれた。最終的に一六六四年にエルフルトを「平定」(Reduktion)したマインツ大司教ヨハン・フィリップ・フォン・シェーンボルンは、エルフルトの宗派状況を変更することはしなかったが、翌年から大聖堂のすぐ隣に城塞ペータースベルクを築いてエルフルト市内に睨みを利かせた。すでに一五八四年からエルフルトには大司教の後援でイエスス会が進出するようになっており、またバロック期には華麗な聖体行列や大司教の歓迎儀礼などがエルフルトを彩るようになった。一八世紀初頭には、エルフルトにバロック様式の「総督府」(Statthalterei)が建設され、ここがのちにダールベルクの居館ともなった。ただプロテスタント主導のエルフルト市側はマインツ大司教の支配が確立しても、讃美歌集刊行など宗派事項に関して、遠方にいるカトリック系領主への反抗を繰り返した。[26]

この小さなエルフルト国で総督ダールベルクは啓蒙専制君主となった。「啓蒙絶対主義」(aufgeklärter Absolutismus)は、非西欧諸国での啓蒙思想の一出現形態とされている。啓蒙専制君主に対しては、君主個人が「啓蒙されている」(aufgeklärt)だけで、身分制や教会支配を温存し、自然法、人権思想、民主主義、平等思想に踏み込まない「上からの改革」を唱えただけだという批判もあり得る。ヴォルテールもディドロも、そうやってフリードリヒ二世やエカテリーナ二世への不満を表明したのである。[27] 実際のところ啓蒙専制君主たちは、「国家第一の下僕」として善政を志したが、絶対君主制を断念する気は毛頭なかった。彼らは主観的には社会を無知、迷信、専制から解放し、旧来の重層的身分制秩序を越えた「福祉国家」(Wohlfahrtsstaat)、「よきポリツァイ」(gute Polizey)を実現したいと願っていたが、その統治姿勢は家父長的で、個人的好みに合う人物や事業を支援することもあった。また彼らには、啓蒙の果てに自由化、民主化、宗教破壊が止まらなくなった場合に、どうするのかを考えていない無邪気さがあった。しかし彼らは、常に政治の現場で啓蒙の理想を追求したという点で、サロンで茶飲み話をするだけの西欧知識人にはない実践性があったとも言える。神聖ローマ帝国には多くの領邦にそうした啓蒙専制君主、啓蒙官僚がいた。それはカトリック教会領も同様で、マインツ大司教のブライトバッハやエルタール、ザルツブルク大司教コロレードが代表例であり、ダールベルクもその系譜に連なっていた。

総督任命から十八箇月を経て、一七七二年一〇月二日にエルフルトに赴任したダールベルクは、早速火事に遭遇した。ダールベルクはマインツから同行していたフォン・デル・ライエン伯爵と現場に急行して、その場にいたある中年男に、危機的状況にある箇所の消火を命じた。するとこの男は、こう言ってダールベルクにバケツを渡した。「命令なら誰でも出来る。でも誰も救おうとはしない。さあ、あんたも消火に参加しろよ」。ダールベルクは自分が新総督だとは明かさずに、バケツを手にして消火に参加したという。[28]

エルフルト総督ダールベルクは早速行政改革に着手した。ダールベルクの施策は次のように整理される。(1)人事：ダールベルクは、かつて敵対者がブライトバッハ大司教にした讒言により、エルフルト市シュルトハイスを始め全ての官職から追われていた枢密顧問官フォン・ベルモントを呼び戻して、エルフルト国の司法・行政部門の長官に任命した。(2)商業・農業振興：ダールベルクは、七年戦争のために形骸化していた「商業代表部」を改革し、勤勉な農民に懸賞金を与え、工場制手工業を優遇し、ツンフトによる規制を緩和するなど、産業振興策を強化した。(3)治安：ダールベルクは失業者・労働忌避者に対応する部局（Polizeihaus）を強化した。またダールベルクは、火災被害を抑制するための建築基準を定め、火災保険を導入した。(4)福祉：ダールベルクは貧民委員会を設立し、高利貸の横行を防止するために選帝侯立質屋を設けるなど、貧民救済事業に力を入れ、更に官吏寡婦支援事業、（特に独身妊婦を念頭に置いた）妊婦支援事業、災害避難民救済事業などを強化した。(5)教育：ダールベルクは、イエスス会が掌握していたカトリック系ギムナジウムを再編成し、アウグスティヌス会士が運営する新しいカトリック系ギムナジウムを設立した（またイエスス会は、一七七三年に教皇クレメンス一四世の小勅書で一旦解散させられた）。新しい学校では、マインツの最新の教育技法が導入された。このようなダールベルクの統治に対しては、一方でエルフルトの最盛期を実現したものであり、ヘッセンやザクセンの近隣諸領邦よりもエルフルトが繁栄していることを当時の旅行者も証言しているとの評価があり、他方で（ナポレオン戦争以後エルフルトを領有することになる）プロイセンの歴史学からは、知識人ダールベルクへの好意に由来する過大評価を戒める声も上がっている。[29]更にダールベルクは、(6)刑事政策の近代化、(7)宗派対立の緩和、(8)学問芸術の振興に力を入れた。最後の三点については以下で詳細に見ていこう。

エルフルト総督ダールベルクは一七八五年一二月一日のエルタール大司教に宛てた書簡で、マインツ大司教領全域で拷問を廃止するよう進言している。その理由としてダールベルクは、拷問が真実探求の手段として全く当てにならないこと、ザクセンなど周辺諸邦を含む多くの国々で拷問が廃止されていること、拷問は残酷であり不必要であることなどを挙げている。これに対しマインツ大司教エルタールは、新たな領邦法を制定するまでは、一五三二年にローマ皇帝カール五世が制定した「カール刑事法典」（Constitutio Carolina criminalis）に基づき、拷問を含めた審理を引き続き行うものの、容疑が強いにも拘らず強硬に否認する容疑者には、拷問以外の手段を用いるようにしていくことを決めた。[30]

エルフルト国統治で重要なのは宗派対立の緩和だった。マインツ大司教エルタールは、一七七七年に初めてエルフルト国を訪問した際、大聖堂で行われてきたプロテスタンティズム批判の論争的説教を止めさせ、プロテスタント聖職者を食事に招待した。一七八五年に宗派間訴訟が起きた時にも、エルタールは両宗派同数の裁判官により審理させ、プロテスタント側に有利な判決を下した。二つの件で総督ダールベルクが果たした役割は不明だが、ダールベルクの報告がエルタール大司教の判断に影響した可能性はあるだろう。またダールベルクは、要塞ペータースベルクの食堂に、スウェーデン王グスタフ・アドルフのものと並べてプロイセン王フリードリヒ二世の肖像を掲げていたという。後述のようにカトリック教会領官吏ダールベルクは、このプロテスタント啓蒙専制君主を本当に崇敬していたのである。(31)

ダールベルクは学術研究及び高等教育の活性化にも尽力した。エルフルト大学は一三八九年創立で、一七六八年に大司教ブライトバッハが再編成して、急進的な啓蒙主義者を教授に招いていた。だがダールベルクの頃は教授間の対立があり、グロシュラークが招聘したヴィーラント(一七六九年教授就任)も、ダールベルクの着任直前に退去してヴァイマールに移っていた。ダールベルクはこの事態を改善するために、エルフルト実学アカデミーの活性化から始めることにした。アカデミー(学士院)とは、大学が時代の知的先端を担えない状況に陥ったため、その外部に新たに知的拠点を設けたもので、フィレンツェのプラトン・アカデミー(一四七〇年)、フランス・アカデミー(一六三五年)、イギリス王立協会(一六六二年)などの流儀がドイツに伝わったものである。もっともドイツでは、研究はアカデミー、教育は大学という役割分担は、(のちのドイツ民主共和国を除き)徹底せず、両者は密接な関係を維持した。ドイツではベルリン学術アカデミー(一七〇〇年)が嚆矢で、続いてゲッティンゲン学術協会(一七五二年)、バイエルン選帝侯立アカデミー(一七五九年)、プファルツ選帝侯立アカデミー(一七六三年)などが設立された。聖界君侯たちもアカデミー設立に乗り出し、「マインツ選帝侯立エルフルト実学アカデミー」が一七五四年に創立され、ケルンにも一七七七年に選帝侯立学術アカデミーが設けられ、『実学報知』が発刊されている。エルフルト実学アカデミーは当初活発で、『紀要』(Acta)で成果を公開していたが、幹部の辞任などによる混乱で、一七六三年には『紀要』の発行を停止し、一七七〇年には会合が行われなくなっていた。一七七二年にエルフルト総督になったダールベルクは、当初アカデミーの存在に気付かなかったともいう。だが一七七五年(七四年とも)にマインツ大司教エルタールからその「特別庇護者」に任命されたダールベルクは、当時のドイツでも異例のことだったが、統治者によるアカデミーへの梃入れ(批判的に言えば介入)を行った。ダールベルクは一七七六年三月一九日に全会員を招集して規約を改訂し、『紀要』発行を再開し、機械工学、化学、経済学、歴史学の領域で、毎年懸賞論文を募集するなどした。またこの年アカデミー会員としてユストゥス・メーザー、カール・フリードリヒ・フォン・ダッヘレーデン(のちW・フンボルトの岳父)らを採用している。その上でダールベルクはマインツ宮廷に働きかけ、一部私財も投じてエルフルト大学の財政を強化し、組織を拡充し、教授採用での家族優遇を排除した。エルフルト大学は一七八二年に博士号取得を教授職の前提とし、マインツ大学とは違い教育内容を地元需要に応じた実学中心のものにし、更に教授採用でも研究能力より教育技能を重視することにした。エルフルト大学は一七九二年に四百周年記念行事を行ったが、この頃神学部では七人のカトリック神学教授と並んで五人のルーテル派神学教授が教鞭を執っていた。(32)

エルフルト時代のダールベルクは、近隣のヴュルツブルク大学学長をも兼任した。ダールベルクは、若い頃からヴュルツブルクには深い縁があった。前述のように、ダールベルクは十歳にならずしてヴュルツブルク大聖堂参事会員候補となっていた。これは叔父カール・ダミアン・フォン・ダールベルク(一七一七—一七七九年)が一七五三年六月一三日に聖職禄を拝辞し、甥カール・テオドルが翌年二月一日に受領したことによる。また一七五八年頃、少年ダールベルクは自然科学への興味から、個人的にヴュルツブルクを訪れたと見られている。ダールベルクのエルフルト時代、ヴュルツブルク司教はマインツ大司教エルタールの末弟であるフランツ・ルートヴィヒ・フォン・エルタール帝国男爵(一七三〇—一七九五年)だった。このエルタール司教の下で、ダールベルクは一七八〇年にヴェヒテルスヴィンケル修道院主任司祭に任命された。そして一七八四年、ヴュルツブルク大学哲学部の提案で同大学学長に選出され、一七八八年まで務めた。学部自治が強いヴュルツブルク大学では、学長職は名目的色彩が強かったが、学長ダールベルクは大学行政に強い意欲を示した。彼は学部毎だった改革提案の権限を評議会に集めて大学改革を断行し、「フランケンのヴォルテール」と呼ばれたヨハン・ミヒャエル・フェーダー、カント哲学の信奉者マテルヌス・ロイスらを大学教授に採用した。ヴュルツブルク大学では、ダールベルクは第二の創立者と仰がれ、第二次世界戦争に至るまで図書館閲覧室にダールベルクの胸像が置かれていた。だが任命権者のエルタール司教は、このような大学改革が行き過ぎて、教会国家廃止論が擡頭することを恐れてもいた。一七八〇年、ダールベルクはヴュルツブルク司教領の全学校の監督も引き受け、ギムナジウムなどの改善に尽力した。ダールベルクがフランケン地方の学校を巡察し、状況を詳細に書き留めた記録も伝わっている。一七九七年には、ダールベルクはヴュルツブルク大聖堂主任司祭にも選ばれた。[33]

このように学芸の奨励者だったダールベルクは、自ら学術報告をすることも多く、特に政治学に力を入れた。彼は、その帝国愛国主義にも反映されたように、政治共同体の維持には権力による強制ではなく、人間の倫理的基礎が不可欠だとの前提から出発した。このため彼の政治学は、倫理学、教育学、カトリック神学、経済学と混然一体のものとなっていた。

ダールベルクは一七七三年の「倫理的随喜」(Das sittliche Vergnügen)という小論で、自分が誠実な振舞をしたとき、「全能なるもの」の内なる同意の声が聞こえてきて、無上の「法悦」(Wollust)に浸ると述べている。彼は「義務を果たすことがあらゆる美徳、あらゆる真の至福の基礎である」とし、道徳的振舞と(官能的)快感とが一致するものであることを強調している。ダールベルクがこの作品で、レッシングの悲劇『エミリア・ガロッティ』(一七七二年)を実例に用いていることも注目される。ダールベルクは各身分にはそれぞれの義務があるとし、それを遂行することを求めた。その意味でカティリーナやクロムウェルは、叛逆の成否とは無関係に、やはり非難に値する人物なのだった。[34]

「学校における道徳的性格の育成」(一七七四年)で、ダールベルクは初めてその教育論を披瀝した。彼は十歳から十五歳までの生徒を念頭に、全ての子供をあらゆる美徳を備えた英雄に育て上げようとするような教育に疑問を呈し、また昔の様々な共和国でも、最近の大抵の国家でも行われた、「国民性」(Nationalcharakter)や「国制」(Staatsverfassung)に合う特定の個性(軍事的能力・交渉力)のみを集中的に育成する教育にも距離を置いた。彼が重視した教育方針とは、「心に好意への傾向を、精神に思慮を与えること」であった。また彼は、道徳への「確信」を呼び起こすことを求め、「強制」による促しの効果を疑問視した。更に彼は、教師には特別な学識は不要で、「健全な理性、よき心、精神の平静及び活気がある人物」であればよいとし、これを「教師」ではなく「学校で前に立つ者」(Schulvorsteher)と呼んだ。この教育論はマインツ選帝侯国の新しい教育機関に送られたという[35]。

一七七六年にダールベルクはエルフルト実学アカデミーの『紀要』にラテン語の論文「如何に人間の悟性がより活性化し、その限界が最も速く最も容易に広げられ得るかについての論評」を掲載し、更に一七七七年にその続編を発表して、人間の悟性には大いに発展可能性があるとの見方を示した。ダールベルクによれば、人間の悟性はまだ頂点に達していないのであり、彼はどうしたらそれが最も速く簡単に頂点に到達できるかを論じたのである。彼は学者が余計なこと、既知のことに精力を浪費せず、人間の役に立つ、従来見逃されている課題に集中するべきだと訴えた。また彼は、全ての人間行為の原因は幸福の追求であり、統治者の任務も民衆の幸福の増大にあると考えた。彼はここで、理想的な哲人統治者としてマルクス・アウレリウス帝のほか、ポーランド王スタニスワフ・レシチンスキ(晩年ロレーヌ公として学術に邁進)やジョヴァンニ・V・A・ガンガネッリ(教皇クレメンス一四世としてイエスス会を廃止)も挙げている[36]。

一七七七年の『森羅万象についての考察』は、万物をまとめているのは何かという大問題に取り組んだ哲学的・神学的考察である。この作品は「創造」、「創造主」、「双方の紐帯」の三章からなり、「創造」の章には圧倒的な頁数が割かれ、その中に「存在一般について」、「自分の存在」、「共存」という節が設けられている。この作品でダールベルクは、エピクロス、ルクレティウス、ホッブズの唯物論にも、プラトン、ライプニッツの唯心論にも与せずに、その中庸を歩もうとした。ダールベルクは化学的親和力の研究をするなかで、万物は似たもの同士で共存し、相互に似たものになろうとする傾向にあるという着想を得た。彼は、この傾向が人間では国家や民族の形成をもたらすと考えた。人間もその他の生物も本質的差異がないと考える彼は、ルソーが提唱して流行した「自然に帰れ」という標語に異を唱え、凡そ生物は「人間の堕落した性格」としての「嫉妬、憎悪、復讐心」に囚われていると考えた。ダールベルクは宗教と学問とが両立しないとの考えに異を唱え、カトリック信仰も彼特有の人間観に合わせて解釈し、コーランやアヴェスターにも(異教ゆえに啓示には繋がらないが)よい点があるとした。彼は「原罪」(Erbsünde)という概念は用いなかったが、「傲慢」(Hoffart)という言葉を多用し、「謙譲」(Demuth)による改善を訴えた。そしてキリストはいかなる人間をもその愛から排除しない、キリストは全ての人のために来て、死んだのだと説いた。なお政治に関して、この論文には「偉大な人物」を扱った一節がある。ダールベルクは「征服者」が自分の欲望を満足させるためだけに行動しているとする「哲学熱狂者」を批判し、欲望だけでなくより大きな全体的なものを追求しているのであり、その時代を特徴づけているのだと擁護した。これは彼のフリードリヒ二世やナポレオンへの態度とも関連する視点である[37]。

一七七九年四月二七日、ダールベルクはヴュルツブルク司教領の貧民政策の改善提案を行った。まず彼は誤った政治と真の政治とを区別し、前者は支配者の欲望のままに勢力拡大を行うマキアヴェッリ的政治であり、後者は国民個々人の幸福の総和としての国家の幸福を追求する政治であるとした。また個人の幸福の条件とは、(1)生活必需品、(2)職業、(3)心の誠実さであるとした。ダールベルクは貧民の生活支援を第一としつつ、貧民にも健全な生活態度を求め、救済を受ける立場である以上より一層国家の幸福に貢献するよう求めた。職業に関しては、ヴュルツブルク特産の葡萄酒製造では住民全てに職を与えられないとし、更にユストゥス・メーザーの案を踏襲して、繊維など工業を興し、農業を多角化し、灌漑設備を充実させることなどを提案している(38)。

一七八二年の「道徳的価値の決定についての考察」(前年一二月のエルフルト実学アカデミー講演)は、ダールベルクが人間の倫理的態度を数字で表現しようとした試みである。自然科学に興味のあったダールベルクは、人間の道徳性も確かな基準で数値化できないかと考えた。この奇矯な試みは批判を浴びることとなるが、一八世紀には美学的価値の数値化の試みなど、類似のものが他にも存在していた(39)。

一七八二年の「キリスト教徒の心情」はダールベルクが詠んだ詩で、神だけが美徳への力を授けるのであり、欲望の誘惑から救ってくれるのだという彼の発想が表現されている。またそこでは、人間は仲間と一緒にいることが喜びなのだとされ、友情、夫婦愛、両親愛、隣人愛が挙げられている(40)。

一七八八年の「道徳と国家統治術との関係」(一七八六年七月三日のエルフルト実学アカデミー講演)は、ダールベルクがマインツ協働司教選挙の渦中で行った政治学講義である。この文章はいきなり、誠実さや信仰を顧みない者は政治家の名に値するかとの非難の問いから始まっており、名指しこそしていないが、当時対立関係にあったローマ皇帝ヨーゼフ二世やロシヤ皇帝エカテリーナ二世を念頭に置いたものと考えられている。ダールベルクは、道徳の一般原則は国家統治術と符合すると考えており、それは(1)人が創造主に相応の愛及び敬意を示し、国家が宗教を守ること、(2)自分が他人からそう接して欲しいと思う態度で自分も他人に接すること、(3)誰もが自律に努め、政治家が賢明で毅然としていること、(4)完璧を期することであるという。ダールベルクは、同時代の害悪として金銭欲、倫理の軽蔑、独占、破壊、黒人売買、人間捕獲、領土欲を挙げた。そして皇帝の務めを果たさないヨーゼフ二世こそ、あらゆる政治家の反面教師だと考えたのである(41)。

ダールベルクにおいて政治学と結び付いていたのが歴史学である。一七七九年八月二日、ダールベルクはエルフルト実学アカデミーでの講演「エルフルト商業史に関する論考」で、領国の歴史を描いて見せた(翌年刊行)。その際ダールベルクは、グローバルな商業圏のなかでの祖国ドイツの位置、またドイツの商業圏のなかでの領国エルフルトの位置を考えていた。ダールベルクは、「トイツ」が「他の諸国民」(fremde Nationen)に原材料を輸出し、製品を輸入するという立場にあることを自覚していた。またダールベルクは、エルフルトの商業的繁栄を誇大に宣伝しようとするのではなく、むしろ周辺の商業都市に遅れを取り、衰退を経験した都市として描いており、統治者として領国エルフルトの強み及び弱みを見極めようとしたものと思われる。ただこの商業史研究には、一九世紀の歴史学派経済学と比較すれば、どことなく思弁的色彩がある。「人間の状況で不変なものはない」という「一般公理」を持ち出して、ダールベルクはエルフルトの産業政策の進むべき道を説く。「人間の状況が不変でないことを念頭に置き、農業にその時々の異なる状況に応じて新しい方針を与えよ!」。彼は文書館で史料を渉猟し、実証的にエルフルト経済史を観察しただけでなく、更に実践的な方策を探ろうとしていたのである。

このエルフルト商業史で、ダールベルクはハンザ同盟などドイツの商業都市に感情移入しつつ、ドイツ国制史に言及している。ダールベルクは、ドイツの自由な国制が、ドイツ諸都市の活発な商業活動を可能にしたと主張し、皇帝権力の抑制を経済的観点からも肯定しようとしたのである。そして周辺の諸侯やより小規模な都市が「嫉妬や物欲」をもってドイツ商業都市を見ていたとしている。ダールベルクは、皇帝と連携して帝国自由都市になろうとしたプロテスタント系都市エルフルトを、他ならぬカトリック教会のマインツ大司教が屈服させ、自分がその代官として派遣されてきたという事実を棚上げにして、却ってマインツ大司教をエルフルト商業の奨励者として登場させたのである。(42)

ダールベルクは考古学にも興味があった。ダールベルクは一七七五年頃に地中から発掘されたと考えられるある容器について分析し、その年代や美術的意義についてエルフルト実学アカデミーの『紀要』で論じている。(43)

ダールベルクは自然科学にも取り組んだ。ゲーテなども生物学や地質学の作品を残したことで知られているが、ダールベルクも素人的な自然科学者だった。一七七三年に刊行された『一般自然学論』では、ダールベルクはアイザック・ニュートンに刺戟を受け、自己流の物理学を開陳している。その主題は「物体の結合力の統合について」というもので、百十二にも及ぶ命題が提示されている。[44] 一七八一年には、ダールベルクは気象学の論文をフランス語で発表しているが、これは農業振興、土地改良の準備のために風について研究するというものだった。[45] 一七八三年の講演「新しい化学の試み——水は土に変え得るか?」では、ダールベルクはターレス以来の物質変遷論を否定しようと試みた。一七八五年には、ダールベルクは当時モンゴルフィエ兄弟が発明した気球について、自分なりの改善提案を披瀝したフランス語論文を発表している。[46]

毎週火曜日の夕方、エルフルト総督府(写真)ではダールベルクを囲んで「アサンブレ」とフランス風に呼ばれる談話会が開かれていた。そこには、市内外の質素であれ行儀のよき身なりの、よき社交界に属する人々が、誰でも出入りを許されていた。この会に実際に出入りしたのは、君侯、大臣、将軍、官吏、学者、芸術家、商人、職人であった。このサロンでは、ピアノ伴奏で歌ったり、楽器を演奏したり、トランプに興じたりと、皆が様々な楽しみ方をしていた。ダールベルクは彼らの間を渡り歩き、そのうち一部の人々を更に夕食に招待した。ちなみにダールベルクは、この頃は演劇活動の支援も行っていた。[47]

エルフルト総督府(現在はテューリンゲン州庁)

こうしてエルフルト国の統治に励んだダールベルクだったが、主君であるマインツ大司教の交代には翻弄されることになる。ダールベルクを引き立てたブライトバッハ大司教は一七七四年六月に薨去し、同年七月一八日にヴィーン駐箚マインツ使節だったフリードリヒ・カール・フォン・エルタール帝国男爵(一七一九—一八〇二年)が、すでに述べてきたようにマインツ大司教(次いでヴォルムス司教）に就任していた。親仏的なブライトバッハ大司教と対立した親墺的な大聖堂参事会が、大司教の死後にハプスブルク家に近いエルタールを後継者に選出したのである。エルタールはフランケンの帝国騎士の出身で、父はマインツ大司教領の官吏だった。若くして大聖堂参事会員となり、大学学長職を経験し（マインツ大学：一七五七―一七六三年）、聖職者になるのが遅いなど（一七七四年九月司祭叙品・一七七五年司教叙階）、エルタールはダールベルクと似ている点が多い。エルタールは従来のダールベルク研究で、ブライトバッハ＝ダールベルクの改革路線の保守的敵対者のように描かれてきた。エルタールは、自分を疎んじたブライトバッハ大司教の後継者になると、グロシュラーク、ベンツェルら政治家からギムナジウム・エメリキアヌムの教員まで、ブライトバッハ派の人々を次々と更迭し、反啓蒙派の前イエスス会士ヘルマン・ゴルトハーゲンを起用するようになる。とはいえエルタール研究者は、典礼を簡素化し、ドイツ語聖歌の普及を図り、巡礼や聖体行列を抑制し、農業振興のために狩猟を制限したエルタールを、むしろ啓蒙思想の本格的実行者と見ている。実際ブライトバッハ派とエルタール派とは、どちらがより啓蒙的かは判断が難しい。いずれにしてもブライトバッハの寵臣だったダールベルクは、エルタールにとって不快な存在であった。元来グロシュラークは、ダールベルクをヴィーン駐箚マインツ使節として派遣しようとしていたが、帝国副宰相コロレードの反対でエルタールが送られた経緯もあった。ブライトバッハと対立していたヴィーン宮廷は、新大司教エルタールを親墺的だと見て歓迎したが、のちにエルタールが諸侯同盟に加入して、期待を裏切られることになる。エルタールの弟フランツ・ルートヴィヒ・フォン・エルタール男爵は、かつてヨーゼフ二世の帝国大審院監察を担い、一七七九年にはヴュルツブルク及びバンベルク司教になるが、兄弟の方針は分かれていく。兄はローマ皇帝に反抗して諸侯同盟に参加し、ローマ教皇にも反抗してエムス宣言を出したが、弟は教会及び皇帝に忠誠を尽くすことになる。(48)

エルタールとダールベルクとは瑣事を巡って諍いを繰り返した。一七七七年のエルタール大司教のエルフルト訪問時、二人は森林管理を巡って早くも対立した。狩猟による農地の被害を懸念した大司教エルタールが、有償で狩猟地を廃止することを考えたのに対し、総督ダールベルクがこれに強く反対したのである。ダールベルクは大の狩猟好きで、彼が描いた狩猟風景の素描画にもその片鱗が垣間見える。一七八四年、ダールベルクは再び上司と悶着を起こす。ダールベルクはヴュルツブルク大聖堂参事会員として毎年同地に滞在するので、エルタールは一定の休暇を与えていた。だがこの年、ダールベルクがこのヴュルツブルク滞在（及びそれに付随したアルトエッティング巡礼）の休暇中に、勝手にヴィーンに足を延ばして私事を片付けたことが、エルタールを憤慨させた。そして一七八七年、後述のようにダールベルクは協働司教選挙でエルタールと対立することになる。協働司教となったダールベルクは、エルタール大司教への理解も深めていったものの、やはり継承権者として彼の死に期待する立場にあることは否めなかった。(49)

だが確執を抱えていた二人も、教皇や皇帝という共通の敵を前にしたときには団結した。フランス革命勃発の直前、ミュンヒェンに教皇大使を置いた教皇ピウス六世に反撥したエルタール大司教は、エムス宣言を出して抗議すると同時に、皇帝ヨーゼフ二世や帝国議会を巻き込んで、帝国裁判所で抵抗をしようとした。これに対し帝国副宰相コロレードは、一七八八年四月五日にエルタールに返書を送り、帝国議会にこの案件を提起することが帝国裁判所での解決に役立つかに否定的な見解を示した。このときダールベルクは、同年四月一二日にエルタールの求めに応じて意見書を提出し、彼の方針を強く後押しした。「ドイツにおける教会制度の現状、特に四月五日の帝国副宰相の書簡についての考察」と題されたこの意見書で、ダールベルクはエルタールがドイツ教会の強化を図っていることを称讃し、ミュンヒェンに自費で教皇大使を設置した「プファルツ宮廷」（ヴィッテルスバッハ家）の政策を無益とし、「ローマ宮廷」がドイツの司教たちの内部対立を煽り、プロテスタント諸侯がこれに同調して「帝国基本法」（Reichs-Grundgesetz）を等閑にしていると指摘した。ダールベルクは、「エステルライヒ宮廷」（ハプスブルク家）が「プファルツ宮廷」の独走を見逃しているとし、強い態度で皇帝にも教皇にも当たるようエルタール大司教に奏上した。ダールベルクの進言に沿って、エルタールは皇帝ヨーゼフ二世に、ミュンヒェン教皇大使問題での「帝国国父」の助力を懇願したのだった。(50)

四　「ドイツ文芸の協働司教」

テューリンゲン諸国もダールベルクに知的刺戟を与えた。エルフルト総督は、マインツ大司教がテューリンゲン諸国に派遣した使節でもあった。テューリンゲン地方は一九一八年のドイツ帝国崩壊まで「小国割拠」(Kleinstaaterei)の典型例で、エルネスト系ヴェッティン家支配下のザクセン＝ヴァイマール・アイゼナハ公国、ザクセン＝ゴータ・アルテンブルク公国、ザクセン＝コーブルク・ザールフェルト公国、ザクセン＝ヒルトブルクハウゼン公国、シュヴァルツブルク家支配下のシュヴァルツブルク＝ルードルシュタット侯国、シュヴァルツブルク＝ゾンデルスハウゼン侯国、ロイス家支配下の四侯国のほか、マインツ大司教、ザクセン公、プロイセン王、ヘッセン(＝カッセル)方伯の領地があった。これらプロテスタント系の諸領邦は、後述のようにダールベルクの時代にも、エルフルト国にとって依然として脅威だった。だが当のダールベルクは、こういった周囲領邦と、特にゴータ(西隣)及びヴァイマール(東隣)と、専ら文化面で交流を深めた(51)。

ダールベルクがまず影響を受けたのが、ザクセン＝ゴータ・アルテンブルク公エルンスト二世ルートヴィヒ(一七四五―一八〇四年)である。ダールベルクより一歳若いこの君主は、ダールベルクが着任した一七七二年に即位していたが、フランス文化を崇敬する母ルイーゼ・ドロテア(ザクセン＝マイニンゲン公家出身)の影響を受け、また帝国国法学者ピュッターから帝国史、国法学、国家行政の進講を受けた。エルンスト二世は、若い頃にイギリス、フランス、オランダなどの宮廷にも滞在し、フランスではディドロから長逗留して堕落しないようにと助言を受けたという。領邦の学問支援者となったエルンスト二世は、特に数学及び天文学に力を入れ、天文台を建設してフランツ・クサーファー・フォン・ツァッハ(のち男爵)にその管理を委ねた。またエルンスト二世は思想の自由を認め、迷信や専制を嫌い、「真実への純粋な愛」を貫き、その結果として啓明団へと接近していった。啓明団ではエルンスト二世は「ティモレオン」の名で知られ、一七八五年に同団が解散させられたときには、追放された人々をゴータに引き取っている。ダールベルクが啓明団に加入したのも、エルンスト二世の縁だと言われる。エルンスト二世は統治にも熱心で、七年戦争で荒廃した財政を立て直し、公正な司法制度を確立し、学校を改善・新設し、官吏の寡婦・孤児の施設を建設した。また一七七一年の飢饉に際しては、国家の倉庫から低価格で食料を臣民に供給した。エルンスト二世は更にアメリカ独立戦争に熱狂し、フランス革命にも当初は共感していたが、それが無秩序化すると警戒し、シュヴァイツかアメリカに隠棲することを考えたという(52)。

エルンスト二世ルートヴィヒは熱心なフリーメイソン団員でもあり、ダールベルクとそこでも繋がりを有していた。一七七四年九月、ドイツ・グランド・ロッジがゴータにロッジ「羅針盤のエルンスト」を設置し、一七七五年にはエルンスト二世がドイツ・グランド・ロッジの議長であるグランド・マスターに就任した。ダールベルクは、ヴァイマールのロッジ「アマーリア」(一七六四年一〇月二四日創立)に一七八〇年に加入していたゲーテと一緒に、一七八七年二月一九日にエルフルトにもロッジを創立した(エルフルトのロッジは一七七〇年にも創立されていたが、ダールベルクが来た一七七二年にはすでに活動を停止していた)。エルフルト・ロッジは、創立者カール・テオドル・フォン・ダールベルクを顕彰して、「三つの車輪のカール」(Carl zu den drei Rädern)と名付けられた(車輪はマインツ大司教の紋章)。このエルフルト・ロッジは、フランス支配下でナポレオンを顕彰するなどの活動を行ったが、一八一四年にプロイセン支配下で解散命令を受けている(53)。

ゴータ宮廷には、エルンスト二世以外にもダールベルクにとって魅力的な人物が揃っていた。エルンスト二世の弟アウグスト公子は、兄同様にフリーメイソン団員だったが、ヴィーラントの崇拝者で、この詩人と熱心に文通したことで知られる。アウグスト公子はまた、イタリア旅行で美術、音楽への造詣を深め、ドイツ文芸、フランス文芸にも興味があり、自ら両言語で執筆した。また大臣ファルケンベルク、官房長シュトゥトニッツ、教区監督レフラー、俳優エックホーフ、女官長ブーフヴァルトなども、ダールベルクをゴータで迎えた。「ラ・ママン」の名でも知られる知的な老婦人で、プロイセン王フリードリヒ二世も二度表敬訪問し、ヴォルテール、ヴィーラント、ヘルダー、ゲーテなどとも交流したユリアーネ・フランツィスカ・フォン・ブーフヴァルト(旧姓フォン・ノイエンシュタイン男爵令嬢)(一七〇七—一七八九年)に関しては、ダールベルクが一七八六年に「マダム・ドゥ・ブーフヴァルト」というフランス語の讃辞を献呈しているほどである。(54)

ゴータ宮廷と並んでダールベルクが出入りしたのがヴァイマール宮廷である。実はダールベルクはすでに一七六三年、「騎士旅行」の途上で、ザクセン＝ヴァイマール・アイゼナハ公妃(摂政)アンナ・アマーリエ(一七三九—一八〇七年)のアイゼナハでの午餐会、晩餐会に加わっていた。一七七二年にダールベルクがエルフルト総督になったとき、アンナ・アマーリエ公妃はまだ摂政で、長男のザクセン＝ヴァイマール・アイゼナハ公カール・アウグスト(一七五七—一八二八年)を後見し、この君主の家庭教師をヴィーラントが務めていた。一七七四年、カール・アウグスト公がパリ旅行に赴くことになった。当初長男の外国旅行に反対だった公妃に、是非パリを訪問するべきと進言したのがダールベルクである。ダールベルクはカール・アウグスト公に同行し、パリで公が歓迎された様子を公妃に書き送っている。だがこのパリ旅行後に、教育係だったヨハン・オイスタハ・フォン・ゲルツ伯爵が公妃の意向で退任させられる。このゲルツは、のちにプロイセン使節として帝国議会で活躍することになる。(55)

このパリ旅行の途上でカール・アウグスト公がフランクフルトで出会ったヨハン・ヴォルフガング・ゲーテ(一七四九—一八三二年)が、一七七六年六月にザクセン＝ヴァイマール・アイゼナハ公国の枢密顧問官に任命されるが、前年一一月からダールベルクとゲーテとの交流も始まっていた。帝国自由都市フランクフルトの商家に生まれたゲーテは、ヴァイマール宮廷で仕官したのである。ゲーテが帝国貴族となり「フォン」を帯びたのは一七八二年のことだった。ゲーテの日記には、しばしばダールベルクとの交流を示す記述が出てくる。[56] なおゲーテは一八一一年にエルフルト実学アカデミー会員に採用されているが、これはダールベルクがテューリンゲンを去ったあとのことだった。[57]

カトリック教会政治家のダールベルクとプロテスタント系文豪ゲーテとの間での交流は当然のことではない。ダールベルクが宗派アイデンティティの薄い啓蒙主義者だったことは、辛辣なカトリック教会・教徒批判者だったゲーテとの交友には幸いしただろう。[58] ゲーテには君侯との交際を誇りにし、その愛顧に有頂天になるところがあり、その棺も「君侯霊廟」に安置されている。よってゲーテが総督ダールベルクを君侯の一人と見て、その知遇を得ることを「名誉」と感じた可能性はある。[59] とはいえゲーテのダールベルク描写は散々なものだった。エッカーマン曰く「一八三〇年二月七日(日曜日)　ゲーテと食事。首座司教侯について種々話し合う。エステルライヒ皇后の宴席で彼が巧みに話題を転じて大公を窮地から救ってやったこと。大公が哲学に関しては覚束ないこと。絵画にはディレッタント的な欲求をもっていたが、審美眼を欠いていたこと。ゴーア嬢に贈った絵のこと。善良で弱々しく、何もかも人にやってしまうので、遂には困窮するに至ったこと」[60]（「首座司教侯」「大公」とはフランクフルト大公ダールベルクのこと）。

政治思想に関してゲーテには多くの面でダールベルクに通じるものがあった。ゲーテは民衆に奉仕する君主(特に主君カール・アウグスト公)の善意を信じていたので、フランス革命の暴力を警戒しており、「現存するものの友」と揶揄されたというが、専制に対する民衆の不満は正当だとも考えていた。ゲーテは英仏伊や古典古代の文化に憧憬し、それを引き合いに出してドイツ文化の未熟さを批判するのを厭わなかった。ただゲーテは、他国民の真似ではなく自国民の本質から生まれるものを重視するという立場で、ドイツ文化を積極的に育成し、また他文化に対してドイツ人としてそれを代弁しようとする面もあった。またゲーテは、ドイツ諸国が外敵に対して常に団結し、通貨や度量衡が統一され、ドイツ内移動の際の通関上の煩雑さから解放されることを望んだが、ヴィーンやベルリンが大国ドイツの偉大な首都となり、そこから一括して統治するような秩序は嫌った。ゲーテは、ドイツが小国分立でいるからこそ、文化の地域間格差が著しいフランスとは違い、国民文化が全土に均等に行き渡っていると評価していた。[61]

ヴァイマールでは、ダールベルクはクリストフ・マルティン・ヴィーラント（一七三三―一八一三年）とも交流した。ヴィーラントは一七六九年にエルフルト大学教授となったが、ダールベルクがエルフルト総督になった一七七二年には、もうエルフルトを離れてヴァイマールでカール・アウグスト公子の教育係になっており、その後も同地に留まった。ダールベルクとヴィーラントとはヴァイマールで知り合ったと見られている。ヴィーラントの書簡にはダールベルクに関する記述が散見されるが、二人の関係は十分解明されていない。二人が最後に会ったのは、一八〇八年のエルフォール君侯会議だったという。[62]

ヴァイマールの牧師ヨハン・ゴットフリート・ヘルダー（一七四四―一八〇三年）とも、ダールベルクは活発に交流した。ヘルダーは東プロイセン出身で、リガなどを経てビュッケブルク（シャウムブルク＝リッペ伯領）で牧師をしていたが、ゲーテの尽力で、それ以上にダールベルクの強い推薦で、カール・アウグスト公はヘルダーをヴァイマール教区監督・上級牧師に招聘し、彼は一七七六年一〇月に着任した。ヘルダーは一八〇一年にバイエルン貴族となり「フォン」を帯びるが、カール・アウグスト公が承認せず、本人も名乗らなかった。ダールベルクはヘルダーと一七七六年秋に直接の交流を始めたと見られるが、一七七七年一月には親密な文通を始め、それは一七八一年五月まで続いた。両者の文通はここで一旦途絶えたが、一七九一年に再開され、一七九七年まで続いた。ダールベルクはヘルダーに、一七七三年刊の自著『一般自然学論』を贈呈し、一七七七年にはヘルダーに同年刊行の自著『森羅万象についての考察』について語っている。[63]

こののち一七九〇年代には、後述のようにヴィルヘルム・フォン・フンボルト、シラーらとの交友関係も芽生えている。ドイツ古典主義の文豪たちと友好関係を結んだダールベルクに対しては、やがて彼の後年の職名「協働司教」（Coadjutor）に因んで「ドイツ文芸の協働司教」（Coadjutor der deutschen Literatur）という敬称が付されることとなる。[64]

第三章　ダールベルクのマインツ協働司教就任

一　バイエルン継承戦争とエルフルト国の運命

ローマ皇帝ヨーゼフ二世は、一七六五年に即位するとプロイセン王フリードリヒ二世との連携を進めた。ヨーゼフ二世は、母マリア・テレジアが「化け物」と嫌うフリードリヒ二世を、啓蒙専制君主の模範と仰いでいた。そして彼は一七六九年にナイセ(普領)で、一七七〇年にノイシュタット(墺領メーレン)で、この生ける模範と会談した。国家宰相カウニッツはこの墺普友好により、グラーツ伯領などシュレジエンの一部を取り戻すことも期待していたが、実現したのは第一次ポーランド分割であった。一七七二年八月五日に墺露普三国で合意されたこの分割は、帝国法秩序の枠外での事件だったが、これを機に「第三のドイツ」の帝国諸身分は、自領もポーランドのように大国に併呑されるのではないかとの不安を懐いた。フランスはこのポーランド分割を阻止するべく、「第三のドイツ」への働きかけを考えた。バイエルン公(選帝侯)マクシミリアン三世ヨーゼフは、ヴィーンをトルコ軍の第二次包囲から救済したポーランド王ヤン三世ソビエスキの曽孫で、ミュンヒェンにはポーランド人亡命者が集まっていたが、フランスとの秘密協定に基づき軍備拡張を図って、エステルライヒの不信感を誘った。かつてポーランド王国と同君連合だったザクセン王国でも、摂政だった前公妃(前選帝侯妃)マリー・アントニエ(ヴィッテルスバッハ家の皇帝カール七世の娘)が、フランスとの同盟で墺普に対抗する構想を懐いていた。だが度重なる戦争で財政が悪化していたフランスには、もはや中小帝国諸身分への十分な資金提供ができなかった。またフランス王ルイ一五世は一七七四年に崩御し、王太子がルイ一六世として即位したために、その妻で皇帝の末妹マリア・アントニア(マリー・アントワネット)が仏王妃となり、むしろ墺仏関係が強化された(1)。

だがバイエルン継承問題が墺普協調に水を差した。一七七七年一二月三〇日、バイエルン公(選帝侯)マクシミリアン三世ヨーゼフ(ヴィルヘルム系ヴィッテルスバッハ家)が薨去し、その継嗣がいなかったために、ライン宮中伯(プファルツ選帝侯)カール四世テオドル(ルドルフ系ヴィッテルスバッハ家)がその地位を継承することになった。これを機にローマ皇帝ヨーゼフ二世は、隣接するバイエルンを自領エステルライヒに併合する計画を立てた。元来バイエルン統治に関心が薄かったカール・テオドルは、墺領ネーデルラント(今日のベルギー付近)との交換を期待して、このヨーゼフ二世の提案に応じようとした。だが成長した嫡出子のいないカール・テオドルは、彼の後継者たる妃の甥ライン宮中伯・ツヴァイブリュッケン公(プファルツ=ツヴァイブリュッケン公)カール二世アウグスト・クリスティアンにもこの件で意見を聞いたところ、このカール二世はヨーゼフ二世が墺領ネーデルラントの提供を明言していないとして反対した。エステルライヒ国家宰相カウニッツは、プロイセン王国に親族の支配するアンスバッハ・バイロイト辺境伯領の継承を認める代わりに、エステルライヒのバイエルン併合を認めさせようとしたが、これも順調にはいかなかった。一七七八年フリードリヒ二世からの抗議書がヴィーンに届き、七月にベーメンに侵攻したプロイセン軍がエステルライヒ軍と対峙した。エステルライヒ軍は一時、オーバーバイエルン、ニーダーバイエルン、オーバープファルツ、ロイヒテンベルク方伯領、ミンデルハイムの一部を占拠した(2)。

ダールベルクはエルフルト総督としてこのバイエルン継承戦争への対処を迫られた。彼はエルタール大司教にマインツ選帝侯国としての対応策を進言している(3)。

戦争の噂はますます広がり、マインツ大司教領がエルフルト国に関して困った状況に陥る可能性があります。ザクセン選帝侯国が相変わらずエルフルトを要求していることは、記録から見て明らかです。この件に関するあらゆる紛争は、確かにライプツィヒ及びシュールプフォルタの和解で片付けられたように見えますが、選帝侯ヨハン・ゲオルク三世だけはのちに皇帝の宮廷でこの条約に異議を唱え、保護状を獲得し、エルフルトが依然としてザクセンの封土文書に言及されているという状況をもたらしました。

つまり権利は不安定です。占有状態だけは大司教領がはっきり有利で、マインツ選帝侯かザクセン選帝侯かのうち、エルフルト内にいる方がそれを領有することになるわけです。

ヨハン・フィリップ[・フォン・シェーンボルン大司教]の時代以来、ザクセン選帝侯の要求は抗議や小規模で些末な試みの域を越えるようになりました。エステルライヒは我が国の守護者でしたが、ザクセン選帝侯国ともよく連絡をとっていました。恐らくいま、この状況が変化する可能性が出てきました。ザクセン選帝侯国はバイエルンの相続を主張し、エステルライヒ側よりプロイセン側に傾倒しています。

差し当たりザクセンは戦争の準備をしていません。しかしザクセンがどちらに付くか、まだ旗幟を鮮明にする必要がないのかどうかは、時が示すことでしょう。ザクセンが目前に迫った戦争でプロイセンと共に進むなら、エルフルトを征服する気なのは恐らく疑いありません。というのもこの国家[エルフルト国]は、当該選帝侯家にとってはいつも重要だからです。

戦争がベーメンで勃発するなら、その可能性が非常に高そうなのですが、マインツ選帝侯国は古い条約により、エステルライヒ家に二千の軍勢を揃えなければならないでしょうか？　その場合想定されるのは、プロイセンもこの国を敵国とみなし、恐らくザクセンの意図を後押しするでしょう。

エルフルトはヨハン・フィリップ選帝侯により獲得されました。それは賢明さをもって、行動し、多額の資金を投じたことで得た傑出した成果です。エルフルトを維持するためには全力を尽くさなければならないと、私は思います。

[エルフルトの]都市及び周辺領域の領有は、ペータースベルク要塞を維持できるかにかかっています。そしてこの要塞は、何人かの証言によると、等閑にされた無防備な状態だと言います。

ペータースベルク要塞(エルフルト)

この件に関して、畏れ多いことですが、フォン・コトゥリンスキ大佐、フォム・フォルバー少佐、技術少尉ナイトハルトに尋ね、何を急いで為すべきか、費用はどのくらいかかるのか、彼らに提案や見通しをさせるお許しを賜りたく、お願い申し上げます。そのような予防措置によって、ザクセン選帝侯国が却って刺戟されるのではないかという反論もあり得るでしょう。しかしその考えは根拠のないものです。ザクセンがエルフルトへの要求を一度も等閑にしていないということについては、このところ余りに多くの証拠があります。そして更に、どんな場合にでも準備することが好ましいのです。マインツ選帝侯国にとって、例えば目前の過ちに全く関与しないことが賢明で得策なのか、エルフルトにとってどんな場合でもどこかの大国の支援が期待されうるのかは、私には判断ができません。私としてはこうした考察に関して、ただ選帝侯閣下の叡慮にお任せ申し上げるほかございません。

この重要な話題について(それについて私は誰にも打ち明けておりませんが)、恐れながら緊急にご聖断を願い奉ります。

エルフルト　一七七八年三月二〇日

ザクセン選帝侯国をエルフルト国にとっての最大の脅威と考えた総督ダールベルクは、ザクセンがプロイセンとすでに同盟関係にあると見て、マインツ選帝侯がこれを刺戟しないように、バイエルン継承戦争で厳正中立を守り、エステルライヒ側に加担しないことを、エルタール大司教に進言した。ダールベルクはザクセンやプロイセンの大臣とも連絡を取り、エルタールが自分の進言に十分応えないことに苛立った。テューリンゲンに進攻したプロイセンの軽騎兵が、伝令役を務めたダールベルクの従者を拘束するという事態も生じたが、この従者はすぐに解放され、プロイセンとマインツとの衝突は回避された[4]。

バイエルン継承戦争は一七七九年五月一三日にテッシェンの講和で終結し、フランス王国及びロシヤ帝国によって保証され、帝国により承認された。この講和は、母マリア・テレジアが息子ヨーゼフ二世を迂回して、旧敵フリードリヒ二世とまとめたものだった。この戦争の有効性には国家宰相カウニッツ侯爵も懐疑的で、マリア・テレジアの和平路線を支持した。この講和で、エステルライヒはバイエルンからイン川・ザルツァッハ川流域の僅かな領土（ブラウナウ・アム・インなど）しか獲得できなかったが、プロイセンはアンスバッハ・バイロイト辺境伯家が断絶した際に、その領土を継承することを承認された。この継承はブランデンブルク＝アンスバッハ・バイロイト辺境伯アレクサンダーが退位した一七九一年に実行されることになる。またプファルツ選帝侯カール・テオドルはバイエルン選帝侯位を継承し、プファルツ選帝侯位は帝国国制から消滅することとなった。なおロシヤは、かねてから墺普の同盟国となってきたが、この講和でフランス、スウェーデンと並ぶ帝国国制の保証者となった。アンハルト＝ツェルプスト公家からロシヤ帝室に嫁したエカテリーナ二世は、故郷ドイツでの影響拡大に意欲を示していた。ロシヤがテッシェンの講和、更にヴェストファーレンの講和の保証国になることには、交渉過程でプファルツ＝バイエルンが反対し、帝国議会でも三聖界選帝侯、ハノーファー（英）などから異論が出たが、対露関係に配慮する墺普は反対しなかった[5]。

帝国国制保証国となったロシヤ帝国は、フランクフルト・アム・マインに公使を常駐させ、帝国政治の担い手に加わった。一七八二年から一七九六年まで公使を務めたのが、ニコライ・ペトローヴィチ・ルミャンツェフ伯爵（一七五四―一八二六年）である。このルミャンツェフ伯爵（ルミャンツォフとも）は、フランス語の文書では「ロマンツォフ伯爵」と署名したので、ドイツではGraf Romanzoffとして知られている。ロマンツォフ伯爵がモスクワに建設した壮大な私設図書館は、ソヴィエト連邦の国立レーニン図書館の基となった。ロシヤは帝国政治への影響を増大させるために、このの後プロイセンを離れローマ皇帝（エステルライヒ）と連携を強めるようになり、一七八一年には墺露同盟が成立する。ロマンツォフはエステルライヒ側に加担して、そのバイエルン獲得を支援し、エルタールやダールベルクが参画した諸侯同盟を妨害することになるのである。(6)

二　諸侯同盟の結成とマインツ協働司教選挙の波瀾

バイエルン併合に失敗したローマ皇帝ヨーゼフ二世は直ちに次の作戦に出た。今度は領土拡大ではなく、カトリック教会や帝国議会での後任人事を巡る戦いである。

一七八〇年、ヨーゼフ二世の末弟であるエステルライヒ大公マクシミリアン・フランツが、「ドイツ騎士団総長兼ドイツ管区長」(Hoch- und Deutschmeister)に就任した。この職は、帝国外に本拠のあったドイツ騎士団国が、一五二五年に総長アルブレヒト・フォン・ブランデンブルク＝アンスバッハ辺境伯の下でプロテスタンティズム改宗及び「世俗化」を敢行し、「プロイセン公国」を称したのに伴い、元来は騎士団のドイツ支部長に過ぎなかった「ドイツ管区長」(Deutschmeister)が騎士団全体の「総長」(Hochmeister)職を継承し、帝国内の残部騎士団を統率する形で成立した。このドイツ騎士団総長兼ドイツ管区長は、ヒルデスハイム司教やザルツブルク大司教の選任にも関与する重要な聖界君主だった。(7)

更にマクシミリアン・フランツ大公は、一七八〇年七月八日にケルン協働司教、同月一六日にミュンスター協働司教にも選出された。「協働司教」(Coadjutor)とは、病気や高齢などで職務遂行が困難になった司教の補佐役として、教皇の事前承認及び大聖堂参事会の選出を経て就任するもので、やがて司教の死去に伴いその地位を継承する権利を備えるようになっていく。この制度は教会法の例外措置として、特にドイツで発達したもので、ケルンでは一五八三年以来、シュトラスブルク(仏　ストラスブール)では一六八三年以来、もはや司教選挙が行われなくなったほどである。

マクシミリアン・フランツ大公のケルン大司教就任は、有力なケルン選帝侯国大臣カール・アントン・フォン・ベルダーブッシュ伯爵が、墺使節フランツ・ゲオルク・フォン・メッテルニヒ＝ヴィンネブルク伯爵（トリール、ケルン、ニーダーライン＝ヴェストファーレン帝国管区駐箚）に、すでに一七七五年に期待を表明していたものだったが、大公本人が聖職を忌避していたために進展していなかった。だが大公はベーメン戦役で体調を崩して心境を変え、ドイツ騎士団総長兼ドイツ管区長となった段階で独身を義務化され、聖職誓願はまだ済ませていなかったが、大司教就任への道を進みつつあった。またマクシミリアン・フランツ大公のミュンスター司教就任は、親プロイセン的なフランツ・エゴン・フォン・フュルステンベルク男爵（のちヒルデスハイム・パーダーボルン司教）の就任を阻止し、プロイセンが聖界諸侯を反皇帝側に動員するのを防止するという意味を有していた。ケルン大司教及びその周辺の司教は、一五八三年から一七六一年まで、ヴィッテルスバッハ家から選出されていたが、一七六一年にオランダ、プロイセンの影響を受けたマックス・フリードリヒ・フォン・ケーニヒスエック＝ローテンフェルス伯爵が選出されていた。皇帝ヨーゼフ二世は、ケルン大司教の座をプロイセンから取り戻すことに成功したのである。この計画は国家宰相カウニッツ侯爵や、マクシミリアン・フランツ大公の義理の兄弟である仏王ルイ一六世も支持していた(8)。

エステルライヒは帝国議会でも動き出した。一七七八年一二月にヴェストファーレン帝国管区伯爵団の議席に一つ空席が生まれ、本来カトリック教徒が出るべきところを、ヴェストファーレン帝国管区はフリードリヒ二世の後押しでプロテスタント教徒を送り出した。同様の事態がフランケン帝国管区でも生じていた。この事態を、カウニッツは帝国議会の旧教団の団結に利用しようとした。カウニッツはまた新教団を分裂させようと、ハノーファーへの接近を試みた。カウニッツは旧教団の団結を図るために、皇帝が自ら旧教団を動員するのではなく、帝国大宰相のマインツ大司教と連携しようとした。だがこの動きは、後述するマインツ大司教エルタールの諸侯同盟加入で成功しなかった(9)。

次いでヨーゼフ二世はカトリック教会の教区編成に介入した。領邦君主による教区再編は、領国支配を徹底するための措置で、バイエルン公(選帝侯)などはすでに一六世紀から、特に一八世紀に入って熱心に遂行しており、自国領域に相応する一つのバイエルン司教区の創設を目指していた。バイエルンが教皇大使をミュンヒェンに招聘したのも、それを自国領一円の司教と見立ててのものだった。さてハプスブルク家領には、かねてから自領外に本拠があるパッサウ司教区、ザルツブルク司教区が広がっていたが、ハプスブルク家はこれを自領内に本拠のある司教区に再編しようとしてきた。だがこのため創設したヴィーン司教区(一七二二年に大司教区に昇格)、ヴィーナー・ノイシュタット司教区は、十分な領域を確保していなかった。このため一七八三年にヨーゼフ二世はパッサウ司教に、ハプスブルク家支配下のニーダーエステルライヒ、オーバーエステルライヒの小教区をパッサウ司教区から分離するよう要求して、ザンクト・ペルテン司教区、リンツ司教区を新設させた。更にヨーゼフ二世は、帝国副宰相の実子で親墺的だったザルツブルク大司教ヒエロニュムス・コロレードにも要求して、同様にハプスブルク領の地域に司教区を新設させようとしたが、コロレードの強い抵抗にあった。加えてヨーゼフ二世はレーゲンスブルク司教区、リュティヒ司教区に対しても、領主としての権限を主張していた。ドイツの司教たちは、教区編成は帝国国制の一部であり、「キリスト教の、特にドイツの教会の再興庇護者」たる皇帝がそれを侵害するのは、選挙協約第一条に違反すると、激しく非難する抗議文を提出した。こうした皇帝の教区再編政策の合法性に関しては、帝国国法学者の間でも評価が分かれ、皇帝あるいはその家臣のカトリック教会に対する権利侵害だと批判する声と、皇帝の教区再編は(プロイセン王が邪魔をしなければ)将来のドイツ教会統一に寄与しただろうと擁護する声とがあった。同時にヨーゼフ二世の近代化政策により、多数の修道院が閉鎖される事態となった。このようなヨーゼフ二世の一連の教会政策は、カトリック司教たちに恐怖心を植え付けることになる。ローマ皇帝と帝国教会との対決は、共同統治者だった母后マリア・テレジアが崩御した一七八〇年から激化した。(10)

一七八四年、ヨーゼフ二世は一度断念したバイエルン獲得に再挑戦し、今度は墺領ネーデルラントとバイエルンの一部とを交換する計画を立てた。一七八四年五月の文書で、ヨーゼフ二世はこの計画に強い意欲を示している。帝国諸侯たちの度重なる反抗に業を煮やしていたヨーゼフ二世は、このバイエルン獲得が彼らに一矢報いる好機にもなると考えていた。バイエルンがハプスブルク領となれば、その只中にあるレーゲンスブルクは、もはや帝国議会の開催場所として相応しくなくなる。一旦解散した帝国議会が別の場所で再開催されるのを困難にすれば、帝国諸侯たちの反抗を封じることができる。ヨーゼフ二世は英仏王の先例に倣い、身分制議会の解散による絶対君主制樹立を狙っていたのである。ヨーゼフ二世はこの交換計画に際し、予めロシヤ女帝エカテリーナ二世の支持を得ていた。だが当主のバイエルン公(選帝公)カール・テオドルが同意したものの、その後継者プファルツ＝ツヴァイブリュッケン公カール・アウグスト・クリスティアン(フランス語文書でいう「ドゥポン公爵」(le Duc de Deuxponts))がまたこの計画に反対して、フランスやプロイセンをこの紛争に引き込んだ。(11)

当時古稀を過ぎていたプロイセン王フリードリヒ二世は、ここで再びハプスブルク家の前に立ちはだかった。フリードリヒ二世は、「狂帝ヨーゼフのかの目論見」(ces vues de Josef l'Endiable)、「かのヴィーンの呪われた暴君の途方もない追剝行為」(brigandage effréné de ce maudit tiran Viennois)を非難し、帝国諸身分に皇帝に抵抗する「諸侯同盟」(Fürstenbund)の結成を呼び掛けた。この「諸侯同盟」は、ブランデンブルク、ハノーファー、ザクセンの三選帝侯によって、一七八五年七月二三日にまず「三選帝侯同盟」(Dreikurfürstenbund)として結成された。この同盟結成には、もちろんプロイセンの対エステルライヒ戦略があった。実はフリードリヒ二世及びその大臣エヴァルト・フリードリヒ・フォン・ヘルツベルク伯爵は、老フリッツ死後にエステルライヒがシュレジエンに襲来するのを警戒して、すでに一七八三年から諸侯同盟の結成を考慮しており、ヘルツベルク及び王太子フリードリヒ・ヴィルヘルムは、そのために他の帝国諸侯との連絡を取り始めていたのだった。(12)

フリードリヒ二世はヨーゼフ二世を封じ込めるために、ケムニッツ流の帝国愛国主義を「道徳の棍棒」として利用した。フリードリヒ二世は諸侯同盟の目的を、「帝国の現在の法的構造を維持し、そのあらゆる成員がその領土、所有地、権利を自由に、穏やかに用い、あらゆる違法で恣意的な試みに反対する」ことだとし、特に「世俗化」や領土交換を阻止することを挙げた(13)。この文面だけを見ると、まるでフリードリヒ二世が帝国国制の擁護者であり、ヨーゼフ二世が帝国国制の攪乱者であるかのように見える。けれどもフリードリヒ二世自身は、帝国国制を尊重するような人物ではない。フリードリヒ二世は、以前からカトリック教会領の「世俗化」を主張し、アンスバッハ・バイロイト辺境伯領の併合を狙い、帝国外でもポーランド分割を推進していた。プロイセンの帝国に対する忠誠心のなさは、こののちフランス革命や対仏同盟戦争の過程でも明らかになっていく。

それでも「第三のドイツ」の諸侯たちは、プロイセンの軍事的脅威を恐れてか、その見え透いた戦略に応じていった。彼らは口々に急進的改革者ヨーゼフ二世への反感を表明した。フリードリヒ二世の呼び掛けに真先に応じたのが、アンハルト＝デッサウ侯フランツ、ザクセン＝ヴァイマール・アイゼナハ公カール・アウグスト、バーデン辺境伯カール・フリードリヒである。この三人は、すでに一七八二年にヘッセン＝カッセル方伯領大臣マルティン・エルンスト・フォン・シュリーフェンが、墺普双方から独立した「第三のドイツ」の同盟結成を構想した際にも賛同し、バーデン辺境伯領大臣ゲオルク・ルートヴィヒ・フォン・エーデルスハイム男爵が、これを一七八三年一一月初旬に文書化していた。特にバーデン辺境伯は、ハプスブルク家領フォルデルエステルライヒの膨張に脅威を感じており、ヨーゼフ二世の帝国大審院監察も領邦高権の侵害と見ていた。彼らは目下の敵としてはプロイセンよりエステルライヒが深刻だと判断し、プロイセン大臣ヘルツベルクと連絡を取りつつ、「第三のドイツ」の生き残りを図ったのだった。エーデルスハイムの文書でも、同盟から墺普を排除するとしつつも、プロイセンの保障の下に同盟を結成するとされており、マインツなど主要な諸侯だけでなく、ホルシュタインを領有するデンマーク王、ポンメルンを領有するスウェーデン王も含める予定であった。ただプファルツ＝ツヴァイブリュッケン公の大臣クリスティアン・フォン・ホーエンフェルス男爵は、「第三のドイツ」側に与しつつも、帝国諸身分の領邦高権を確立してローマ皇帝の権限を縮小しようとするエーデルスハイム案には警戒的だった。というのもホーエンフェルスは、主君プファルツ＝ツヴァイブリュッケン公をやがては皇帝（国王）に当選させようと目論んでおり、その暁に皇帝権が限定されているのは不都合だと考えたのである(14)。

フリードリヒ二世の戦略に帝国諸侯が次々と靡いた背景には、この軍事的英雄が有した全ドイツ的声望もあったのかもしれない(15)。カール・アウグスト公に仕えたゲーテは回顧する。「私もまたプロイセン贔屓、正確にいえば、フリッツ贔屓であった。プロイセンなぞ我々には何の関係もなかったからである。全ての人の心に訴えたのは偉大な王の人柄であった。私は父と共に我々の勝利を喜び、好んで勝利の歌を書き写した。更に好んで書き写したのは、敵方に対する嘲笑の歌であった。歌詞の巧拙は問題ではなかった(16)」。「フリードリヒは連合国を向こうに回して一部のドイツ人の名誉を救った。全ての国民がこの偉大な君主に喝采を送り、敬意を表することによって、彼の勝利を祝うことができた(17)」。ダールベルクもヘルツベルク宛書簡で、「王は多くの点で時代の模範である」、「寛大さ及び正義への愛情の模範である」と絶讃している。若い皇帝ヨーゼフ二世には、こうした老フリッツと同じほどの影響力を行使することができなかったのだろう(18)。

フリードリヒ二世は帝国諸侯に諸侯同盟参加を呼び掛ける際に、ヨーゼフ二世の背後にロシヤ皇帝エカテリーナ二世がいると喧伝した。実際ロシヤ公使ロマンツォフ伯爵は、一七八二年五月にヨーゼフ二世に初めて謁見した時から、バイエルン獲得のためにプファルツ＝ツヴァイブリュッケン公を買収するよう勧めていた。一七八四年一二月二四日のプファルツ＝ツヴァイブリュッケン公との交渉では、ロマンツォフがヨーゼフ二世の希望を口頭で伝達する役を演じた。だがこの会談でプファルツ＝ツヴァイブリュッケン公は、自分が同意するか否かに拘らず、エステルライヒはバイエルンを獲得する気だとの印象を懐いた。このためこの会談後、ロマンツォフがヨーゼフ二世の使者としてプフアルツ＝ツヴァイブリュッケン公を恫喝したという噂が立った。フリードリヒ二世は、この噂をヨーゼフ二世の声望を失墜させるのに利用したのである(19)。

諸侯同盟の結成は帝国愛国主義論争を再燃させた。ドイツの政治家や帝国国法学者は、プロイセン・諸侯同盟側かローマ皇帝側かに分かれ、帝国の在り方を巡って議論を戦わせることになる。プロイセン・諸侯同盟側で議論したのが、プロイセン大臣ヘルツベルク、マインツ大司教枢密顧問官ヨハンネス・フォン・ミュラー、プロイセン外交官クリスティアン・アウグスト・フォン・ドーム、文筆家エルンスト・ルートヴィヒ・ポッセルト、カール・レナトゥス・フォン・ハウゼン、フリードリヒ・フルトライヒ・カール・ジークマンらであり、ローマ皇帝側で議論したのは、公証人クリストフ・ルートヴィヒ・プファイファー、歴史家ミヒャエル・イグナッツ・シュミット、帝国国法学者ヨハン・アウグスト・ロイス、オットー・ハインリヒ・フォン・ゲンミンゲン、重農主義者ヨハン・アウグスト・シュレットヴァイン、文筆家ヴィルヘルム・ルートヴィヒ・ヴェクルリンらであった。プロイセン及び諸侯同盟側は、バイエルンなど選帝侯領は「金印勅書」で不可侵と定められており、ヨーゼフ二世による併合は不法である、ドイツは分裂しているからこそ「自由」な国民性を維持しているのであって、ヨーゼフ二世の「普遍君主制」(Universalmonarchie)がドイツの「勢力均衡」(Gleichgewicht)を損い専制政治へと陥る危険性があるために、諸侯同盟を結成して抵抗するべきだ、プロイセン王フリードリヒ二世こそケルスキー族長ヘルマンのような「ドイツの自由」の守護者だ、帝国諸身分こそ「国民」(Nation)の代表者だなどと訴えた。これに対しローマ皇帝側は、バイエルンの選帝侯位はそもそも一七七七年に断絶している、領土がバラバラに散らばっているのは不自然で、領土をまとめるのが理性に適っている、ドイツの「自由」などすでにプロイセンなど大諸侯の横暴で失われており、それを抑えてドイツの「自由」を守るために、「公権力」たる皇帝権力の確保が必要なのだ、皇帝権力を抑えれば、貴族制、無秩序、専制へと陥っていくのだ、専制国家の典型であるフランスやオスマン帝国を撃退し、「自由」なドイツを守ったのは皇帝であって、こういった外敵に対して「勢力均衡」を保つためにも、皇帝権力が強くあるべきだ、帝国諸身分がそうした皇帝の恩義に感謝の念がないなら、皇帝は報復として帝国を離脱し、自分だけの「帝国」(Kaiserreich)を作るかもしれない、諸侯同盟などは私的利害を追求する許容し難い抵抗勢力だ、ヨーゼフ二世の改革は宗派統一への第一歩だ、「トイツの自由」よりもむしろフランスのような統一的君主制の方が理性に適っており、ドイツを大国に押し上げられるなどと主張した。こうした帝国国法学においては、「自由なドイツ人」として、「臣民」ではなく「市民」としての立場から、「ドイツ」や「ドイツ国民」の利益が論じられたのだった。なおバイエルン国内では意見が分かれており、主君であるプファルツ＝バイエルン選帝侯カール・テオドルはヨーゼフ二世の提案に乗り気だが、後継者のツヴァイブリュッケン公カール・アウグスト・クリスティアンは反対で、バイエルン領邦諸身分もバイエルン継承戦争でのエステルライヒ軍侵攻の記憶からエステルライヒへの併合に消極的であった[20]。

さてこの諸侯同盟に、結成三箇月後の一七八五年一〇月二三日（文書上は一八日）に加入したのが、マインツ大司教エルタールであった。この前史ともいうべきなのが、ヴィルヘルム・フリードリヒ・フォン・ジッキンゲン伯爵の一件である。エルタールはブライトバッハ派のグロシュラーク、ベンツェルを更迭した後、一七七五年にヴィーン宮廷で寵愛を受けたジッキンゲン帝国伯爵を大臣としたが、一七八二年には彼を無能として更迭した。ヴィーンに戻ったジッキンゲン伯爵は、ヨーゼフ二世やカウニッツ侯爵にエルタールへの不満を吐き出し、これを機にヨーゼフ二世と、皇帝の帝国政治への関与に苛立っていたエルタールとの間で感情的軋轢が増したのだった。加えて帝国大宰相が皇帝の同意を得て任命する帝国宮廷宰相府参事官の人事を巡っても、二人の間で軋轢が生まれた。マインツ選帝侯国の枢密顧問官ヨハンネス・フォン・ミュラーは、諸侯同盟に参加した主君エルタールを、ヴェストファーレンの講和、第一次ライン同盟に協力したマインツ大司教シェーンボルンに譬え、「帝国大宰相にとって精神、勇気、愛国主義が、権力の不足を代替するものであることを十分に示した」として称揚した。当初エステルライヒ寄りとされていたエルタール大司教をのちにプロイセン側へと寝返らせたのが、その姪のクーデンホーフ伯爵夫人（旧姓ハッツフェルト）である。エルタールに影響力のあるクーデンホーフ夫人には、エステルライヒ側も六万グルデンの提供を申し出て、味方に付けようとしていた。ローマ皇帝を補佐する帝国大宰相、カトリック教会のマインツ大司教エルタールが、プロテスタント勢力を代表するプロイセンの呼び掛けた諸侯同盟に参加するというのは、注目すべき事態である。墺使節だったフランツ・ゲオルク・フォン・メッテルニヒ伯爵は、この事件でエルタールと衝突して任地マインツを去り、フェルディナント・フォン・トラウトマンスドルフ伯爵と交代した。マインツには新たにプロイセンの使節が派遣されてくることになったが、一七八七年一一月に常駐使節となり、一七九三年一一月まで務めたのは、ヨハン・フリードリヒ・フォム・シュタイン帝国男爵（一七四九―一七九九年）、つまりプロイセンの改革者シュタイン男爵の長兄だった。このシュタインやヨハンネス・フォン・ミュラーが、マインツのクーデンホーフ夫人のサロンに出入りしていた。[21]

マインツ大司教エルタールは実弟のヴュルツブルク司教フランツ・ルートヴィヒ・フォン・エルタール男爵に書簡を送り、諸侯同盟への参加を促した。「朕はその連合に加入した。そして朕はまた、帝国身分の第一人者として、そして帝国大宰相として、それに参加することが完全に正当だと考えている。その連合が目標とするのは、法律及び憲法に則った方法[gesetz- und konstitutionsmäßige Wege]で、いまの帝国体制をしっかり守ること以外の何物でもないのである。この連合は、朕が帝国元首としての皇帝陛下に対して、そして全帝国に対して負っている義務に何ら背くものではない。またこの連合は、朕の大宰相の職務を一切の下心なしに行使することを妨げるものではない。帝国憲法、帝国体制の維持、そしてそれに根差した帝国元首の名声も、またあらゆる諸身分の権利も、宗教による違いなしに、そのことを求めている」[22]。だがヴュルツブルクでは、諸侯同盟が帝国国制に適うというマインツの主張には異論も提起されていた。[23]

皇帝ヨーゼフ二世は諸侯同盟の拡大に苛立ちを深めていた。ヨーゼフ二世は、ザイレルン伯爵（帝国議会駐箚ベーメン使節）への訓令で、「ドイツ帝国の一般的な最良事［das allgemeine Beste des Deutschen Reiches］にとって有益なこと」が、帝国議会でいかに達成できないかを嘆いている。「朕の領国で必要になった体系的調整によって、朕の意図に反して隣接する帝国諸身分が不満を懐いたという、きわめて僅かな契機を利用して、反感や不信を極限まで煽り、帝国における教会の階層秩序を破壊したり、旧来の帝国国制を転覆させたりする計画があるなどと、嘘を言いふらす者がいる」(24)。

エステルライヒを支援するロシヤ公使ロマンツォフ伯爵は、諸侯同盟の拡大防止に奔走した。一七八五年一〇月中旬、ロマンツォフはヴュルツブルク司教エルタールと会談した。ヨーゼフ二世の司教区再編に憤慨し、兄から誘われた諸侯同盟への加入も考慮していたヴュルツブルク司教に対し、ロマンツォフは理解を示した。だがロマンツォフは、かつてヴィッテルスバッハ家の皇帝カール七世に加担して教会領「世俗化」を提案したフリードリヒ二世に、司教たちが協力して諸侯同盟を結成し、共同で皇帝に反抗するなど理解できないと述べた。このロマンツォフの批判は、ヴュルツブルク司教エルタールの胸に響いた(25)。

諸侯同盟に加入した一七八五年秋、マインツ大司教エルタールは自分の後継者として、継承権のある協働司教を選出することにした。マインツ大司教はドイツ王国首座としてドイツ王選挙の司会を務め、帝国大宰相として帝国議会を取り仕切る立場にある。マインツ協働司教の選出は、神聖ローマ帝国の将来を決めることでもあった。当時六十代のエルタールが俄かに協働司教選任を考えた背景には、プロイセンの意向があった。プロイセンは、エルタールの諸侯同盟参加のみならず、諸侯同盟に協力的な後継者を決めることをも目指していた。マインツ大聖堂参事会はエルタール大司教の諸侯同盟加入を承認しなかったので、プロイセンはマインツ協働司教に新たな同盟者を求めたのである(26)。

マインツ協働司教の候補者とされていたのが、大聖堂参事会員のゲオルク・カール・フォン・フェッヒェンバッハ男爵（一七四九―一八〇八年）、クリストフ・カール・フォン・ディーンハイム男爵（一七四五年―？）、そしてダールベルク男爵(一七四四—一八一七年)である。フェッヒェンバッハ男爵は、マインツのダールベルク宮殿の隣に邸宅を一七八三年に購入した有力家門の出身で、父もマインツ大司教庁勤務だったが、エステルライヒに近く、マインツ駐箚皇帝使節トラウトマンスドルフ伯爵が強く支援していたので、エルタールから候補として遠ざけられていた。マインツ協働司教の座を逃したのち、一七九五年にヴュルツブルク司教、フランケン公に就任している。これに対しすでに知識人として有名だったダールベルクは、マインツ協働司教の最有力候補だったが、早くも勝利の確信を態度に出したために、現職者エルタールの不興を買うことになった。この選挙戦で、プロイセン大臣ヘルツベルク、マインツ駐箚プロイセン使節シュタイン、ザクセン゠ヴァイマール・アイゼナハ公カール・アウグストなど多くの人々が、ダールベルク支援に動いた。エルタールは諸侯同盟に好意的なディーンハイムを推していたが、ダールベルクが諸侯同盟に傾倒するに従い、プロイセンがダールベルクを支持するに至った。この選挙戦の渦中で、プロイセン王フリードリヒ二世は一七八六年八月一七日に世を去るが、プロイセンのダールベルク支援はヘルツベルクらによって続行された。一年半に及ぶ選挙活動ののち、ダールベルクは一七八七年四月一日に大聖堂参事会によってマインツ協働司教に選出された。[27]

ダールベルク当選については様々な憶測が流れている。当時のマインツ大聖堂参事会は次のような顔ぶれだった。①ダミアン・フリードリヒ・フォン・ウント・ツー・デル・ライエン・ウント・ホーエンゲロルツエック帝国伯爵、②ゲオルク・フォン・フェッヒェンバッハ男爵、③ヨハン・フィリップ・ツォーベル・フォン・ギーベルシュタット男爵、④マリア・ヨーゼフ・シュツ・フォン・ホルツハウゼン男爵、⑤フィリップ・カール・フォン・ホーエンエック男爵、⑥ヨハン・フィリップ・フォン・シュタディオン伯爵、⑦フランツ・フィリップ・フォン・ヴァルダードルフ男爵、⑧フランツ・クリストフ・フォン・フッテン・ツー・シュトルツェンベルク男爵、⑨カール・テオドル・フォン・ダールベルク男爵、⑩ヨハン・フィリップ・ツー・エルツ伯爵、⑪フランツ・クリストフ・フォン・フランケンシュタイン男爵、⑫カール・ヴィルヘルム・フォン・ヘーエンフェルト男爵、⑬フランツ・ルートヴィヒ・フォン・ウント・ツー・ビブラ男爵、⑭フランツ・ルートヴィヒ・フォン・ケッセルシュタット伯爵、⑮フリードリヒ・フランツ・フォン・ハルフ男爵、⑯フーゴー・フランツ・フォン・ケルペン男爵、⑰クリストフ・カール・フォン・ディーンハイム男爵、⑱エメリヒ・ヨーゼフ・フォン・バイセル＝ギュムニヒ男爵、⑲フランツ・ゲオルク・フォン・フェッヒエンバッハ＝ゾンメラウ男爵、⑳フランツ・ゼバスティアン・フォン・ベッテンドルフ男爵、㉑コンスタンティン・アントン・フォン・リッター・ツー・グリュンシュタイン男爵、㉒フリードリヒ・フィリップ・フォン・ボース男爵、㉓フランツ・アマント・フォン・ヘッデスドルフ男爵、㉔フリードリヒ・ヨーゼフ・フォン・ハッケ男爵、㉕ヨーゼフ・カジミール・フォン・レドヴィッツ男爵。マインツ駐箚ハノーファー使節ゲオルク・アウグスト・フォン・シュタインベルクの票読みでは、このうち皇帝の候補フェッヒェンバッハ(②)を支持するのは③、⑥、⑪で、エルタールの候補ディーンハイム(⑰)を支持する(見込みを含む)のが④、⑤、⑧、⑬、⑱、⑲、⑳、㉑、㉒、㉓で、ダールベルク(⑨)を支持するのが①、⑦、⑫、⑭、㉔で、未決定は⑩、⑮、⑯だった。なお㉕は一七八七年五月二五日にようやく正式に大聖堂参事会入りを許可されたので、ここでは計算に入っていない。ダールベルク支持派は元来多くはなかったが、エステルライヒ国家宰相カウニッツがダールベルクに好意的で、エステルライヒがエルタール(及び諸侯同盟)の対抗馬としてダールベルクの支持に傾き、ダールベルクが諸侯同盟を(内密に)支持するに及んでプロイセンの支持も得、ダールベルクの当選となった。ディーンハイム票を獲得するために、ダールベルク陣営のカール・アウグスト公らがダールベルクに内緒で贈賄をした、プロイセン使節シュタインがダールベルクを連れて、まだベッドにいるクーデンホーフ夫人を寝室に訪ね支持を訴えたなどとの説もある。加えてダールベルクは多くの参事会員(①、③、⑤、⑦、⑩、⑯、⑱、㉑、㉓、㉔)と親族的繋がりがあったが、それがどの程度作用したのかは分からない。(28)

ダールベルクはこの協働司教選挙に際し、ヘルツベルク宛書簡で自分を「トイツ愛国主義者」(ein teutscher Patriot)

と呼び、カール・アウグスト公宛の書簡でも自分の信条を「愛国的心情」(patriotische Gesinnung)と表現した。カール・アウグスト公もこの件で、自分の目標は「ドイツ国制の維持」(die Erhaltung der deutschen Constitution)だと述べている。ダールベルクやカール・アウグスト公の言い分では、バイエルン併合を狙い、司教区をエステルライヒ本位に再編しようとするヨーゼフ二世こそが帝国国制の攪乱者であり、これに抗議したプロイセンは愛国的だというのである。そこではエステルライヒ継承戦争、七年戦争におけるプロイセンの侵略行為、ポーランドやアンスバッハ、バイロイトへの膨張意欲については見事に等閑視されている。ヘルツベルクも「トイツ帝国の真の利益」(des teutschen Reiches wahres Interesse)について語ってはいたが、そこには勿論ヨーゼフ二世を「トイツ帝国」の敵に仕立て上げ、孤立化させる戦略があった。プロテスタント勢力の擡頭は、カトリック勢力にとって、特に「世俗化」に怯える教会諸国にとって深刻な脅威だが、にも拘らずこの時カトリック勢力の指導者たるマインツ大司教の後継者に、プロイセンを「愛国的」と称讃する人物が就任しようとしていたのである。(29)

協働司教となったダールベルクは、一七八七年六月六日に密かに諸侯同盟に加入した。その際の声明文では、先にエルタールが加入したことが指摘され、自己の加入が相対化されている。選挙戦中の一七八六年一月、ダールベルクが諸侯同盟参加を明言しないので、彼を支援するベルリン宮廷が不信感を懐き、カール・アウグスト公が執り成すという事件が起きていた。ダールベルクが諸侯同盟に親和的なのは明らかだったが、プロイセンの反エステルライヒ戦略に加担することには彼に躊躇があったのかもしれない。いずれにせよダールベルクが協働司教に当選すると、諸侯同盟派は凱歌を上げた。バーデン辺境伯領大臣エーデルスハイムは、ダールベルクを「ドイツにとって、理性にとっての最大の希望」(les plus grandes espérance pour l'Allemagne et pour la raison)だと激賞している。その二箇月後、ダールベルクは諸侯同盟に入った。これはプロイセンの勝利であり、ローマ皇帝にとって痛手であった。(30)

諸侯同盟及びそれに続く「ドイツ連合」(Deutsche Union)に加入したのは、プロイセン史料で確認できる範囲では次のような面々であった。ザクセン公、ブラウンシュヴァイク＝リューネブルク公（イギリス王）、ポンメルン公（スウェーデン王）、ホルシュタイン公（デンマーク王）、ヘッセン＝ダルムシュタット方伯、マインツ大司教、ブラウンシュヴァイク＝ヴォルフェンビュッテル公、バーデン辺境伯、ヘッセン＝カッセル方伯、アンハルト＝ケーテン侯、アンハルト＝ベルンブルク侯、プファルツ＝ツヴァイブリュッケン公、ザクセン＝ゴータ公、ザクセン＝ヴァイマール公、ブランデンブルク＝アンスバッハ辺境伯、メクレンブルク＝シュトレーリッツ公、メクレンブルク＝シュヴェリーン公、アンハルト＝ツェルプスト侯、オスナブリュック司教（英ヨーク公）、ヒルデスハイム＝パーダーボルン司教、トリール大司教、マインツ協働司教（ダールベルク）、トリエント司教、ブリクセン司教、フライジング司教。[31] このように諸侯同盟はプロイセン周辺の北部・中部ドイツのプロテスタント諸国が多く、聖界諸侯の参加は結局一部に留まり、プファルツ＝バイエルン、ヴュルテンベルクや帝国都市は参加していなかった。

マインツ協働司教に選出されたダールベルクは、一七八七年四月一五日にヴォルムス協働司教にも選出され、翌一七八八年にはコンスタンツ協働司教にも選出された。当時のヴォルムス司教はマインツ大司教エルタールが兼ねていた。当時のコンスタンツ司教マクシミリアン・クリストフ・フォン・ロート帝国男爵は高齢で、同司教領の行政も混乱し、財政も悪化していた。コンスタンツ司教はヴュルテンベルク公と並んでシュヴァーベン帝国管区の「伝奏」であったが、病身のロートがその職責を担えなくなり、この管区に多くの領地（フォルデルエステルライヒ）がある皇帝の使節レールバッハが代行していた。ダールベルクがヴォルムス司教、コンスタンツ司教となることは、シュヴァーベン帝国管区の主導権を失うという意味で、ヨーゼフ二世にとっては不利となった。[32]

三　皇帝との帝国国制論議

一七八七年晩秋、ダールベルクはアシャッフェンブルクでロシヤ公使ロマンツォフを迎えた。彼の諸侯同盟参加を非難するロマンツォフに対して、ダールベルクは諸侯同盟が目指すのは帝国国制への愛情であり、皇帝が目指すのはバイエルンの併合である、それは帝国国制に違反するわけではないが、彼の聖界諸侯への意地悪と同じくドイツの平安を乱すものだとした。これを聞いてロマンツォフはダールベルクの言い分を、まるで教授がするような事実の裏付けのない話だと嘆いた。諸侯同盟など帝国国制の安定化とは何の関係もない、プロイセンの墺露同盟への対抗策ではないかというのである。これに対しダールベルクは、諸侯同盟がプロイセンの単なる道具にならないようにするのが自分の課題なのだと主張した。実際彼が参加時に諸侯同盟に提出した声明書には、諸身分の自由及び安全のために帝国国制を守るという美辞麗句のみが並んでいる。ダールベルクはロマンツォフの警告を振り切って、それを文字通りの意味で理解し、実現しようとしていたのである(33)。

ダールベルクは協働司教に当選した直後から、皇帝ヨーゼフ二世を(自分たちの信奉する連邦主義的な)帝国愛国主義に帰依させようと動き出していた。一七八七年四月二六日、ダールベルクはヨーゼフ二世に書簡を送り、次期帝国大宰相に決まったので、祖国のために役立つ方法を考えたいと述べている。更にダールベルクは、マインツ駐箚墺使節トラウトマンスドルフ伯爵を通じて、同年六月五日付の文書を皇帝に捧呈した。そこでは「ドイツの新しい同盟」が「皇帝及び全国民[die ganze Nation]の同盟」となることを希望する旨が記され、またトラウトマンスドルフの曽祖父マクシミリアン・フォン・トラウトマンスドルフ伯爵がヴェストファーレンの講和に際し、「オスナブリュックでドイツ国制の創立を助けた」故事も暗示されていた(34)。

皇帝ヨーゼフ二世の返書はなかなか来なかった。皇帝がダールベルクの書簡をいつ落手したかは分からない。一七八七年七月一三日の皇帝のトラウトマンスドルフ伯爵宛の書簡に、ダールベルクの封書を受領し、返書を書いたとあるので、あるいは七月まで皇帝の手元に届かなかったのかもしれない(35)。ただ皇帝もマインツ協働司教選挙には注視していた。一七八七年五月五日、レンベルク滞在中の皇帝はトラウトマンスドルフ伯爵宛書簡で、ダールベルクの協働司教選出をプロイセンの策動と看做していた。「ダールベルクのプロイセン宮廷とのつながりは、撒き散らされた噂や妄想などではなく、真の心情に基づくものであり、その心情により保障を得ていると、プロイセン宮廷は見ているに違いない」。皇帝は、マインツ大司教エルタールは「邪悪な愚か者」、ダールベルクは「いつも理性に対して不機嫌」になりうるとしつつも、この代替わりから自分が何を得られるかを見極めようとした。また皇帝は、マインツから派遣されてくる新任の帝国宮廷宰相府ドイツ部門参事官フランツ・ヨーゼフ・フォン・アルビーニ男爵には期待していた(36)。そうした最中、ダールベルクが一七八七年六月に諸侯同盟に加入し、その報は皇帝にも届くことになる。

返書が来ないのに苛立つダールベルクは、アルビーニに心情を吐露した。ダールベルクはこのアルビーニを、皇帝ヨーゼフ二世、帝国副宰相コロレード、国家宰相カウニッツ、国家副宰相コベンツルらの信頼を得て、皇帝と帝国大宰相との間、皇帝と帝国諸身分との間を仲介し、大局を見据えて「祖国トイツの繁栄」(das Wohl des teutschen Vatterlandes)に奉仕する逸材だと考えていた(37)。「貴殿もよく知っているように、私の計画はトイツ国制の維持を目指しています。つまり可能な限りの皇帝と帝国との調和、党派精神の解消です。私は命ある限り、この計画に忠実で居続けるでしょう(38)」。このアルビーニ宛書簡で、ダールベルクはローマ皇帝を「エストライヒ皇帝」(Östreicher Kayser)と呼んでいた。「ルドルフ・フォン・ハプスブルクのようにトイツ国民の愛と信頼とを勝ち得ているエストライヒ皇帝は、世界で第一の、最強の君主です。でも軍隊を誇り、国制を誹謗し、所有権や法律の形式を踏み潰す皇帝は、人々を考え込ませ、多くの小諸身分を団結させます。そして彼らが外部の者に庇護を求めるよう仕向け、仕舞には身を守るために血と地とを賭けるようにさせるのです。いやこんなはずではない。トイツ国民がヨーゼフ二世の下で法律に則り心より団結する様子を、神は私に見ることを許すはずです」[39]。「エステルライヒの真の繁栄と、帝国の真の繁栄とは、矛盾することがありません。それは互いに力強く支え合うのです」[40]。

焦るダールベルクはカウニッツ侯爵を経由して、更に一七八七年七月三日アシャッフェンブルクとの記載があるフランス語文書「同盟についての考察」(Observations sur la Ligue)を提出していた。ダールベルクは、ヨーゼフ二世が帝国宮廷顧問院改革、帝国大審院監察で示した愛国的傾向を失い、ポーランド分割、バイエルン継承戦争、司教区再編など自己中心的政策に邁進し、人々はエステルライヒが帝冠を永遠に抛棄して、帝国を見捨てるのではないかと恐れているとした。ダールベルクは、「専制」(Despotismus)、「スルタンの偶像」(Götzesbild der Sultane)を引き合いに出し、ハプスブルク君主が暴君化することを危惧し、「ドイツ国民」(deutsche Nation)の団結を訴えたのだった[41]。

一七八七年七月一三日、遂にヨーゼフ二世からダールベルクへの返答が出された。「私は貴殿の提案を喜んで受け入れます。貴殿は私にドイツ全体の利益を目指す方法を述べたいというのですね。私はドイツを喜んで我々共通の祖国[notre patrie commune]と呼ぼうと思います。というのも私はドイツを愛しており、ドイツ人であることを光栄に思っているからです。その点で我々はすっかり同じ考えです」。「あなたと同じで、私も何が私たちの祖国を幸せにできるのか、しばしば考え込むのです。私はあなたと全く同意見で、皇帝とドイツ国家及びその分邦との密接な紐帯のみが唯一の手段だと思うのです」。ヨーゼフ二世はここで、「我々ドイツのよき愛国主義者仲間」(nos bons compatriotes Allemands)という表現も用いている。ヨーゼフ二世は異なる利害をまとめることの難しさを説き、ダールベルクの試みへの期待を表明した。「よって私が全く誠実で、敬意を懐いていることを信じて下さい。あなたに好意を懐いているヨーゼフ」。ヨーゼフ二世はこの書簡をトラウトマンスドルフ伯爵に託するに当たり、ここには「自分の本来の考え」が書いてあり、ダールベルクが友好的に文通したいなら歓迎すると伝えるよう指示した[42]。

更に皇帝ヨーゼフ二世は一七八七年七月一八日、ダールベルクの批判に対する自分の言い分を、トラウトマンスドルフ伯爵宛の文書のなかでまとめた。ヨーゼフ二世はポーランド分割について、それはプロイセン王が一人で断行したもので、エステルライヒは当時まだロシヤと同盟が断絶しており、同盟国フランスの後援が得られなかったので、分割を阻止できなかった、当初エステルライヒはグラーツ伯領及びグラーツ市の恢復で手を打とうとし、結果としてエステルライヒの獲得した領土もロシヤ、プロイセンの取り分ほど恵まれていなかったと弁明した。バイエルン継承戦争に関しては、皇帝はエステルライヒにとってその権利を主張するために逃すことのできない好機だったとし、フリードリヒ二世の強引な領土取得、特にアンスバッハ・バイロイト辺境伯領への対応を引き合いに出した。教区再編に関しては、パッサウ司教、ザルツブルク大司教が自発的に行ったことで、彼らは新しい教区にも権利を有していることを指摘した。ヨーゼフ二世はこれらの内容を、ダールベルクにも伝えるよう指示した。(43)

一七八七年七月二八日、やっと届いた皇帝ヨーゼフ二世の返信にダールベルクは狂喜し、直ちにフランス語で返答を出した。「皇帝陛下！　どうして私は千の声を有していないのでしょうか。有していれば、皇帝のお言葉を全てのドイツ人に繰り返せますのに――「私はドイツを愛しており、ドイツ人であることを光栄に思っている」」。「皇帝陛下の天賦の才のみがこの偉大な仕事を実現できるのです」。「皇帝陛下はこの輝かしい事業によって、父なる陛下の聖慮に値する一国民[une Nation]を幸福にし、その維持が高貴なる帝室の真の利益と密接に結び付いた国制を堅固にするのです」等々――(44)。これまで警戒してきたヨーゼフ二世に、ダールベルクは一転して心服するようになる。このことは一七八七年一二月一日のアルビーニ宛書簡にも表れている。「皇帝の寛大さが私を心から感動させました」。ダールベルクはヨーゼフ二世に「感謝」の念を語っただけでなく、自分の諸侯同盟加入をすぐに告白しなかったことを「後悔」するようにすらなった(45)。ダールベルクは一七八七年九月七日の帝国副宰相コロレードの書簡に対し、帝国司法によって「国民の繁栄」が増大するとして、参事官アルビーニを推薦する返信(九月一八日付)を送っており(46)、翌年一月一八日には皇弟のケルン大司教マクシミリアン・フランツとも会談している(47)。

気をよくしたダールベルクは、一七八七年八月三〇日付の上奏書『ドイツ帝国の最善のための提案』をヨーゼフ二世に捧呈した(一〇月八日にはコロレードにも提出された)(48)。この文書は次の文章で始まる。「我らが偉大な皇帝が、帝国の政務に嫌悪感を懐くに至っていることは、真実の探求者なら誰でも認識できるに違いない」。ダールベルクはその原因として、様々な案件で、特に大審院監察で、「皇帝陛下の最も純粋な家父長的意図」を、「諍い、憎悪、嫉妬、不信、くどくどした妨害」が挫折させたことを挙げている。そこでは他ならぬダールベルクがマインツ大司教ブライトバッハの補佐役として、大審院監察を批判する側にいたことが棚上げされている。ダールベルクは、「全ての真の愛国主義者」が皇帝の「ドイツ帝国の家父長的配慮」への復帰を願っているとし、ルドルフ一世、マクシミリアン一世など、「祖国ドイツの繁栄のために傑出した制度を創設した」ハプスブルク家の君主たちを挙げ、最後にヨーゼフ二世の言葉も引用する。「ドイツ国民がいつもあまりに党派精神に囚われているのは悲しい」。ダールベルクはヨーゼフ二世が私利私欲に走っていると考えていたわけだから、この引用は皮肉を込めたつもりだろう。

その上でダールベルクは、「あらゆる人間の共同体の目的は、その成員の幸福である」と説き、多角的な改革提案を提示した。ダールベルクは、気持ちが安定し自分の財産を自由にできることほど幸せなことはないとし、第一に民事争訟について皇帝の認可により帝国議会の委員会が決定を下す手続きを提案した。ダールベルクは、ドイツ法及びローマ法の適用範囲の境界が曖昧なことも問題視した。第二にダールベルクは裁判制度に触れ、裁判所が優れた人材で占められているとしつつも、皇帝だけでなくマインツ選帝侯、帝国代表者会議も参加しての監察を必要とし、また判示内容の「執行」(Exekution)規則の改善をも求めた。第三にダールベルクは個人の安全を保障するために、一六世紀の「カール刑事法典」をもはや使用不能だとし、刑事政策の改善を求めた。この意見は、彼の「刑法典草案」(一七九二年)の原初形態をなすものだと思われる。第四にダールベルクは営業の自由を説き、多くの地方で臣民が移動に制限がある「農奴」(Leibeigene)である問題を帝国議会で審議し、移動の自由を拡大して経済の活性化を図ることを提案している。第五に、ドイツ国法が各党派の争いの種となり、不信感が渦巻いているとし、「よき立法」の確立のために皇帝が帝国代表者会議を召集することを求めている。「家父長的入念さ、愛国的情熱、皇帝の示す模範が、ドイツの愛国心を再び掻き立てるのに最も貢献するのである」。最後にダールベルクは、精神論を十ほど連ねているが、例えば第五条は次の通りである。「ドイツ国民の幸福は目的であり、ドイツの愛国心は精神である。この精神だけが、本企画に魂を与えるものでなければならない」。一七八七年八月三〇日の日付のあと、更に同年九月三〇日付の注記があり、この「善意の提案」を皇帝が実行に移す際には、愛国的な帝国宮廷宰相府ドイツ部門参事官アルビーニがそれを指導することを提案している。ちなみにこれらの改革提案で、ダールベルクがその成果を享受する主体として常に「ドイツ人」(der Deutsche)(あるいはドイツ(Deutschland)、国民(Nation))を念頭においていた点は重要である。

皇帝ヨーゼフ二世との和解を模索するダールベルクは、自分の諸侯同盟参加を詳しく弁明することにした。ダールベルクはヴィーン宮廷の書記官ヴァルターに書簡を送り、諸侯同盟加入の理由を次のように説明した――(1)諸侯を不必要な紛争から引き離すには、自分が彼らに無条件の信頼を懐くことが必要である。(2)諸侯同盟は、バイエルン交換問題を契機に、帝国国制維持を目的として組織されたもので、見た目ほど懸念すべきものではない。(3)自分は諸侯同盟加入の署名をしたことで、マインツ大司教エルタールの信頼を勝ち得たが、この大司教はまだ十年かそれ以上生きるだろう。(4)諸侯同盟はエステルライヒがバイエルン問題で得をすることにプロイセンが嫉妬して生まれたと言われている。確かにフリードリヒ二世はそうだっただろうが、その後継者たるフリードリヒ・ヴィルヘルム二世は愛国的な人物である。私はヴァイマール公やプロイセンの大臣たちに、自分が他の勢力の道具にならないことを明言している。私はしがらみのない自由なドイツ人であり、そうであり続ける。(5)ドイツの平安のためには、墺領ネーデルラントとバイエルンとの交換は望ましいという意見もあるが、確かにプファルツ家や帝国の承認の下で行われるなら、それは有害ではない。(6)自分はエステルライヒ帝室に害をなすものではなく、自分ほど熱心に帝室の合法的で真の利益を考える者はいない[49]。

ダールベルクは、自分の帝国愛国主義の純粋さを皇帝側にも分かってもらおうと躍起になっている。アルビーニに対して、ダールベルクは自分が周囲から誤解されていると嘆き、自分の愛国心が純粋であることを強調した。「ヴィーンでは私はプロイセン寄りだと見られ、ベルリンではエステルライヒ寄りだと見られている。結局のところ私はどちらでもなく、自分の偉大な皇帝及び偉大な祖国トイツを心から愛し敬い、統一を実現しようと試み、勇気をもって決然と真理の導くところへ航行する、一人のトイツ人なのである[50]」。

ダールベルクは確かに皇帝と帝国諸身分との一致を切望していたのだろうが、そのための努力義務を、無意識のうちに皇帝側のみに課していた。「首長と構成員とを結び付ける紐帯は相互的なものである。トイツ帝制はヨーゼフと共に没落する運命にあるだろうなどという発想から、神様が目を背けられますように[51]」。こうは述べるものの、ダールベルクの議論は決して「相互的」(wechselseitig)なものではなかった。彼の関心は、皇帝(ヨーゼフ二世)の「専制」(Despotismus)を抑えて小諸侯(特に聖界諸侯)を守るという点に集中し、自分たち諸侯がどう「偉大な皇帝及び偉大な祖国トイツ」に奉仕するのかという点に触れなかった。権力を抑制することには熱心だが、権力を構築することには疎いのである。またそもそも、皇帝の権力を抑制することが、本当に小諸侯の守護になるのかも疑わしい。エステルライヒを一方的に批判し、プロイセンや「第三のドイツ」に同程度の批判をしないのでは、ヴィーンの協力が得られないのも道理だろう[52]。

一七八八年に皇帝使節としてマインツに赴任したヨーゼフ・ハインリヒ・シュリック伯爵(一七五四―一八〇七年)は、マインツ情勢を分析している。彼によると、ダールベルクは若くして知的能力をブライトバッハ大司教に評価され、学者として有名になったが、その分「自己愛」が強く、自分の能力を過信し、「天才」になりたがっており、虚栄心に満ちている。ヴィーンの国家宰相府は、ダールベルクがエルタールと不和なために、エルタールが加入する諸侯同盟にも距離をおいてくれるのではと期待したが、実際には協働司教となったあとに自ら諸侯同盟に入ってしまい、エルタールと同じ陣営になってしまった。とはいえダールベルクは、彼の帝国愛国主義の夢を実現するために、皇帝との協力を熱心に望んでおり、諸侯同盟に入ったとしても、なお連携の余地はあるというのだった(53)。

いずれにしろ「下からの」帝国国制改革に皇帝ヨーゼフ二世を担ぎ出そうというダールベルクやカール・アウグスト公らの構想に、プロイセン王が与するはずもない。カール・アウグスト公とフリードリヒ・ヴィルヘルム二世との友情を知っていたプロイセン大臣ヘルツベルクは、カール・アウグスト公の提案には慎重に対応したが、マインツ大司教を指導者にするような諸侯同盟の改革には反対した。ザクセン選帝侯やハノーファー選帝侯も、選帝侯の特権を失わせるような帝国国制改革にはそもそも反対だった(54)。

四　大嵐前の豊かな文芸活動

マインツ協働司教選挙に勝利したダールベルクは、大司教就任に向けて正式に聖職者になった。一七八八年二月三日、彼はまずヴュルツブルクでヴュルツブルク・バンベルク司教エルタール（弟）から司祭に叙品され、同年八月三一日にアシャッフェンブルクの神母教会（Muttergottskirche）（写真）で、マインツ大司教・ヴォルムス司教エルタール（兄）からタルスス名義大司教に叙階された。彼はまたマインツ、ヴォルムス、コンスタンツの補佐司教にもなった。一連の行事は、前日の大司教入城から始まり、十字架、剣、司教杖、司教冠などを捧げ持つ行列を伴い、連禱が響き渡るなかで盛大に行われた。こうして華々しく登場した協働司教ダールベルクだったが、結局エルタールは更に十五年も存命した。ダールベルクは一八〇〇年にコンスタンツ司教、一八〇二年にマインツ大司教・ヴォルムス司教に就任す

神母教会

るまで、マインツ大司教領のエルフルト総督のままであった。[55] この間ダールベルクは、帝国大宰相就任を待ちきれず、一七八八年一二月にカウニッツ侯爵の支援で、病気退任の帝国副宰相コロレード侯爵の後任にも立候補したが、ヨーゼフ二世の拒否に遭い、前任者の長男フランツ・グンダカー・フォン・コロレード＝マンスフェルト侯爵（一七三一—一八〇七年：ザルツブルク大司教の兄）に敗れた。[56]

エルフルト総督として、ダールベルクは引き続き統治に邁進した。彼は警察署に助産所を設け、役所の監視下で質屋を開き、学校制度を整備し、二度の洪水（一七八九年八月、一七九〇年五月）や落雷による弾薬庫爆発に対処するなどした。[57]

エルフルト総督ダールベルクは、民衆信仰に関してエルフルト民衆をエルタール大司教に執り成す役割も果たした。マインツ大司教総代理は一八〇一年の年末、大司教領における聖体行列の全廃を通達した。マインツ大司教領で、以前から民衆信仰が抑制されてきたことは前述の通りである。聖体祭などで行われる聖体行列は、聖体とされる「ホスティア」（無酸酵パン）を聖体顕示台に入れて聖職者が捧げ持ち、移動用天蓋を伴い、大勢の聖職者やイコン、マリア像、旗を掲げる信徒を従えて、大行列を町に繰り出すもので、神輿渡御と同じ発想のものである。カトリック信仰において聖体行列は最も華麗な行事であり、見物客も集めるが、迷信的だとして批判を浴びることもあった。この行事を楽しみにしてきたエルフルト市民たちは、マインツ大司教総代理の禁止命令に不満を漏らした。そこでエルフルト総督ダールベルクは大司教領政府に、滑稽な仮面などを除去した上で、聖体行列自体は存続できるよう願い出た。ダールベルクの嘆願が奏功し、エルフルト市は彼の任期最後の一八〇二年にも、七月二六・二七日に盛大に聖体行列を行うことができた。この行列には千百頭の馬が加わり、一万五千五百人以上の来訪者があった。なおその翌日の七月二八日、エルタール大司教が二五日にアシャッフェンブルクで薨去したとの報が、このエルフルトに到達したのだった(58)。ダールベルク大司教は、確認されるだけでも一八〇四年、一八〇五年、一八〇八年、一八〇九年、一八一二年に、アシャッフェンブルクの聖体行列に侍従団と共に参加しており、この風習には肯定的だったことが窺える(59)。

この間ダールベルクは文筆活動にも精を出している。フランス革命の動乱が始まっていたにも拘らず、ダールベルクの筆致は一七八九年以前と大きく変わることがなかった。

「美学の原則」(一七九一年二月三日エルフルト実学アカデミー講演)は、美学から政治学への越境の試みである。『森羅万象についての考察』でも示されたように、世の中には一般に妥当する原則があると信じるダールベルクは、「祖国愛」(Vaterlandsliebe)をも「美学の原則」から説明できると考えた。「理性的な祖国愛とは、人がその祖国において認識する良いもの全てに心から満足することである」。ダールベルクは、祖国愛とは特定地域に生まれ、住み続けることとは無関係だという。彼はある国の国制が広く称讃されるための条件として、(1)誠実な国民性、(2)善良な住民、(3)緊縮した行政、(4)諸身分のよき分布、(5)体系的原則、(6)目的合理的な機構を挙げた。ダールベルクはまた、統治者と民衆との精神的一致が国力の源泉であるとも考えた。この作品は、当時起こっていたフランス革命の展開を意識したものだっただろうが、革命が直接論題となることはなかった(60)。

「建築技術に関する幾つかの考察の試み」(一七九二年一月エルフルト実学アカデミー講演)では、ダールベルクは火事に強い住居の建材について論じ、エルフルト大学で教鞭を執る化学者(薬剤師)バルトロメウス・トロムスドルフ(一七七〇―一八三四年)の見解を踏まえて、膠の使用を勧めている。またダールベルクは建築技術の歴史を論じて、その違いが気候、民族の習俗や動向、国制、啓蒙の進展に由来することを説いている(61)。

六百頁を越える大作『世界の智恵の一般的基盤としての意識について』(一七九三年)では、ダールベルクはフランス革命について示唆した。ここで彼は従来通り啓蒙により個人、国民、全人類が道徳的に改善するとの見通しを説き、革命を意識してか、次のように述べている。「個々の国では、恐らくその政治体制の転覆によって夜や暗闇が生じるかもしれない。しかし全体として見れば、啓蒙が勝利を収めるように思われる」。ダールベルクは、革命の暴力は一時的なものでしかなく、最終的には啓蒙による人類の道徳改善が進むという楽観的な進歩史観を唱えた。その一方で彼は、世襲君主の存在をなおも肯定した。彼は君主の恣意や移り気は批判したが、君主制自体を疑問視することはなかった(62)。

一七九四年の「頭と心」では、ダールベルクは理性と感情との対立を描いた。ダールベルクは感情(心)を否定はしなかったが、それが暴走しないように、理性(頭)によって歯止めをかけ、両者の「調和」を実現する方策を模索している(63)。

一七九〇年代のダールベルクの著作には(広義の)政治学も含まれており、フランス革命期の欧州情勢を意識した記述も見られる。ダールベルクの政治学は、(1)国家論、(2)刑事政策論、(3)ドイツ民族論、(4)学問・政治関係論に分類される。

(1) 国家論　啓蒙絶対主義者ダールベルクにとって、国家は人間生活を包括的に監督する存在である。ヨーゼフ二世への上奏文にも表れていたように、ダールベルクは国家の目的をその成員の幸福であるとし、そのために教育から産業振興まで国家が積極的役割を果たすことを考えた。ちなみにダールベルクは、国家の役割を宗教的に説明することはなかったが、宗教を政治学から全く排除したわけではなかった(64)。

友人ヴィルヘルム・フォン・フンボルトの発表した論文「国制に関する理念」(『ベルリン月報』一七九二年)に触発されたダールベルクは、ライプツィヒで初めての国家論『その成員との関係における国家の作用の真の境界について』

（一七九三年）を匿名で刊行した。フンボルトが国家の守備範囲を治安維持に限定したのに対し、ダールベルクは「国民の幸福増進」を「国家の最終目的」とし、国家に幅広い使命を認めた。これは、近世啓蒙絶対主義の系譜を引くダールベルクと、近代自由主義思想の魁を為すフンボルトとが対峙した事件として有名である。実際ダールベルクは統治者として、上級官庁の報告を読み、詳しく指示を出しただけでなく、ギムナジウムの教員会議録にも目を配り、特定学年のラテン語の出来まで気にしていたという。但しダールベルクは、国家には倫理的存在であり続けるよう求め、国家がその国民に、世界市民としての義務に悖ることを決して義務付けてはならないとした。この発想は、自然法思想など普遍的価値論と親和的であり、後年の「ナポレオン法典」導入の伏線にもなっている。なおフンボルトが、人間は戦争を止められないし、戦争はむしろ人間教育に有益であるとして、徴兵制を求めたのに対し、ダールベルクは対外政策には踏み込まず、戦争が人間教育に役立つとも考えなかった(65)。

一七九五年八月三日のエルフルト実学アカデミー講演「国制の維持について」で、ダールベルクは統治者が常に「正義」(Gerechtigkeit)あるいは「キリスト教の神々しい精神」に基づく限り、国家転覆は起きないと述べ、啓蒙絶対主義を擁護すると同時に、革命や侵略による暴力的国家転覆への警戒感を滲ませた。「国制は、国家権力の管理者が国家の構成員の幸福を促進している限りは維持される。人々は幸福であるとき、感謝の念を有し、変更を考えない」。「国制は、その統治者が現状の憲法、法律、慣習を共通の最善事に導き、使用する限りは維持される」。「国制は、現行の法律、慣習、習俗が一度に変革されるときに破壊される」。「破壊された国制の瓦礫のなかから、再び一つの国制が生まれるのか、あるいは永遠の破綻になるのかは、しばしば定かではない」。「国制の維持を願う統治者は、(a)財産の維持によって、(b)真理への愛を喚起することで、(c)宗教によって、国家の成員を幸せにすることを目指すべきである」。「国家は、立法権、裁判権、執行権が目的に応じて分割されるときに、長く存続する」。「国外でのその国制の名声、国制の外国勢力の試みを撃退しての維持は、大抵の場合は国内的強さに左右される」。ダールベルクは、正義に適った統治をした模範的君主として、ローマ皇帝ティトゥス、マルクス・アウレリウス、フランス王アンリ四世を挙げた。ちなみにダールベルクは、国制の目的には様々なものがあり、野蛮人などは「豪勢な飲み食い」(Schwelgen)を目的にしているが、国制の最終目的とはやはり「純粋な幸福」、「真の至福」であるはずだと述べた。ダールベルクはこの講演でフランス革命には一言も触れず、シュヴァイツ諸州の国制を称揚し、またロシヤ皇帝エカテリーナ二世の法典案やプロイセン王フリードリヒ二世の「プロイセン諸国一般領邦法典」のことも高く評価している。そしてダールベルクはここで、主君の帝国大宰相エルタールやザクセン選帝侯と並び、意外にもローマ皇帝フランツ二世が帝国元首として国制を弁えていると称えた。最後にダールベルクは、イギリスの国制を、個人の自由や財産を保障する「模範」となるものと評価したのだった(66)。

(2) 刑事政策論　ミラノの法学者チェーザレ・ベッカリーア侯爵(一七三八―一七九四年)の問題提起により、一八世紀後半の欧州諸国では、刑罰の理論的根拠を問い、人道的観点から拷問や死刑を批判する議論が始まっていた。この潮流に沿ってダールベルクは、エルフルト総督及び啓蒙派知識人として刑事制度の刷新を構想した。ダールベルクは一七九二年、匿名で「刑法典草案」なる文書を発表した。一説にはこの草案はロシヤ皇帝エカテリーナ二世の依頼でダールベルクが起草したものだともいい、実際どの国のための刑法かということが明示されていない。啓蒙思想家ダールベルクにとって、重要なのは一般原則であり、特定国家の歴史的経緯ではなかったのだろう。この文書は「捜査」、「刑罰」、「予防」の三章からなり、トスカナ大公国の先例を参考にしている。ダールベルクは、社会的給付による犯罪予防を重視し、福祉国家のあらゆる手段を用いて、社会経済的状況の改善を進めるべきと考えた。またダールベルクは犯罪の宗教的解釈を排除し、魔女狩りを否定したほか、偽証や宗教・倫理・婚姻関連の犯罪に関しても神政的意味付けをしなかった。ダールベルクは刑罰の目的を社会的安定にあるとし、応報刑論ではなく教育刑論を採った。捜査方法としては、ダールベルクは拷問の完全排除を主張した。刑罰としては、ダールベルクは「拘禁刑」(自由剥奪刑：Freiheitsstrafe）を重視し、懲役によって受刑者の労働意欲を喚起することを重視した。ダールベルクはベッカリーアやモンテスキューを援用しつつ、苛烈な刑罰は専制の象徴で、社会を荒廃させるだけとした。だが殺人、放火殺人、叛逆といった重罪者にはダールベルクも死刑も辞さず、執行方法は斬首（場合によっては更に梟首）とし、四裂、車裂、火刑など残虐刑を排除した。啓蒙思想家の間で論争があった統治者の恩赦については、ダールベルクはこれを存置する立場を取っている(67)。

（3）ドイツ民族論　一七六〇年代から「トイツ帝国」への愛国心を鼓吹してきたダールベルクは、一七九三年にヴィルヘルム・フォン・フンボルトとの遣り取りから、ドイツ民族論を鍛える契機を得た。人文主義を継承し、古代ギリシア研究は人間一般の教育に資すると説くフンボルトに対し、ダールベルクはまずは自民族「トイツ」に目を向けるべきことを説いたのである（もっともダールベルクは、ギリシアの小国分立がドイツやヨーロッパの状況を考える上で示唆的だとも考えていた(68)）。この遣り取りに刺戟を得たのか、ダールベルクは一七九四年の「トイツ民族とトイツ語」で、自分のドイツ民族イメージを披瀝した。まずダールベルクは、民族の本質はその言語の在り方に表現されると考えていた。「言語から何がその民族の関心事かを推測する事ができ、民族の性格から言語の構造を推測することができる」。「全ての言語は、中程度の発展段階で、一つの民族の文化へと形成される」。ダールベルクは、気候風土に由来する民族精神の差異に注目し、地中海沿岸のギリシア人やローマ人と比較して、寒冷地のドイツ人は感じるより考える民族だと見ていた。「トイツ語は想像力より悟性を有している」。「トイツ語は心よりも頭の言語である」。またダールベルクは、民族の生活形態が言語の在り方に反映していると考えていた。「中世にトイツ語の構造は築かれた。狩猟、戦争、農耕、鉱業、工芸、機械技術はすでに当時トイツ人の主な仕事だった。［…］このような状況でトイツ語の構造は築かれたのである」。「トイツ語は果てしなく深く芸術用語を有している(69)」。

（4）学問・政治関係論　ダールベルクは、学問が政治の安定化に貢献し得るという考え方を、一七九三年の「公共の安寧との関係における学問及び美術の影響について」で披瀝した。この頃フランス革命の勃発により、作家、哲学者、文筆家、学問奨励者らが、公共の安寧及び国家の安定を乱しているという啓蒙批判が高まりつつあった。特にハノーファーの侍医ヨハン・ゲオルク・リッター・フォン・ツィンメルマン（一七二八―一七九五年）が、皇帝レオポルト二世に『我らが時代の気違い沙汰と全ドイツ及び全ヨーロッパを啓蒙しようとする放火殺人者たちについての書』を捧呈していた。この本は、トーマス・ペイン、ミラボー、コンドルセ、シェイエスなどを危険視し、フランス革命批判者バークを称揚し、ドイツの啓蒙思想発信源としてベルリンを問題視していた。これに対し啓蒙派のダールベルクは、真理、啓蒙、学問、芸術を奨励し、誤謬、無知、野蛮を非難するという二項対立論に立脚し、「教養ある者」（Gelehrter）を「大衆迎合者」（Volksschmeichler）と区別して救済しようとした。ダールベルクは、ローマ人アグリコラはブリタニア人に芸術や学問をもたらすことでその習俗を穏和にした、ペルシア帝国やトルコ帝国のような専制国家ではイスラム教により学問の進歩が抑制されているが、平安どころか内乱や盗賊襲来が絶えないなどと主張する。ダールベルクは、公共の不安が学問・芸術によって起こされたことがないのは世界史の証明するところで、「マホメットは熱狂者、アッティラ、ジンギス・カン、クリカン〔忽必烈汗《フビライハン》かテュルク系遊牧民族か〕は盗賊であって、いずれも「教養ある者」ではなかった」とする。ダールベルクはこれら東洋の専制者に続いてヨーゼフ二世のことも挙げ、彼がベルギー人に新しい国制を押し付けたと非難している。ダールベルクは国制論に関しても、君主制と共和制、世襲制と選挙制の対立を緩和しようとし、どの国制にも欠点があり、君主制など世襲制は選挙制に比べて安定しているが、選挙で役職者を決める共和制にも利点が多いとした[70]。

　学芸の政治への作用を肯定するダールベルクは、更に一七九五年の論文「芸術学校」で、「芸術」（Kunst：ここでは絵画・彫刻・建築・演奏・作曲・作詞・弁舌など広範な内容のもの）振興を訴えた。ダールベルクはアレクサンドロス大王、カエサル、フリードリヒ二世も美術の推奨者だったとし、同時代の君主たちにも芸術学校の建設を勧めている。芸術は個々の成員の幸福という国家の目標に適うというのが、彼の変わらぬ信念であった(71)。

ダールベルクは、「知についての試み」(一七九七年)で更に学問論を深めているが、これは政治とは直接関係なく、各学問分野の性格の違いを概観したものである。また一七九九年一〇月二日には、エルフルト実学アカデミーで石材加工技術に関する講演を行っている(72)。

一七八九年春、二十九歳のフリードリヒ・シラー(一七五九—一八〇五年)がイェナ大学教授(ザクセン＝ヴァイマール・アイゼナハ公国)となって、テューリンゲン地方にやってきた。ヴュルテンベルク公国出身で、神学、法学、医学を専攻したシラーは、副業として書いた処女作『群盗』(一七八一年)を、ダールベルクの長弟ヴォルフガング・ヘリベルト・フォン・ダールベルク男爵が劇場総監を務めるマンハイム(プファルツ＝バイエルン選帝侯国)の「ドイツ国民劇場」で、一七八二年に初演して大成功させた。だが上司の許可なく国外での上演に関わったことを咎めたヴュルテンベルク公が、シラーに十四日間の拘禁命令を出したので、シラーはシュトゥットガルトからマンハイムに亡命した。総監ダールベルクの配慮で劇場作家になったのち、クリスティアン・ゴットフリート・ケルナーの誘いに応じてライプツィヒに赴いたシラーは、『ネーデルラント連合のスペイン支配からの独立の歴史』(一七八八年)により歴史研究で評価され、ゲーテの後押しで翌年イェナ大学哲学部に招聘されたのである。シラーは短い人生ながら、生前から「トイツのシェイクスピア」、「国民の人気作家」と称えられ、一七九一年にはザクセン＝マイニンゲン公国宮廷顧問官に、一八〇二年には帝国貴族「フリードリヒ・フォン・シラー」になった(73)。

一七八九年晩秋からダールベルクはこのシラーと親密になっていた。ダールベルクは、弟ヴォルフガング・ヘリベルトからシラーについて聞いていただろう。ある日シラーは、近隣のシュヴァルツブルク＝ルードルシュタット侯国のレンゲフェルト家で、同家の娘シャルロッテと知り合い、婚約した。このシャルロッテは、ダールベルクの親密な文通相手カロリーネ・フォン・ボイルヴィッツ(のち離婚、再婚しフォン・ヴォルツォーゲン)の実妹である。またこのシャルロッテと文通のあったカロリーネ・フォン・ダッヘレーデン（のち結婚しフォン・フンボルト）は、その父親カール・フリードリヒ・フォン・ダッヘレーデンがミンデンでプロイセン官吏として一七七四年まで勤務し、のち年金生活に入って、親子でエルフルトに住んでいた。総督府とは目と鼻の先のダッヘレーデン家に出入りしていたダールベルクが、繰り返しシラーへの敬意を表明すると、それがカロリーネ・フォン・ダッヘレーデン、シャルロッテ・フォン・レンゲフェルトを通じてシラー本人に伝わった。ダールベルクは一七八九年一一月にシラーはダールベルクに書簡を送り、よりよい場所に転任したいとの希望を述べた。ダールベルクは一一月一一日にシラーに返信し、彼の「天賦の才」を称えた上で、マインツ大司教領のエルフルト大学かマインツ大学かへの転職を提案し、事は選帝侯次第だが、きっとミュラー、フォルスター、ハインゼなどをマインツ大学に採用したように、シラーを採用するだろうとの観測を述べた。ダールベルクは自分自身が選帝侯としてシラーをマインツへ招聘するつもりであったのである。二人の初対面は同年一二月二日で、この時ダールベルクはザクセン＝ヴァイマール・アイゼナハ公カール・アウグストに同行して領内のイェナに赴き、公の主催したイェナ大学教授の集会に出席したのだった。このときシラーはダールベルクと一般的な話しかできなかったと不満だったが、ダールベルクのシラーへの興味は高まった。結婚式直前の一七九〇年二月、今度はシラーが花嫁シャルロッテ及びその家族を迎えにエルフルトへ行き、更にダールベルクを訪ねて三日間を過ごした。「我々は協働司教に毎日会っている。それは大抵、面白いことなど何も見当たらないような大きな集まりでだが。ただ私は彼のことを本当に素晴らしい人物だと思っている。彼は一種の道徳的情熱を内に秘めており、大抵の場合いつも最も偉大なもの、最も大胆なものに一票を入れるのだ」。三十年戦争に関心を深めるシラーが歴史研究か文芸活動かで悩むなか、彼の文才に敬服して後者を勧めたのもダールベルクで、一七九一年一月三日にはシラーをエルフルト実学アカデミーの会員に採用している。ダールベルクはまた病に伏したシラーに書簡を送り、彼が描きつつあるヴァレンシュタインの死にまつわる状況は「あらゆるドイツ人の関心事」だとして激励した。ダールベルクはエルフルト実学アカデミーでの講演「美学の原則」(一七九一年)や、論文「芸術学校」(一七九五年)を刊行した際にも、シラーからの讃辞にとても喜んだという。同年九月にもシラーはエルフルトに滞在し、毎晩のようにダールベルクを訪ねた。そしてダールベルクはシラーの『ドン・カルロス』を、ヴァイマールよりも早くエルフルトで上演させるようにした。こうしたダールベルクとシラーとの交流は、シラーが死去する一八〇五年まで続くことになる(74)。

ダールベルクとシラーとは、庇護者と文豪との間柄でもあり、知的盟友でもあった。シラーは、当初何よりもイェナからの異動に関してダールベルクの助力に期待しており、また経済的にも彼から援助を得ていた。加えてシラーは、ダールベルクの『森羅万象についての考察』には強い関心を示していた。だがシラーはダールベルクに無批判ではなく、その「芸術学校」はケルナー宛書簡で「限りなく悲惨」(unendlich elend)だと評していた。ダールベルクの側はシラーの才能にともかく感服し、呼ぶときには「宮廷顧問官殿!」(Herr Hofrath!)と、彼がザクセン＝マイニンゲン公ゲオルク一世から授与された称号を用いていた。のちシラーは革命に懐疑的になり、フランス共和国制はすぐに無秩序に陥るだろう、そしてフランス及び欧州の大きな部分を支配する「力強い男」が来るだろうと予想していたが、これはダールベルクのナポレオン崇拝を先取りするものとなった(75)。

ヴィルヘルム・フォン・フンボルト(一七六七—一八三五年)とダールベルクとの交流も、同じく一七八九年から始まった。ポツダム出身のフンボルトは、エルフルトに滞在してカロリーネ・フォン・ダッヘレーデンと知り合い、一七九一年にこれを妻とした。この頃からフンボルトは、ダールベルクとも親交を始める。フンボルト夫妻は、ダールベルクの臨席を得てエルフルト総督府で結婚式を行い、ゲーテやシラーの知遇も得た。フンボルトは、ダールベルクの「意図の純粋さ及び道徳的性格の傑出性」に感激し、一七九四年にはエルフルトのダールベルク邸に、それも廊下一本でつながった部屋に四週間も宿泊して、毎日昼食を共にしたほどだった。もっともフンボルトは、知識人ダールベルクについて、傑出していて知識も豊富ながら、他者から影響を受けやすい薄弱な人物だという印象も持っていた。

逆にフンボルトは、その論稿「古代研究、特に古代ギリシア研究について」をダールベルクにも渡した際には、ダールベルクの感想に違和感を懐き、彼はいつも他人の目でより自分の精神で理念を読もうとすると批判している。ちなみにフンボルトによると、のちに革命家となる民族学者ゲオルク・フォルスターも、ダールベルクは「表情に退屈で、萎んでいて、元気のないところがあり、恐らく以前の放蕩の結果だろう、善良だが薄弱だ」などと述べ、その著作を無益としていたという。ダールベルクが一七八七年にマインツ協働司教になった頃、ヴィルノ大学教授だったフォルスターは、彼のマインツ大司教就任に期待していたが、翌年マインツの午餐会で同席し、直接交流するようになってからは、評価が両義的になっていた。フンボルトも同じで、一定の不満は懐きつつも、ダールベルクとは長く交友を続けた。フンボルトはローマ駐箚プロイセン使節となってエルフルトを離れていったが、ライン同盟期にはダールベルクとの交流を再開している(76)。

一七八七年から一八〇二年までのエルフルトでの日々が、知識人ダールベルクにとっては最も実りある期間だった。だがこの頃、外の世界は大きく変化していた。フランス革命の動乱が、やがてダールベルクたちの人生をも大きく変えていくのである。

第Ⅱ部

フランス人の皇帝ナポレオン一世と首座司教侯ダールベルク

玉座に座るナポレオン１世

第四章　ダールベルクの革命対応

一　リュティヒ暴動・封建的権利廃止・難民流入

神聖ローマ帝国に到達したフランス革命の第一波は、リュティヒ（仏 リエージュ）司教領での暴動であった。リュティヒ司教領では工業化が始まって、市民層が存在感を増し、またフランスの影響が強く、啓蒙思想が拡大していた。バスティーユ牢獄襲撃の報に接して、リュティヒ司教コンスタンティン・フォン・フーンスブレヒは恐怖を懐き、大聖堂参事会員の免税制を廃止し、身分制議会を開催すると約束したものの、民衆の暴発を避けることはできなかった。一七八九年八月一八日午前、革命派市民は市庁舎に押し寄せて市長や市参事会員に辞任を強要し、自分たちが新たにそれらを選出した。市外の夏の離宮にいた司教は、この日午後に革命派の新市長の訪問を受け、革命派が提供する赤黄の三色章を着用の上で市内に連れ戻され、以前から批判を浴びていた一六八四年憲法勅令を失効させる決議に署名させられた。だが司教は、その後戻った離宮から二六日夜に脱出し、辿り着いたトリール郊外のザンクト・マクシミン修道院でその署名を撤回した。ケルン大司教マクシミリアン・フランツ・フォン・エステルライヒ大公に促され、帝国大審院はこのリュティヒ暴動の報が届いた二七日に、国土平和攪乱容疑で蜂起首謀者の裁判を開始し、リュティヒ司教領の属するヴェストファーレン帝国管区指導部に旧状恢復を求めた。帝国領内ではこれ以外にも、アーヘン、ケルン、ボッパルトなどのライン川流域、更にはバイエルンやザクセンでもバスティーユ襲撃に刺戟された暴動が起き、帝国大審院はこれらに対しても断固介入する方針を示した。例えばバーデン、エステルライヒ領オルテナウ、シュトラスブルク司教領(ライン右岸)では、暴動が帝国軍に鎮圧された。フランス領内のドイツ語圏ストラスブール(ライン左岸)では、同年八月二一日に学生メッテルニヒの眼前で市庁舎に暴徒が乱入する事件が起き、軍司令官マクシミリアン・ジョゼフ・ドゥ・ドゥポン(のちのバイエルン王マクシミリアン一世)が鎮圧に当たった。マインツ大司教エルタールも、領内のヴィーンゲンやアルツァイで起きた騒動に懸念を強めていた(1)。

このリュティヒ問題の処理にも墺普対立が影を落とした。ケルン大司教マクシミリアン・フランツは、長兄ヨーゼフ二世と諸侯同盟との対立で混乱した帝国政治を、この暴動鎮圧を契機に安定化させようとした。兼任するミュンスター司教としてヴェストファーレン帝国管区「議長」だったマクシミリアン・フランツは、管区内でクレーフェ公だったプロイセン王フリードリヒ・ヴィルヘルム二世、ユーリヒ公だったプファルツ＝バイエルン選帝侯カール・テオドルと共に、帝国大審院の命じる帝国執行を行うこととなった。だがハンガリー、ベーメン、墺領ネーデルラントでの革命を秘密裡に煽動していたプロイセン大臣ヘルツベルクは、リュティヒでも革命派と交渉して同地でのプロイセンの威信を強化しようとし、プロイセン使節クリスティアン・ヴィルヘルム・フォン・ドームは、ケルン・バイエルン使節の反対を押して革命側の要求を受け入れ、プロイセン軍は一二月にリュティヒに市民の歓声を浴びつつ入城した。これに抗議したケルン大司教マクシミリアン・フランツは撤兵し、帝国大審院にリュティヒの旧状恢復を命じる第二指令を出させて、革命派と連携するプロイセンを牽制した。エステルライヒ国家宰相カウニッツ侯爵は、プロイセンが帝国執行を貫徹せずに革命派と連携している事実を際立たせ、諸侯同盟問題で対決したマインツ大司教の、次いでハノーファー、ザクセンのプロイセンへの不信感を掻き立てることに成功した。ベルリン宮廷も反撃し、帝国大審院にプロイセンの措置を認めるよう最後通牒を出したが、結局はリュティヒからプロイセン軍を撤兵させた。このちリュティヒの旧状恢復は、マインツ軍、ケルン軍、プファルツ＝バイエルン軍が担うことになる。ケルン大司教マクシミリアン・フランツは、これを機に反プロイセン的な新しい諸侯同盟の設立を構想したが、実現はしなかった。とはいえ帝国政治家マクシミリアン・フランツの声望は高まり、彼を次期皇帝に選出せよとの声がレーゲンスブルクで上がったほどである。ちなみにリュティヒでの旧状恢復は、こののち順調に進まなくなり、リュティヒ革命政権は、マインツ軍、ケルン軍の帝国執行に対抗するためにフランス革命政権と連携し、フランスに併合されることまで考慮するに至る。(2)

フランス革命の第二波は、仏国民議会の「封建的権利廃止」宣言によってもたらされた。フランス王国が征服したエルザス(仏 アルザス)やロートリンゲン(仏 ロレーヌ)では、ドイツの言語や習俗が維持されていただけでなく、帝国諸身分がなお多くの権利を保持していた。帝国法上、ヴェストファーレンの講和で規定された同地のエステルライヒ領の仏領化は承認されていたが、それ以外の仏領化については承認されていなかった。つまり同地には、帝国法上はまだ帝国領の部分があると考える余地があった。フランス王は同地で支配を行使しつつも、帝国諸身分が保持する様々な封建的権利にも配慮してきた。一七六九年、仏王ルイ一五世はニーダーエルザスの諸身分の特権を認証し、彼らはローマ皇帝に忠誠を宣誓した。だが仏国民議会による一七八九年八月四日の「封建的権利廃止」の宣言によって、同地における帝国諸身分の権利も一律に廃止されることとなった。更に仏国民議会は、八月一一・二九日の宣言で同地における仏主権を明言し、統一的な国民国家の形成に乗り出した。これらの措置を帝国法侵害と考えた帝国諸身分は、皇帝及び帝国に断固たる対応を求めた。一七九〇年三月一五日の仏勅令によると、この権利廃止は有償であり、対象者には二つの範疇があった。第一の範疇は現地に領地を有する世俗諸侯(ヴュルテンベルク、ヘッセン=ダルムシュタット、プファルツ=ツヴァイブリュッケン、ライニンゲンなど)で、その収入は賠償が可能だった。第二の範疇は現地に教区の一部がある聖界諸侯(ケルン大司教、トリール大司教、マインツ大司教、バーゼル司教、シュパイヤー司教、シュトラスブルク司教、ドイツ騎士団、聖ヨハネ騎士団など)で、これは賠償が困難であった。更にフランス革命政権は、カトリック教会に対する国家管理を強化する方針を示していた。エステルライヒやバイエルンでの世俗君主によるカトリック教会の管理に憤慨してきたドイツ聖界諸侯は、彼らの権利維持に敏感になっていたが、特にシュパイヤー司教ダミアン・アウグスト・フォン・リンブルク＝シュティルム帝国伯爵は、皇帝及び関係する帝国諸身分への書簡で、フランスとの交渉を要求した。「エミグレ」(革命の騒擾から逃れたフランス人難民)の情報でフランスの混乱を知ったマインツ大司教エルタールら帝国諸身分も、帝国がエルザスやロートリンゲンにおける主権を手放したことは一度もなく、「封建的権利廃止」は仏国民議会による帝国への内政干渉であって、帝国を代表してローマ皇帝が、主権者であるフランス王(国民議会ではなく)と交渉するべきだと主張した。だが聖界諸侯の要求に対する帝国議会の反応は当初鈍かった。ハノーファー(英)、バイエルン、ヴュルテンベルクは、エルザス、ロートリンゲンにおける主権がなお帝国に存在するという発想を疑問視し、金銭賠償での決着を主張した。墺普二大強国も、聖界諸侯の権利のために対仏戦争を始める意欲は示さなかった(3)。

さてエルフルト総督のダールベルクは、この頃バスティーユ襲撃の報に両義的態度を取っていた。一七八九年八月三日、ダールベルクはヨハンネス・フォン・ミュラー宛書簡で、パリでの出来事が実際「偉大な光景」(großes Schauspiel)を披露したとしつつも、そこでの暴力の恐怖にも注意を促した。ダールベルクはドイツにも同じような事態が起きるのかは予言者でなければ分からないが、可能な範囲で誰もが善を為すことが重要だとした。ミュラーは当初、一七八九年七月一四日を「ローマの滅亡以来最良の日」と呼んでいたが、これをダールベルクが窘《たしな》める形となった。こうした革命の暴力への危惧は、前述のような彼の国家論の生まれる背景となった。やがてミュラーも、「伝染する自由精神の不穏」が帝国内に侵入することを危惧するようになっていく(4)。

間もなく危機はダールベルクにとっても他人事ではなくなった。リュティヒ司教領などに続き、一七八九年八月にはエルフルトに近いザクセン公国でも暴動が起き、一七九〇年二月にはマインツ大司教の夏の離宮があるアシャッフエンブルクでも、新しい狩猟・森林規則に不満があるシュペッサルト地方の農民たちが押し掛ける事件が起きた。ダールベルクは、騒擾には毅然として、ときには武力を用いてでも立ち向かう姿勢を示したが、同時に農民たちの不満を解決することも重要と考えた(5)。

危機が昂進するなか、一七九〇年二月二〇日にローマ皇帝ヨーゼフ二世が崩御した。皇帝は多くの業務や旅行で疲弊し、また以前から重い眼病、皮膚の腫瘍、丹毒、痔に悩まされ、淋病にも罹っていた。一七八八年秋の演習時、結核になった皇帝は、更にマラリアにも罹り、一年間一進一退の病状となった。病床にあっても日々統治の指示を出し続けた皇帝だったが、ハンガリーの叛乱が迫るなかで、世襲隷農制廃止や宗教寛容令を除く諸改革の撤回を余儀なくされ、また墺領ネーデルラントの叛乱にプロイセンが影響を及ぼすことを危惧しつつ、四十九歳の誕生日を前にこの世を去った(6)。

元首を失った帝国は混乱状態となった。プロイセンは空位を長期化させて帝国議会で帝国国制を改定しようと、ベーメンに軍を進めた。また空位期間の二人の帝国代理(プファルツ=バイエルン、ザクセン)の権限を巡り、あるいは帝国大宰相(マインツ)の権限を巡って、帝国国法学者の論争が始まった。更にプロイセン、ハノーファー、マインツは、フランス革命に伴う動揺に乗じて皇帝権削減の宿望を遂げようと、帝国議会で画策した。遂にはハプスブルク家を抑え、プファルツ=バイエルン選帝侯カール・テオドル、その後継者プファルツ=ツヴァイブリュッケン公カール・アウグスト・クリスティアン、あるいはプロテスタント君侯を皇帝に選出するという構想も出された。だが結局は、皇弟のトスカナ大公ピエトロ・レオポルドこそ唯一適当な候補だとの認識が広まり、皇帝権制限を選挙協約に組み込んだ上で、一七九〇年九月末に全会一致での選出となった(7)。

ローマ皇帝レオポルト二世の戴冠式は一七九〇年一〇月九日に行われた。この式典には、ストラスブール大学の学生としてフランス革命の初期騒擾を体験していた十七歳のクレメンス・フォン・メッテルニヒ伯爵も、ヴェストファーレンのカトリック系伯爵団の式部官として参列した。協働司教ダールベルクも、参列のため一旦フランクフルト・アム・マインに向かったが、ザクセン公国の情勢を気にして、一時エルフルトに帰還した(8)。

新帝レオポルト二世は墺普協調を進めた。これはバルカン方面でのトルコとの対戦、フランス革命に刺戟された領内各地の暴動に対処するためのもので、皇帝選出直前の一七九〇年には、皇帝が自ら諸侯同盟に加入することまで提案していた。この政策は、ロシヤとの関係悪化を恐れるカウニッツの反対に遭ったが、プロイセンもリュティヒ問題で孤立を深めていたため、墺普接近が実現することとなった。この墺普接近が、第一次対仏同盟戦争の前提ともなっていくのである(9)。

レオポルト二世は、帝国諸身分の権利を守る義務を感じつつも、対仏干渉戦争は仏王一家をかえって危険に晒すと反対で、列強の共同行動を重視した。レオポルト二世は、トスカナ時代に死刑の廃止、軍隊の大幅削減などを断行し、憲法制定まで考慮した啓蒙専制君主で、ヴィクトル・リケッティ・ドゥ・ミラボー侯爵やベンジャミン・フランクリンにも高く評価されていたが、君主として薄弱だという批判もあった。レオポルト二世は当初フランス革命を歓迎し、立憲君主派の勝利やブルボン家の凋落に期待していた。だが革命は彼の予想を越えて急進化していった(10)。

マインツ大司教エルタールは、新帝にフランス革命への毅然たる対応を促した一人だった。エルタールは一七八〇年代に、大司教領の教育改革に尽力し、一旦更迭したベンツェルを復権させて、ドイツで最も学問志向で寛容な教育制度を作り上げていた。マインツ大学では、カントの信奉者であるアントン・ヨーゼフ・ドルシュ(一七五八—一八一九年)、フェリクス・アントン・ブラウ(一七五四—一七九八年)が教授に採用された。またエルタールの認可で一七八二年に設立された「読書協会」(Lesegesellschaft)は、多くの人々が低料金で新刊本に接することができるようにした組織で、マインツ・モデルがコブレンツ、トリール、ボンにも移植された。だがフランス国内の混乱ぶりに、さしもの啓蒙専制君主エルタールも色を失っていく。エルタールは早くも一七八九年九月、革命派の煽動が自国に及ぶのを恐れて、外国人の出入国を厳格に管理するように命じた。更にエルタールは、一七九一年に革命を支持したドルシュを罷免した。ドルシュはやがてフランス軍と共にマインツに戻り、ブラウをマインツ共和国に取り込んでいくことになる[11]。

フランス革命の第三波は難民の大量流入だった。帝国領内に政治的庇護を求めたエミグレたちにとって、マインツはコブレンツ、トリール、ヴォルムスなどと並ぶ集結地となっていた。当時マインツ大学学生だったメッテルニヒも、彼らの窮状を目撃し、旧体制の問題性を認識すると同時に、新秩序構築の困難を知ったという。一七九一年の年頭には、トリノのサヴォイア宮廷に亡命していたブルボン家のコンデ王子が、フランス侵攻の準備をするべく、空き家となっていたヴォルムス司教宮殿を使わせて欲しいと(ヴォルムス司教を兼ねていた)マインツ大司教エルタールに要請してきた。コンデ王子は二月二七日、対仏反撃計画を披瀝するために自らマインツにやってきた。ヴォルムスでもアーヘンでも、ライン川流域の各地で反革命派の白い円章を付けたフランス人が集まって教練を始め、地元住民に対しても密かに募兵活動を行った。反革命に燃えるエルタールは、フランス人難民に同情してその活動を支援し、皇帝レオポルト二世にエミグレと連帯して「帝国戦争」を行うよう奏上した。六月一二日から二日間、マインツにはアルトワ伯爵、コンデ王子、ブルボン王子、アンギアン公爵が来訪し、エルタールは計三十六発の号砲と数百人を集めた連日の祝宴とで彼らを盛大に歓迎した。ただエルタールは、単独で反革命戦争に巻き込まれるのは危険だと考え、八月にアルトワ伯爵がマインツを再訪したとき、皇帝及びドイツの大国が動くまで単独では何もできないと言明した。そしてエルタールは、長期滞在するフランス難民のことを、徐々に負担に思うようになっていく[12]。

対仏戦争に消極的だった皇帝レオポルト二世も、末妹が危険に晒されると落ち着かなくなった。一七九一年二月二七日、マリー・アントワネットは身の危険を感じて、兄レオポルトに救援を求める手紙を書いた。このとき兄はこう返答した。「私には妹がいて、それはフランス王妃である。だが神聖帝国に妹はおらず、エステルライヒにも妹はいない。私に許されている唯一の行動基準は、いかに民衆の幸福を提供するかであり、家族の利益ではない」。だが事態が急迫すると、兄にも余裕がなくなっていく。同年六月二〇日夜、フランス王ルイ一六世及びその一家はパリを脱出し、一路エステルライヒ領ネーデルラントを目指した。国境付近では、ロレーヌ・アルザス・フランシュ＝コンテ軍団司令官ブイエ侯爵の率いる部隊が仏王一家と合流することになっており、墺領側にはレオポルト二世の軍隊も待機していた。マインツ宮廷でもその計画を知り、宮廷劇場でイングランド王の捕囚を描いたミシェル＝ジャン・スデーヌの歌劇『リチャード獅子心王』（一七八四年）を上演した。招待されたエミグレたちは、この喜劇オペラのフィナーレ「国王は解放された」までに、実際に仏王一家脱出の報が届き、皆で拍手喝采することを期待していたという。この脱出計画で、王弟プロヴァンス伯爵は墺領への亡命に成功し、二十三年後にルイ一八世として即位することになる。だが肝心の仏王一家は、国境に近いヴァレンヌ・アン・アルゴンヌで拘束され、六月二二日に革命派によりパリに連れ戻された。このヴァレンヌ事件で、国王が国を捨てようとしたと非難する急進派が勢いを得た。危険な逃亡計画に難色を示しつつ、その成功を祈っていた兄のレオポルト二世は、逃亡失敗の報に衝撃を受け、同年七月六日に「パドヴァ回状」を欧州諸君主に送付した。ここでレオポルト二世は、仏王一家の自由及び名誉を恢復し、フランスの騒擾を終わらせるために、イギリス王、スペイン王、プロイセン王、サルデーニャ王、ロシヤ皇帝に、ローマ皇帝及び帝国大宰相と善後策を協議するよう呼びかけた。その第一歩としてレオポルト二世は、仏国民議会に対し、自分たちが宣言した人権や自由を仏王一家にも返すよう呼びかけ、仏王一家への更なる危害は欧州諸君主によって報復されるだろうと警告する声明案を作成した。(13)

仏王一家拘束の報には帝国議会も硬化した。選帝侯部会、諸侯部会、都市部会は、七月一一日に皇帝にパリへの介入を求める決議をした。更にマインツ大司教は、エルザス問題で帝国諸身分の侵害された権利を恢復するだけではなく、フランス国内で進行中の残虐行為に終止符を打ち、欧州諸民族が悪しき例を模倣しないようにする必要があるとし、開戦も辞さない強硬な決議を要求した。マインツ案にはエステルライヒ使節のエギディウス・フォン・ボリエ男

ピルニッツ宮殿

爵が賛同したものの、ベーメン使節のヨーゼフ・ヨハン・ザイレルン伯爵、ハノーファー使節ディートリヒ・フォン・オンプテダ男爵が難色を示し、文面を穏やかにすることになった。結局八月六日には帝国議会で、皇帝及び帝国に侵害された主権を主張し、革命の進展に対して妥協せず、権利侵害を受けた帝国諸身分を支援する義務を課し、また全ての帝国国制保証国にも介入する義務を課す帝国上奏が決議された[14]。

一七九一年八月二七日、ローマ皇帝レオポルト二世及びプロイセン王フリードリヒ・ヴィルヘルム二世はピルニッツで会談した。ピルニッツはドレスデンからエルベ川を遡った近郊にあり、その地の夏の離宮は「支那趣味」(chinoiserie：実際は和洋中華折衷様式)の傑作である(**写真**)。両者はここでザクセン公フリードリヒ・アウグスト三世やアルトワ伯爵を交えて会談し、「ピルニッツ宣言」に署名した。ここでローマ皇帝及びプロイセン王は、ルイ一六世の置かれた状況を「ヨーロッパの諸君主全員にとって共通の関心事」だとし、彼が「最も完全に自由な状態で、君主の権利にとってもフランス国民の幸福にとっても有益な君主制の基礎を固める」ことができるようにするため、「最も有効な手段を用いる」、「必要な力を伴って直ちに行動する」、「軍隊にも準備を命じる」と述べたものであった[15]。

このピルニッツ宣言は、マインツ大司教らが進めてきた対仏対決路線を、墺普両君主も共有したことを意味した。マインツ首相アルビーニはミュラーにこう書いている。「ピルニッツから素晴らしい知らせが来た。レオポルトとフリードリヒ・ヴィルヘルムとが一つの路線を共有しているのを見るのは、私には本当に心からの喜びだ」。フランス革命という突発的事件が、ドイツの懸案だった墺普対立を解消したかのように見えたのだった。とはいえこの宣言は警告の言葉に留まり、具体的な介入計画は提示されず、鍵となるイギリスの参加も未知数のままだった。マインツ大司教やトリール大司教は、このピルニッツ会談でアルトワ伯爵の反革命構想が採用されなかったことに苛立った。彼らは皇帝レオポルト二世が八月六日の帝国上奏を裁可しようとしないことにも不満を懐き、帝国国制保証国ロシヤが対仏介入に向けて皇帝に圧力をかけることを希望した。この頃エミグレは、ヴュルテンベルクやバーデンなどから排除され、教会領や小領邦に集まっていた。エミグレが結成した軍団は、それらの小規模領邦において、地元の民衆暴動への防波堤という役割も担っていた。シュヴァーベンの小領邦ホーエンローエ侯国では、ホーエンローエ＝ヴァルデンブルク＝バルテンシュタイン・ツー・ルートヴィヒ・アロイス侯を司令官に、エミグレ軍団が結成されていた。このエミグレ軍団は、フランス王政復古後に「ホーエンローエ軍団」としてフランス陸軍に編入され、ルイ・フィリップ王の編成した仏「外人部隊」の起源の一つとなった。領内に多くのフランス人難民を抱えるトリール大司教クレメンス・ヴェンツェスラウス・フォン・ザクセンは、九月にサンクト・ペテルブルクに密使を送り、エカテリーナ二世に救援を求めている。ただロシヤが帝国国制保証国なのかについても意見が分かれており、帝国議会の使節たちの多数派も、帝国副宰相コロレードもこれを否認する立場だった(16)。

レオポルト二世はピルニッツ宣言以降もなお対仏軍事介入に慎重だった。皇帝はエカテリーナ二世がエミグレ支援を約束したことに苛立った。一七九一年年末、サンクト・ペテルブルクのエステルハージ伯爵を経由してもたらされた仏王妃マリー・アントワネットの書簡により、九一年九月三日憲法に対するルイ一六世の裁可が自由意思によるものではなく、仏王一家が危険な状態にあることもヴィーン宮廷に明らかになった。だが皇帝は、妹の夫ルイ一六世が憲法裁可を通じて、欧州列強とフランス国民との間を調整する役を演じることを希望した。この頃ケルン大司教マクシミリアン・フランツも、兄の皇帝レオポルト二世にフランスに対する毅然たる行動を望みつつも、対仏軍事介入には慎重な態度を取っていた。ケルン大司教は皇帝をヴィーンに訪ねて、その点で意見の一致を見、フランス九一年憲法の発布で革命が沈静化することを望んだ(17)。

ピルニッツ宣言には「第三のドイツ」の一部からも危惧する声が上がった。ヴュルテンベルク使節クリストフ・アルブレヒト・フォン・ゼッケンドルフ男爵は、ポーランド分割のような事態を念頭に置いて、墺普一致が「ドイツの自由」を破壊するのではないかと危惧した。シュパイヤー司教ダミアン・フォン・リンブルク＝フェーレン＝シュティルム伯爵のようにフランスに隣接する弱小君主は、この宣言がフランスを刺戟することで、フランスの軍事侵攻を招くことを危惧していた。マインツ首相アルビーニも、フランスが侵略してくる危険性は認識し、マインツ大司教領の防禦の充実を図った(18)。

一七九一年年末から翌年にかけて、フランスと神聖ローマ帝国との関係は悪化していく。一七九一年一〇月一日に開会したジロンド派主導の仏立法国民議会は、エミグレを領内に庇護する帝国諸身分やローマ皇帝を批判した。皇帝レオポルト二世は、フランスとの対決も長期的には回避困難と考えるようになり、一七九一年一二月中旬に八月六日の帝国上奏を裁可し、帝国決定とした。一七九二年一月一七日のヴィーン国家評議会は、フランスに帝国国境からの撤兵、簒奪した帝国諸身分の権利・領地及び教皇領ヴネサン伯領(アヴィニョンなど)の返還、ルイ一六世の自由・安全を要求する決議を行った。エミグレ軍団の存在も帝国諸身分には負担となっており、マインツ選帝侯国でも増大する難民に辟易し、コンデ王子の滞在も迷惑がるようになっていく(19)。

こうした動乱の最中、エルフルトのダールベルクはかなり鷹揚に構えていた。ヴァレンヌ事件の報が伝わった一七九一年六月二九日、エルフルト総督府ではフンボルト夫妻の結婚式が行われていた。ダールベルクは事件の報を受けて、親友カロリーネ・フォン・ボイルヴィッツの手を握り、夜空に輝く月や星を仰いでこう言ったという。「果てしない天空に対して、この小さな地上で起こったことなど、何ほどのものだというのでしょうか。一人の国王と一人の王妃とが自分の国から逃亡して、それが我々の世界にとって何でしょう。全てのことは我々にとって取るに足らない一時的なことのように思われます。特に我々の生き死になどは、変わることのない天空にとって些事なのです」。時代の大波に対するダールベルクの泰然自若を証言する声は他にもある。フンボルトは一七九四年のダールベルクについて、自分の一族がフランス革命後の戦争で苦難を味わったのに冷静で、あらゆる党派の動きを非党派的に観察していたと称讃している。フンボルトが描くダールベルク像は、第二章で触れた彼の同時期の旺盛な文筆活動とも符合する。ただこのダールベルクの超然とした態度は、一七八九年八月に彼がミュラー宛書簡で革命の暴力を危惧し、ザクセン選帝侯国の暴動に注視していたという前述の事実とは整合しない。後述のようにダールベルクも、マインツ攻防戦に関してフランス革命軍に敵愾心を懐くようになっていく。ダールベルクは知識人のサロンでは、意識して冷静に振舞っていたのかもしれない。[20]

二　独仏戦争と流血の連鎖

対仏開戦を目前にして、神聖ローマ帝国はまたも皇帝の代替わりを迎えていた。レオポルト二世は一七九二年三月一日に急死した。その長男フランツ大公は、息子がいない伯父ヨーゼフ二世から早くに後継者として意識されていた。ヨーゼフ二世は、フランツの性格を「のろまで、偽善的で、投げ遣りな態度を取る」と考え、フィレンツェの実家からヴィーンに呼び寄せて心身を鍛えようとしたため、逆に生涯に亙る劣等感を植え付けてしまった。[21]

独仏戦争は一七九二年四月二〇日、ドイツ王選挙前のハンガリー王・ベーメン王フランツに対するフランスの宣戦布告で始まった。開戦の背景には様々な勢力の思惑があった。フランス国内では、革命派が「諸民族の自由のための十字軍」を呼号して、国内の敵対勢力を除去し、階級対立の不満の捌け口を用意しようとした。また仏王周辺は、戦争が革命鎮圧の糸口になることを期待していた。神聖ローマ帝国内では、革命騒擾の鎮圧、仏王一家の救済だけでなく、征服による損害賠償、強国フランスの弱体化も目標とされていた。(22)

開戦四日後の一七九二年四月二四日、ストラスブール（独 シュトラスブルク）では「ライン軍団のための軍歌」が披露された。ストラスブール市長フィリップ・フリードリヒ・フォン・ディートリヒ帝国男爵の依頼で、クロード＝ジョゼフ・ルジェ・ドゥ・リール大尉が作詞作曲したものが、この日ディートリヒ邸で披露されたのである。この軍歌は、フランス民衆のドイツ諸侯への敵愾心を煽る内容になっている。「進め、祖国の子らよ、栄光の日は来た」「暴君たちが、我々に血みどろの軍旗を向けてきた」「［ドイツ人の］不浄の血が我らの畝を潤すまで進め」「何を企んでいるのか、この奴隷、裏切者、王どもの群れは？」。リールは、過去数百年の独仏関係で侵略したのは専らフランス側であり、一七九二年の戦争もフランス側が宣戦布告したこと、そもそもストラスブールは元来フランスが征服した帝国領だったことを、都合よく忘却している。またこの革命歌は、フランス王国内に残る権利の恢復を求める帝国諸身分、叛徒に拘束された国王の救済を図るエミグレが依拠する従来の（つまり前近代の）法観念を否定し、重層的支配関係を認めず国民を主権者とする革命の（つまり近代の）法観念を対置している。更にこの愛国歌は、「裏切者」（traîtres）のエミグレを除く自分たちフランス人を輝かしい国民として、ドイツ人を「不浄」（impur）な「奴隷」（esclaves）として描き、自国のナショナリズムを正当化するというオリエンタリズムを展開している。この軍歌は、同年七月にマルセイユの義勇軍がパリ入城に際して歌ったことから「ラ・マルセイエーズ」（La Marseillaise）と呼ばれるようになり、一七九五年には国歌に採用され、欧州統合が進む今日でも平然と歌われている。なおディートリヒは、このように対独革命戦争を煽ったにも拘らず、「ゲルマン系人材を優遇した」との廉でロベスピエールらに糾弾され、一七九三年一二月二九日にパリでギロチンの餌食となった。(23)

フランスのハンガリー王・ベーメン王への宣戦布告を、このとき神聖ローマ帝国は自国への攻撃と解釈した。国交断絶により、プロイセン軍元帥ブラウンシュヴァイク＝ヴォルフェンビュッテル侯（ブラウンシュヴァイク＝リューネブルク公）カール二世ヴィルヘルム・フェルディナントを司令官とする対仏同盟軍が結成された。二年以上この瞬間を待ち望んできたエミグレ軍団は、祖国恢復のためローマ皇帝の軍旗の下に勇んで参陣した。(24)

一七九二年七月一一日、フランツ大公はフランクフルト・アム・マインでドイツ王に選出され、一四日にローマ皇帝フランツ二世として戴冠式を挙げた。戴冠式の日は奇しくもバスティーユ牢獄襲撃の三周年で、ジャコバン派のフランス人がフランツの暗殺を計画しているとの報も流れていた。(25) 結果的に最後になったこの代替わりを取り仕切ったのは、帝国大宰相エルタールである。エルタールはこの選挙に引き続き、近隣のマインツでローマ皇帝、プロイセン王、ブラウンシュヴァイク公、トリール大司教、ケルン大司教、ヘッセン＝カッセル方伯、フランスの王子たち、約五十人の侯爵、約百人の伯爵などを招いての大饗を催し、参加者一同に協力してフランス革命を打倒するよう訴えた。この戴冠式で二年前と同様式部官を務めたメッテルニヒも、マインツに集まった貴族たちの楽観的雰囲気を伝えている。マインツ選帝侯の宮廷印刷所では、七月二五日付でフランス民衆に、国王救出のためにドイツ軍に協力するように呼び掛ける声明文が作成された。(26)

ところが「第三のドイツ」はこの対仏戦争に非協力的だった。マインツ大司教を始めとする聖界諸侯は、開戦まで対仏強硬論を鼓吹していたにも拘らず、開戦後は戦闘への参加に消極的だった。ヴィーン宮廷が帝国諸身分に帝国軍結成を呼び掛けても、ローマ皇帝が空位で帝国戦争の宣言もなされていない状態では、事は容易に運ばなかった。相変わらず墺普両大国を恐れる中小帝国諸身分は、帝国軍が墺普の勢力拡大に濫用されることを恐れていた。一七九一年一二月に起こったプロイセンのアンスバッハ・バイロイト辺境伯領併合が、彼らの猜疑心を掻き立てた。案の定一七九三年一月には、露普二国による第二次ポーランド分割も起きた。ライン地方の帝国諸身分は、帝国軍設立のためのローマ月税が民衆に負担となり、社会階層間の対立を増すと危惧する声を上げた。墺普両使節に強く促されて、帝国議会が渋々帝国軍設立の帝国上奏を可決したのは、一七九二年一一月二三日のことであり、帝国軍最高司令官にフリードリヒ・ヨシアス・ザクセン＝コーブルク・ザールフェルト公子が任命されたが、当時すでにフランス軍が帝国内部に深く侵攻していた。こののちも帝国諸身分の足並みは揃わず、帝国都市ケルンや帝国大審院などは中立宣言をして対仏戦争からの離脱を図った。一七九三年三月二二日に帝国議会で可決されたが、対仏宣戦布告をせず、ただ実在する戦争を帝国戦争と認定したもので、帝国諸身分としての義務を果たす限りは中立化も許容しており、独自の帝国軍を結成するものでもなかったので、ハノーファーやバイエルンなどの帝国諸身分はその分担兵力を墺普両軍に編入することに難色を示した。(27)

一七九二年七月二五日、プロイセン軍司令官のブラウンシュヴァイク公はコブレンツで声明を発表した。この声明でブラウンシュヴァイク公は、フランス革命派が「エルザスやロートリンゲンにおけるドイツ諸侯の権利・財産」を奪い、「国王とその高貴な家族の神聖な身体」に暴力を加え、ローマ皇帝に不当な戦争を仕掛けたことを非難し、プロイセン王が皇帝及びドイツの防衛を引き受けたとし、フランス国内の「無秩序」(Anarchie)を収拾し「王座と祭壇」への攻撃を止めさせると宣言した。ブラウンシュヴァイク公はフランス内政への不介入を明示しつつ、仏王室救出を目標に掲げ、パリ市民に直ちに仏国王に服従するよう促し、仏王一家に僅かでも危害を加えたら、懲罰としてパリを破壊し尽くすと警告した。(28) 一七九二年八月一三日、墺普連合軍は初めてフランス軍と交戦し、ロンウィ、ヴェルダンを陥落させた。ドイツ連合軍の勝利に、エミグレの間にも安堵の空気が広がった。カール・アウグスト公に同行して従軍していたゲーテは、マインツとヴィーンゲンとの間で、一人のエミグレ婦人が四頭立馬車に荷物を一杯に積んで、帰国しようとしているのを目撃している。(29)

墺普連合軍の接近でパリの革命派は暴徒化した。すでに一七九二年七月二〇日、パリでは自国軍の将軍たちの離反や国王による内閣更迭などを契機に、革命派が大規模示威行進を実施していた。八月一〇日、コブレンツ宣言に激昂した革命派は、ロベスピエールらの呼び掛けでテュイルリー宮殿を襲撃し、宮廷警護のシュヴァイツ人近衛兵を殺戮し、仏王一家をタンプル塔に拘禁した。当時パリにいたナポレオンも、テュイルリー宮殿でその光景を目撃している。「そこに着くと、私はプチ・シャン通で、一群の忌まわしい者どもが、一つの生首を槍の先に突き刺して、振り回しながらやってくるのに出会った。私が名士のような雰囲気をしているのを見て、彼らは私に「国民万歳！」[Vive la Nation]と叫ばせようとした。そこで私は、お察しのように造作なく「国民万歳！」と叫んだ」。「城館は世にも卑しい賤民どもに攻撃されていた。宮殿は強行突破され、国王は[立法国民]議会の奥深くに連れていかれた。私は思い切って庭園のなかに入り込んだ。その後の私の戦場のいかなるものにおいても、あれほど多くの屍体は見られなかった。それはシュヴァイツ人たちの屍体だった」[30]。同年九月二日には、プロイセン軍のロンウィ制圧（八月二三日）に刺戟されて「九月虐殺」（Massacres de Septembre）が始まり、革命への服従を拒否した聖職者や刑事犯ら、サン・ジェルマン・デ・プレ修道院などの監獄に拘禁されていた千二百人余りの人々が、即興「裁判」を経て殺害された。ロンドンに亡命していた反革命側のジャン・ガブリエル・ペルティエの報告によると、マリー・アントワネット王妃の女官長で、八月一〇日まで仏王一家に仕えていたランバル公爵夫人マリー・テレーズ・ドゥ・サヴォワ・カリニャン（一七四九―一七九二年）は、革命への服従を拒否して衣服を剝ぎ取られ、群衆に執拗に凌辱されて殺された。群衆はランバル公爵夫人の遺体を寸断し、一本の足を大砲の砲身に突込み、内臓を引きずり、その生首を掲げてパリ市内に繰り出した。彼らは生首を、タンプル塔の仏王一家や女子修道院長ドゥ・ボーヴォーなど関係者に無理やり見せつけて、接吻をせよと囃し立て、王妃らを気絶させた。反革命派はかねてから、酔い潰れたルイ一六世の傍らで、「乱痴気騒ぎのエステルライヒ女」がランバル公爵夫人、ポリニャック公爵夫人、アルトワ伯爵らと乱交を繰り広げているという宣伝活動を展開していた。王妃への嫌がらせには、墺仏同盟への反撥、同性愛への軽蔑が込められていた[31]。

一七九二年九月二〇日、ブラウンシュヴァイク公の率いるプロイセン軍が、デュムーリエ、ケレルマンの率いるフランス軍を前に、ヴァルミーで決戦を挑むことなく退却した。この戦いを目撃したゲーテはこう述べたという。「今日ここから世界史の新しい時代が始まる。そして君たちは言うことが出来るのだ。「我々はその場にいた」と」[32]。但しこの記述は一八二二年の回顧で、後知恵が混入している。メッテルニヒは、このときブラウンシュヴァイク公がシャンパーニュで時間をかけずにパリに直行していたなら、首都に入城できたかもしれないが、やはり革命を止めることはできなかっただろうと述べている[33]。

ドイツからの救援軍がヴァルミーで敗退したことで、仏王夫妻の運命は窮まった。一七九二年九月二一日、新設された「国民公会」(Convention nationale)は共和制樹立を宣言した。一七九三年一月二一日、前王ルイ一六世が処刑され、その王妃マリー・アントワネットも一〇月一六日に処刑された。レーゲンスブルクの帝国議会は、ルイ一六世処刑の報に衝撃を受け、墺普を始め各領邦代表が一致してドイツの革命騒擾の防圧に努め、「善良なるドイツ人」に「フランスの安寧攪乱者」から「祖国」の危機を救うよう訴える契機となった。仏王夫妻処刑はまたドイツ連合軍内にも憤激を呼び起こし、数週間は司令官が抑制してもドイツ兵が殺戮を止めなかったと、メッテルニヒは回顧する。ただドイツの新聞の一部には、『アウクスブルク一般新聞』のように、仏王処刑を支配者への教訓として肯定的に論じるものも現れ始めた[34]。

ヴァルミーの戦いから一箇月後、陸軍中将アダム・フィリップ・ドゥ・キュスティーヌ伯爵の率いるフランス軍は、神聖ローマ帝国領内に侵攻した。キュスティーヌは国民議会で、「自由であるためには、エステルライヒ家は破壊されなければならない」と叫んでいた人物である。フランス軍は一七九二年九月三〇日にシュパイヤー、一〇月四日にヴォルムス、一〇月二三日にフランクフルトを占領し、墺領ネーデルラントをも支配下に置いた。このときキュスティーヌが民衆解放を呼号しつつフランクフルトに課した軍税の逸話は、一七九六年の二度目の軍税と共に語り草になった。「帝国要塞」(Reichsfestung)であるマインツには、一〇月一八日にフランス軍二万が押し寄せ、二三時から砲撃を始めた。二〇日から二一日への夜、マインツ軍のエッケマイヤー大佐が降伏文書に署名した。三箇月前にローマ皇帝の戴冠式が行われたばかりのライン・マイン流域は、瞬く間にフランス軍の支配下に置かれたのである。マインツ大司教エルタールは一〇月三日にアルビーニをマインツ総督に任命し、自分は五日に辛くも落ちのびて、ヴェツラル、フルダ、ヴュルツブルクへと逃避した。アルビーニ総督は俄かにマインツの中立化を狙ったが、フランス軍は降伏及び明渡を要求した。キュスティーヌは一〇月二四日にこう宣言した。「ドイツ諸侯はエミグレどもに惑わされ、フランス征服など子供遊びだと思い込んだのだ」。このときマインツにいたゲオルク・フォルスターは、フランス軍には善良な人々がとても多い、将校と兵卒とが兄弟の交わりだ、キュスティーヌは彼らの神だなどとして、その進駐を歓迎した。(35)

エルタール大司教は逃避行の末、「エルフルト国」ではなく、より北方の「アイヒスフェルト国」に入り、その首都ハイリゲンシュタットに落ち着いた。より近いエルフルト国に行かなかったのは、ダールベルクが不在だったからかも、動乱のマインツから遠ざかろうとしたからかもしれないが、嫌いなダールベルクとの同居を避けたからなのかもしれない。この頃ダールベルクは、協働司教を務めていたコンスタンツで行政再建の作業を行っていた。コンスタンツ大聖堂参事会は、ブライスガウからのフランス革命軍侵攻の虞もあって、ダールベルクに救援を求めていたのだった。だがダールベルクは一一月一四日、聖職顧問官コルボルンから請われてヴュルツブルクに戻り、マインツ大聖堂参事会をどこで開催するべきかの相談を受けた。ダールベルクはハイリゲンシュタットにエルタール大司教を訪ね、一二月五日にエルフルトに戻った。マインツ市民からの要求を受けて、ダールベルクは同市奪還に向けてフランクフルトまで赴き、宰相アルビーニを送るよう大司教に要請したが、ハイリゲンシュタットの大司教はこの危機的状態でも、ダールベルクが目立った行動を取ることを快く思わず、アルビーニも送らなかった。(36)

フランス軍の占領地域では、マインツを中心に「ライン共和国」が設立された。マインツ大司教エルタールは啓蒙思想を支援し、マインツ大学の教授陣に啓蒙派知識人を迎えていたが、これがやがてドイツの君主制や教会を危殆に晒すことになろうとは、革命前には予想していなかっただろう。仏占領下のマインツでは、マインツ大学教授のゲオルク・クリスティアン・ヴェデキント（医学）、マティアス・メッテルニヒ（数学）、ヨハン・ゲオルク・フォルスター（民族学）ら革命派知識人によって、一〇月二三日にジャコバン・クラブが設立された。一〇月二三・二五日にはキュスティーヌによって「ドイツ国民の抑圧された民衆への宣言」が出され、フランス共和国を模範とする占領地の同質化が進められた。革命に従わない現地住民、特にカトリック聖職者は、難民として流出した。空き家になった宮殿を会場に、ドイツ・ジャコバン派は選帝侯の欠陥、犯罪、不正、搾取、暴虐を糾弾する集会を開いた。「大司教支配の魔術が解けた」ことを印象付けるために、彼らは大司教が建立したマルクト広場の鉄製の記念碑を、フランス占領軍の許可を得て破壊し、「真理の太陽に溶解せり」と銘を刻んだ貨幣にすることを計画した。のち記念碑は石製であることが判明し、保存されることになったが、周囲の鉄柵は破壊され、そのあとに「自由の樹」が植えられた。広場には「自由万歳、国民万歳、共和国万歳」の声が響いた。このようなフランス軍の革命輸出は、ドイツ社会に変動をもたらした。(37)

ダールベルクの親族にもフランス革命の影響が及んでいた。多数のフランス革命軍将兵が宿泊し混乱が起きていたブリースカステル宮殿では、一七九三年五月一四・一五日、ダールベルクの実妹で統治者のマリア・アンナ・フォン・デル・ライエン伯爵夫人が、恐怖の日々の末に「共和国」の名において逮捕を宣告され、自宅から脱出して逃亡するという事件が起きた。結局フランクフルトへ避難したマリア・アンナは、帰宅できないまま一八〇四年に世を去った。ちなみにマリア・アンナの棺がブリースカステル宮殿に帰還したのは、ようやく一九八一年になってからのことだった。(38)

この頃のダールベルクにとってフランス軍は全くの敵であり、マインツに不幸をもたらす元兇であった。ダールベルクはその後も仏兵の再来襲や破壊行為、ドイツ・ジャコバン派の動きに注視し、革命思想に感化された臣民が仏軍の援助を得て「有害な無政府状態」に陥ることを警戒した。ただ啓蒙派知識人たるダールベルクは、暴力化したフランス革命と対峙しつつも、安寧秩序の維持には軍事力よりもよき国制こそが重要だとの立場には固執した(39)。更にダールベルクは、一七九三年六月五日の宰相アルビーニ宛書簡で「善良で誠実な民」が「国父」(Landesvater)マインツ大司教に忠誠を誓い、宗教的義務及び祖国愛に従ってフランス支配への忠誠を拒み、困窮を覚悟でマインツから立ち去ったことを称讃し、彼らを選帝侯国が救済すべきとした。ダールベルクは、三十年戦争でヴォルムスやシュパイヤーの多くの村々が破壊され、時宜を得た救援がなかったために復興しなかったこと、プロイセン王フリードリヒ二世が七年戦争後に、荒廃した都市や村落を見事に復興させたことを指摘した。ダールベルクは復興の資金源に、選帝侯国の現金、公債、財産、富裕層の財産を充てるべきだとした。ダールベルクは、こうした自分の救済案を詳細な文書にして、「選帝侯閣下への深い崇敬及び善良なマインツ人の真の繁栄への熱い情熱」をもって、マインツ大司教エルタールに捧呈したのだった(40)。

マインツが占領されている間、同大司教領の首脳たちは今後の国制改革を構想していた。マインツでは逃亡した大司教エルタールの声望が地に落ち、協働司教ダールベルクの大司教就任を求める声があった。補佐司教コルボルンは、一七九二年一二月に議会の開設や貴族でない市民出身の大聖堂参事会員の許容などを提案していた。これに対し首相アルビーニは、マインツを奪還し旧秩序を恢復することを主張した。アルビーニは「ゴットリープ・トイチュ」の筆名で、選帝侯国の悪政を論《あげつら》うドイツ・ジャコバン派への反駁書を出版する。アルビーニは、マインツ国制は帝国国制の一部であり、マインツ人が勝手に変更できるものではなく、貴族と市民との区別も変更すれば社会的混乱を招くと考えた。アルビーニにとって民主政など絵空事であり、理性にそぐわない不道徳なものだった(41)。

やがてマインツはドイツ側に奪還された。ルイ一六世処刑に衝撃が広がり、プロイセン軍がマインツのフランス軍を包囲するなかで、一七九三年七月二三日、マインツの革命派は降伏した。この包囲軍には、プロイセン軍人だったザクセン＝ヴァイマール・アイゼナハ公カール・アウグストや、彼の大臣ゲーテもいた。マインツは、侵攻した仏軍には抵抗することなく降伏していたが、包囲したプロイセン軍には仏占領軍が抵抗したため、大聖堂を始め市内の多くの建物はプロイセン軍の砲弾の餌食となった。こうして帝国はマインツを奪還したが、革命派が支配していた間にフランス革命の理念が宣伝され、聖職者にもそれに対する宣誓が強要されていたので、もはや社会の旧状恢復は困難になっていた。(42)

一七九三年七月二五日、エルフルト総督ダールベルクは、領民に対してマインツ解放を喜ぶ声明を出した。「親愛なるエルフルトの人々よ！　諸君らがマインツの兄弟たちの解放を共に祝うのを見て、私は心から喜んでいる」。「そうだ、善良なるエルフルトの人々よ、諸君らのマインツの兄弟たちは救出されたのだ。彼らは再び愛する故郷の町に、より平穏に住めるのだ」。「千年来マインツ市はエルフルト市とは姉妹だ。聖ボニファティウスがマインツ大司教領を設立し、諸君らの町とこの地方にとっても使徒なのだ」。「我らがマインツの兄弟たちは、筆舌に尽くし難い惨状を耐え忍んだ。市内では多くの者が敵に虐待され、あらゆる窮状に晒されたのだ」。「敵はマインツの人々に、祖国ドイツに偽証し、祖国ドイツを断念するよう、暴力をもって強要しようとした。そしてマインツの人々は、良心に従うために、ドイツ人として生き、そして死ぬために、国父に忠義を尽くすために、財産、家屋敷、女子供を抛棄したのだ」。「皇帝に感謝せよ！　祖国ドイツの父として現れたこの高貴なる君主に」。「人間に優しい勇敢なプロイセンの君主に感謝せよ！　エルフルトの人々よ、諸君らはこの王、その前途有望な王子、そしてフェルディナント・フォン・プロイセン王子を、昨年ここで見る幸運を得たのだ」。「ドイツ帝国に感謝せよ！　それこそよき母として子供をこれほどまでに幸福にしたのだ。祖国愛や兄弟愛はドイツではまだ消えていない。諸君らの隣人たる高貴なザクセン人や善良なヘッセン人がマインツで勇敢に戦ったのだ」。「主よ！　我らはあなたを称え、信じます」。ダールベルクはマインツ大司教領及び「祖国ドイツ」への愛情を喚起しつつ、皇帝と並んで(そしてそれ以上に)プロイセン王への感謝を捧げていた(43)。

一七九四年四月、ヴィーン宮廷がマインツ協働司教ダールベルクに、次期大司教の座を皇弟の誰かに譲るように要求し、ダールベルクもそれに同意したという噂が流れた。この件で寄せられたフランクフルト駐箚プロイセン使節のハルデンベルク男爵(のちプロイセン国家宰相、侯爵)の照会に対し、マインツ首相アルビーニは根拠なしと返答した。ダールベルクも、そもそもヴィーンからの提案自体がないとして、マインツ協働司教の交代を否定する文書を残している。これは両者の足並みの乱れを背景とした事件だった(44)。

その間にフランス軍は、一七九四年一〇月までに再び墺領ネーデルラント、ライン左岸領域の大半を占領し、連帯していた墺普軍にも亀裂が入っていった。「帝国戦争」宣言により各帝国管区に指示された「帝国軍」の設立は進まず、帝国軍最高司令官ザクセン゠コーブルク・ザールフェルト公子(ルーテル派)の指揮下に、エステルライヒ軍将校を集めた司令部が形成されたが、プロイセンはこれについて宗派対等に反すると不満を表明し、帝国軍副司令官としてプロイセンやプロテスタント諸侯の推すハインリヒ・アウグスト・フォン・ホーエンローエ゠インゲルフィンゲン侯爵が任命された。皇帝フランツ二世が帝国軍のために新たなローマ月税を提案すると、帝国議会はこれを拒否した。やがて劣勢になっていく戦争に業を煮やしたプロイセンは、フランスとの単独講和を考え始め、また教会領「世俗化」やポーランド分割によって損害補償を得ようと考えるようになる。こうして行われた一七九三年の露普の第二次ポーランド分割は、不参加だったエステルライヒの不信感を誘った。ヴィーン宮廷は、カウニッツ侯爵、フィリップ・フォン・コベンツル伯爵の後継者として同年外務大臣に就任したヨハン・アマデウス・フォン・トゥグート男爵(一七三六―一八一八年)の指導下で、プロイセンに対抗したエステルライヒの強化を目指すようになり、この結果一七九五年の第三次ポーランド分割が露墺普三国によって行われた(45)。

皇帝フランツ二世は、フランス軍の帝国侵略が止まらないなかで、帝国議会に「帝国執行規則」、つまり治安恢復の改革を提起した。そこで出た案が「民衆武装」(Volksbewaffnung)である。だがこの提案に明瞭に賛成したのはトリール大司教のみだった。プロイセンは非協力的であり、他の帝国諸身分も民衆に武器を持たせることに警戒心が強く、民衆の愛国的蜂起への意欲も十分でなく、結局実現しなかった。(46)

この状況下で「第三のドイツ」も休戦の可能性を模索し始める。一七九四年四月初頭、バイエルン使節レルヒェンフェルト伯爵が帝国議会で、帝国は軍備を整えるのと並行して、場合によっては対仏講和を考えるべきだと提案したが、この時はヴュルテンベルク使節ゼッケンドルフ男爵とスウェーデンの賛同しか得られなかった。だが戦況がドイツ側に不利になっていくなか、九月二八日から一〇月二日までハーナウ郊外の保養地ヴィルヘルムスバートで、ヘッセン＝カッセル方伯、バーデン辺境伯の主宰により、ヘッセン＝ダルムシュタット方伯、デンマーク、プファルツ＝バイエルン、ハノーファー、ザクセン＝ゴータ、ザクセン＝マイニンゲン、アンハルト＝ベルンブルク、ヴュルツブルク司教、バンベルク司教、ザクセン＝ヴァイマール、アンハルト＝デッサウの使節が集まり、独自の諸侯同盟及びその軍隊の結成を決議した。一〇月一三日にはマインツ首相アルビーニの指示で、マインツ使節ゴットリープ・フォン・シュトラウス男爵が帝国議会で「ドイツ帝国」の「フランス国民」との講和を提案し、一二月二二日には帝国議会がローマ皇帝に、一七九〇年の状態を恢復することで即時講和をするよう奏上したが、ヴィーン宮廷はまだ戦闘可能として拒否した。これに対しプロイセン王は、皇帝や有力帝国諸侯の諒解のないマインツの独断専行を承認はしなかったが、事態の窮迫に鑑み、講和そのものは歓迎する立場を取った。(47)

一七九五年四月五日にプロイセンはフランス共和国とバーゼルで単独講和を結び、同年八月二八日にヘッセン＝カッセル、翌年八月七日にヴュルテンベルク、同月二二日にバーデンもこれに倣って、帝国戦争から勝手に離脱した。この離反は戦争継続を主張するエステルライヒの強い不信を買った。一七九六年八月五日になると普仏両国は、仏領拡大を確定しプロイセンがライン左岸の領地を割譲する場合、プロイセンは教会領の「世俗化」(ミュンスター司教領の分割)により損害補償を受けるとの密約を結んだ。この普仏密約が、皇帝及び帝国に敵対した外国との同盟を禁じるヴェストファーレンの講和に違反することは言うまでもない。教会領「世俗化」はフランス革命政権にとっては一挙両得の戦略で、カトリック教会の勢力を殺ぐと同時に、以前から教会領併合を狙っていたドイツ世俗諸侯を味方に付け、皇帝及び帝国から離反させることもできたのであり、これが結局ライン同盟の素地にもなっていくのである。この密約が一七九七年二月に明るみになると、外相トゥグートは「世俗化」を恐れる聖界諸侯に皇帝との同盟を呼び掛け、マインツ協働司教ダールベルクやマインツ選帝侯国首相アルビーニ男爵はこの提案に乗った。だがもはや財政が悪化した司教たちには、自国の軍隊を召集する余力がなく、民衆を武装させる構想を出して、トゥグートに却下された。エステルライヒでは、救済不能な聖界諸侯をこれ以上援助することなく、むしろこの機に乗じてザルツブルク大司教領、ベルヒテスガーデン主任司祭領、バイエルン選帝侯国を併合することも考慮されたが、実行には移されなかった。(48)

　プロイセンの戦線離脱後、「第三のドイツ」に加えてエステルライヒ軍も対仏講和を模索するようになる。一七九五年一〇月七日、帝国議会は皇帝とは別に講和交渉団を結成して、フランスと交渉しようとした。また墺領ネーデルラント出身のエステルライヒ軍元帥カール・クレールフェ・ドゥ・クロワ伯爵は、一二月二一日にフランス軍と単独で講和を締結した。だが外相トゥグートはこうした和平への動きを拒否した。一七九六年四月、最後の帝国軍最高司令官に皇弟エステルライヒ＝テッシェン大公カール(一七七一—一八四七年)が就任する。同年、ジャン・ヴィクトル・マリー・モロー(一七六三—一八一三年)、ジャン＝バティスト・ジュールダン(一七六二—一八三三年)らの率いる仏軍が南ドイツを急襲し、同時に北イタリアにもナポレオンの仏軍が侵攻し、帝都ヴィーンも危うくなった。バイエルン、ザクセンなども仏軍侵攻で次々と単独での対仏休戦を余儀なくされた。帝国軍最高司令官カール大公は一旦仏軍に勝利を挙げたが、トゥグートは戦争続行に固執して、妥協的講和を結ぶ好機を逸した。そして同年一一月一七日にエカテリーナ二世が崩御し、エステルライヒはロシヤ帝国からの助力も期待できなくなった(49)。

フランス軍侵攻で帝国宝器にも危機が迫った。一七九六年、フランケンに及んだジュールダンが帝国宝器の接収を狙ったため、ニュルンベルクの帝国宝器は同市民の手でアンスバッハに疎開させられ、レーゲンスブルクやパッサウを経て、一八〇五年にヴィーン宮廷にもたらされた。アーヘンの帝国宝器も仏軍を避け、パーダーボルン(一七九四年)を経て、一八〇一年にヴィーンに到着した。こうして帝国宝器はヴィーンで一括保管されることになったが、一八〇五年及び一八〇九年に仏軍がヴィーンに進駐した際には、ハンガリーで秘匿されたこともある。ナポレオン戦争後も帝国宝器はヴィーンに残ったが、一九三八年にエステルライヒ「再統一」を断行した国民社会主義政権に接収され、親衛隊によって同年の第一〇回党帝国大会の際にニュルンベルクに戻された。だが一九四六年にアメリカ進駐軍が、空襲を避けて疎開中だった帝国宝器を接収し、ニュルンベルク市の嘆願も空しく、ヴィーンに移送した。結局帝国宝器は一九五四年以来、同地の宮城宝物館で展示されている(50)。

ヴィーンでは、「ラ・マルセイエーズ」を歌いつつ侵攻してくるフランス軍に対抗して、独自の国歌による国威発揚が図られた。皇帝と親しいニーダーエステルライヒ州長官フランツ・ヨーゼフ・ザウラウ伯爵は、詩人ロレンツ・レオポルト・ハシュカに皇帝讃歌の作詞を依頼し、作曲をヨーゼフ・ハイドン(一七三二—一八〇九年)に依頼した(ハイドンが発起人で、スヴィーテン男爵に相談したとの説もある)。関係者の念頭にあったのは、イギリス国歌「神よ、我らが慈悲深き国王を護り給え!」の先例であった。こうして作られた皇帝讃歌「神よ! 皇帝フランツを護り給え!」は、ローマ皇帝フランツ二世の二十九歳の誕生日(一七九七年二月一二日)に、ヴィーンのブルク劇場で御前演奏に供された。「神よ! 皇帝フランツを護り給え、我らのよき皇帝フランツを!/皇帝フランツ万歳、幸福の輝ける栄光のうちに!/月桂樹の若枝は皇帝に向って咲き誇り、彼が行くところ栄誉の冠となる!/神よ! 皇帝フランツを護り給え、我らのよき皇帝フランツを！」。この皇帝讃歌は、ハプスブルク帝国の国歌になったばかりでなく、その替歌「ドイツ人の歌」は、ヴァイマール共和国、国民社会主義政権、ドイツ連邦共和国（通常歌われるのは第三節のみ）の国歌になった。(51)

その頃マインツ協働司教ダールベルクは、フランス軍に徹底抗戦の意志を示していた。一七九六年一一月三日のアルビーニ宛書簡で、ダールベルクはマインツ大司教領がバーゼルの講和による対仏戦線離脱に同調しなかったことを喜び、「ドイツがその力を総動員して、その残虐行為があらゆる身分にとって嫌悪の対象となった敵を、国境の外に押し出す」ことを夢想するようになっていた。「総動員」(allgemeines Aufgebot)という言葉は、前述の民衆武装を意味するものである。ダールベルクは各帝国管区が、ティロル人やハンガリー人のように、あらゆる手を尽くして抵抗するという覚悟がないのを残念とした。当時のダールベルクの文面には、フランス軍に対する強い警戒感が現れていた。(52)

ダールベルクは、フランス軍侵攻を契機にプロテスタント諸侯がカトリック聖界諸侯領の「世俗化」を求めるのを恐れていた。プロイセン、バイエルン、ヘッセン＝カッセル、ヴュルテンベルクは、フランスの侵略を利用して「世俗化」による領土拡大を狙っていた。ダールベルクは、ネーデルラント総督の地位を追われたオラニエ＝ナッサウ家、ヘッセン＝カッセル家、ヴュルテンベルク家が聖界諸侯領を獲得し、ドイツの宗派状況がプロテスタント側優位に傾くことを警戒した。一七九七年三月四日、ダールベルクは「世俗化」を防ぐために、帝国国制保証国たるロシヤ帝国の介入に期待し、ロマンツォフ伯爵らロシヤの政治家に密書を送る意向を示した。(53)

更にダールベルクは帝国教会の危機に瀕して、皇弟カール大公に国民軍の独裁権(Diktatur)を委ねることを提案していた。エステルライヒの覇権を警戒してきたダールベルクが、皇帝本人ではないにしろ、その実弟に独裁を求めるというのは、彼の強い焦燥感を示すものだろう。ダールベルクは、ヴァレンシュタインの活力がなければグスタフ・アドルフが全ドイツを征服していただろうとし、「ドイツの救済者」カール大公にバイエルン、シュヴァーベン、フランケン、オーバーラインの四帝国管区が従い、「フランス人の犯した放埒な振舞」を知る「大衆」が蜂起することに期待したのだった。このころマインツ大司教領では、ミュラー、アルビーニらも民衆武装の可能性を考えていた。だがダールベルクは、一般民衆が参加した国民軍をどう形成するかについて、特に構想を懐いていたわけではない。ダールベルクが募兵のための措置を取ろうとしても、若者たちは逃散して応募せず、マインツ大司教エルタールとの共同作業もうまくいかなかった(54)。

やがてエステルライヒも対仏講和の席に着かざるを得なくなる。フランツ二世はフランスと一七九七年四月一八日にレオベンの予備講和を、同年一〇月一七日にカンポ・フォルミオの講和を結んだ。この際、エステルライヒがライン左岸の仏領化に協力し、フランスがザルツブルク大司教領及びバイエルンの一部の墺領化に協力するという密約が結ばれた。つまりここで、エステルライヒもフランスの求める教会領「世俗化」を限定的ながら容認する側に転じたのだった。こうして講和交渉が行われていた頃、プロイセンでは一七九七年一一月にフリードリヒ・ヴィルヘルム二世が歿し、ローマでは教皇政府が瓦解し、シュヴァイツでは一七九八年四月に仏傀儡政権「ヘルヴェティア共和国」が成立していた(55)。

一七九七年一二月九日からラシュタット講和会議が始まった。この会議では、フランス側がライン左岸全面領有に伴う聖界諸侯領の「世俗化」を提案した。フランスにとってドイツに対する「世俗化」は、革命原則の「迷信に対する勝利」という思想的攻勢でもあった。これに対しエステルライヒは、全帝国諸身分が損害を均等に負担することで「世俗化」を限定しようとしたが、戦線離脱中のプロイセンはフランスに同調していた。ザクセン公国代表レーベン男爵は、合法的所有者から財産を奪って他者に与えるという行為は正義に反するとし、ヴュルツブルク司教領代表は、ドイツ帝国国制への介入だと憤慨した。マインツ選帝侯国代表アルビーニ男爵は、帝国代表者会議に帝国を破壊する権限はないと説きつつも、「世俗化」による補償を全面拒否はしないとした。エステルライヒ代表レールバッハ伯爵は、帝国国制の変更を一切認めないわけではないが、できるだけ小規模に留めたいとの意向を示した。一七九八年三月二二日の決議ではライン左岸の仏領化に関してのみ記載されたが、仏代表は二七日に聖界諸侯領の「世俗化」なくして講和締結はないと抗議した。止むを得ずレールバッハは一部の聖界諸侯領「世俗化」で三選帝侯領を救済する案を出したが、アルビーニの支持を得られなかった。フランスの要求を受けて、バイエルン公国代表は講和締結のために断固「世俗化」を支持し、ヘッセン＝ダルムシュタット方伯領代表は罪のない第三者の財産からの補償を正しくないとしつつも、特別な事情が正義からの逸脱を正当化すると述べた。バーデン辺境伯領代表は、勝者が「世俗化」を講和の絶対条件としている以上、それが正しいか否かの議論は余計だとした。ヘッセン＝ダルムシュタットとバーデンは、のち一二月一二日にフランスに「世俗化」圧力への「深謝」を伝えている。ブレーメン、フランクフルトは他に講和のための手段がないという考えで、ザクセンも同調するに至った。こうして「世俗化」方針は決定されたが、会議自体は外交官として初陣を飾ったエステルライヒ代表メッテルニヒによって引き延ばされ、結局は第二次対仏同盟戦争の開始で中断されることになる。エステルライヒや多くの聖界諸侯は会議を切り上げフランス打倒に立ち上がったが、マインツ代表アルビーニはなおも「世俗化」交渉を続行しようとした。なお会議終了八日後の一七九九年四月二八日夜、フランス代表がエステルライヒ軍軽騎兵に殺害され、フランス輿論が激昂するという事件も起きた[56]。

「世俗化」を防ぎたいダールベルクは、帝国国制保証国ロシヤの後援を期待していたが、この決定的な瞬間に自分自身がラシュタット講和会議に参加できないもどかしさを感じていた[57]。一七九八年七月二五日、彼はアルビーニ宛書簡で書いている。「第一の帝国世襲騎士がフランスの物乞いになるなら、それは悲しいことだ」。この「第一の帝国世襲騎士」(der erste Reichs-Erbriter [sic!])という表現は、「ダールベルク家の者は居らぬか」の伝統を意識した発言だろう。ヘルンスハイムなどダールベルク家の所領はすでにフランス支配下に入っていた。マインツも一七九七年一二月三〇日にフランス軍に再占領され、エルタール大司教はその数日前にアシャッフェンブルクに逃亡していた。ライン左岸はフランス共和国に編入された(58)。

窮地に立ったダールベルクは、有力な軍人であった皇弟カール大公に、エステルライヒとは距離を置いた帝国の独裁者になってもらうという構想に行き着いた。当時は世俗諸侯のみならず、トリール大司教のようなカトリック聖界君主も、フランス領拡大による損害の補償として、コンスタンツ獲得を目指していた。ダールベルクは一七九八年二月二一日、コンスタンツ司教ロートの使者として、その司教領を守るべくヴィーンに赴き、ローマ皇帝フランツ二世に謁見した。この頃ダールベルクは、滞在中のヴィーンで「愛国的願望」と題する文書を作成している。これは皇帝かその周辺に提出したものだろう(59)。

一　帝国司令官としてのカール大公に、帝国軍及びシュヴァーベン、バイエルン、フランケンの帝国管区の利用を完全かつ無条件に任せ、その上でエステルライヒ側から中立でいることはできないか。これはプロイセンがいつも全力で協力できるようにするためである。

二　バイエルン、フランケン、シュヴァーベン[の帝国管区]は六万の新兵を提供できる。これを現に存在する帝国軍の各連隊に分配し、ベルゲン郊外、またはヴュルツブルク郊外、またはキンツィンゲン谷[キツィンゲン谷か]に配置すれば、帝国軍は持ちこたえ、緊急時には活動することができる。

三　そうした措置によってもライン左岸の割譲を妨げることができない場合には、以下の命題を段階的に、根拠を示しつつ出していく手がある。

a　[ライン左岸で喪失した領土を]ライン右岸で損害補償するというのは不当である。そしてそれはバーデンの講和、レイスウェイクの講和の先例に反する。誰もが自分の運命を担うのである。

b　この損害補償の規定は、それが必要だという場合には、帝国の内部事項ということになる。外国勢力がこの件に介入するものではない。
c　損害補償の最も安価な手段は、住民戸籍に登録された人口数による金銭の支払である(だがほとんど実行不可能だが)。
d　世俗化は不当であり、帝国議会の多数派は、いかなる帝国諸身分からもその存在を奪うことはできない。
e　世俗化は必要性の力によって行われるのか。そうだとすれば、三聖界選帝侯は帝国国制において最も欠くことができないものだということになる。というのもそれがなくなると、三人のプロテスタント選帝侯に二人のカトリック選帝侯が対峙することになるからである。これに伴い、帝国の国家体制はプロイセン側に立つことになる。比較の上でプロイセンの力は大きくなり、エステルライヒのそれは小さくなる。
f　これが起きるならば、結局のところプロイセンが第一の勢力となる。
四　弱体な帝国軍が、いまシュヴァーベン、フランケン、バイエルン[帝国管区から徴用した兵力]によって強化されるというわけにはいかないだろうか？　それがカール大公や[カール・]マック[・フォン・ライベリヒ男爵]によって指導されるというわけにはいかないだろうか？　ライン川からレヒ川に至る間隙を、ベルゲン、ヴュルツブルク、キンツィンゲン谷[キツィンゲン谷か]に軍隊を配置して防ぐことはできないだろうか?――そうできないのなら、矢面に立つ帝国管区であるシュヴァーベン、フランケン、ライン[オーバーライン・クールライン]は間もなく共和国になることだろう。フランスはそうしようとしている。エステルライヒやプロイセンは中立を決め込んでいるのだ！――そうであるなら、矢面に立つ帝国管区が少なくとも自分の力を自分の救済に生かすことは許されるだろう！
五　そして個人的に善良であるロシヤ及びプロイセンの君主は、そろそろ次のことに気付いて欲しい。欧州における財産、安全、秩序を維持するためには、勇敢ではあるが輝かしい勝利の熱狂のなかで迷走しているフランス国民は阻止されなければならないということを！　いまは誰もがその義務を果たすべきだ！

我は語れり、而して魂を救えり[Dixi et salvavi animam]
ヴィーン　一七九八年三月八日
陛下のダールベルク自ら記す

「我は語れり、而して我が魂を救えり」(Dixi et salvavi animam meam)とは、一般に結果はどうあれ真実を述べることで、自分の魂は救われたという安堵の気持ちを表現する慣用句である。この文書には更に次のような付帯文書が付いていた。(60)

国民の付随的願望としての、そして最も広い意味での新しい改革されたドイツ帝国国制の最優先の原則としての諸理念：

一　ドイツの一体不可分性
二　皇帝フランツの頭上にある帝冠
三　選挙法、それも選帝侯及び全民衆の意図に適うより完全でより公正な選挙制度
四　穏健で限定されることがより少ない選挙協約
五　帝国軍制のより良い設備と見通し
六　司法法廷及び帝国法廷
七　自由な交易・変容・奉仕・人口流出
八　ある種の状況における教会の貴族的部分の構築、つまり
　a　帝国大宰相
　b　他の領邦としての司教区・大司教区と並立する一つの帝国大司教領、そして次のような形態でのそれ
　c　両宗派が占め得る下位区分を備えたドイツ騎士団ドイツ管区長の[形態での帝国大司教領]、それも次のものを通じて
　d　プロテスタンティズムの[カトリック]司教団への、より協調的な体制への復帰——

ダールベルクの進言が効いたのかは不明だが、エステルライヒはフランスの要求に屈しつつも、帝国国制の変革を

限定的なものにしようと試みた。一七九八年五月、ヴィーン政府は小規模な教会領を「世俗化」することで教会領一般のそれを回避しようとし、聖界三選帝侯は損害補償を受ける側に数えていた。また戦略的な観点から、親墺的な帝国諸身分を支援し、エステルライヒに隣接する反抗的な帝国諸身分については支援しない方針を打ち出していた。ちなみにダールベルク家領は、将来の帝国大宰相の領地ということで補償を受ける対象とされ、その親族であるフォン・デル・ライエン家も救済されることになっていた。またトゥグート外相は、ローマ皇帝との紐帯が強固な帝国自由都市を今後も維持し、商業振興に努めるべきだとフランツ二世に奏上した。トゥグートは、帝国自由都市が点在することで有力な帝国諸身分の領土を分断していることも、皇帝としては好都合だと考えていた[61]。また一八〇三年には、帝国副宰相コロレード及び外相コベンツル（トゥグート、トラウトマンスドルフの後任）がフランツ二世への上奏で、帝国騎士が有力帝国諸身分に併合されるのを見過ごすべきではないとの見解を示している[62]。

　一八〇〇年一月一七日、コンスタンツ司教ロートが八十二歳で薨去し、協働司教ダールベルクは同日後任に就任した。すでに一七九八年二月、ダールベルクはコンスタンツ司教領の「世俗化」を阻止するべく、皇帝フランツ二世の協力を得ようとヴィーン宮廷に働きかけを行っていた[63]。一八〇〇年に新司教となったダールベルクは、教区内の聖職者たちに最初の教書を発布した[64]。司教就任後のダールベルクがまず直面したのは、フランスの支援を背景に、コンスタンツとツューリヒとの間に横たわるコンスタンツ司教領の一部を要求するヘルヴェティア共和国の問題だった。ヘルヴェティア共和国はまたザンクト・ガレン大修道院長パンクラッツ・フォルスターを追い、その領地を併合したので、コンスタンツ司教ダールベルクがその裁治権を継承することになった[65]。更にダールベルクは聖界諸侯の糾合を目指した。コンスタンツ及びアウクスブルクの大聖堂参事会員（のちコンスタンツ司教総代理）イグナッツ・ハインリヒ・カール・フォン・ヴェッセンベルク帝国男爵と連携して、彼は「世俗化」に抗する聖界諸侯同盟の結成を目論み、フライジング及びレーゲンスブルク、アイヒシュテット、ヴュルツブルク、シュパイヤーの司教たちの賛同を得た。一時はダールベルクかフリードリヒ・フォン・シュタディオンを直接パリかサンクト・ペテルブルクに送って交渉しようという案も持ち上がるが、結局「ちょっとした妬み」から実現されることはなかった。やがて一八〇二年には、「世俗化」に伴いバーデン辺境伯が全コンスタンツ司教領を占領することになる(66)。

三　ナポレオン・ボナパルトの登場

ラシュタット講和会議にはメッテルニヒと並んでもう一人の重要人物が参加していた。ナポレオン・ボナパルト(一七六九—一八二一年)である。マインツ使節アルビーニは記している。「私はこの男との初対面を人生の終わりまで忘れることができないでしょう。彼は全く不遜なほど大はしゃぎで会議場に入ってきて、辛辣なほど冷淡に使節たち全員に対応しました。ですが最も言語道断なのは、私に見せた厚かましい振舞です。私が彼に紹介されたとき、彼は私の服のボタンの一つをいじりながら、馬鹿にしたように笑って聞いてきたのです。「貴殿の選帝侯はマインツ以外の宮殿をお持ちではないのかな」」(67)。

ナポレオン・ボナパルトことナポレオーネ・ブオナパルテは、コルス島(伊　コルシカ島)の首都アジャクシオ(伊　アヤッチョ)で下級貴族の家に生まれた。ブオナパルテ家は、のちに東ローマ皇帝に連なると説かれたこともあったが、実際は一三世紀のフィレンツェの都市貴族の末裔で、一六世紀にコルシカ島に来たのだという。ナポレオンの生まれる直前、ジェノヴァ共和国はその海外領土コルシカ島の独立運動に手を焼いてこれをフランス王国に売却していたが、ジェノヴァ共和国は帝国領イタリアの一部だったので、誕生が数箇月早ければナポレオンも、兄ジョゼフのように皇帝ヨーゼフ二世の臣民として生を享けたことだろう。貴族の次男坊だったナポレオンは、フランス王立ブリエンヌ陸軍幼年学校、陸軍士官学校を卒業してフランス王国陸軍に入り、砲兵の道を歩んだ。彼はフランス革命勃発後、トゥーロン包囲戦を始めとする数々の戦役で功績を挙げ、急速に昇進する。一七九六年には、夫と死別していたジョゼフィーヌ・ドゥ・ボーアルネ子爵夫人と民事婚をし、その連れ子ウジェーヌ（のちフランクフルト大公、ロイヒテンベルク公）、オルタンス（のちオランダ王妃）を継子とした。彼を高名にしたのは、一七九六年のイタリア戦役での連戦連勝である。やがて彼は、フランス語風にナポレオン・ボナパルトと名乗るようになる。彼はエジプト戦線から離脱して帰国する途上でこのラシュタットに立ち寄り、帰国後は一七九九年「ブリュメール一八日」（一一月九日）のクーデターでフランス共和国の「第一統領」となった(68)。

ナポレオンとフランス革命との関係は両義的である。一方で彼は、「ナポレオン法典」制定に見られるように、フランス革命理念の完成者であり、その欧州大陸への伝道者であった。彼の侵略戦争は、常に革命理念を理論的武器としていた。「イタリアの人々よ！　フランス軍は諸君の鉄鎖を断ちに来たのである。汝らフランス軍を信頼し、来りて迎えよ(69)」。「私は確信しているのですが、我々は近いうちに「西欧帝国」[l'Empire d'Occident]の再生を見ることでしょう。なぜなら疲弊した諸民族[les peuples]は、最もよく統治されている国民[la nation]の軛のもとに馳せ参じて来るでしょうから(70)」。彼が一八〇四年に帯びることになる皇帝号は、正式には「フ、ラ、ン、ス、人の皇帝」であった。「国民なき玉座などというものは、ビロードの一片に蔽われた四つの木片以外の何物でもない。国民は玉座のなかにあり、玉座は国民のなかにある。それでなければ君主国はない。[…]私が皇帝の冠を戴いているのは父祖のあとを継いでではなく、その冠を私に与えた国民の意志によってなのである(71)」。他方で彼は、フランス革命による混乱を終わらせ、神の恩寵による君主制を創設し(72)、新しい貴族制を整備し、カトリック教会との関係を修復した秩序恢復・形成者でもある。一八〇二年のレジオン・ドヌール勲章創設に際して、ナポレオンはこう述べている。「私はフランス国民が自由や平等を愛しているとは思いません。フランスは革命の十年によっても変わっていません。彼らは祖先のガリア人がそうであったように、誇り高く軽佻です。彼らはただ一つの感情しか持っていません。すなわち名誉の感情です。ですからこの感情に糧を与えなければなりません。彼らには栄典が必要なのです」[73]。ナポレオンは代議民主制にも懐疑的で、メッテルニヒに対して「フランスは、他の多くの国ほどには代議政体に適さない」[74]と述べたという。

実はダールベルクは以前からこのナポレオンに接触を試みていた。一七九七年一二月二八日、ダールベルクはアルビーニに、「多くの学者に勧められて、ボナパルトに数学的・哲学的論文を送った」と述べている。ダールベルクはこの献本を、当時のラシュタット講和会議とは無関係だと断っているが、本心かどうかは分からない。ダールベルクが知識人としてこの若き英雄に接近し、政治的にも利用しようとした可能性はあるだろう[75]。

こうして二人の間に、差し当たりは知的な関係が芽生えていった。パリ駐箚プロイセン使節ジローラモ・ディ・ルッケジーニ侯爵によると、ナポレオンはダールベルクを「品行方正で賢明な統治者としての、また学者としての高い名声ゆえに」高く評価していたという。パリ駐箚ロシヤ公使アレクサンドル・マルコフ男爵も、ナポレオンのダールベルクへの興味を伝えている。パリ駐箚マインツ使節カール・フォン・ボイスト伯爵によると、ナポレオンがマインツ大司教領の存続を許したのは、協働司教ダールベルクに「心配ない」後継者を見出したからだという。コンスタンツ司教総代理ヴェッセンベルクによると、ダールベルクはすでに当時から、ナポレオンの敬意を勝ち得ていたと言われる[76]。

ダールベルクはもう一つ、ボーアルネ家を経由してもナポレオンとつながっていた。一七九六年にナポレオンはジヨゼフィーヌ・ドゥ・ボーアルネと結婚したが、その親戚に当たる作家ファニー・ボーアルネ(マリー＝アンヌ＝フランソワーズ・ボーアルネ)と、ダールベルクは数年来の知的交流を有していた[77]。

一八〇二年一月一二日、ナポレオンはフランスが接収していたライン左岸のダールベルク家の領地を返還した。これはナポレオンがダールベルクに目を掛けていたことの現れと考えられている[78]。

第五章　ダールベルクの対ナポレオン協力

一　帝国大宰相への就任

第二次対仏同盟戦争は、エステルライヒ・ロシヤの勝利で始まり、フランスの勝利で終わった。緒戦の勝利に沸き立ち、帝国議会はこの帝国戦争のためにローマ月税を再び可決したが、中立を宣言した北ドイツ諸侯は、帝国諸身分としての納税や兵力分担を拒否した。一七九〇年以来のマインツ大司教領首相アルビーニは、他国からの支援が期待できないなかで、領内のシュペッサルト地方の住民二万人を動員して、自ら軍司令官の制服を身にまとって「国民軍」(Landsturm)を組織し、幾つかの戦闘でフランス軍を破ってフランケン地方を守った。帝国軍最高司令官カール大公も南ドイツ諸侯にマインツの例に倣うよう訴え、アイヒシュテット司教、バンベルク司教、ヴュルツブルク司教が、自領防衛のための民兵隊を設立した。だが最高司令官ともなった外相トゥグート、弟の成功に嫉妬したローマ皇帝フランツ二世が、カール大公をシュヴァイツから呼び戻し、戦局を悪化させた。一七九九年秋、ロシヤ皇帝パーヴェル一世が自国軍を撤退させた。一八〇〇年六月一四日、エステルライヒ軍はマレンゴの戦いでナポレオンの率いるフランス軍に敗れた。勝利したナポレオンと、フランツ二世は帝国の同意なしに一八〇一年二月九日にリュネヴィルの講和を結び、同年三月六・七日に帝国議会での事後承認を得た。英露は一八〇二年三月二七日にフランスとアミアンの講和を結んだ。この間、革命期のエステルライヒ外交を担い、反仏政策を牽引してきたトゥグート男爵が一八〇〇年に外務大臣を辞任し、フェルディナント・フォン・トラウトマンスドルフ伯爵に交代したが、一八〇一年にはヨハン・ルートヴィヒ・フォン・コベンツル伯爵が就任した(1)。

リュネヴィルの講和は帝国教会に引導を渡した。この講和でライン左岸のフランス領有は確定し、カトリック教会領を「世俗化」して、「世襲諸侯」、つまり世俗諸侯の損害補償に充てることが決まった。帝国議会での承認(帝国上奏議決)に際しては、皇帝の窮状を察して、ザルツブルク大司教やドイツ騎士団総長兼ドイツ管区長を始めとする多くの聖界諸侯たちも、自分たちの運命を「皇帝の庇護」(allerhöchster Schutz)に委ね、事実上皇帝に一任することに同意した。ただ損害負担は帝国全体で公平に行うべきで、聖界諸侯領のみ、カトリック宗派のみを犠牲にするべきではない、負担調整は外部勢力を排除して国内問題としてするべきだという声も聞かれたが、フランスやその支援を受けた世俗諸侯の反対で採択されることはなかった。このリュネヴィルの講和では帝国領イタリアも廃止され、ハプスブルク家の支配下にあったトスカナ大公国も失われた。仏第一統領ナポレオン・ボナパルトは、ドイツ内紛争に巻き込まれないよう留意しつつ、その領邦再編を自ら行おうとした。ナポレオンはドイツ内の主要敵であるローマ皇帝に対抗して、普仏関係を強化し、外務大臣シャルル＝モーリス・ドゥ・タレーラン＝ペリゴール(一七五四―一八三八年)に一八〇〇年六月四日に『エステルライヒ家の政治に関するあるドイツ愛国主義者の書簡』なるドイツ語文書を全ドイツにばら撒くよう指示した。これはエステルライヒがいつも帝国を犠牲にして自国領を増やしてきたと説く煽動文書で、ダールベルクらの認識と共鳴するものだった(2)。

リュネヴィルの講和が結ばれた一八〇一年頃、ドイツだけでなく全ヨーロッパが大変動の渦中にあった。東ローマ帝国領から出発し、富強を誇ったヴェネツィア共和国は、一七九七年のカンポ・フォルミオの講和で墺仏に分割され消滅していた。教皇領はフランス軍の侵攻を受け、一七九七年二月のトレンティノの講和ではアヴィニョン、ヴネサン、フェラーラ、ボローニャなどを喪失し、のちにはアンコナを失った上に、フランスへの膨大な賠償金支払や美術品の提供を強いられた。ローマでは暴動が起き、一七九七年一二月二八日にフランス軍司令官ドゥフォーが射殺された事件を契機に、翌年二月一五日に「ローマ共和国」という仏傀儡政権が樹立された。教皇ピウス六世はフランスに連行され、ヴァランスで一七九九年八月二九日に薨去した。四箇月も続いた教皇選挙の末に、一八〇〇年七月三日に教皇ピウス七世がローマに入って登位し、教皇領も一部復活するが、もはやローマ教皇、ローマ＝カトリック教会が存続できるのかどうかも危うい事態を迎えていた。(3)

一八〇一年七月二七日、ケルン大司教（選帝侯）・ミュンスター司教マクシミリアン・フランツ・フォン・エステルライヒが薨去し、新たな紛争が生じた。エステルライヒの勢力を殺ぎ、「世俗化」も進めたいプロイセンは、後任司教選挙を阻止しようと両大聖堂参事会に働きかけ、拒否されるとパリのナポレオンに訴え、その後援を得て帝国議会で仏公使バッシェルと共に選挙延期を提案した。八月三一日の審議ではバイエルンがプロイセンの提案を支持したが、当事者のケルン、ミュンスター大聖堂参事会の抗議で支持は広がらなかった。ミュンスター司教選挙は九月九日に行われ、皇帝が派遣した選挙監察官ヴェストファーレン伯爵が臨席し、ハプスブルク家のアントン・ヴィクトル大公が選ばれた。ケルン大司教選挙は一〇月七日に予定され、皇帝の監察官シュリック伯爵が臨席することになった。ミュンスターでの結果に憤慨したプロイセンは、選挙無効を帝国議会に訴え、九月一四・二五日に諸侯部会で、二八日に選帝侯部会で審議が行われた。この場でも両大聖堂参事会はプロイセンの越権行為に抗議し、また一〇月七日にアルンスベルクで実施されたケルン大司教選挙でもアントン・ヴィクトル大公が満場一致で選ばれ、両選挙を承認した皇帝フランツ二世は、プロイセン宮廷の「傲岸不遜」を叱責する回状を回した。だがヴィーン宮廷はベルリンを安心させるために、アントン・ヴィクトル大公の選出は意図的なものではなく、彼が司教に就任しても「世俗化」による賠償に変わりはないと連絡してもいた。また当の大公も選出を受け入れつつ、両司教領の統治を開始しないと宣言した。(4)

ロシヤ帝国は帝国国制保証国の一つとして、リュネヴィルの講和による帝国国制の大幅改変、特に聖界諸侯領の廃止に歯止めを掛けようとした。一八〇一年一〇月一一日、双方の諒解の下にライン左岸の損害補償を行うという露仏協定が結ばれたが、同年一一月八日、ヴィーン駐箚公使アンドレイ・キリロヴィチ・ラスモフスキイ公爵が、カトリック教会領のうち三聖界選帝侯領だけは存続させることを提案した。この提案には、ロシヤに配慮したプロイセンも同意した。だがエステルライヒは、それまで教会領維持を訴えてきたにも拘らず、この提案をプロイセンの意向に沿うものとして支持しなかった。なおロシヤ皇帝も、帝国国制を断固防衛しようとしたわけではなく、支配家系同士で親戚関係にあるヴュルテンベルク、バーデンの拡大には賛成だったので、そこにナポレオンの付け込む隙があった。(5)

リュネヴィルの講和を踏まえた領土再編を行うために、一八〇一年一一月に臨時「帝国代表者会議」(Reichsdeputation)が開催された。作業の遅滞に苛立つナポレオンに促されて、エステルライヒ使節は一〇月二日にこの会議の開催を提案し、帝国議会の上奏を経て一一月七日に皇帝の裁可を得た。この会議は、領土再編に関する全権を委ねられており、構成員はベーメン王、ブランデンブルク辺境伯、マインツ大司教、ザクセン公、バイエルン公、ヴュルテンベルク公、ヘッセン＝カッセル方伯、ドイツ騎士団総長兼ドイツ管区長の八名だった。この会議は一八〇二年八月から作業を開始した。けれども帝国再編の実務的作業は、レーゲンスブルクでは行われていなかった。領土拡大の好機を前にした、あるいは存亡の危機に立たされた帝国諸身分たちは、いまや第一統領ナポレオンや仏外相タレーランの愛顧を得ようと、必死にパリへ伺候したからである。(6)

マインツ大司教エルタールも生き残りに奔走した君主の一人だった。周辺の「世襲諸侯」はマインツの領地に群がっていた。アシャッフェンブルクを含むシュペッサルト地方を獲得するために、ヘッセン＝カッセル方伯はナポレオンに三百万リーヴルの賄賂を提供し、ラインガウ、ウンターマインを欲していたナッサウ侯も、使節ハンス・エルンスト・フォン・ガーゲルン男爵を通じて同様の働きかけを行った。ヘッセン＝ダルムシュタット方伯領はベルクシュトラーセを欲していた。ライニンゲン侯国はオーデンヴァルト、ブーヘンラントを望んでいた。プロイセン王国は、特にアイヒスフェルト国、エルフルト国を要求していた。プロイセンはマインツの選帝侯位をレーゲンスブルクに移転してはどうかと提案し、マインツ首相アルビーニの峻拒にも拘らず、バイエルンの支持をも得てパリに伝達した。こうした状況下でマインツも、領土保全のために贈賄の必要を認識したのである。エルタールはボイスト伯爵に黄金を持たせてパリに派遣し、結局マインツ大司教領は、首都マインツを含むライン左岸領土の割譲、百万リーヴルの賄賂と引き換えに、ライン右岸領土の一部を維持し、バンベルク、ヴュルツブルク司教の旧領を得ることとなった。ただ前述のように、マインツ大司教領がなお存続できたのは、贈賄のため、あるいは帝国大宰相の領邦だったためという以上に、ダールベルクが次代君主となる領邦だったためなのかもしれない。なおフランスがマインツ大司教にのみ領地を認めたことは、聖界諸侯間の団結を乱す上では巧みな戦略だっただろう。(7)

選抜された臨時「帝国代表者会議」がまだ審議を開始しないうちに、「世襲諸侯」は露仏との合意に従い、勝手に補償対象予定地を占領し始めた。プロイセンは一八〇二年六月にフルダやコルヴァイを占領し、バイエルンやヴュルテンベルクもこれに倣った。バーデンは一八〇二年一〇月にシュパイヤー司教の宮殿のあるブルフザルを占領した。こうした動きに危機感を覚えたローマ皇帝は、一八〇二年六月一四日に帝国議会、ベルリン、ドレスデン、ミュンヒエンの各宮廷に警告を発し、「祖国ドイツの安寧及び福利」は賠償の合法的実施に掛かっており、暴力の行使は許されないと宣言した。だが効果がないと分かると、エステルライヒ軍もバイエルン領となる予定のパッサウ司教領を占領し、またトスカナ大公の代替地となる予定だったザルツブルク大司教領も確保したのだった。(8)

こうした神聖ローマ帝国の状態を「ドイツはもはや国家ではない」(Deutschland ist kein Staat mehr)と嘆いたのが、ヴュルテンベルク公国出身の若き哲学者ゲオルク・ヴィルヘルム・フリードリヒ・ヘーゲル(一七七〇―一八三一年)であった。ヘーゲルは帝国国制をドイツ的立憲主義として肯定するのではなく、「ドイツの自由」のもたらした「無秩序」(ヴォルテール)に過ぎないと否定的に捉えた。ヘーゲルの見るところ、「ドイツの自由」とは法律がなく習俗が民族を束ねていた時代の産物で、このためドイツでは公法が私法と混然一体となっており、もはや「世界精神」から遊離している。ヘーゲルにとって、ドイツ国制が「ゲルマンの森」の現実から帰納的に抽象化されたものであり、アリストテレス政治学や「主権」概念で説明できないものであることは、いたく残念なことなのである。西欧主義者のヘーゲルにとっては、「トイツはトイツ的に統治される」というモーザーの態度は居直りに過ぎない。ヘーゲルはライン左岸の聖界諸侯領がフランスの手に落ちたことは嘆いたが、ダールベルクの説く「第三のドイツ」本位の帝国愛国主義には懐疑的だった。「ドイツはもはや国家ではない」のは、ヘーゲルによればヴェストファーレンの講和以来のことで、フランス革命軍の来襲によって俄かに生じた事態ではない。平時よりも戦時にその国制の本質が見えてくるという。ヘーゲルは、ハプスブルク家の指導下でドイツ全体国家が権力を確立し、外敵を撃退できるような国制改革を望んだ。ただ一八〇〇年前後に書かれたヘーゲルの帝国国制論は、彼の生前には刊行されずに終わった(9)。

コンスタンツ司教としてボーデン湖畔のメールスブルクにいたダールベルクは、聖界諸侯領の崩壊を危惧していた。ダールベルクは、ザルツブルク大司教領、ベルヒテスガーデン主任司祭領が、フランスに本領を追われたハプスブルク家のトスカナ大公に代替地として譲渡されることに着目し、またヴュルテンベルクが「帝国代表者会議」でエステルライヒと連携し、仏露が友好関係を持ち、プロイセンがライン左岸での損害の補償を強く求めていることを警戒していた。シュヴァーベン帝国管区のエステルライヒ使節フォン・ブオルは、皇帝が聖界諸侯領保全に全力を尽くすことを約したが、シュヴァイツではフランスの介入が激しくなり、ダールベルクは「そこでもフランスは、分割して統治せよの政策[divide et impera]を続行するだろう」と恐れていた(10)。

ダールベルクは一八〇二年の論文「世襲諸侯の補償手段の決定について」で、聖界諸侯領への衝撃を最小限に留めようとした。ダールベルクはこの補償がドイツの利益を損なうものであってはならないと訴え、講和による損害の実態(領土規模・人口数・収益)を精査し、その補償の可能性を模索した。ダールベルクはここでも「帝国国制の維持」を掲げつつ、聖界諸侯領の保全を目指している。ダールベルクは、聖界諸侯が必要不可欠なもの以外を自発的に抛棄し、宗派対等を実現するという譲歩案を提示することで、幾分なりとも聖界諸侯領を保全しようとした。ただ聖界諸侯に必要不可欠なものとしてダールベルクが挙げたのは、三つの聖界選帝侯位から神学校・教会堂・福祉施設まで多岐に亙っている。またダールベルクはこの文章で、帝国諸侯が次々とフランスと単独講和を結ぶなかで、ローマ皇帝も対仏講和のやむなきに至った経緯を振り返り、その領邦エステルライヒが最大の損害を被りつつも、トスカナ大公国の補償として旧ザルツブルク大司教領などを得たことを指摘し、今回も皇帝が「祖国の父及び救済者」たることを期待するとした。ダールベルクは聖界諸侯領の併合を画策していたプロイセンやバーデンには一切言及せず、ラシュタット講和会議でフランスが提示した案を（聖界諸侯領の併合を狙う）ドイツ諸侯のものに比べて「より穏健で控え目」と好意的に評価し、フランス共和国は必ずしもドイツの全教会領の廃止を目指しているわけではないと何度も力説して、フランスで秩序を恢復した「特別な人物」（ナポレオン）を称えた[11]。

ダールベルクは世俗諸侯の教会政策も信仰抑圧になりかねないことに気付いた。彼は教皇庁に、バイエルンのモンジュラ政権がキリストの生誕、復活、昇天の演出のみならず、信仰団、行列、巡礼まで禁止したと注進している。かつてダールベルクはエルフルト総督として、同市の聖体行列をエルタール大司教の禁令から擁護したことがあった。民衆信仰に問題な一面があっても、その全面禁止は適切ではないというのが彼の立場であった。「諸宗派に対して寛容原則を代表しているまさにその政府が、カトリック信仰に対して皇帝ヨーゼフ二世の政府と同じくらい不寛容になっている」。これこそまさに「寛容の名の下に寛容が廃止される」（教皇ベネディクトゥス一六世）という光景である[12]。

聖界諸侯領に危機が迫るなかで、ダールベルクは遂に帝国教会の頂点に立つ。一八〇二年七月二五日、八十三歳のマインツ大司教・帝国大宰相エルタール男爵が、マインツ大司教領の残滓で同政府が移されていたアシャッフェンブルクで薨去した。ダールベルクはエルタール薨去の直前、アルビーニ男爵にマインツ大司教領大臣への再任を約束し、エルタール時代に顕著だったクーデンホーフ伯爵夫人の政治的影響を断ち切った。エルタールが薨去すると、アシャッフェンブルクのアルビーニは、メールスブルクのダールベルクに急使を送り、アシャッフェンブルクの市城門を閉鎖した。アルビーニは、ダールベルクがマインツ大司教になったことを宣言し、マインツ軍及び宮内官・行政官全員にダールベルクへの忠誠を宣誓させ、フランスやプロイセンなどマインツ領を狙う周辺強国に付け入る隙を見せなかった。二七日にメールスブルクでアルビーニの急使を迎えたコンスタンツ司教ダールベルクは、アシャッフェンブルクに入る前にまずレーゲンスブルクに急ぎ、三一日に到着した。ダールベルクは帝国議会で新帝国大宰相として紹介を受け、帝国副宰相コロレードの息子であるベーメン王国使節フェルディナント・フォン・コロレード＝マンスフェルト伯爵(一七七一―一八四八年)に帝国執行部の臨時指導を委ねて、ヴィーン宮廷との関係を確保し、同時に自分がハプスブルク家のアントン・ヴィクトル大公にマインツ選帝侯の地位を譲渡するとの流言を打ち消した(のち大公はドイツ騎士団総長兼ドイツ管区長になった)。この時、アルビーニもマインツ大司教領首相として帝国執行部の指導をするためにレーゲンスブルクに向かっていたが、ダールベルクが先着してコロレードに臨時指導を依頼したのである。ダールベルクは次いでアシャッフェンブルクへと向かい、その途上ヴュルツブルクとニュルンベルクとの間のブルクファルンバッハで、レーゲンスブルクへ向かうアルビーニと遭遇した。ダールベルクはレーゲンスブルク行きを取りやめたアルビーニを先に送り返し、自分はアシャッフェンブルクに八月三日早朝に入ったのだった。エルタールの埋葬が行われたのは八月一二日であり、ダールベルクが城内礼拝堂で補佐司教ファレンティン・ハイメスから大司教職の象徴であるパリウムを受けたのは一一月四日だった[13]。

この間一八〇二年八月一五日、マインツ大司教ダールベルクは首相アルビーニに施政方針を示した。「大宰相として――ドイツに秩序、安寧、統一ができるだけ早く恢復されるように。首座司教として――宗教制度が維持され、ドイツの教会財産が不可欠な範囲で救済されるように。選帝侯として――選帝侯国が軽微な損害補償をするだけで保全されるように」[14]。教会領の維持については、同年一〇月一二日にもアルビーニに述べている。「私は旧弊を廃した上で、長く続いてきた教会を維持することに強く賛成する。だが時代の精神は、修道院や神学校の領地を滅ぼしていく――かくなる上は、福音書の本当に言わんとすることが唯一の行動基準になるだろう。つまり敬虔な司牧者、熱心な司教、分別ある司教代理は手段で、キリスト教的美徳が目的だということである」[15]。

マインツ大司教に就任したダールベルクには、早速訪問客が相次いだ。弟ヴォルフガング・ヘリベルト・フォン・ダールベルク男爵及び妹マリア・アンナ・フォン・デル・ライエン伯爵夫人(一八〇二年八月一四日)。友人のザクセン＝ヴァイマール・アイゼナハ公カール・アウグスト(同年八月一八日・お忍び)。ベルリンでサロンを開くクールラント公妃ドロテア(同年八月八日)。帝国大審院所在地ヴェツラルの使節団(同年一〇月二三日)。プロイセン王フリードリヒ・ヴィルヘルム三世及び同妃(一八〇三年六月二四日)。かつてマインツ協働司教の座を争ったヴュルツブルク司教ゲオルク・カール・フォン・フェッヒェンバッハ男爵(同年六月二八日)。フリーメイソン団員で帝国議会の首席監察官カール・アレクサンダー・フォン・トゥルン・ウント・タクシス侯爵世子夫妻(一八〇四年七月八日)。アントン・ヴィクトル・フォン・エステルライヒ大公(一八〇五年五月二五日)。デンマーク王国元帥・シュレスヴィヒ＝ホルシュタイン総督カール・フォン・ヘッセン＝カッセル辺境伯子(同年七月二一日)[16]。こうして見ると、ダールベルクはやはりプロテスタント系、プロイセン系人脈との交流が、エステルライヒ系とのそれより密なことが分かる。

首相アルビーニの機敏な対応でダールベルクは(結果として最後の)マインツ大司教となれたが、マインツ大司教領はすでに危機的状況にあった。プロイセン王国はエルタール大司教の薨去に乗じて、一八〇二年八月にエルフルト国を占領し、更にアイヒスフェルト国も奪取して、アルビーニから抗議を受けていた。ライン左岸領はフランス領となり、同右岸の領地もプロイセンに占領されつつあって、マインツ大司教領は風前の燈火であった[17]。

ダールベルクがマインツ大司教、帝国大宰相に就任したところで、すでに登場している人々も含めて、一八一三年に至るダールベルク国家の首脳たちについて概観してみよう。

フランツ・ヨーゼフ・フォン・アルビーニ男爵（一七四八―一八一六年）は、最末期のマインツ大司教領及び帝国を担った敏腕官僚である。アルビーニ家は南ティロルあるいはテッシン出身のイタリア系家門で、祖父の代から貴族となり、司法の領域で帝国を担った法律家一門である。ただアルビーニの母は篤信のカルヴァン派教徒であったため、カトリック教徒の父アルビーニの判事職応募に際し、カトリック勢力から混宗婚を批判され、苦慮した父が娘を母のカルヴァン派教育から引き離そうとし、錯乱状態になった母が父を訴えたという逸話があり、宗派共存にはダールベルク同様関心があったと推測される。アルビーニはザンクト・ゴアールに生まれ、コブレンツのイエスス会神学校を出たあと、ポンタ・ムッソン大学（ロートリンゲン公国）、ディリンゲン大学（アウクスブルク司教領）、ヴュルツブルク大学で法学を学び、父の勤務する帝国大審院、次いで帝国宮廷顧問院で研修し、法学博士論文を提出した。アルビーニは一七七一年にヴュルツブルク司教領の宮廷顧問官となり、そこからフランケン帝国管区代表として帝国大審院判事補となった。ヴェツラルでの十二年を経て、アルビーニはマインツ大司教エルタールによって、フランツ・ゲオルク・フォン・ライカム男爵の後任として帝国宮廷宰相府ドイツ部門参事官に任命され、ヴィーンに赴いた。ヴィーンでアルビーニはヨーゼフ二世に見出され、一七八八年に帝国騎士、男爵となった。フランス革命で諸侯同盟内にほころびが生じると、一七八九年及び翌年にアルビーニは皇帝の意を受けて中小諸身分を皇帝側に引き戻す交渉をした。ヨーゼフ二世の死後、アルビーニはレオポルト二世選出（一七九〇年）に活躍した。アルビーニはエルタールにマインツ大司教領の宮廷宰相・大臣に任じられ、フランツ二世の選挙（一七九二年）ではマインツ選帝使節を務め、マインツとエステルライヒとの和解に務め、マインツ国家の財政再建にも尽力した。アルビーニは、エミグレの庇護者を自認したエルタールの対仏強硬政策を首相として推進したが、ラシュタット講和会議ではフランスに妥協的態度を取り、一七九九年にはマインツ軍総司令官（一八〇六年まで）として「国民軍」を率いてピエール・オージュロー麾下の仏蘭軍と対決するなど、対仏姿勢がマインツの状況次第で大きく揺れ動いている。アルビーニは一八〇三年から一八一〇年までレーゲンスブルク侯国総督で、一八〇三年から一八〇六年までは帝国議会の議長使節であった[18]。

ヨーゼフ・ヒエロニュムス・フォン・コルボルン男爵（一七四四—一八一六年）は、カトリック啓蒙を体現する聖職者である。マインツの神学校を卒業したコルボルンは、啓明団員となり、マインツ大学に招聘され、フリードリヒ・ロタール及びヨハン・フィリップ・シュタディオン兄弟の教育を担当した。コルボルンは、このシュタディオン伯爵家の仲介もあってマインツ選帝侯国で聖職者として上昇し、一八〇七年にはダールベルクによって司教に叙階された。コルボルンは、ナポレオンの庇護にドイツ教会の生きる道を見る点でダールベルクに賛同した。だがナポレオンが教皇を幽閉するに至って懐疑的になり、ナポレオンに依存したダールベルクとは意見を異にするようになっていく[19]。

イグナッツ・ハインリヒ・カール・フォン・ヴェッセンベルク帝国男爵（一七七四—一八六〇年）は、ダールベルクの教会領防衛戦略の先兵である。ザクセン選帝侯国の大臣となったフィリップを父に、エステルライヒ首相・外相となったヨハンを兄に持つハインリヒは、信仰心が篤く、愛国的で、ヨーゼフ二世に心服する父から影響を受け、フランス革命でエルザスの家領を失ったにも拘らず、それを「新たな黄金の時代の朝日が昇る」と歓迎した。ヴェッセンベルクは一七九六年、ヴュルツブルクでマインツ及びコンスタンツ協働司教ダールベルクと知り合う機会を得る。ヴィーンに移ったヴェッセンベルクは、トリール大司教が自領喪失の代償としてコンスタンツ司教領などを狙い、コンスタンツ協働司教ダールベルクがその策動を阻止しようとしていることを知る。レーゲンスブルクに赴いたヴェッセンベルクは、教会領を擁護する匿名文書『世俗化の帰結』を刊行する。一八〇〇年コンスタンツ司教となったダールベルクから、ヴェッセンベルクはコンスタンツ司教領及びドイツ諸侯のシュヴァイツにおける権利防衛のために派遣され、その活躍は教皇ピウス七世からも評価された。一八〇二年、ヴェッセンベルクは二十七歳にしてコンスタンツ司教総代理に、一八一三年に協働司教に任命された。ヴェッセンベルクはのちに、兄ヨハンやメッテルニヒとの密接な関係から、一八一四年にヴィーン会議でダールベルクの代理人を務めた。ヴェッセンベルクはまたカトリック教会の典礼(聖体拝領以外の部分)に初めてドイツ語を導入し、聖書の重要性を説き、巡礼など民衆信仰を制限し、聖職者の綱紀粛正を行い、世俗での民衆教育の改善も訴えた啓蒙主義者としても知られる(20)。

カール・クリスティアン・フォン・ベンツェル＝シュテルナウ伯爵(一七六七―一八四九年)は、マインツの啓蒙派官僚である。ベンツェル伯爵家はマインツ官僚の家系で、父アンゼルム・フランツも、祖父ヨハン・ヤーコプも、マインツ大司教領政府の幹部であった。父は教育政策で活躍した啓蒙派官僚である。カール・クリスティアン・フォン・ベンツェルも一七九一年からマインツ大司教領政府に出仕し、一八〇三年にレーゲンスブルクで帝国大宰相ダールベルクに仕えた。一八〇六年から一八一一年まで、ベンツェルはバーデン大公国に出仕したが、一八一一年にダールベルクからフランクフルト大公国の国家・財務大臣に採用された。ヴィーン体制下で、ベンツェルはバイエルン王国議会議員を務め、また一八二七年にカトリシズムからプロテスタンティズムに改宗した(21)。

カスパル・フォン・シュテルンベルク伯爵(一七六一―一八三八年)は、レーゲンスブルク大聖堂参事会員である。ハプスブルク家に仕える高名なベーメン貴族シュテルンベルク伯爵家の三男に生まれた彼は、自然科学(特に生物学)や美術に興味を懐いていたが、ローマのコレギウム・ゲルマニクム・エト・フンガリクムで神学を学び、一七八五年にレーゲンスブルク大聖堂参事会に入った。一時フライジングで勤務したシュテルンベルクは、フライジング司教領から帝国代表者会議に加わり、マインツからレーゲンスブルクにやってきたダールベルクに仕え、一八〇四年からレーゲンスブルク市副市長を務めることになる。帝国崩壊及びライン同盟結成ののち、シュテルンベルクはベーメンの所領に帰り、プラークの国民博物館建設など同地の学問振興に尽力した(22)。

二　帝国代表者会議主要決議の起草

帝国大宰相ダールベルクの初仕事は皮肉にも教会領廃止であった。プロイセンの強い反対にも拘らず、マインツ大司教は一八〇一年に「帝国代表者会議」の一員となっており、一八〇二年八月一九日からアルビーニがフェルディナント・フォン・コロレードに代わって、議長使節として帝国議会の議事運営を担うようになった(23)。同年八月一六日、仏露両国が協議の上で損害補償案を提示し、ナポレオンの意向でマインツ以外のあらゆる聖界諸侯領の「世俗化」という方針が示されて、マインツを安心させたが、それ以外の聖界諸侯を憤慨させた。この案によりケルン、トリールのカトリック系選帝侯位が廃止され、新たに三つのプロテスタント系選帝侯（ヴュルテンベルク、バーデン、ヘッセン＝カッセル）が設けられることになった。のちに本領を追われたトスカナ大公フェルディナンド三世（皇帝フランツ二世の長弟）をザルツブルク選帝侯として加えるという修正が行われたが、それでも選帝侯部会はプロテスタント系が六選帝侯（ザクセン、ハノーファー、ブランデンブルク、ヴュルテンベルク、バーデン、ヘッセン＝カッセル）、カトリック系が四選帝侯（マインツ＝レーゲンスブルク、ベーメン、バイエルン、ザルツブルク）となり、ハプスブルク家からの皇帝選出は困難となった。仏露の圧力を受けて同年八月二四日、皇帝により「帝国代表者会議」第一回会議が召集され、審議を開始した。ただその構成員であるプロイセン、バイエルン、ヴュルテンベルク、ヘッセン＝カッセルは、パリで損害補償についてもうフランスと交渉済みであり、特にプロイセンは仏露案の受諾を迫った。ダールベルクは、ハプスブルク系のベーメンとドイツ騎士団、そしてザクセンと協力し、「外国」たる仏露の提案の全面受諾に反対し、「世俗化」を緩和しようとしたが、それは不可能だった(24)。

一八〇二年八月三〇日、大司教就任直後のダールベルクはアシャッフェンブルクで「ドイツ一般、特に第一の選帝

侯位の現在の政治状況についての論評」と題する文書を作成して、レーゲンスブルクのアルビーニに送っている。(25)

一　フランス及びロシヤは帝国議会に対して損害補償案を披露した。損害補償を要求する諸身分は、この計画が不可避の指示だと思わせようとする。これに対しロシヤ及びフランスは、この計画は一つの提案であって、帝国代表者会議が熟議し、帝国議会が決議するべきことだという。補償を希望する諸身分も、フランス及びロシヤも、損害補償計画の合法性と、帝国が自発的にそれを受け入れたという外見とを整えようとする点では一致しているのである。

二　圧倒的な権力を有する諸大国が、彼らの計画の実行に一つの合法的形態を整えようとしていることは、大局的には常に［合法性など気にしないこと］よりよいことで、多くの観点で評価できる。諸大国のこの希望は元来、ドイツ帝国及びドイツ教会の最善のために利用可能なものである。ただそれは、講和交渉を終えるに当たり、将来の帝国及び教会の繁栄が確保されるように、そのような合法性を認めることに、毅然と、礼儀正しく、品位をもって努力する場合に限って、ということである。

三　帝国の繁栄にとって、管区制度、司法制度、国土平和、一般帝国法、信仰の自由、領邦諸身分の権利、都市の権利、個人のドイツ伝来の自由、所有権が明示的に確保されることは必要であろう。

四　教会にとって、司教や参事会が存続すること、教会財産を宗教的な、または目立たない類の対象物を定めること、司牧者、教会、病院関係者、敬虔な財団にその所有物が残ることは必要であろう。

五　これら全てのことは、損害補償計画と一体化され得る。それは、その損害補償計画の内容が穏和で、損害補償を国王大権の活用に適用し、いままとめられつつある代表者会議決議・帝国決定が帝国国制に適った的確な表現で作成されればのことである。

六　もしベーメン、ザクセン、ドイツ騎士団ドイツ管区長、大宰相がその点で一致し、この提携に断固毅然として留まり、この提携の適切さをプロイセン宮廷に、ブレスラウ、ハルバーシュタットなどプロイセン自身の例と並べて、特に熱心に説く場合、またまさにこの見解が、機知に富み力強い議長使節により、ヴュルテンベルク、プファルツ、ヘッセンの代表者会議議員に、彼特有の十分な力強さで説かれる場合、最良の成功が期待され得る。そして帝国大宰相及び彼の大臣は、そののち彼らにとって神聖なものとされた、皇帝及び帝国に対する、そして後世に対する義務を果たし、またここでも皇帝の帝国国父としての心情によって確かに支援されることだろう。

七　ここで帝国大宰相及びその選帝侯位に関して言うと、それは損害補償のために非帝国直属修道院[Mediatklöster]を明示的に割り当てられている唯一の選帝侯である。他の諸身分がそうしているように、大宰相もまたその損害補償の対象物を、臨時に法に触れない範囲で[salvo jure]占領したいという希望が生じるのは当然である。

いまフランス及びロシヤの全権使節の承認を得てこの計画を実行する必要があるなら、例えば次のような申請がなされうる。

ａ　大宰相は即時に、ライン此岸のヴュルツブルク・バンベルク・アイヒシュテット・レーゲンスブルク・マインツ大司教区にある全ての大修道院[Abteien]・非帝国直属修道院を占領する。

ｂ　そのあとで、皇帝及び帝国に計算書を提出する。

ｃ　総収益が百万を越える大修道院・非帝国直属修道院を他の利用のために引き渡す。

ｄ　損害補償は不可避だとしても、それを修道院の維持と可能な限り両立させるということを、諸宗教に認識させる。

ｅ　例えばアモルバッハ、シェーンタールのように、すでに処遇が決定された非帝国直属修道院は占領されない。

八　上記の非帝国直属修道院は、早かれ遅かれその所有地の一部を以て、恐らくプファルツ選帝侯国との交換対象を出すことが可能である。これはこの地域[アシャッフェンブルク]か、レーゲンスブルクの地域かで、両選帝侯国[マインツ及びプファルツ＝バイエルン]にとって得になる領土取得をするための措置である。ナッサウ家やヘッセン家などは、そのような非帝国直属修道院の所有地の併合を狙っているが、その占領が行われるのが早ければ早いほど、ますます早く彼らがその意図を達することができることになる。これら家門はそれを早速狙っているのである。そして部分的には軍事的措置により、部分的にはまた再度卓越した交渉により、これらナッサウやヘッセンなどによる占領を差し当たり押し留めたのは、まさに大臣殿の傑出した仕事である。

九　大臣殿の深い洞察に全幅の信頼を置くので、前述のことは慎重な検討を経て、実行するなり、実行しないなりして頂きたい。その際、人が自己保存に執心しても、もし同時に愛国主義、純粋な宗教的情熱、平和や形成されつつある安寧への誠実な愛情を表現する雄々しい言葉を口にするなら、それを人々は悪意に解釈することはできないだろうと、本論の最終署名者は信じている。

アシャッフェンブルク　一八〇二年八月三〇日　　カール

ここにはダールベルクが一八〇二年の段階で、仏露という強大な外部勢力の介入を逆用して帝国国制、特に教会領、とりわけマインツ大司教領を保全しようとしていたこと、自己保存に奔走することに一抹の疚しさを感じたのか、自己弁護をしていたことが表れている。

一八〇三年三月、前年に提出された仏露案を帝国代表者会議で議論した結果が、「臨時帝国代表者会議主要決議」(Hauptschluß der außerordentlichen Reichsdeputation)として発表された。この決議は二五日、二四日付の「帝国上奏」と共に皇帝フランツ二世に捧呈され、二八日にその裁可を得て「帝国決定」となった。この決定では、「世俗化」(Säkularisation)及び「陪臣化」(Mediatisierung)が実行に移された。「世俗化」とは帝国大宰相国を除くカトリック教会領の全廃であり、「財産の世俗化」(Vermögenssäkularisation)に留まらない「支配の世俗化」(Herrschaftssäkularisation)である。「陪臣化」とは帝国騎士、帝国都市、帝国村などの帝国直属性を奪い、大帝国諸身分の臣下にすることである。これはリュネヴィルの講和では決まっていなかったが、時流に沿って行われたことだった。[26]

興味深いのはこの「損害補償」の実態である。ブランデンブルク＝プロイセンはライン左岸の領地四十八平方哩《マイル》・人口十二万七千人を失ったが、ライン右岸の領地二百三十五平方哩・人口五十六万人ほどを得た。プファルツ＝バイエルンは、ライン左岸の領地二百五十五平方哩・人口八十万人を失ったが、ライン右岸の領地二百九十平方哩・人口八十万人を得た。バーデンはライン左岸の領地八平方哩・人口二万五千人を失ったが、ライン右岸の領地六十平方哩・人口二十四万人ほどを得た。要するにフランスの威勢を笠に着た「世襲諸侯」は、「損害補償」と称して大幅拡大を果たしたのである。(27)

三　大宰相選帝侯国の形成

マインツ大司教は「帝国代表者会議主要決議」によって、領地を百四十平方哩から二十四平方哩へと激減させたが、聖界諸侯で唯一君主の地位を維持していた。同第四三条によれば、マインツがレーゲンスブルク統治を継承するのは一八〇三年一二月一日となっていた。ダールベルクはマインツ大司教に就任後、一旦アシャッフェンブルクに居住していたが、一一月六日に監察官ベンツェル伯爵をレーゲンスブルクに派遣した。一一月二四日にマインツ軍が現地に到着し、二六日にベンツェル(マインツ軍中尉)らによる臨時接収式が行われた。午前八時、ベンツェルらはレーゲンスブルク司教庁に赴き、選帝侯ダールベルクの名において臨時接収を宣言し、下位部局への通知を要請した。午前九時から彼らはザンクト・エメラム修道院、オーバーミュンスター・ニーダーミュンスター女子修道院、レーゲンスブルク市庁舎に現れ、同様の儀式を行った。午前一一時、彼らは大聖堂主任司祭トゥルン伯爵の邸宅で、それ以外の教会領の臨時接収も宣言した。一二月一日、マインツ軍が市内八箇所に配備されるなかで、午前八時に司教庁でダールベルクの訓令を読み上げ、「領邦監察府」の設立を宣言し、文書館及び金庫の封鎖を行い、再び他の施設も回った。これら一連の行事は秩序だって行われ、騒擾は起きなかった。こうした儀式を踏まえて、選帝侯大宰相ダールベルクは一二月三〇日に静かにレーゲンスブルクに入城した。(28)

レーゲンスブルク侯としてのダールベルクは、一八〇四年四月二三日、市幹部、市民の「忠誠宣誓式」(Huldigung)

に臨んだ。午前八時一五分、三位一体教会で教区監督ゲオルク・ヴィルヘルム・リヒターによるプロテスタント式礼拝が行われ、同時にザンクト・エメラム修道院で荘厳ミサが行われた。ダールベルクはカトリック聖職者でありながら、レーゲンスブルク侯としてプロテスタント領邦教会の最高祭司を兼ねていたのである。午前一〇時頃、集合した市幹部は大聖堂広場に向かった。広場は侯国軍によって封鎖され、宮殿前には天蓋を付けた玉座が設けられた。やがて毛皮で華麗に飾った選帝侯の帽子やマントをまとったダールベルクが従者団と着座した。市幹部会顧問官・財務官ヨハン・クリストフ・カイザーは、新領主ダールベルクを前に式辞を読み上げた。「我々の慈悲深い領主、我々の広く愛された国父、カール・テオドル万歳！」更にアルビーニ伯爵の先導で、参列した市民たちが宣誓文を一斉に読み上げた。翌日午前八時からは、多くの市民が参加しての盛大な祝典行列が行われた。行列がプロテスタント系ギムナジウムの前を通過したとき、生徒の合唱団はイギリス国歌(God save our glacious King! / Long live our noble King / God save the King / Send his victorious / Happy and glorious / Long to reign over us / God save the King!) の旋律で、Heil Vater Dalberg Dir / Segen des Himmels Dir! / Heil Edler Dir! / Des Jünglings Munterkeit / des Mannes Thätigkeit / Kröne mit Heiterkeit / Stets Deinen Blick と歌い、新領主を歓迎した。シュテルンベルク伯爵によると、一連の宣誓式典は「民衆祭典としては稀なほど、心が籠り、秩序や良俗に適い、幅広い歓声を浴びつつ行われた」という。この日午後四時からは「金十字亭」で祝宴・舞踏会が開かれ、後日祝祭行列・祝砲も行われた(29)。

帝国大宰相ダールベルクはレーゲンスブルクで壮大な宮廷儀礼を展開した。ナポレオンによって新設された選帝侯国が常設帝国議会に使節を送ってきたときには、ダールベルクは「スペイン式宮廷儀礼」で歓迎した。第一章で触れたように、帝国諸身分の使節を迎えるのは帝国議会議長たる帝国大宰相の重要な職務であった。ダールベルクや選帝侯の使節たちは六頭立儀装馬車で登場し、議場のレーゲンスブルク市庁舎を中心に儀式を繰り広げた。一八〇六年六月、教皇大使アンニーバレ・デッラ・ジェンガ伯爵(一七六〇—一八二九年：のち枢機卿、教皇レオ一二世)がレーゲンスブルクに赴任してきたときにも、ダールベルクは六頭立儀装馬車による送迎を行い、諸侯の代表たちを集めての晩餐会や、太鼓や旗など威儀物を用いての歓迎行事を開催している。更にダールベルクは、帝国議会での新年祝賀の儀を復活し、神聖ローマ帝国の権威を演出した[30]。

帝国代表者会議主要決議で定められたダールベルクの領国は、レーゲンスブルク侯領及び同市、アシャッフェンブルク侯領及び同市、ヴェツラル伯領及び同市と、遠隔の三領域に分散していた。ダールベルクは一八〇三年七月一八日、「レーゲンスブルク＝アシャッフェンブルク＝ヴェツラル選帝侯国編成勅書」を発布して、一つの政府・宮廷、一つの軍隊、一つの大学を設け、領国の再編成を試みた。ダールベルクはこの新たな領国でも多くの官吏を必要としたが、それでも旧マインツ選帝侯国の全官吏を再雇用することはできなかったので、退職者にも生活の道が開けるまで従来の俸給を年金として支給するよう尽力した。建国当時、レーゲンスブルク司教庁や修道院は財政が良好だったが、レーゲンスブルク市の財政は火の車で、加えてフランス駐留軍の無理難題が事態を悪化させていた。ダールベルクはコンスタンツでの経験を基に財政緊縮、増税を行い、一八一〇年にレーゲンスブルクを離れるまでに、全債務の一割以上を削減することに成功した。またマインツからレーゲンスブルクに移る際に、ライン川通行税も収入として得られるようになり、国家財政を潤すようになっていった。この件でダールベルクは自虐気味に述べている。「福音書では徴税請負人が使徒になった。ここでは首座司教が徴税請負人になるのだ」（徴税請負人出身の使徒はマタイ）。こうしたなかダールベルクは、困窮する下級聖職者の俸給を倍増させ、教育制度の整備（市民向けの実科学校を設け、初等教育で男女別学を実現し、女子教育を女子修道院に委ねるなど）にも努め、貧民救済、雇用創出、健康管理などにも尽力した[31]。

ダールベルクはやがてレーゲンスブルク司教区の司牧権も掌握した。彼は領邦君主としてはレーゲンスブルク全域を領有したが、聖職者としては当初、（残部）マインツ大司教区などを管轄していた。だが一八〇三年四月三日に、領土喪失後も司牧を続け、「世俗化」にも抵抗してきたレーゲンスブルク司教（兼フライジング司教）ヨーゼフ・コンラート・フォン・シュロッフェンベルク男爵が薨去し、司教座が空席になった。アルビーニは、ダールベルクがレーゲンスブルク司教になるべきだと進言し、ダールベルクは教皇ピウス七世にその旨を願い出た。教皇はバイエルンを刺戟せずにダールベルクの意向に応えようと、一八〇三年七月一五日に彼をレーゲンスブルク司教区の「臨時聖界管轄官」に任命した。一八〇五年二月一日、ダールベルクはナポレオンの後援も得て、マインツ大司教座をレーゲンスブルクに移し、教皇よりレーゲンスブルク大司教に任命されることになる。(32)

このダールベルクの行動にはバイエルンの策動を封じる含意があった。レーゲンスブルクの周囲を取り囲むバイエルン選帝侯国は、同市やドナウシュタウフへの支配権を主張していた。バイエルンのレーゲンスブルクへの支配権主張は一二世紀以来のものである。レーゲンスブルク市は一二四五年に帝国自由都市となったが、バイエルン公は城伯としての権利を維持した。レーゲンスブルクはそののち経済的衰退に伴い、一四八六年にバイエルン公の支配下に入ったが、六年後にドイツ王(のちローマ皇帝)マクシミリアン一世の後押しで再び帝国自由都市となった。皇帝代官による支配が始まったが、バイエルンは支配権恢復を決して諦めなかった。レーゲンスブルク侯国総督アルビーニはダールベルクに、帝国代表者会議主要決議に基づきレーゲンスブルクの支配権を確立するよう進言した。これに対しダールベルクは、パリ駐在のボイスト伯爵に、バイエルンがレーゲンスブルクでの司牧活動を妨害し、ライン川通行税を支払わないなど、嫌がらせをしていると零《こぼ》し、「仲介役の大国、特に偉大な人物の強力な才能」が自領を保全してくれることを期待した。ダールベルクは、バイエルン公マクシミリアン・ヨーゼフや首相モンジュラ伯爵には信頼を寄せていたが、バイエルン官僚たちには不信感を懐いていた。この問題は結局、一八一〇年に「偉大な人物」ナポレオンによる解決がなされることになる。(33)

四　ナポレオンとの急接近

一八〇二年秋、「帝国代表者会議主要決議」を起草中のダールベルクは、パリ駐在のボイスト伯爵を介して、ナポレオンに「第三のドイツ」の中立化を提案した。つまり今後再び墺仏が戦端を開くことになったときには、「第三のドイツ」は中立を宣言してエステルライヒに加担せず、その代わりに存続を許容されるというものである。この案は、アルビーニが数年来温めてきたものであった。この提案に対するナポレオンの回答は失われているが、それに対するダールベルクの返信は残っている。それはナポレオンがドイツを再統一させたと熱烈に感謝し、それに伴う商業の発展、宗教の維持、良心の自由強化に期待する内容だった。更に一八〇二年一二月三日、ダールベルクはアルビーニに書いている。「[仏公使アントワーヌ・]ラフォレに伝えて欲しい。私はすっかりボナパルトを頼りにしている[…]ボナパルトは偉大な人物であり、私はまだ彼に唯一期待を掛けているのだ」。戦略的表現でもあろうが、ダールベルクのナポレオンへの傾倒は著しく、帝国大宰相職への固執も見られる。このダールベルクの提案は、結果としてライン同盟へ向けての布石となった。ライン同盟は覇者ナポレオンの押し付けというだけでなく、生き残ろうとするダールベルクの誘いに応じたものでもあった[34]。

「帝国代表者会議主要決議」による帝国再編は、帝国大宰相ダールベルクにとって負担となっていた。決議で作業が終了したわけではなく、帝国管区の新編成、領土を喪失した聖界・世俗諸侯への補償、帝国議会での両宗派対等の原則に基づく票配分など、新たな争いの種が多く存在し、墺普対立は再び顕著になった。

領土再編の過程では、帝国の法秩序を無視して、帝国騎士など存続を許されたはずの小諸侯の居城を大諸侯が襲い、放火や掠奪を行うという「盗賊諸侯」(Raubfürsten)の問題が起きた。プロイセンはそうした非合法行為を奨励する態度を取り、ローマ皇帝にも対処の仕様がなかった。こうした状況で、弱小な騎士や失職した官吏のために奔走するダールベルクに感謝して、マンハイムのフェルディナント・フォン・ラメツァン帝国男爵はゲーテらと語らい、顕彰メダルの発行を計画した。だがこの顕彰事業は、ナポレオンへのダールベルクの傾倒への失望から、一八〇四年七月以後は立ち消えとなったという。実際ダールベルクは、ますます外国勢力の秩序形成能力に期待するようになっており、墺普に対する「第三のドイツ」(フランスでいう「ドイツ団」(Corps Germanique))の自立化を目指すようになる。このダールベルクの提案は、マザラン枢機卿の(第一次)「ライン同盟」にも相応する秩序構想で、ナポレオンの利害にも合致するものだった。本来この帝国再編による混乱はフランスのドイツ侵略を契機とするもので、混乱を起こした当事者に混乱の収拾を依頼するというのは逆説的だが、ダールベルクはそれが現実的だと考えたのだった。この構想は、レーゲンスブルク駐箚仏公使テオバルド・バッシェル(アルザス出身のドイツ系フランス人外交官テオバルト・バッハー)とアルビーニとの間で温められた(35)。

実は「盗賊諸侯」の背後にもフランスがいた。一八〇四年一月二三日、大諸侯の侵略に晒された小諸侯の訴えを受けたローマ皇帝フランツ二世の帝国宮廷顧問院は保全命令を発し、帝国大宰相、バーデン選帝侯、ザクセン選帝侯及びローマ皇帝を、帝国騎士の権利擁護のための「保全官」(Konservator)に任命した。(自分自身もバイエルンのレーゲンスブルクへの要求に晒されていた)ダールベルクは、この命令に基づき帝国大宰相として、バイエルンなど大諸侯の主張、そして小諸侯の主張を双方とも帝国議会に出させて審査するという方針を示した。ところがここで(恐らくバイエルンからの連絡があった)フランスが介入した。フランスは帝国議会でこの命令を不適当と宣言し、帝国大宰相、バーデン選帝侯、ザクセン選帝侯のパリ使節を呼んでフランスの不同意を伝えた。たちまちローマ皇帝の保全命令は無効となり、ダールベルクらは為す術もなかった。一八〇四年七月にダールベルク顕彰運動が立ち消えになった背景には、こうした事態への失望があったのかもしれない。この事件を踏まえ、領土を喪失した帝国騎士の一人だったシュタイン男爵は、ナッサウ公への書簡のなかで、小諸侯を保全してもドイツの自立にはつながらないので、むしろドイツの存続に実質的役割を果たす墺普二箇国に併合されるべきだとの見解を示した(36)。

ダールベルクはフランスとの共存共栄を模索していた。一八〇三年五月、ハノーファーがフランスに占領され、その分割が噂されるようになった。ダールベルクはこれを機にイギリスがハノーファー領有を断念し、帝国大宰相がそこからオスナブリュックを獲得して、代わりにライン川通行税を廃止する構想を懐いた。ダールベルクは、ライン川自由化で損害を受けるのはイギリスとハンザ都市だけで、フランス、オランダ、シュヴァイツ、南ドイツは大いに利益を得る、フランクフルトがドイツ商業の中心地になるだろうと夢想した。だがこのダールベルクの構想は、イギリスでアディントン内閣が退陣し、彼が期待した対仏和平派のチャールズ・ジェイムズ・フォックス(ホイッグ党)ではなく、対仏対決派のウィリアム・ピット(トーリー党)が(第二次)内閣を組織したことで挫折した(37)。

一八〇四年三月に勃発したアンギアン公事件は、フランスによる帝国主権の侵害であったが、ダールベルクは沈黙を通した。アンギアン公ルイ＝アントワーヌ＝アンリ・ドゥ・ブルボン＝コンデ(一七七二―一八〇四年)は、エミグレの一人で、ブルボン家の分家コンデ家の一員であった。若くして革命に遭遇したアンギアン公は、反革命軍に参加したが、その解散後はシュトラスブルク司教の姪と結婚し、バーデン辺境伯領(選帝侯国)のエッテンハイムに居住していた。だがフランスでナポレオンの暗殺未遂事件が起きると、その犯人としてアンギアン公が誤認され、フランス軍が国境を越えて帝国領内に侵入し、アンギアン公をフランス国内に拉致した。バーデン辺境伯領政府は、この事件からようやく二十四時間後に、パリ駐箚使節を通じてフランス外相タレーランから連絡を受けた。アンギアン公は、パリ郊外のヴァンセンヌ城での即決裁判で死刑判決を受け、逮捕から七日目に処刑された。神聖ローマ帝国の国境を侵犯しての違法逮捕・処刑に対して、ダールベルクは何の行動も起こさず、それまで宰相職の神聖な義務について力説していた帝国大宰相が「突然聾唖になった」と、後年批判されることになる。このときは皇帝も、バーデン辺境伯も、フランスに抗議する勇気がなかった。帝国議会も同じで、ドイツ諸侯の使節たちはみな早めに夏季休暇に入ってしまった。そうしたなかで、フランスの振舞が法及び人道に反したと非難したのは、帝国国制保証国ロシヤ、そしてイギリス（ハノーファー）、スウェーデン（フォルポンメルン）のような、帝国諸身分としてレーゲンスブルクに使節を送っていた外国列強だった。ダールベルクは抗議どころか、むしろ自領内からエミグレの一掃に乗り出した。かつてエルタールはエミグレの庇護者を自負したが、フランス共和国と関係強化を図るダールベルクにとって、政治的庇護民の存在は不都合であった。なおこのときバーデン辺境伯領のパリ駐箚使節として独仏対立の最前線に立ったのが、他ならぬダールベルクの甥エメリヒだったが、彼は本国の方針に従い抗議をしなかった。このためエメリヒは、復古王制期になってこの事件に際して「不誠実」な態度があったと非難されることになる。(38)

一八〇四年五月、終身第一統領ナポレオンは遂に皇帝になると宣言したが、彼の帝制構想には神聖ローマ帝国への憧憬が投影されていた。墺普在外公館の探索によれば、ナポレオンはすでに終身統領になる直前の一八〇二年五月には、世襲の「ガリア人の皇帝」になるという構想を懐いていた。一八〇四年五月一八日の「共和暦一二年花月二八日の組織的元老院決議」（共和暦一二年憲法）により、彼の称号は「フランス人の皇帝」（Empereur des Français）ナポレオン一世となった。これはブルボン朝の「フランス王」（Roi de France）とは異なり、「フランス人の」の部分が革命の系譜を引いた「国民皇帝制」（Nationalkaisertum）だとも言えるが、同時に「ローマ人の皇帝」（Romanorum Imperator）というローマ皇帝のラテン語称号を引き継いだとも言える。またこの憲法は、「帝国大宰相」（Archichancelier de l'Empire）、「国家大宰相」（Archichancelier de l'État）、「大選定侯」（Grand électeur）といった、神聖ローマ帝国の「帝国大宰相」（Reichserzkanzler）、「選帝侯」（Kurfürst）を露骨に模倣した高官職を設けていた。ちなみに一八一一年、皇帝ナポレオン一世は皇后マリー・ルイーズとの間にナポレオン二世を儲け、「ローマ王」（Roi de Rome）の称号を授けた。この「ローマ王」は、一七六四年のヨーゼフ二世のように、ローマ皇帝の生前に選出された後継者（事実上の皇太子）の称号(Römischer König)に酷似している[39]。一八〇七年の次の発言にも、ナポレオンのハプスブルク家への対抗意識が垣間見える。「私にはエステルライヒ皇帝に使徒的との称号を与えるつもりは些かもない。貴殿は、この称号はドイツ皇帝のものであったと信じているふりをされよ。彼はいまはもはやドイツ皇帝ではない。そして彼が私よりもより使徒的だということもない。私も彼と同様にキリスト教徒である」[40]。ちなみにハプスブルク家の君主が「使徒的」(apostolisch)と名乗ったのは、「ドイツ皇帝」(ローマ皇帝)位とは無関係で、「使徒的王」たるハンガリー王を兼ねていたからである。ナポレオンがその点を正しく理解していたかは分からないが、いずれにせよ彼はハプスブルク皇帝の尊大な称号が気に入らなかったようである。

一八〇四年八月一一日、ローマ皇帝フランツ二世は世襲の「エステルライヒ皇帝」(Kaiser von Österreich)号を帯びると宣言した(以後、エステルライヒ皇帝フランツ一世と称する)。これはナポレオンのローマ帝冠への意欲を見越して、ハプスブルク家が皇帝号を失わないよう打ち出した準備的措置であった。帝国議会のエステルライヒ使節ファーネンベルク男爵は、皇帝選挙などは形式的行為に過ぎないから、ドイツ皇帝位が世襲になっても誰も何かを失うわけではないと説明した(だがこのとき生まれたのはドイツではなくエステルライヒの皇帝位である)。いずれにしろハプスブルク家が勝手に世襲皇帝号を創設するのは、超法規的措置だった[41]。

エステルライヒ帝国宝器(ヴィーン宮城宝物館)

一八〇四年五月六日、タレーラン仏外相はマインツ使節ボイスト伯爵との会談で、幾人かの君主たちからすでにナポレオンの皇帝即位への同意が寄せられているので、マインツ大司教も「最後の一人」にならないようにしたらよいと、実質的に同意表明を強要する示唆をした。この前日、パリ駐箚バーデン使節だったエメリヒ・フォン・ダールベルクも、カールスルーエの本国政府にナポレオンへの祝詞を伝達するよう連絡していた。マインツ大司教ダールベルクは、五月一七日にナポレオンに皇帝即位を祝福する書簡を送った。ナポレオンが皇帝宣言をしたのは、五月一八日である。帝国諸侯のこのような振舞を、主君であるローマ皇帝が許容するわけはなく、この祝辞は彼らの一存で行われたと見てよいだろう。その一箇月後、リュネヴィルの講和でライン左岸の領地を失い、パリで損害補償の嘆願をしていたが、ボイストが後押ししても全く得るところがなかったフィリップ・フランツ・フォン・デル・ライエン伯爵が、ダールベルクの甥だという理由で、六月二六日になって補償を得られることになった。(42)

皇帝となったナポレオンは一八〇四年九月、エクス・ラ・シャペル(独 アーヘン)、コローニュ(独 ケルン)、マイヤンス(独 マインツ)と、今やフランス領となった旧神聖ローマ帝国領の旧蹟を巡り、九月二二日にマイヤンスでダールベルクを迎えた。マインツは一七九七年一二月三〇日に再びフランス軍に占領され、フランス共和国モン・トネル県の首都となっていた。「マインツ」から「マイヤンス」への改称は、反仏派ドイツ人には屈辱的だっただろうが、実はドイツ人エリートも革命前から仏語での通信で「マイヤンス」という表記を日常的に用いていたので、「ケーニヒスベルク」から「カリーニングラード」へほどの大転換とは思われなかったかもしれない。マイヤンスでは、教皇ピウス七世の大勅書「クィ・クリスティ・ドミニ」(一八〇一年)によりフランス共和国のカトリック司教座が置かれ、ストラスブール出身のドイツ系フランス人ヨーゼフ・ルートヴィヒ・コルマール(一七六〇—一八一八年)が司教に就任していた。フランス施政下に入った旧ドイツではカトリック教会に抑圧が加えられ、修道院が解体されたり、巡礼や行列の類が制約されたりした。そういった措置は、革命以前にもカトリック啓蒙家の施政下ですでに着手されていたが、フランスは更に革命暦施行で宗教的祭日を排除しようとして、住民との対立が起きていた。教会の婚姻裁判権は廃止され、「人民による司祭選出」により革命に協力的な聖職者の登用が図られていた。すでにナポレオンに興味を懐き始めていたダールベルクも、奪われ変容したかつての本拠地で彼に会うことを、当初は快しとせず、別な都市での会見を希望したが、フランス側がマイヤンス司教コルマールからの招待という形式を取ったので、同様に招待されたヘッセン＝カッセル選帝侯ヴィルヘルムと相談して、招待を受諾することにした。会見当日、ナポレオンは自分の近衛兵から一人の将校、十二人の儀仗兵を割いてダールベルクに付け、彼を祝宴に招き、パリから名優を呼んでゲーテ『タウリス島のイフィゲーニエ』を上演させた。このときダールベルクは、初対面のナポレオンに感激し、彼を「歴史の英雄」(Hero der Geschichte)と呼び、過去五年間のフランス史の偉大な出来事が理解できたと感想を述べたという。このときダールベルク、ヘッセン＝カッセル選帝侯ヴィルヘルム、ルートヴィヒ・フォン・バーデンは、中立化した「第三のドイツ」の盟主としてナポレオンを担ぎ出すことを考え始めていた。特にヘッセン＝カッセル大臣ヴァイツ男爵が仏公使ビニョンにその意向を伝えた(ヴァイツ案ではドイツ外領土のある墺普、ハノーファーを除外したドイツ諸国が対象とされていた)。だが当時まだ普仏同盟の可能性も考えていたナポレオンはこの提案には乗らず、代わりに彼らを自分の戴冠式に招待した。彼はまたダールベルクに、同席する教皇ピウス七世と帝国政教条約を結んではどうかと提案した。ダールベルクが以前から信奉しているフェブロニウス主義に、ナポレオンは一つの機会を与えようとしたのである。ナポレオンはこのピウス七世と、一八〇一年に政教条約を結び、フランス革命以来の混乱に終止符を打っていたのだった。(43)

二箇月後、ダールベルクは皇帝ナポレオン一世の戴冠式に参加するため、パリに向かった。ダールベルクはコルボルンを伴って一八〇四年一一月二一日にパリに入ったが、入城の際にはナポレオンの名代ジャン・バティスト・ベシエール元帥(のちイストリー公(イストリア公))が出迎え、六頭立儀装馬車を四台用意し、タレーラン外務大臣の私邸に居住させるという、国家元首並みの歓待が用意されていた。特に六頭立儀装馬車を四台も用意されたのは二人だけだった。ただナポレオン本人は、この日フォンテーヌブローで教皇ピウス七世を迎えていた。一一月二五日朝、ダール

フォンテーヌブロー宮殿に保存されているナポレオン１世の玉座

ベルクは郵便総監ラヴァレットに案内され、コルボルン、ボイストを伴ってフォンテーヌブローにナポレオンを訪ねた。フォンテーヌブローにはピウス七世もおり、晩餐までの時間に政教条約締結の件で話をすることができた。午後六時からの晩餐会は、長旅で疲れた教皇が欠席して行われ、皇后ジョゼフィーヌのもとでは音楽会もあった。一一月二六日には、ダールベルクは皇帝の弟ルイ(伊 ルイジ)皇子、フランスの大臣、元帥、将軍らと会見し、ボイスト及びコルボルンは教皇に謁見した。皇帝との食事の際は、教皇、皇帝の兄ジョゼフ(伊 ジュゼッペ)皇子及び同妃、皇帝の叔父ジョゼフ(伊 ジュゼッペ)・フェッシュ枢機卿が同席した。こうして皇帝や教皇との会見を終えたダールベルクは、一一月二七日にパリに戻った。ダールベルクは選帝侯国秘書官レオポルト・フォン・カイゼンベルク宛の書簡で、ナポレオンを「偉大な人」、「強大な人」と呼び、その容姿がマイヤンスでの初対面時より生き生きしている、自分と良好な関係にあると喜んでいる[44]。

戴冠式前日の一八〇四年一二月一日は、護憲元老院議員のナポレオン訪問で始まった。議員一同は、大選定侯に導かれて終身統領ナポレオンの前に出て、同年一一月六日の「人民投票」の結果を伝えた。護憲元老院が五月一八日に世襲帝制樹立を提案したのに対し、人民投票の結果は賛成三百五十七万二千三百二十九票、反対三千票以下であった。護憲元老院がナポレオンに提案した皇帝号は、「神の恩寵及び共和国憲法によるフランス人の皇帝」というもので、君主権神授説と人民主権論とを折衷したものだった。ちなみにこの称号は、一八〇七年七月一日にティルジットで渙発された勅令にまで見られるが、同年九月三日に出された法律には「神の恩寵及び憲法によるフランス人の皇帝」と書かれ、「共和国」の文字が消えた。こうして「フランス共和国」は、皇帝ナポレオンの治世四年目に「フランス帝国」へと移行したのである。(45)

この日の夜、ナポレオンは教皇の司式でジョゼフィーヌと結婚式を挙げた。実は革命の渦中で結婚したナポレオンは、民事婚（婚姻登録）はしたものの、カトリック教徒としての結婚を済ませていなかったのである。翌日には皇后ジョゼフィーヌも戴冠するので、この状態を放置するわけにもいかなかった。教皇ピウス七世は、事情を打ち明けられて驚愕したが、難しいことは言わずにテュイルリー宮殿での秘密裡の結婚式を司式した。(46)

一八〇四年一二月二日、「聖儀」(Le Sacre)と呼ばれた皇帝ナポレオン一世の戴冠式が行われた。「聖儀」という表現はフランス王の戴冠式と同じである。歴代フランス王の戴冠式はパリ北方のランスで行われていたが、フランス人の皇帝ナポレオン一世の戴冠式はパリ市内のノートル・ダム大聖堂で挙行された。ナポレオンは、フランス王の戴冠儀礼を踏襲するだけでは飽き足らず、神聖ローマ帝国の流儀を付け加えた。ウジェーヌ・ドゥ・ボーアルネが指輪を、ベルナドットが頸飾を、ベルティエが宝珠を捧げ持つという流儀のうち、宝珠は従来フランスにはなかったもので、ローマ皇帝戴冠式で帝国世襲内膳官が帝国林檎を捧げ持つ様子を模倣したという。(47)とはいえローマ皇帝が中期中世の古式ゆかしい（換言すれば流行遅れの）装束で戴冠したのに対し、ナポレオンの戴冠式は古代的色彩や近代的豪華さを加えた斬新なものになっていた。

一二月二日、ダールベルクは午前七時ノートル・ダム大聖堂へと向かった。皇帝侍従トゥルビットが三台の六頭立馬車、五十騎の竜騎兵を率いてダールベルクを宿舎に迎えに来た。これも鄭重な待遇ということができよう。ちなみに教皇ピウス七世は、宿舎のテュイルリー宮殿から、やや遅れて午前九時に、屋根に教皇三重冠をあしらった八頭立馬車で出発し、牝騾馬に乗った侍従が十字架を持って鹵簿《ろぼ》を先導していた。ダールベルクはこのとき、マイヤンス大学教授ニクラス・フォークトら従者と共に馬車に乗り込み、他の来賓と共に大聖堂内の席へと案内された。ダールベルクの席は、皇帝・皇后の玉座のすぐ近くにあった。大聖堂には八千人の参列者が犇めいていた。この日は明け方の雨が止んで晴れていったが、厳しい寒気が襲い、そのなかで教皇以下の参列者たちは、開式まで堂内で二時間も待たされた。午前一〇時出発のはずが、実際には遅れて、屋根に四頭の鷲及び帝冠をあしらった八頭立馬車でやってきた皇帝ナポレオン一世及び皇后ジョゼフィーヌが正午少し前に入場し、儀式が始まった。四時間以上続いた儀式で、ナポレオンは塗油を受け、自ら帝冠を摑んで頭上に置き、皇后ジョゼフィーヌにも皇后冠を授けた。ピウス七世は為す術もなくこれを見守り、ラテン語で「皇帝万歳」(Vivat Imperator in aeternum)と叫んで祝福した。この戴冠式の後、テュイルリー宮殿では祝宴が開催された。ピウス七世は中座したが、ダールベルクは最後まで留まった。一二月五日にはシャン・ドゥ・マルス練兵場で閲兵式があり、皇帝ナポレオン一世が全連隊に軍旗を授与したが、ダールベルクはこの軍事祭典にも、その日の晩餐会にも参加した。晩餐会では、ダールベルクは皇帝、皇后、教皇と特別貴賓席に座り、それ以外の客は四つの大きなテーブルに分けられた。ダールベルクは、ドイツ首座司教として教皇にも匹敵する待遇を受け、同時にドイツ国民代表がフランス皇帝に伺候する光景を人々に見せたのだった。(48)

新古典主義の御用絵師ジャック＝ルイ・ダヴィッド(一七四八―一八二五年)はナポレオンの戴冠式を絵画にしたが、参列者ダールベルクも一連の行事を描写していた。(49)

こうして一二月二日昼一二時、荘厳な戴冠式が大司教座教会ノートル・ダムで、事前に入念に稽古した通りの遣り方で行われた。そこで支配していたのはサルダナパロス的な豪華絢爛さだった。皇帝と皇后のために、祭壇のそばに二つの黄金の玉座が設けられ、そこから降りて二人は祭壇へと進んだ。ナポレオンは白絹に金の刺繡をした装束で、その上に長く裾を引く、おこじょの毛皮をあしらい全体に金の蜂の刺繡をした赤いビロードの戴冠式用マントを着ていた。皇后は淡青のビロードを用いた同類のマントを着ており、素晴らしく美しく見えた。彼女の重いマントの長い裾は、彼女の義妹たち、つまり皇女たちによって担われた。あとで人々が言っていたのだが、これは本当に嫌々だったのだそうだ。皇后が祭壇の階段を上ったとき、彼女は急に青ざめて後ろに倒れそうになった。その理由は、嫉妬した義妹たちが突然裾を落としたので、皇后がほとんど倒れそうになったのだという。私は祭壇のごく近くに立っていたが、皇后が復讐心に燃えた義妹たちを見たときの、誇りに満ちた視線を忘れることは決してないだろう。教皇台下は、塗油用の聖なる油を皇帝及び皇后の額及び手に注ぎ、祭壇の前で両手を高く上げて祈った。

「万能にして永遠なる神よ、爾の恩寵の宝を爾の僕ナポレオンの上に注ぎ給え。不肖ながら朕は今日爾の名においてこのナポレオンに塗油して彼を皇帝にせん」。

これに続き教皇が二つの宝冠、マント、指輪に祝福を与えて聖別すると、ナポレオンは彼のために指定された宝冠を摑んで自分で頭の上に乗せ、続いてもう一つの宝冠を摑んで彼の前で祭壇に跪いている皇后の上に乗せた。

この荘厳な式典は参列者一同に特別な影響を与え、そこでみなに皇帝の意図が明らかになった。これまで全ての国王や皇帝は、シャルルマーニュですら、宝冠を教皇の手から受け取ったものである。しかしナポレオンは自分で宝冠を戴いたのだった。ちょうど彼が自分で皇帝になったのと同じように。これをもって彼は、一般の人々の先入観を打破して、教皇を道具として利用したのだった。［…］

［五日の軍事祭典で］皇帝は軍旗の連隊への授与に際して次のような訓示をした。「兵たちよ。ここに諸君の軍旗がある。この［旗頭に付いている］鷲は常に諸君の結集点となるだろう。それは諸君の皇帝が、彼の玉座及び彼の人民を守るために必要と考えるところには、どこでも赴くことだろう」。

それは厳粛な訓示で、偉大で強力な将軍に相応しいものであった。私は彼の歴戦の誉れ高い戦士の眼が輝くのを見た。そしてその軍隊を古今最も名誉あるものにした男に、兵士たちが感激し熱狂するのを見たのである。

ダールベルクの描写には彼の感情が投影されている。彼は戴冠式をやや冷めて見ていた。アッシリア王サルダナパロスは、ウジェーヌ・ドラクロワの絵画が示すように、王朝崩壊に際して愛妾や名馬を皆殺しにし、財産を悉く破壊して自殺した人物である。ダールベルクは同じ文章で、ナポレオンの皇帝即位に母レティツィア、叔父フェッシュ枢機卿、弟リュシアンら親族が強く反対したことにも触れている。とはいえ五日の軍旗授与式には、ダールベルクも深い感銘を受けたらしく、結局は好印象で参列を終えたようである。[50]

宴のあと、ダールベルクは教皇ピウス七世との政教条約交渉に入ったが、期待通りには進まなかった。彼は戴冠式後に教皇に謁見する機会を得、鄭重な待遇を受けはしたが、教皇庁は帝国代表者会議主要決議を追認するような教会法上の変更には消極的で、マインツ大司教座のレーゲンスブルクへの移転を承認する大勅書にすら、ナポレオンの圧力でようやく署名したに過ぎなかった。まして「ドイツ国民教会」の樹立には、教皇庁は全く非協力的であった。大司教座移転問題については、一八〇六年六月にレーゲンスブルクに赴任してきた教皇大使ジェンガとの間で交渉が行われ、ダールベルクにとっては不本意な条件を課されることになる。[51]

なおダールベルクはこのパリ滞在の際、フランス「国民アンスティトュ」の外国人会員に、死去したクロプシュトックの後任として任命された。政治家としてのみならず知識人としても、ダールベルクはフランスから厚遇を受けたのである。一八〇五年一月二三日、フランスの新聞『ピュブリシスト』は、ダールベルクが「イギリス文庫」の先例に倣って、「ドイツ文庫」(Bibliothèque Germanique)、つまりフランスにおけるドイツ語雑誌の創刊を考えていると報じた。ダールベルクはフランスの地で、ドイツ知識人としての自意識を示したのだろうか。だがこの件で、自分も刊行されたら百部買うなどと社交辞令を述べていたナポレオンは、ダールベルクがパリを離れると途端に冷淡になった。皇帝は、こうしたドイツ語雑誌が、当初は化学や物理学を扱っても、やがて必ず「政治、自由、革命」の話題を混ぜ込んでくるだろうと恐れていた。結局この雑誌が実現することはなかった。[52]

五　神聖ローマ帝国からの離脱とライン同盟への参加

一八〇五年、第三次対仏同盟戦争が勃発した。第二次小ピット内閣の成立で、イギリスは対仏対決姿勢を明確にした。帝国代表者会議主要決議の策定ではフランスと協力したロシヤも、ナポレオンの勢力拡大を危惧して前年四月に協力関係を終えていた。エステルライヒの態度は当初明確ではなかったが、一八〇五年五月二六日にナポレオンがミラノでロンバルディア鉄冠を戴いて「イタリア王」を自称し、カール大帝以来のローマ皇帝の伝統に連なったことに、この冠の所有者だったローマ皇帝フランツ二世が激怒し、同年八月九日に露英同盟に加入した。更に国王がナポレオンに個人的怨恨を懐いていたスウェーデンも、この対仏同盟に参加した。開戦後、一方で海上では、ホレイショ・ネルソン提督の率いるイギリスがトラファルガルの海戦で、イギリス上陸を企てたフランス・スペイン連合軍に大勝利を収めた。だが他方で大陸では、エステルライヒが九月八日にイン川を越えてバイエルンからシュヴァーベンに侵攻したものの、三選帝侯がフランスに加勢し、同年一一月一三日にはフランス軍がヴィーンに入城するに至った。八月二四日にバイエルン公がフランスと秘密条約を結び、二万五千の兵力を提供した。一〇月一日にはバーデン辺境伯が、数日後にはヴュルテンベルク公が類似の条約を結び、三千、一万の兵力を仏帝に提供したのである。同年一二月二日、ナポレオン一世の戴冠一周年記念日に、アウステルリッツ郊外で「三帝会戦」(Dreikaiserschlacht)が行われ、フランスがロシヤ、エステルライヒを破った。ナポレオンは満足して兵たちにこう告げた。「諸君は「私はアウステルリッツの戦闘に加わっていた」と言いさえすれば、こういう答えを受けるであろう。「ああ、この人は勇士なのだ！」と」(53)。パリの「オーステルリッツ駅」は、この戦勝の喜びを後世に伝えている。

一二月二六日に結ばれたプレスブルクの講和は、帝国崩壊への道を決定付けた。この講和で「ドイツ及びエステルライヒ皇帝」は、フランスと同盟する選帝侯であるバイエルン公、ヴュルテンベルク公の国王号を承認した（ただ両者はなお「ドイツ連邦」(confédération Germanique)内に残るとされた）。この「ドイツ連邦」という表現は、神聖ローマ帝国の非国家性（国家連合としての実態）を強調する表現としてフランスが一七九〇年以来用い、帝国議会が拒否してきたものである。更にバイエルン王、ヴュルテンベルク王、バーデン辺境伯（のちバーデン大公国）には、エステルライヒ、プロイセンと同様の「主権」(souverainité)が承認された。バイエルンはエステルライヒからティロルなどを獲得し、バーデン及びヴュルテンベルクはエステルライヒからフォルデルエステルライヒを獲得し、エステルライヒはザルツブルク及びベルヒテスガーデンを獲得し、従来のザルツブルク選帝侯は代わりにヴュルツブルクを獲得した。この講和を機にエステルライヒの国家副宰相・外務大臣コベンツル伯爵、官房大臣コロレード伯爵が辞任し、ヨハン・フィリップ・フォン・シュタディオン伯爵が外務大臣となった。(54)

ダールベルクはこの第三次対仏同盟戦争に巻き込まれまいとした。ダールベルクは帝国代表者会議主要決議で保障された、帝国最高機関の所在地レーゲンスブルク、ヴェツラルの中立という原則を援用し、これらの都市を軍隊の通過や駐屯から守ろうとした。それはフランスへの加担ではないものの、帝国が一丸となって皇帝と共に外敵に対処することからは逃避する行為だったと言える。もっとも帝国が一丸となることは、プロイセンが離脱している以上、初めから無理ではあったが。ナポレオンがヴィーンに進軍しつつある一一月八日に、アルビーニは帝国議会に次の宣言を出している。(55)

選帝侯・大宰相閣下は、祖国ドイツが置かれた状況に広く注意を喚起する義務があると感じておられる。南欧、北欧、東欧、西欧の諸勢力が、いまドイツに押し寄せている。世界の年代記にも稀にしか例が現れないような戦いが起きているのである。あらゆる誠実なドイツ人は、このような嵐のなかでもドイツの帝国国制が存続することを望んでいる。しかし多くの人々の脳裡に、次のような心配な問いが生じていることは無視できない。この動揺のなかで祖国ドイツはどうなっていくのか。千年以上存続した国制の構築物は倒壊してしまうのか。国土平和令、帝国議会・帝国裁判所規則、帝国憲法、金印勅書、ヴェストファーレンの講和、選挙協約、並びにかくも多くの帝国決定は、台無しになってしまうのか。それらは何百年来、我々の父祖の叡智の結晶であり、その庇護の下でドイツ国民[deutsche Nation]は、誠実で見事に、非常にしばしば幸せで、幾つかの輝かしい時代に、抜きん出たものとなってきたのだったが。――ドイツという名前、ドイツ国民という名前、かつてローマという強敵を打ち破り、忠義、勇気、勤勉、有益な発明をもって人類の福祉に貢献した一つの民族の名前は、消えてなくなってしまうのか。このような考えは、憂慮している善良な人々にとっては悲しいものである。選帝侯・大宰相閣下は、純粋なドイツ祖国愛から、そのような不幸が次のように回避されることを冀《こいねが》っておられる。すなわち(一)ドイツ帝国国制の統一を維持するための幅広い努力によって、(二)帝国法律を遵守しつつ人々をまとめて、(三)よき、名誉ある、持続的な平和を実現するために全てのドイツ人を総動員して。

一八〇五年一二月二四日(革命暦一六年雪月三日)、ヴィーン郊外のシェーンブルン宮殿にいたフランス皇帝ナポレオン一世は、ダールベルクからの書簡に返書を送っている[56]。

我が従兄弟よ、私は一二月八日の貴簡を拝受しました。私は、特にバイエルンがエステルライヒに占領され、ドイツの領土が北方の野蛮人[les barbares du Nord]に侵略されているときに、閣下がどうすべきかに関して全く決めていない段階で、ドイツ精神[l'esprit germanique]の喚起のために閣下がどのように努力したかの軌跡を、一生懸命拝見しました。

すでにこの書簡でナポレオンは、「北方の野蛮人」(ロシヤ)のみならずエステルライヒをも侵略者として扱い、帝国大宰相ダールベルクの訴える「ドイツ精神」を歓迎している。恐らくこれに先行するナポレオン宛書簡で、ダールベルクはケムニッツ的帝国愛国主義の観点からローマ皇帝を非難するような発言をして、ナポレオンの歓心を買っていたのではないだろうか。ナポレオンもこの書簡で、自分が「第三のドイツ」の庇護者になると、さりげなくダールベルクに意思表示をしているかのようである。

この書簡の一週間後、一八〇六年一月にダールベルクはナポレオンとミュンヒェンで会った。仏帝の継子だった仏「国家大宰相」ウジェーヌ・ドゥ・ボーアルネ皇子が、バイエルン王となったばかりのマクシミリアン一世(ヴィッテルスバッハ家)の娘アウグステ・アマーリア王女と結婚することになったのである。この結婚は、バイエルン首相モンジュラ伯爵の政策であった。二人はナポレオン、ジョゼフィーヌ夫妻の前で、一月一四日にミュンヒェン王宮礼拝堂で結婚式を挙げたが、ナポレオンの意向でそれを司式したのが、他ならぬドイツ首座大司教ダールベルクである。ウジェーヌは一八〇四年のマイヤンスでのナポレオンとダールベルクとの出会いの際に、実母ジョゼフィーヌの強い意向で皇后と共にフランス皇帝の傍らにおり、ダールベルクとも面識はあった。ダールベルクはフランス語で説教し、ラテン語でミサを取り仕切った。当時ナポレオン一世は、ボナパルト一門のドイツ諸侯子女との婚姻を進めていた。バーデン辺境伯世子カール・ルートヴィヒ(のちバーデン大公カール)は、一八〇四年四月にナポレオンの養女ステファニー・ドゥ・ボーアルネと結婚した。またナポレオンの弟ジェローム皇子(のちヴェストファーレン王)は、ヴュルテンベルク公国のカタリーナ公女と結婚した。後述のようにこのジェローム・カタリーナ夫妻の結婚式も、ナポレオンの希望でダールベルクが司式した。かつてハプスブルク家が得意とした結婚政策は、今やボナパルト家の踏襲するところとなり、それを手助けしたのがダールベルクだったことになる。ダールベルクは一八〇九年四月二三日、フランクフルトで行われたタレーラン外相の甥アレクサンドル・エドモン・タレーラン＝ペリゴールとクールラント公女ドロテアとの結婚式も司式している(57)。

この頃ダールベルク家もナポレオン周辺との関係を深めていった。まずは当主ヴォルフガング・ヘリベルトの長男エメリヒ・フォン・ダールベルクによるつながりである。エメリヒは、エステルライヒ君主制こそ全ての真のドイツ人の紐帯たるべきと信じる帝国愛国主義者に育ち、伯父カール・テオドルの反対も振り切ってトゥグートのヴィーン政府への出仕を狙ったが、伯父の件も災いして成功しなかった。反墺的なモンジュラと合わないながらも一旦マンハイム宮廷(プファルツ＝バイエルン)に仕官したエメリヒは、なおもカール大公に建白書を提出してエステルライヒ出仕を狙うが果たせず、やがてマンハイムを併合したバーデン辺境伯領の大臣エーデルスハイムに迎えられた。一八〇三年にバーデン使節としてパリに赴任したエメリヒは、当初なお帝国愛国主義に傾倒しナポレオン専制に距離を置いていたが、彼を「文化上のフランス人」と呼んで寵愛するフランス外相タレーランと昵懇になっていく。一時期エメリヒには、伯父の死後にその選帝侯位を継いで世俗の「ダールベルク選帝侯国」を樹立したり、伯父の領邦であるレーゲンスブルク侯国を継承したりする構想まであった。やがてエメリヒは、一八〇八年にジョゼフィーヌ皇后の女官テレーズ・ディ・ブリニョーレ＝サーレと結婚し、領地ヘルンスハイムが編入されていたフランス帝国に帰化して、一八一〇年にそのダルベール公爵となった。なおダルベール公爵は、ナポレオン後のフランス臨時政府の一員となり、ヴィーン会議ではタレーランに次ぐフランス次席代表となる。このエメリヒだけでなく、ダールベルクの姪(妹マリア・アンナの娘)、アマーリエ・フォン・デル・ライエン伯爵令嬢も、ジョゼフィーヌ皇后の従兄弟タシェ・ドゥ・ラ・パグリー伯爵と結婚した。更にダールベルクの甥(妹マリア・アンナの息子)フィリップ・フランツ・フォン・デル・ライエン帝国伯爵は、ライン左岸の領地をフランスに奪われ、損害補償に際しても不利な順位にいたが、「私の甥、私の教え子、私の友」を後援するダールベルクの推薦状を手にナポレオン一世に謁見した結果、例外的に旧領を返還され、のちにはライン同盟創立にも加わり、侯爵に陞爵された。だがその後、このフィリップ・フランツの度重なるおねだりには、流石のナポレオンも気分を害するようになっていく(58)。

さてダールベルクはこのミュンヒェン滞在に際し、一八〇六年一月一七日にフランス皇帝ナポレオン一世に、ローマ皇帝号をも名乗るよう提案した。確かにフランス人がローマ皇帝になることは不可能ではない。神聖ローマ帝国はその起源においては普遍国家なのである。だがダールベルク自身がそう見ていたように、神聖ローマ帝国をドイツと同視する見方は当時すでに広まっていた。また帝国領内を蹂躙し、ライン左岸を占領し、多くの聖俗諸侯の領土喪失を惹き起こした外国の軍人皇帝を、あろうことか帝国元首として頂くという案が、同時代人にとって迎合的に見えないはずがない。そもそもローマ皇帝とは選帝侯の投票で決まるのであって、帝国大宰相の個人的判断で誰かに帝冠を提供するということはあり得ない。ダールベルクの行為は明らかに超法規的措置であり、帝国元首フランツ二世への叛逆であって、ナポレオンに対しても空手形に終わる危険性があった(59)。

ナポレオンはダールベルクの提示するローマ帝冠を退けた。ナポレオンは第三次対仏同盟戦争で、ダールベルクがフランスと同盟せず、帝国代表者会議主要決議で中立を認められた帝国議会の地レーゲンスブルクでのフランス軍通過を認めなかったことを叱責し、いざとなったらダールベルクをレーゲンスブルクから追放するつもりだったと脅した。だがナポレオンは、大宰相選帝侯国を存続させる方針を示し、自分が同盟諸国への恩賞のために、帝国騎士領を廃止したことに理解を求めた。ナポレオンは帝国国制を「古びた水車」、帝国議会を「今にも倒れそうな建物」と呼んで、ダールベルクの帝国愛国主義には理解を示しつつも、ローマ帝冠には意欲を示さなかった(60)。

一八〇六年一月一九日にレーゲンスブルクに帰着したダールベルクは、ナポレオンに意味深長な文章を送っている。彼が送ったのは、アテナイの政治家ペリクレスと哲学者アナクサゴラス、悲劇作家エウリピデス、政治家アルキビアデス、彫刻家フェイディアスらとの仏語対話篇『ペリクレス――公共の福祉への美術の影響について』である。この作品は、「公共の安寧との関係における学問及び美術の影響について」(一七九三年)を引き継ぐものだが、ダールベルクは古代の偉大な政治家ペリクレスに、当代の英雄ナポレオンの姿を重ねていたと見られている。ダールベルクはこの著作を二月一七日にナポレオン本人に送ったが、五月一六日にナポレオンは内容を読まぬまま、受領の返事を送ってきた。[61]

一八〇六年四月一一日、パリ国民アンスティトュを訪れたダールベルクは、ナポレオン覇権下での欧州平和への期待を、「カール大帝の性格についての考察」というフランス語講演に込めた（のちドイツ語で刊行）。カール大帝は、ダールベルクがその処女作『反論の試み』（一七六八年）で、ドイツ帝国国制の祖と称揚していた人物でもある。ダールベルクは、「ヨーロッパ」あるいは「古代ローマ帝国」が滅亡していくなかで、学問・芸術を解さぬ「野蛮な諸国民」（die barbarischen Nationen）——「不穏で好戦的な諸民族」、「文化の敵」たるサラセン人、デーン人、ザクセン人、フン族——を打ち破り、自ら野蛮だったフランク族を文明化させ、「文化の芽」たる「教育、立法、真の信仰」を守ったカール大帝の知性、活力、情熱、情愛、信仰心を称揚した。注目すべきは、そこでは「ケルトやドイツの諸民族の暗黒の異教世界」がカール大帝によって文明化されたと説き、ドイツを蛮夷の地として扱っていることである。この講演でダールベルクは、混迷のなかで滅亡した古代ローマ帝国と、同時代に滅びゆく神聖ローマ帝国とを重ね、蛮族に対して文明を維持・強化したカール大帝に、ナポレオンを重ねて崇める気持ちを表現したと見てよいだろう。[62]

一八〇六年四月一九日にも、ダールベルクは「選帝侯・大宰相カール」を名乗って書簡を送り、フランス皇帝ナポレオン一世に再度ローマ皇帝位に就くことを懇願した。[63]

ドイツ国民はその国制の再生を必要としています。裁判所、管区、帝国議会が国民を構成する全ての個々人の財産や身体の安全の権利を保障するのに必要な手段をもはや持たなくなって以来、そしてこれら諸機構がもはや剛腕な恣意や強欲の攻撃から抑圧された者を守れなくなって以来、ドイツの法律のほとんどの部分はただの無意味な言辞になっています。このような状態は無政府的[anarchisch]です。民衆[Völker]は国家の重荷を担っているのに、国家の最も大事な利点を享受していません。これは一国民にとって有害な事態です。この国民はその法令遵守、産業、本来の活動力によって誠に敬意に値する存在でありますのに。ドイツ国制が再生され得るのは、ただ傑出した性格の帝国元首によってのみのことです。この傑出した元首が執行権を掌握することで、法律に効力を再び与えるのです。民衆の願いが帝国議会に届き、そこで審議されるとき、裁判所がよりよく組織され、司法がより効果的に運営されるとき、それだけ帝国諸身分は大きな利益を領地から得られるのです。エステルライヒ皇帝[Kaiser von Oesterreich]フランツ二世陛下は、私人としてはその個性からして敬意に値するでしょうが、ドイツの帝笏は彼の手から滑り落ちました。というのも、いま帝国議会の多数派が彼に抵抗しているからです。そうなったのは、彼が彼の家門の特殊な争い事に際して犯された間違いの対価を払うために、バイエルンを占領し、ロシヤ人をドイツに引き入れ、帝国の一部を引きちぎることで、その選挙協約を破ったからです。それでもフランツ二世はロシヤ人に抵抗するために、東方の皇帝[Kaiser des Orients]ではあり得るでしょう。そしてそれに伴い、カール大帝の下でイタリア、フランス、ドイツがまとまっていたように、皇帝ナポレオンの下で西欧帝国[das Occidentalische Reich]が再び栄えますように！　無秩序の負の側面が、そのような再生の必要性を選帝侯の多数派に認識させることは、不可能ではないように思われます。選帝侯はかつてルドルフ・フォン・ハプスブルクを、そのような事情から大空位時代の混乱のあとに選んだのですから。大宰相は、その持てる手段は限定されていますが、純粋な意図から皇帝ナポレオンの賢明さに期待しております。特に大宰相がとりわけ敬意を懐いているドイツ南部が、不安定になっている状況においては尚更のことです。ドイツ国制の再生はかねてから大宰相の願うところでした。大宰相は自分自身のためには何も望まないし、何も受領しないでしょう。皇帝ナポレオン陛下がマインツあるいはその他の地に毎年数週間現れ、皇帝に心服する諸侯をまとめて下さるのであれば、ドイツ再生の芽はすぐに育つだろうと、大宰相は考えております。[…]

このダールベルクの書簡で注目されるのは以下の点である。(1)フランツ二世を「エステルライヒ皇帝」と呼び、「ローマ皇帝」の称号で呼んでいないこと。確かに一八〇四年以来フランツ二世は自ら「エステルライヒ皇帝」とも称していたが、ダールベルクはすでにヨーゼフ二世も（当時は存在しなかった）この称号で呼んでおり、ハプスブルク家の当主を一領邦君主として扱う意図が見て取れる。(2)エステルライヒがフランスと同盟するバイエルンに侵攻したことを以て、フランツ二世を帝国からの離反者にしようとしていること。これはヨーゼフ二世のバイエルン併合計画や司教区分割への批判と同じく、「第三のドイツ」(特に聖界諸侯)を尊重しないことを帝国国制そのものへの攻撃と同視しようとする論法である。前述の通りナポレオンもそのような解釈をしていた。(3)ロシヤ人を蛮族扱いしていること。これも「北方の野蛮人」というナポレオンの表現と合致する。ダールベルクによれば、エステルライヒはロシヤ人をドイツに引き入れたという点でも帝国国制を裏切ったのであり、今後は普遍的権威であるローマ皇帝としてではなく、野蛮なロシヤへの防波堤となる「東方の皇帝」としてのみ存続を許容されるというのだった。(4)無秩序を独裁によって終わらせるのを望んでいること。独裁が、特に外国国民の喝采で即位した外国の軍人皇帝のそれが、彼の唱道する「ドイツの自由」を危殆に晒す可能性はないかという点を、ダールベルクは無視していた。(5)「西欧帝国」の支配者たるカール大帝にナポレオンを準《なぞら》えていること。これは彼をローマ皇帝にする布石だろう。(6)フランス皇帝が毎年数週間、マインツなど帝国ゆかりのドイツ都市に滞在し、その権威でドイツ諸侯をまとめるという、巡幸君主制を想定していたこと。

ダールベルクはこの四月一九日の書簡に、同じ日付の次の文面を付した。[64] 文中の「皇帝・国王陛下」とは、「フランス人の皇帝・イタリア王」たるナポレオン一世のことである。

> ナポレオンの天分はフランスに幸福をもたらすことにのみ限定されているわけではありますまい。神の摂理は卓越した人間に森羅万象を与えるのです。ドイツ国民は敬意に値する存在であるのに、政治的・宗教的無秩序の悲惨な状況のなかで、溜息をついています。陛下、ドイツ国民の国制の再生者になって下さい！　ここで事物の状況から生まれたお願いが幾つかあります。クレーフェ公には選帝侯になり、ライン右岸全域でライン通行税を徴収して頂きます。フェッシュ枢機卿には私の協働司

教になって頂きます。十二の帝国諸身分のためにライン通行税に課された支給金は、何か別な基盤を得ることでしょう。皇帝・国王陛下はその崇高さを以て、この理念の実現が一般の利益に適うものか否かを判断なさることでしょう。[…]

ここで言及されているように、ダールベルクはナポレオンをローマ皇帝にするために、別な手段でも彼を神聖ローマ帝国と結び付けようとした。協働司教、つまり帝国大宰相たる自分の後継者に、ナポレオンの叔父ジョゼフ・フェッシュ枢機卿を迎えるという作戦である。元来ダールベルクは、後継者としてフリードリヒ・ロタール・フォン・シュタディオン伯爵(マインツ大聖堂参事会員)を念頭に置いていたが、一八〇三年以降はレーゲンスブルク大聖堂参事会の支持するカスパル・フォン・シュテルンベルク伯爵(同参事会員)も候補に上っていた。シュタディオンはベーメン王国の帝国議会使節を務め、エステルライヒが支持していたが、それゆえにナポレオンから難色を示されており、シュテルンベルクはプロイセンの支持を得ていた。第三の候補とされたのが、コンスタンツ司教総代理ヴェッセンベルク男爵で、レーゲンスブルク大聖堂主任司祭トゥルン伯爵の甥であった。エステルライヒは、ケルン大司教・選帝侯に当選しながらプロイセンの抗議で就任していなかった皇弟アントン・ヴィクトル大公を第四の候補とし、ダールベルクに対価としてドイツ騎士団の協働司教(次期総長及びドイツ管区長)の地位を提示する意向だった。だが一八〇六年五月二七日にアルビーニがダールベルクのフェッシュ登用構想を発表して、帝国議会を驚かせたのである。とはいえこの案は、ダールベルクの着想ではなく、四月にタレーランがエドゥヴィル経由で提案したものであった。ダールベルクの同意は、仏公使サリニャック・ドゥ・フェヌロンによってパリに伝えられ、フェヌロンは五月二二日に、仏帝の同意及び選帝侯国の本領安堵の保証を持参してレーゲンスブルクに戻っていた。ダールベルクがフェッシュに初めて書簡を送ったのは五月二八日であった。(65)

ジョゼフ(伊 ジュゼッペ)・フェッシュ(一七六三―一八三九年)は、コルシカ島にやってきたシュヴァイツ傭兵連隊少尉フランツ・フェッシュの息子としてアヤッチョで生まれた。母アンジェラ・マリアはフランツ・フェッシュとは二度目の結婚で、死別した前夫ラモリーノとの間に娘レティツィアを儲けている。このレティツィアがカルロ・マリア・ディ・ブオナパルテ(一七四六—一七八五年)と結婚して、ナポレオンらボナパルト家の子供たちを産んだ。一七八五年に叙品されたジョゼフ・フェッシュは、フランス革命政府の求める宣誓にも応じたが、やがて還俗してフランス軍に勤務し、蓄財に勤しんだ。一八〇二年に僧籍に戻ったフェッシュは、甥ナポレオンの出世と共に一気に一八〇二年にリヨン大司教になる。この際フェッシュは、俗世で忘れていたミサの挙げ方をもう一度習い直したとも言われる。フェッシュは翌年に枢機卿、フランス大使としてローマ教皇庁に伺候し、一八〇四年以来フランスのカトリック教会の頂点に立っていた。ナポレオンの戴冠式を宗教面で監修したのもこのフェッシュで、ダールベルクとはこの戴冠式で知り合いになったものと思われる。ただフェッシュはローマ教皇に忠実な人物で、その点でローマ教皇を幽閉したナポレオンとも、教皇から自立した「ドイツ国民教会」の樹立を目指すダールベルクとも立場が異なっていた(66)。

ダールベルクのフェッシュ登用策は、帝国議会に参集した各国使節たちの噂の的となった。彼らが本国に送った報告書は、当時のレーゲンスブルクの雰囲気を伝えている。

教皇大使ジェンガは、ダールベルクのフェッシュ登用案には三つの意図があると見ていた。第一に、ダールベルクは後継者選定に関してエステルライヒの影響力を排除しようとした。かねてからダールベルクへの不信感が強いヴィーン宮廷は、ダールベルク後の帝国大宰相＝マインツ大司教にハプスブルク家の大公を就けようと画策したが、ダールベルクはこれを拒否したのだという。第二に、ダールベルクはナポレオンに協働司教指名権を与えまいとした。フェッシュの任命は、一見ナポレオンへの追従以外の何物でもないようにも思えるが、自分から指名するということは、向こうから指名されるよりは主体性があるとも言える。第三に、ダールベルクはレーゲンスブルク領有を狙うバイエルン王の野望を、ナポレオンの縁者の任命により挫こうとしたのだという(67)。

ヘッセン＝ダルムシュタット方伯領使節テュルクハイム男爵の報告書（六月九日）によると、この死に物狂いの試みに対するレーゲンスブルク界隈の評価は当初厳しく、ダールベルクはそれを避けるかのようにヴェルトに移ってしまったが、数日のうちに好意的評価も出るようになったという。テュルクハイムは、過去数箇月のバイエルン、クールヘッセンの厚顔無恥な行為や、ベルク＝クレーフェ公ミュラによる教会領の自分勝手な差押が、選帝侯国、帝国大宰相やドイツ首座の地位を守るために、ダールベルクに大胆な行動を取らせたと見ていた。ダールベルク死後のレーゲンスブルク併合を狙っていたバイエルンはこのフェッシュ登用案に反撥し、早速五月二八日にミュンヒェンからパリに使者が送られたという。ただテュルクハイムは、大聖堂参事会の協力なしに協働司教を提案するということは、ドイツでは教会法上考えられないと見ていた。またテュルクハイムは、帝国大宰相が国家第一の官吏である以上、フェッシュが「ドイツ人」でないことも障礙だと見ていた。マインツの教会規約には、（大司教に選ばれる者は）「八代前まで父方、母方とも善良な貴族のドイツ人家系」でなければならないとあり、皇帝の選挙協約にも帝国第一の聖界君主には「生来のドイツ人」が就くことを定めているとした。更にテュルクハイムは、あらゆる司教選挙には帝国元首が監察官を派遣する権利があるはずで、「皇帝にとって好ましくない人物」(persona Caesari ingrata)が任命されることは帝国の利益からして許されず、皇帝の勅許を得ずに勝手にフェッシュを提案したダールベルクは、皇帝の面目を潰し帝国大宰相の体面も傷付けたとした。テュルクハイムは、フランスの皇子や将軍たちが欧州各地に封土を獲得していくなかで、それにダールベルクが積極的に加担することには疑問を呈した(68)。

ベーメン王国使節フリードリヒ・ロタール・フォン・シュタディオン伯爵が実弟のエステルライヒ外相ヨハン・フィリップ・フォン・シュタディオン伯爵に送った報告書（六月一二日）は、ダールベルクへの不信感で満ちている。シュタディオンは、ダールベルクはフェッシュ登用を自分の発案だとしているが、実はパリから提案されたものではないかと疑い、ダールベルクが自分の地位を守れるかどうかで不安に慄き、またドイツ再生に重要な役割を果たすという「名誉欲」(Ehrbegierde)にとりつかれていると見た。シュタディオンは、帝国の存続を不可能だと主張する意見が広まっているが、強大な帝国諸身分は帝国の分割解体を、弱小な帝国諸身分はナポレオン支配下での帝国再編を望んでいるとし、ダールベルクを後者の一人に位置付けた。つまりダールベルクやアルビーニの振舞は、帝国大宰相の権限を濫用して、「ドイツ帝国」に対するナポレオンの「宗主権」(Oberherrschaft)樹立を準備するもの、在位中のローマ皇帝の権威を貶め、帝国を「フランスの属国」(französischer Vasallen-Staat)に変貌させるものだというのである。シュタディオンは、ナポレオンが(当時ハプスブルク家の掌中にあった)「西ローマ帝冠」(Weströmische Krone)を戴くことを望むなら、ダールベルクはその下で大宰相を務め続けるつもりだと察知していた。(69)

エステルライヒ大公国使節エギート・ヨーゼフ・カール・フォン・ファーネンベルク男爵の報告書(六月一三日)も、ダールベルクの協働司教任命を、「ドイツの聖界・世俗の権利、帝国法、ドイツの大司教・司教領の国制及び帝国の伝統に抵触する」と断じている。トリエント公会議によれば、協働司教設置には「切迫した必要性」(urgens necessitas)と「明瞭な利益」(evidens utilitas)とが必要で、それを教皇が認知して初めて実現に至るが、そのような事情は現存しない。またドイツの司教は大聖堂参事会の諒解なしに協働司教を採ることができないはずで、ダールベルクも一七八七年にマインツ大聖堂参事会から協働司教に選ばれているが、この手続が踏まれていない。更にドイツで聖職禄を受けるためにはドイツ人でなければならず、フェッシュはシュヴァイツ人だと言われており、先祖がバーデン辺境伯の枢密顧問官だったなどという説があるが、それでは十分ではないとしたのだった。(70)

ダールベルクの提案は五月二九日にレーゲンスブルクの、六月四日にマインツ(在アシャッフェンブルク)の大聖堂参事会の同意を取り付けたが、ローマ皇帝やローマ教皇の同意を得られなかった。ダールベルクは、フランス皇帝ナポレオンの許可が届いた翌々日の五月二四日に、ようやくローマ皇帝フランツ二世にこの件を伝達したが、皇帝は六月一八日の書簡で帝国大宰相ダールベルクの独断専行を問題視し、協働司教選出の「切迫した必要性」も「明瞭な利益」もないこと、マインツ・レーゲンスブルク大聖堂参事会の同意が余りに遅れて整えられたこと、フェッシュが旧マインツ大聖堂参事会の規定に適合しないこと（つまりドイツ人でないこと）を理由に、勅許を与えなかった。これに対しダールベルクは、教皇の同意さえあれば皇帝の勅許など不可欠ではないと息巻いた。教皇ピウス七世にも、ダールベルクは五月二四日に書簡を送っていた。ダールベルクはこの書簡で、プレスブルクの講和により大規模領邦が主権国家に昇格したことを指摘し、最後の聖界諸侯国家レーゲンスブルクを守るために、フェッシュの協働司教任命を要請している。この表現から、ダールベルクが特にバイエルン対策をフェッシュ登用の論拠にしていたことが分かる。だがローマ教皇庁は、ダールベルクの書簡に困惑した。というのもこの件が、教皇領の運命をも左右すると思われたからである。教皇ピウス七世は六月一四日、ローマ皇帝の勅許を得られるなら許可するとして、独自の判断を回避した。アウクスブルク司教の夏の離宮オーベルンドルフで、早馬によりこの決定を聞いた教皇大使ジェンガは、直ちに夏の離宮ヴェルトに居るダールベルクにこれを伝えた。ジェンガからこの報を受けたダールベルクは、当初教皇の許可が得られたものと安堵して謝辞を述べたが、レーゲンスブルク市内に向かう途上で、実際にはローマ皇帝の勅許が前提条件になっていることに気付いたという。なおダールベルクは、このフェッシュ登用案以外にも、三月一五日の仏勅令でベルク＝クレーフェ公になっていたミュラを、新たに選帝侯に加えることも提案していた。これは四月一九日のダールベルクのナポレオン宛書簡にも符合する行動である[71]。

　フランス皇帝の叔父を次の帝国大宰相にするという奇策に帝国諸身分の同意を取り付けるために、ダールベルクはアルビーニを通じて、フェッシュは実は「トイツ人」なのだという宣伝を展開した。レーゲンスブルクから配布された小冊子によると、フェッシュ（Fesch）は「生来のトイツ人」（ein Teutscher von Geburt）だという。彼の祖先はバーゼル市民 Faesch で、すでに一四、一五世紀には官吏として「その祖国」に、「その他のトイツ諸国」に、そして「トイツ皇帝」（Kaiser von Teutschland）に奉仕して、「フランス王冠との愛された、幸福な仲介役」を果たしてきたのだという。フェッシュ枢機卿がドイツ系であることを立証しようと、ダールベルクはフェッシュ家の長大な家系図を示して個々の人物の素性を描き、参考文献一覧まで付けていた。(72)

ヴェッセンベルクの回顧によると、ダールベルクのフェッシュ登用は帝国内で彼への拭い去れない不信感を生んだというが、どのみちそれは帝国を救う一策とはなり得なかった。(73) ナポレオンがダールベルクの想像もつかない規模で、ドイツ再編を検討していたからである。ナポレオンの腹案は、(第二次)ライン同盟創立による帝国解体であった。

一八〇六年の六月から七月にかけてのある夜、パリでベネヴァン大公(ベネヴェント大公)タレーラン仏外相から晩餐会に招かれたダールベルクの使節ボイスト伯爵は、食後に別室で突然ライン同盟の構想を聞かされた。ナポレオン一世はタレーランを通じ、ドイツの無秩序を解決するために、ドイツ諸国に自分を「庇護者」とし、ダールベルクを「首座司教侯」とする「ライン同盟」を創立する、神聖ローマ帝国から脱退してフランス共和国と同盟を結び、フランスに分担兵力を提供するという案を提示したのである。それどころかタレーランは、いますぐこのライン同盟設立文書に署名するようにとボイスト使節に迫ってきた。ボイストは衝撃を受け、自分の一存では判断できないので、主君ダールベルクの意向を確かめに帰国すると抵抗した。だがタレーランは引き下がらず、フランス皇帝はこの件をいささかの遅滞もなく極秘に進めることを望んでおり、こうした緊急事態では使節が自ら責任を引き受けなければならない、協働司教フェッシュにでも相談すればよいと主張した。ボイストは遂にタレーランの説得に抗しきれず、この構想に使節として後日主君に「批准されることを希望して」(sub spe rati)同意することにし、ダールベルクに使者を送った。つまりボイストは十分な権限のないまま同意したのであり、その同意を覆すかどうかは、ダールベルクの判断に掛かっていたのだった。(74)

一八〇六年七月一六日から翌日にかけての真夜中、タレーラン外相はライン同盟に加入予定のドイツ十六箇国の使節たちをパリに改めて招集し、七月一二日付のフランス語文書「ライン同盟規約」(L'acte de la Confédération du Rhin :

ドイツ語ではRheinbund-Akteと呼ぶ）への署名を求めた。タレーランは規約の文面を読み上げ、その場で（誰一人全権代表でないにも拘らず）使節たちに署名を求め、本国の主君に送るべき規約の複写を与え、八月一日にレーゲンスブルクの帝国議会で帝国脱退を共同で表明するようにという「庇護者」ナポレオンの希望を伝えた。実はこの間ヴュルテンベルク使節は異議を唱え、ヴュルテンベルク王がミュンヒェンに使者を送ってバイエルン王に共同での抵抗を呼び掛けていた。だがバイエルン王はヴュルテンベルク王の意見に同意しつつも、本式に抵抗すると確実な利益も危険に晒す虞があると難色を示し、結局はヴュルテンベルク王も使節に署名するよう訓令を出している。一七日までに署名してライン同盟の創立構成者となった帝国諸身分は、バイエルン王、ヴュルテンベルク王、バーデン辺境伯（大公に昇格）、ベルク＝クレーフェ公（大公に昇格）、アレンベルク公、ヘッセン＝ダルムシュタット方伯（大公に昇格）、ナッサウ＝ウージンゲン侯及びナッサウ＝ヴァイルブルク侯（統合されナッサウ公に昇格）、ホーエンツォレルン＝ヘッヒンゲン侯、ホーエンツォレルン＝ジグマリンゲン侯、ザルム＝ザルム侯、ザルム＝キュルブルク侯、イーゼンブルク侯、リヒテンシュタイン侯、フォン・デル・ライエン伯（侯に昇格）、そして帝国大宰相であった。ここで見て分かるように、少なからざるドイツ諸侯が、ナポレオンの恩寵により昇格することになっていた。(75)

ちなみにライン同盟原加盟国に、リヒテンシュタイン侯国が含まれていることは注目される。リヒテンシュタイン帝国侯爵・トロッパウ＝イェーゲルンドルフ公爵ヨハン一世ヨーゼフ（一七六〇―一八三六年）は、ハプスブルク家の忠臣で、皇帝軍のヴィーン要塞・都市司令官であり、プレスブルク講和会議における皇帝代表だった。ヨハン一世は結局ライン同盟規約に署名しなかったが、ナポレオンから高く評価され、署名のないまま同盟の一員として完全な国家主権を認められた。それ以後侯家は、今日でもヴィーン北部に壮大なリヒテンシュタイン宮殿を維持しつつ、主権国家の元首の地位を保っている。(76)

ダールベルクは七月中旬、レーゲンスブルク郊外のヴェルト宮殿でボイスト伯爵の使者に接した。ライン同盟構想の第一報は、フェッシュの協働司教就任の公式受諾と同時の到着であった。ダールベルクは七月二二日にボイストに使者を送り、フェッシュの協働司教就任を喜びつつ、自国に利益があると思う文書には主君の裁可がなくても署名してよいと訓令した。ただ実際は、ボイストはもうその前にライン同盟規約に署名してしまっていた。ダールベルクがライン同盟規約の文面を入手したのは、ようやく七月二四日のことだった。ダールベルクは丸二日考え、辞任及び引退も考えたが、エドゥヴィルやアルビーニに翻意を促され、また是が非でもダールベルク自身の参加を望むナポレオンの意向を踏まえて、二六日午後一〇時にこの文書を批准した。七月二五日、ライン同盟に参加する諸侯は、皇帝名代ヌーシャテル大公ベルティエの臨席の下、ミュンヒェンで批准書を交換したが、ダールベルクの批准書がそこに届いたのは二七日だった。八月一日にレーゲンスブルクの帝国議会で、ライン同盟諸侯は神聖ローマ帝国からの脱退を以下のように共同で宣言した(これと同じ日、フランス公使バッシェルも「ドイツ帝国議会」宛の宣言を行っている[77])。

ドイツをほとんど不断に悩ませた過去三度の戦争という出来事及びそこから生じた政治的変化は、次の悲しい真実をこの上なく明白にした。つまりこれまでドイツ国家機構の様々な構成員をまとめる役割を担った紐帯は、もはやこの目的にとって十分なものではなくなった、むしろ実際にはすでに解消されているという真実である。この真実についての感情は、すでに長いこと全てのドイツ人の心のなかにある。そして過去数年の経験が憂鬱なものであっただけに、その起源は畏敬の念を起こさせるが、あらゆる人間の行動について回る限界性により問題含みとなった国制が、根本的に著しく老朽化していることを、ドイツ人は実感したのだった。一七九五年に帝国自体で顕著になった分断は、北部・南部ドイツの乖離をもたらしたが、それはまさにこうした状況に原因があるのである。この瞬間に共通の祖国、共通の利益という発想は、全て消え去るよりほかになかった。帝国戦争や帝国平和という表現は、空虚な言葉になった。人々はドイツの帝国機関にドイツを求めたが、それは無駄であった。フランスに隣接していて、とりわけ保護のない状態に置かれ、戦争のあらゆる苦しみに晒され、国制に依拠した手段で、その戦争を終える手段ができない諸侯は、実際のところ単独講和を結ぶことで[帝国諸身分]全員の団体から分離する以外に仕方がないと考えた。とはいえリュネヴィルの講和、そしてそれ以上に一八〇三年の帝国決定は、体制の弱い部分を除去して中心的支柱を堅固にすることで、ドイツ帝国憲法に新しい生命を与えるのに十分であるように思われた。だがまさにこの十箇月に起きた出来事が、この願いも打ち砕いたのである。そして従来の国制の非常に不十分なところが、改めて疑いない状況になったのである。こうした真剣な考慮に突き動かされて、ドイツ中部・西部の君主・諸侯は、新しい時代状況に合った同盟を結ぶよう促されていると感じた。[…]

このライン同盟諸侯の宣言は、同盟参加の決断をナポレオンやタレーランから短期間に強要されたことに言及しておらず、脱退の理由として帝国の無力さや第三次対仏同盟戦争を強調し、また一八〇三年の「世俗化」や「陪臣化」を「体制の弱い部分を除去」した措置として肯定的に論じている。これに先立ち、七月三一日に帝国大宰相ダールベルクはローマ皇帝フランツ二世に次の辞表を捧呈していた(78)。

私は本日、至尊なる皇帝陛下に対して、誠に恐懼に堪えざることながら、ここで以下のことをお伝えすることで、選帝侯・帝国大宰相としての私の最後の義務を果たします。私は明日、自分の領国と共に、将来フランス皇帝陛下の庇護下に置かれる諸侯連合に加入するために、一般帝国集会でこの私の職を辞します。すでに一八〇三年に皇帝陛下及び帝国に承認された代表者会議主要決議が大部分実行されないままになっていることにより、一般帝国集会は麻痺しています。手の施しようもない自力救済や無秩序がますます増大しています。新しい戦争が勃発し、帝国は軍隊で覆いつくされ、今日まで帝国に正式な通知がないプレスブルクの講和により、残部の帝国国制の全てが完全に崩壊させられたのです。私の良心が私に言います。この帝国国制を維持するために、私は自分の微力の及ぶ限り全てを行ったと。私の努力は無駄でした。古い、かつてうまく働いていた帝国集会が再興するのを助けるのは、もはや不可能です。それゆえ私に残されているのは、これらドイツ諸国に安寧、秩序、安全を保障する新しい国家連合に加入することだけです。この決断に当たり、私が特に心を痛めざるを得ないのは、私が帝国大宰相としてかくも多くの人々と別れなければならないことです。彼らはこれまで二つの帝国裁判所で帝国業務一般に献身してくれたのに、彼らの将来についてきちんと配慮されていないのです。［…］

このあとダールベルクは帝国官吏の身の振り方への心配を縷々述べているが、主君フランツ二世を裏切ることについての謝罪の言葉は最後までなかった。帝国からの離反という自分の道徳的負目を覆うかのように、ダールベルクは主君の問題行動のみを論い、フランスの侵略行為に沈黙している。フランツ二世は八月七日にダールベルクに返書を送ったが、ダールベルクの離反を咎めることはせず、むしろ自分の皇帝としての無力を認めた。フランツ二世はダールベルクが懸念する帝国官吏の将来についても、自分の世襲領で雇用するなど配慮する意思を示した。(79)

教皇大使ジェンガは、ナポレオンの帝国解体に対するドイツ国内の反撥を伝えている。「帝国解体というこの専制的行為が、全ドイツで惹き起こした憤激を描写することは、私には不可能である」。そしてジェンガ自身も、ダールベルクが新たに就任するライン同盟「首座司教侯」が、フランス皇帝によって任命されるという制度に憤慨していた。つまりそれでは、カトリック教会の重要な司教職が、今後とも一世俗君主の一存で決定されることになるからである。ダールベルクはジェンガに、自分は協働司教の決定権をレーゲンスブルク大聖堂参事会に残すよう尽力すると言い訳をしたが、この発言にジェンガは冷淡だった。というのもジェンガは、ダールベルクの死後にフェッシュの手に渡った大司教領が、やがて「世俗化」されるのは火を見るより明らかだと見ていたからである。(80)

ライン同盟設立を踏まえ、ナポレオンは神聖ローマ帝国に引導を渡した。ライン同盟に加入した十六の中小諸国が、帝国の無力を指摘して脱退したからといって、それで帝国が自動的に消滅するわけではなく、墺普を含む残部ドイツが帝国として存続することはあり得た。だがフランスはそれを許容しなかった。一八〇六年七月二二日、ナポレオンはヴィーンに帰任するパリ駐箚エステルライヒ使節カール・フォン・フィンツェント男爵に、八月一〇日までにローマ皇帝フランツ二世が退位するよう最後通牒を渡した[81]。

ヴィーン宮廷もこうした日が来ることを想定していた。すでに一八〇六年五月、シュタディオン外務大臣は、ハプスブルク家が「ドイツ帝冠」を維持することの利益、不利益について考察していた。シュタディオンは、帝位がもたらす名誉や特権、「ドイツ国民」(deutsche Nation)の心情に対する圧倒的影響を利点として挙げつつも、プレスブルクの講和で帝国元首の権限を無意味化するような事態が次々に発生し、無力な姿を晒す屈辱的事態が生じているとした。シュタディオンは、ナポレオンが何を望んでいるのかは不透明だとしつつ、帝冠を維持することが困難との見通しを示していた[82]。

ナポレオンの要求に対応して、ローマ皇帝フランツ二世は一八〇六年八月六日に次の勅語をドイツ語で渙発した[83]。

神の恩寵により、選出されたローマ皇帝、帝国の常時増進者[84]、エステルライヒ世襲皇帝、ドイツ王、ハンガリー王、ベーメン王、クロアティア王、ダルマティア王、スラヴォニア王、ガリツィア王、ロドメリア王、イェルサレム王、エステルライヒ大公等たる朕フランツ二世：

プレスブルクの講和の締結のあと、朕のあらゆる注意及び配慮は次のことに向けられた。すなわち朕がその講和によって帯びたあらゆる義務を、日頃の忠実さ及び誠実さをもって履行すること、そして朕の民衆[Völker]に平和の恩恵を保ち続けること、幸運にも恢復された平安な状況を至るところで確かなものにすること、そしてこの講和によってもたらされたドイツ帝国の本質的変化が、皇帝の選挙協約により帝国元首たる朕に課された重い責務を果たすことを、今後も可能にするのかに期待することである。だがプレスブルクの講和の幾つかの条項に、その公表の直後に、今日に至るまで提示された結論、そしてその後にドイツ帝国で起きた一般に知られた出来事は、朕に次の確信を懐かせた。すなわち選挙協約により課された義務を更に果たしていくことが、今回生じた状況の下では不可能であるということ、そして今回生じた政治的混乱をうまく除去したあとで異なる状況が生まれる可能性がまだあったものの、七月一二日にパリで調印され関係領邦によって承認された幾人かの高貴なる諸身分の帝国からの完全な分離及び一つの特別な連合への統合が、生まれた希望を完全に打ち砕いたということである。

ここで述べ尽くしたように、朕は朕の皇帝職の義務をこれ以上はもう全く果たせないと確信するので、我々の信条、朕の尊厳からして、帝冠を断念する義務があると考える。朕の見るところ、帝冠を戴くことに価値があり得るのは、朕が選帝侯、諸侯、諸身分、その他のドイツ帝国帰属者から示された信頼に応え、引き受けた義務を満たせる場合のみのことだろうと思われる。

それゆえに朕はこの文書をもって次のように宣言する。朕は、朕をいままでドイツ帝国の国家機構に結び付けてきた紐帯が解消されたものとみなす。また朕は、帝国元首の官職及び帝位が、同盟を組むライン諸身分の統合により消滅し、それによりドイツ帝国に対する全ての義務から免除されたものとみなし、それゆえにいままで戴いてきた帝冠を下ろし、このように率いてきた皇帝政府を解散する。

朕は同時に、選帝侯、諸侯、諸身分及び全ての帝国帰属者を、特にまた帝国最高裁判所の成員及びその他の帝国官吏を、憲法により帝国の法律上の元首としての朕に結び付けてきた義務から解放する。これに対し朕は、朕の義務を解消するのに対応して、朕の全てのドイツ諸州、帝国領邦を、それらがいままでドイツ帝国の国号の下にいつも負ってきた義務から解放する。そして朕自身は、全エステルライヒ国家機構と一体となり、エステルライヒ皇帝[Kaiser von Oesterreich]として、再生され成立した平和的状況の下で、全ての大国及び近隣諸国と、いつも朕の全ての願いの目標であり、朕の配慮の目的であるところの幸福及び繁栄の実現を目指すものである。

朕の首都・宮廷都市ヴィーンにて　朕のローマ帝国・世襲領の統治十五年目たる一八〇六年の八月六日

御璽　　フランツ(85)

ヨハン・フィリップ・フォン・シュタディオン伯爵

神聖なる皇帝の、皇帝の、使徒的国王陛下の直々の勅命により(86)

宮廷顧問官[ヨーゼフ・]フォン・フーデリスト

かくして神聖ローマ帝国はカール大帝以来千年の歴史を閉じた。いやローマ帝国がアウグストゥス以来千八百年の歴史を閉じたと言うべきだろう。この勅語では、帝国を取り巻く情勢の悪化で、もはや皇帝としての職務を全うできないという皇帝の認識が示され、「退位」(Abdankung)とはしていないが、帝冠を下ろし皇帝政府を解散すると宣言し、同時に選帝侯以下全ての臣下をその義務から解放すると述べている。この勅語が、ライン同盟結成には触れても、フランスの圧力に触れていない理由は、フランスへの遠慮だろうか、それとも外国の圧力で退位することを明示したくないという矜持だろうか。この文面を見ていると、退位させられるというよりも、皇帝としての使命をもう負いきれないとして、義務を振り捨てるような心情が込められているようにも読める。ちなみにこの勅語では、「神聖ローマ帝国」(Heiliges Römisches Reich)という国号が一回も用いられておらず、「ドイツ帝国」(deutsches Reich)が一貫して用いられているが、同時に「ローマ皇帝」、「ローマ帝国」という表現も登場している。

このフランツ二世の勅語には合法性への異論も提起されている。確かにローマ皇帝には、帝国議会に諮ることなく、自分の退位のみならず神聖ローマ帝国そのものの解体を宣言する権限があるはずもなかった。このため一八〇六年八月六日の宣言後も、神聖ローマ帝国は法的には存続していたという主張が出てくることになる。特に当時ナポレオンの権力に屈していなかったイギリス王、スウェーデン王は、帝国諸身分としてこの帝国解体を認めようとしなかった。だがライン同盟諸国が脱退した段階で、帝国はもう存在を終えていたとして、退位宣言の合法性について議論する意義がないとの意見もある。(87)

一八〇六年八月上旬の急展開に、レーゲンスブルクの帝国議会では帝国諸身分の使節たちが動揺していた。対仏関係の度合により、彼らの情報量には大きな差があった。とはいえマインツ使節アルビーニは、ライン同盟結成について事前には何も知らなかった。エステルライヒ代表団は、八月一日のライン同盟諸侯の脱退宣言について、ドイツ諸侯の「恥辱の記念碑」だ、「ドイツ国民の名誉に対する犯罪」だと見ていた。だがナポレオンの強要があったことは明らかであり、脱退者に対してもナポレオンに対しても、エステルライヒもプロイセンも抗議することはなかった。六日の退位宣言がレーゲンスブルクに届いたのは一一日で、これには「筆舌に尽くしがたい」雰囲気が広まった。この日レーゲンスブルクでは、アシャッフェンブルクに向かう途中で同地に立ち寄ったダールベルクが、まだ残っている外交官たちを集めて盛大な饗宴を催していた。そこに皇帝の急使がヴィーンから来て、エステルライヒ大公国使節ファーネンベルクに退位宣言を伝えたという。この報に落胆する者がある一方で、ナポレオンが「西欧帝国」皇帝を名乗ることへの期待も見られた。これはナポレオンがローマ皇帝として帝国を引き継ぐことへの期待だと思われる。(88)

ハプスブルク家のお膝元ヴィーンでは、キリスト教世界最高位の君主を頂く誇りがあっただけに、一八〇六年八月上旬の出来事に衝撃が広がっていた。ヴィーン宮廷にいたカール・フィリップ・ツー・シュヴァルツェンベルク侯爵(のちパリ駐箚大使)は、八月二日の妻宛書簡で、「ああ、何という時代を我々は体験しなければならないのだ」と嘆いた。またルル・テュルハイム伯爵夫人は、フィレンツェ出身のヴィーン住民で、旧体制の断固たる闘士デル・ホステが、皇帝に謁見する様子を伝えている。デル・ホステは「最後のドイツ皇帝」の手に接吻をして、ボナパルトと闘うためにスペインへ行くことを願い出たという。アルトナ(ハンブルク郊外)の『政治日報』も、エステルライヒの君主が担ってきたドイツ帝冠が下ろされたことに憤慨するヴィーンからの手紙を掲載している。皇帝と縁が深かったフランクフルトでは、八月一八日になって教会での祈禱文から「ドイツ皇帝」のための祈りが消え、新聞の表題からも「皇帝勅許」の記載が削除された。(89)

パリにいたバーデン使節エメリヒ・フォン・ダールベルクも、帝国崩壊を慨嘆した一人だったが、彼の立ち直りは早かった。エメリヒは、すでに七月一日にはタレーラン夫人を通じてライン同盟構想の概要を把握していた。エステルライヒ志向の帝国愛国主義者として、エメリヒは帝国崩壊を意味するこの構想を嘆き、強欲なナポレオンがドイツの無秩序を意図的に残すだろうと予想した。けれども彼は、そのエステルライヒが帝国を防衛しきれなかった以上、フランス皇帝がそれに代わることはやむを得ないと考えた。エメリヒが次に目指したのは、バーデン大公国を「バーデン王国」に昇格させることだった[90]。

神聖ローマ帝国崩壊の一報はゲーテの許にも届いた。一八〇六年八月七日、カールスバートからの帰途、テューリンゲン地方をホーフからシュライツへ移動中のゲーテが、日記にこう記したことは有名である。「御者台で従者と御者との喧嘩があった。この件が我々をローマ帝国の分裂以上に興奮させることになった」。この発言は、前日の皇帝退位宣言ではなく、前日に聞いたライン同盟諸侯の脱退宣言の報を念頭に置いたものと考えられている。この記述に関して、ゲーテが帝国崩壊の報を無感動に聞き流した、当時の人々は形骸化した帝国の崩壊など気にしなかったとする解釈は誤りである。家来の喧嘩の件で帝国崩壊以上に興奮したということなら、目の前の喧嘩ほどではなくとも、帝国崩壊にもやはり興奮したということに、論理的になる。更にその前後の日記や関係者の証言には、次の内容がある。「ライン同盟及び[ナポレオンの]庇護体制に関する報。省察と討論」(八月六日ホーフ)。「旅の途中で政治談議に花が咲き、ナポレオンの新しい称号について思いを巡らす」。「神を背景とする朕ナポレオン、世界のマホメット、フランス皇帝、ドイツ庇護者、経験的森羅万象の設定者・評価者」(八月八日ペスネック・カーラ)。「省察と討論」(Reflexionen und Diskussionen)という表現からして、あるいはナポレオンの新称号への注目からして、ゲーテが旅行中ながら事態の推移を注視していたことが読み取れる。ただゲーテは、失意落胆というより好奇心を示していたと言える[91]。

ライン同盟成立直後の一八〇六年八月二六日、ニュルンベルクの書店主ヨハン・フィリップ・パルム(一七六六—一八〇六年)が、反仏文書頒布を理由にブラウナウ・アム・インでフランス軍に銃殺された。パルムは小冊子『深い屈辱を受けたドイツ』を頒布して八月一四日にフランス警察諜報員に逮捕されたのだが、それは占領地でのフランス人の振舞を告発し、ドイツを弱体化させた諸侯(特に墺普)の自己中心主義を糾弾する文書だった。パルムは逮捕されてもその著者を明かさなかったので、ナポレオンは反仏運動家への見せしめとして、違法な軍事即決裁判でパルムに叛逆罪の判決を下し、その数時間後に彼を処刑した。このときドイツ諸侯は、当事者のバイエルン王も含め事態を黙認したと、のちに非難されることになる。もっともこの事件を最初に認知したアウクスブルク警察署長は、情報がバイエルン政府を経てフランス軍からナポレオンに達し、パルムが過酷な扱いを受けたことに驚き、同じ件で逮捕された書店主カール・フリードリヒ・フォン・イェニシュの裁判については、バイエルン法廷で行うことに固執したという[92]。パルムの処刑から八十三年後、この愛国的怨念を象徴する町で、アドルフ・ヒトラーが生を享けることになる。

六　ライン同盟充実・ドイツ国民教会樹立の夢想

ライン同盟でダールベルクが就任した官職は「首座司教侯」(仏 Prince-Primat／独 Fürstprimas)である。「首座司教」(仏 Primat／独 Primas)とは、ある国や地域の中核的な司教への敬称に過ぎない。首座司教侯とはそれが世俗領主化したもので、「閣下」(仏 Altesse Sérénissime／独 Durchlaucht)の敬称を付されていた。この称号はナポレオン自身が、枢機卿より上位を意識して考案したものだった。ただライン同盟の頂点に立つのは飽くまで「庇護者」ナポレオンで、首座司教侯は「フランクフォール議会」(Diét de Francfort)の議長になる予定だった。「議会」は「王部会」(Collège de Rois)及び「侯部会」(Collège de Princes)からなり、前者では首座司教侯が、後者ではナッサウ公が議長である。後任の首座司教侯も「庇護者」が任命することになっていた[93]。

「首座司教侯」ダールベルクはこのフランスのドイツ支配構想を、ドイツ本位に逆用しようとした。すでに一八〇六年八月四日、つまりフランツ二世の退位宣言が出る前に、ダールベルクはもうライン同盟「基礎綱領」(Fundamental-Statuten)をフランス側に提案していた。実はライン同盟規約第一一条によると、首座司教侯は批准後一箇月以内に「基礎綱領」(un statut fondamental)を提出することになっていた。だがダールベルクは、それを僅か十日で提出したのである。しかも八月一三日のナポレオンの返書によると、その際ダールベルクはスウェーデン、プロイセン、エステルライヒをライン同盟に引き入れることまで提案していた模様である。ダールベルクは、ライン同盟を旧帝国の全域に広げ、「庇護者」ナポレオンにその強力な指導者になってもらい、秩序維持を任せようとしていたのである。ナポレオンも当初、ダールベルクの希望に応えるような返事をした。「私は成立したばかりの新しい結び付きについて、あなたに喜びを表明するのを一瞬も躊躇しません。私は同盟諸国を守る義務を引き受けたのです」。ナポレオンは特にヘッセン＝カッセル及びザクセンが自発的に加入することを期待し、ダールベルクに交渉の自由を認めた。ただこの「基礎綱領」案は、ダールベルクが独断で作成したもので、他のライン同盟諸侯との連絡は全く取っていなかった。バーデン、バイエルン、ヘッセン＝ダルムシュタットなどは、ライン同盟創立が自国の独立性を妨げないように、すでに動き始めていた(94)。

一八〇六年九月、ダールベルクは「トイツ国制の新しい出来事によって活動の場を失った功績ある人々の運命への留意」を発表して、多くの帝国官吏が失業したことを慨嘆した。「これまで存在したトイツ帝国国制の解体で、多くの功績あるトイツ人たちは、全人生において、トイツの祖国の最善のために、あらゆる努力を傾けて教育され、訓練されてきたのに、その活動の場を奪われてしまった」。ダールベルクはこの「功績あるトイツ人」の例として、特に次のような範疇の人々を挙げた——(1)帝国宮廷顧問院の成員、(2)帝国宮廷宰相府の成員、(3)帝国大審院の成員、(4)ヴェツラルの帝国大審院官房の職員、(5)ヴィーンの帝国職員、(6)ヴェツラルの大審院弁護士と皇帝代理人、(7)レーゲンスブルクの帝国議会施設の官房職員。だがここでもダールベルクは退位した皇帝には言及しなかった。更にダールベルクは語る。「トイツ国民[die teutsche Nation]は古来、誠実さ、実直さ、正義感で名声を得てきた。自分の同胞が、その最良の年月を祖国トイツへの奉仕に捧げた後に、自分やその家族が物質的欠乏に晒されるということは、誠実なトイツ人なら誰も望まないことである」。「オランダ、アレラート、シュヴァイツ、ロートリンゲン、イタリアが多くの古い例をトイツ帝国に与えたような、政治的結合の解消は、トイツ人の国民的性格を駄目にすることはない。トイツ人の国民的性格は解消不能である」[95]。ダールベルクは更に、クールライン・オーバーライン帝国管区の債務・年金の処理にも尽力した。マインツ大司教ダールベルクはクールライン帝国管区の「議長」、(ヴォルムス司教として)オーバーライン帝国管区の「伝奏」でもあったので、帝国解体に際しその責任を引き継いだのだった[96]。

ダールベルクはライン同盟の充実を目指したが、成果は容易に上がらなかった。ダールベルクは一八〇六年九月一三日、フランクフルトでライン同盟の「連邦議会」(Bundestag)を開くと発表した。この宣言でダールベルクは、ライン同盟の目的が人々の安寧秩序であることを強調し、また同盟諸侯をSouveräne(絶対君主、主権者などの意)と呼んで尊重している。だが最有力諸侯たるバイエルン王、ヴュルテンベルク王は、自立した国家運営を目指す立場から、ライン同盟の充実には反対だった。またクレーフェ＝ベルク大公となったナポレオンの義弟ミュラは、パリ在住でライン同盟憲法には関心がなかった。ナポレオンはプロイセンとの戦いを準備しており、ダールベルクの望むライン同盟憲法の審議に参加するよう、同盟諸侯に強要することはなかった。バイエルン王やヴュルテンベルク王は、戦争のため審議ができないと主張し、すでにフランクフルトに集まっていた使節も解散することが決議された。またダールベルクが招待した協働司教フェッシュ枢機卿も、リヨン大司教区での仕事を理由に参加を断ってきた。結局ダールベルクの意図に賛同したのは、ライン同盟に自国を保全する防波堤を見出していた小諸侯たちだった[97]。

ライン同盟の充実に悪戦苦闘するダールベルクには、親仏派ドイツ知識人から同調の動きがあった。ペーター・アドルフ・ヴィンコップ(一七五九―一八一三年)は、一八〇六年からライン同盟の立法や行政を紹介する官報的雑誌『ライン同盟』を発行した。ベネディクトゥス会士だったヴィンコップは、エルフルトのペータースベルク修道院から二度逃亡し、小説を書くなど文筆活動を始めたが、その内容がマインツ大司教エルタールの危惧するところとなり、一七八六年にバーゼルで逮捕されてマインツに収監された。釈放後ヴィンコップは、一転マインツ大司教領政府に出仕するようになり、ライン同盟の宣伝にも努めた。「帝国国法学」(Reichspublizistik)のように、公法学者を意味したPublizistというドイツ語が、今日のように「政治評論家」、「言論人」を意味するようになるのは、この時期からだという。ジャン・パウル(ヨハン・パウル・フリードリヒ・リヒター:一七六三―一八二五年)は、フランスとの講和を称揚する『ドイツへの平和説教』(一八〇九年)を刊行し、反仏感情を掻き立てるヨハン・ゴットリープ・フィヒテ(一七六二―一八一四年)の『ドイツ国民への演説』(一八〇八年)を、「教条的熱狂」だと批判した(98)。

だが頼みのナポレオンもタレーランも、やがてダールベルクのライン同盟構想には距離を置くようになる。帝国崩壊後、ドイツ北部に同盟結成を狙うプロイセン王国は、ドイツ諸侯を巡ってライン同盟をまとめたフランスと競合することになり、一八〇六年一〇月六日に英露瑞の第四次対仏同盟に加入した。プロイセンとの対決を控えたナポレオンは、ライン同盟諸国の忠誠を維持し、なお中立だったヘッセン=カッセルやザクセンをライン同盟に呼び込むためにも、参加国の主権を侵さないという姿勢を示す必要があった。ナポレオンは、九月一一日にダールベルクの国制構想をきっぱりと却下した。すでに九月一日、ダールベルクはフランクフルトにライン同盟諸国の使節を招集していたが、九月初旬に集合したのは小国ばかりで、リヒテンシュタインの使節は移動中であり、ヴュルテンベルクは使節の出発を意図的に遅らせ、バイエルンとクレーフェ=ベルクは使節を任命すらしていなかった。バイエルン王はダールベルクへの書簡で、加盟国の主権尊重を要求し、基礎綱領を抜本的に改訂することを使節派遣の条件としてきた(99)。

ライン同盟の体制固めができなくても、首座司教侯ダールベルクの庇護者ナポレオンへの忠誠心は変わらなかった。普仏決戦が迫るなかで、ダールベルクは一八〇六年一〇月二日、進軍するナポレオンの一団をアシャッフェンブルクで出迎えた。この会見の光景は、ヴェルサイユ宮殿「帝国画廊」に掲げられたコンスタン・ブルジョワの絵画に描かれている。そこには優美なヨハンニスブルク宮殿を背景にして、幕僚たちを伴った威風堂々たる軍人皇帝ナポレオンに、首座司教侯ダールベルクが恭しく首を垂れて挨拶をする姿がある(図)。この日宮殿内で朝食を取ったナポレオンは、墺普以外の全てのドイツ諸国のライン同盟加入という構想を打ち出し、特にザクセン公、ヘッセン＝カッセル選帝侯をライン同盟に加入させるよう、ダールベルクに努力を促した。こののちナポレオンは、プロイセン領アンスバッハ・バイロイトを占領し、テューリンゲンに進軍した[100]。

ナポレオンは第四次対仏同盟を相手にまたも輝かしい勝利を収めた。ナポレオンは一〇月一四日、イェナ＝アウエルシュテットの戦いでプロイセン軍を撃破した。イェナ大学私講師だったヘーゲルが馬上のナポレオンに感激して、「世界精神」(Weltseele)が騎行していると呟いたのは、まさにこの瞬間である[101]。ナポレオンは北上して首都ベルリンに入城し、プロイセン王フリードリヒ・ヴィルヘルム三世はメーメルまで落ち延びた。ロシヤは直ちにプロイセン救援に向かったが、一八〇七年二月七・八日のアイラウの戦いで痛み分けとなり、ケーニヒスベルクをフランス軍に占領され、続くフリースラントの戦いでは打撃を受けた。同年六月、フランス皇帝ナポレオン一世はロシヤ皇帝アレクサンドル一世と、露普国境のニェーメン川(独 メーメル川)上の筏で会談し、講和を模索した。同年七月九日に結ばれたティルジットの講和で、プロイセンは巨額の賠償金支払及び仏軍駐留を甘受し、エルベ川以西及びポーランドを失

ナポレオンを出迎えるダールベルク

い、「ヴェストファーレン王国」や「ワルシャワ公国」の新設を認めた。ヴェストファーレン王となった皇弟ジェローム(伊 ジェロニモ/独 ヒエロニュムス)は、ライン同盟不参加がナポレオンの不興を買って追放されたヘッセン＝カッセル選帝侯の代わりに、噴水芸術で有名なヴィルヘルムスへーエ宮殿に同年一二月七日に入った。「ナポレオンスへーエ」(ナポレオンの高地)と改称されたこの地で、翌一八〇八年一月一日に新国王への忠誠宣誓式典が行われた[102]。ナポレオンに与したザクセン王は、プロイセン領の一部を獲得し、ワルシャワ公をも兼ねた。老フリッツ以来の軍事的栄光が地に落ち、プロイセンは大国としての面目を失った。

この第四次対仏同盟戦争で、ライン同盟は初めてナポレオン側に立ち、その他のドイツ諸国軍と対峙した。戦争が迫ると、首座司教侯国でもフランクフルトやレーゲンスブルクから九百六十八人が兵士として徴集された。小国も例外ではなく、リヒテンシュタイン侯国は四十人、フォン・デル・ライエン侯国は二十九人の兵士を送った。ドイツ諸国ではプロイセン王国にフリードリヒ・ヴィルヘルム一世が一七三七年に導入したカントン制度があったが、ライン同盟諸国で国民皆兵制はまだ一般的ではなかった。帝国自由都市フランクフルトでは、軍隊は十四個中隊の市民兵(自弁で参加する市民の軍隊、一八一二年に三個大隊の「国民衛兵」に再編)及び十個中隊の帝国分担兵力(市外などからの志願兵)からなっていたが、前者への奉仕を免除される市民もいた。健康な市民全員が祖国防衛に武器を取るべきであり、そこにこそ最大の名誉があるというナポレオンの考えは、ライン同盟のドイツ人たちを動揺させた。富裕層は金銭の提供を、芸術家や言論人はパレットや筆での奉仕を申し出て、この兵役を逃れようとした。ただライン同盟諸国軍は一部がイェナ＝アウエルシュテットの戦いに参加したが、首座司教国軍は戦闘に加わらずに済んだ[103]。

ダールベルクは一八〇六年一一月一六日にフランクフルト大聖堂で、ナポレオンの戦勝を祈願するミサを挙げた。そのときにダールベルクが読み上げたラテン語の祈禱文が、フランス側で記録されている。「爾が僕、ライン同盟庇護者/ナポレオンを護り給え、/我ら祈らん、神が庇護者たる我らがナポレオンの/敵に対する闘志を著しく強め、/

これより格別なる祝福によって彼の武器を／無敵のものにし給うことを。／我ら畏れ慎みて願う、天が彼をいつも助け、／貴重にも我々に与えられた彼の生命を／護り続け給わんことを」。[104]

一八〇六年一二月、ダールベルクはレオポルト・フォン・ボイスト伯爵（パリ駐在のカールとは兄弟）をベルリンに送り、転戦中のナポレオンに執拗に自分のライン同盟構想を披瀝し続けた。ボイストを通じてダールベルクは、ライン同盟が全ドイツに広げられ、ドイツに秩序をもたらすとの希望的観測を伝え続けた。またダールベルクは同年一一月のベルリン勅令（大陸封鎖令）を、ドイツの産業を保護するためにも名案だと賛意を表した。ナポレオンは一一月二五日にポーランドへ出征してしまったが、ダールベルクはボイストにナポレオンの後を追ってワルシャワまで行くよう命じた。このときダールベルクが何より気にしていたのは、ライン同盟の強化によりドイツの「無秩序」を解決し、「小国」に「政治的存続の保証」を与えること、帝国大審院（ヴェッツラル）の退職者に年金を支払うことだった。[105]

ティルジットからの帰途、フランス皇帝ナポレオン一世は一八〇七年七月二四日、フランクフルトに四時間滞在し、首座司教侯ダールベルクに謁見の機会を与えた。このとき両者は、ライン同盟及びドイツのカトリック教会について話し合った。ナポレオンは、ライン同盟「庇護者」の称号を保持し、（「皇帝」など）他の称号を受領しないとの決意を伝え、ダールベルクを「基礎綱領」に関する相談のためにパリに招待した。ダールベルクは喜び、八月四日にはエーベルシュタイン、コルボルンを伴って、フランスに向けて出発した。[106]

このときダールベルクに同行したヨーゼフ・カール・テオドル・フォン・エーベルシュタイン男爵（一七六一―一八三三年）は、一八〇六年からダールベルクに仕え始めたカトリック系の元帝国官僚である。エーベルシュタインもダールベルクと同じく名前が「カール・テオドル」なのは、二人が共にプファルツ選帝侯カール・テオドルを代父としたためだろう。プファルツ＝バイエルン選帝侯国での勤務を経て、エーベルシュタインは侯子の教師としてトゥルン・ウント・タクシス侯爵家に仕え、同家の運営する帝国郵便総監に就任する計画が持ち上がったが、ヴィーン宮廷の反対で果たせなかった。のちにエーベルシュタインは、ライン同盟議会で首座司教侯国を代表し、ライン同盟がナポレオンの恣意的介入を防ぎつつ、「ナポレオン法典」導入などで共通の基盤を得ることに尽力している。更にフランクフルト大公国では、彼は外務・文部・陸軍大臣に就任している(107)。

さて一八〇七年八月一一日、ダールベルクはパリに到着し、翌年春まで滞在して、ナポレオンに改めてライン同盟の充実を要請した。このときダールベルクは、『ドイツの正しい秩序についての幾つかの見解――ライン同盟の尊厳なる庇護者に敬意を込めて捧呈して』と題した文書を提出した。この新草案では、ライン同盟は連邦国家ではなく国家連合とされ、ライン同盟の「皇帝」は置かれず、「庇護者」の役割は連邦軍最高司令官としてのそれに限定されていた。これはバイエルン王国など有力諸邦が受け入れやすいように配慮したものだった。また連邦裁判所の設置も考慮され、連邦の行政権は北部ではザクセン王(公から昇格)が、南部ではバイエルン王が行使することになっており、旧帝国国制に倣ってこの二人を交互に「帝国代理」(Reichsvikar)にすることが想定されていた。フランクフルトに置かれる連邦議会は、ナポレオン支配下のフランス帝国、イタリア王国、オランダ王国、ワルシャワ公国の先例に従い、各国の人口数との関連で票数を変える方法を採った。この票数割振法は、のちにドイツ連邦の連邦集会(連邦議会)、ドイツ帝国の連邦評議会、ヴァイマール共和国の帝国評議会、ドイツ連邦共和国の連邦評議会にも受け継がれた(108)。

だが捧呈されたダールベルクのライン同盟国制案に対し、庇護者ナポレオンはいつまで経っても返答しなかった。その代わりナポレオンは、パリ滞在中のダールベルクに、皇弟ジェロームとヴュルテンベルク王女カタリーナとの結婚式を執り行うように依頼した。どうやらナポレオンがダールベルクをパリに招待した真の狙いは、ライン同盟国制に関する相談ではなく、この結婚式にあったようである。実はこの政略結婚には大きな宗教上の問題が伏在していた。ジェロームは以前アメリカに滞在していた際、すでにボルティモアの商人の娘エリザ・パターソン嬢と、カトリック教会のボルティモア司教の司式ですでに結婚しており、カトリック教徒の離婚は教義上不可能だった。この婚姻を皇帝ナポレオン一世は家長として否認したものの、教皇ピウス七世はその無効化に反対していた。ナポレオンは、カトリック教会の首長が否定するこの厄介な結婚式を、従順に引き受けてくれる便利なカトリック聖職者を探していた。ナポレオンは、ダールベルクが「ドイツ国民教会」構想に関して、ローマ教皇と対立関係にあるのを利用したのである。(109)

そのような面倒を押し付けても、ナポレオンはダールベルクに義理を感じなかった。ナポレオンや廷臣たちはランブイエに移り、ダールベルクはフォンテーヌブローで待たされた。ナポレオンは、ドイツの事柄は予想以上に複雑だと感じて、関わるのを嫌がるようになっていた。ナポレオンはダールベルク案を却下し、別個にバイエルンとライン同盟国制について話し合いを始めた。この仏巴交渉の存在を知らないダールベルクは、ナポレオンの賛同を得ようと、却下された案をエーベルシュタインと共に推敲し、九月二七日に再提出した。今度は、バイエルンやザクセンとの競合を恐れ、ナポレオンが嘉納するように、最高行政権を庇護者ナポレオンのものとし、司法や造幣に関して主権を各国に譲り、政治的問題を解決するための大審院を設け、度量衡、通貨、郵便料金などは連邦の管轄とした。更に「フランス民法典」(一八〇七年以降は「ナポレオン法典」)が各国に一括導入されることになった。連邦議会の常会を招集する権限は首座司教侯のものとしたが、庇護者はいつでも臨時会を召集できるとした。更に各国使節を毎年復活祭後の二週間フランクフルトの市庁舎(レーマー)に集めることになっていた。二部会及び首座司教侯が採択した提案は、庇護者が裁可するものとしたが、これは旧帝国と類似した形式である。だが庇護者ナポレオンはフォンテーヌブローでの謁見の際に、ダールベルクの提案を再び却下した。一一月一六日にパリを発ったナポレオンは、ミラノでバイエルン王マクシミリアン一世及びその腹心モンジュラ伯爵と、ライン同盟憲法について話し合った。パリに戻ったナポレオンに、モンジュラは一八〇八年一月二二日、フランス外務省を通じて独自の憲法案を提出したが、それは各国主権を保証したものだった。ただナポレオンには、別にモンジュラに義理があるわけでもなかった。彼が望んでいたのは、当然ながらフランスにとって都合のいい、適度に弱いドイツであった。(110)

当時エステルライヒ大使だったメッテルニヒは、一八〇七年八月のダールベルクの様子を次のように伝えている。

新設のライン同盟の君主たちがパリに来て、彼らの新しい庇護者に敬意を表し、その最近の戦勝に賀詞を呈したのも、やはりこの頃のことだった。彼らの先頭に立っていたのが、首座司教侯フォン・ダールベルク男爵である。この人物が到着して約六週間後に、私はサン・クルーでナポレオンの謁見の機会を得た。私はこのとき待合室で首座司教侯に会った。彼は皇帝に暇乞いにきていたのだった。彼は私に、ナポレオンの執務室に入るよう言われる瞬間まで、〔ライン〕同盟の輝かしい名声について、同盟諸国の皇帝ナポレオンに対する感謝の念について、また祖国ドイツに命じられている高潔な天命について語った。彼がナポレオンの部屋にいたのは、大体八分から十分ぐらいのものだった。次が私の番であった。

ナポレオンは、これほど長く待たせて済まないと述べた。そこで私は、首座司教侯の謁見は、特に暇乞いの会見としてはむしろ短いと思われたくらいなので、少なくとも私には待ち時間は長いとは思えなかったと答えた。「ほう、そうかね」とナポレオンは笑って言った。「あの男は空虚な夢想にすっかりとりつかれているのだよ。あの男は、彼が祖国ドイツとか呼ぶものに国制を与えてくれと言って、私を苦しめ続けているのだ。彼は旧ドイツ帝国の全ての伝統と共に、彼のレーゲンスブルク及び帝国大審院を維持しようとしているのだ。そういった戯言を、またしても私に聞かせようとするから、きっぱり打ち切ってやったよ。「神父さん」と私は言った。「私の秘密をこっそりあなたに教えてあげよう。ドイツの小国は大国から圧迫されないよう保護を望んでいるのでしょう。大国の方は自分たちの好き勝手に統治したがっている。ところで、私が同盟を作らせたのは、そこから人と金とを得たいと思ったからに他ならないし、その両者を供給できるのは小国ではなく大国の方なのだから、私としては大国はほっておく。小国は自力でできる範囲で好きにすればよいのだ！」とね」[11]。

このメッテルニヒの証言には、ダールベルクとナポレオンとの思惑のすれ違いが現れている。ナポレオンがローマ皇帝位を手に入れようとしなかったのは、神聖ローマ帝国のしがらみを引き受ける気がないからである。ダールベルクは庇護者ナポレオンが、（神聖ローマ帝国を継承するとダールベルクが考える）ライン同盟の維持強化に尽力することを期待したが、ナポレオンは慈善事業でライン同盟の「庇護」を引き受けたわけではなく、フランスの国益、自分の権力のためであった。ポーランドに関しても同じで、ポーランド国家の再建を考えないでもないが、そのためにフランスが犠牲を払うことには慎重で、また再建しないと明言してポーランド人の不興を買わないようにも配慮していた。ナポレオンは喝破する。「フランス第一、これが私の政策なのである」（La France avant tout; c'est là ma politique）[112]。

一八〇七年のパリ滞在に際し、ダールベルクはライン同盟国制の確定だけでなく、教皇庁とのライン同盟政教条約の締結をも狙っていた。ダールベルクはこの政教条約により、ライン同盟のカトリック教会が「ドイツ国民教会」として団結し、世俗諸侯からの要求、特にプロテスタント諸侯からの改革要求から身を守ることを目指した。またダールベルクは、ライン同盟の首座司教侯を「ドイツ教会首座」（le Primat de l'église allemande）とし、この地位に旧帝国のマインツ大司教も有しなかった、自分の教会管区を越えた全ドイツ教会の裁治権を付与しようとした。ここでもダールベルクはナポレオンの支援を期待しており、実際ナポレオンもティルジット講和のあとで、教皇ピウス七世にこの政教条約の締結を促し、不同意なら教皇を単なるローマ司教としてしか認知しないと恫喝していた。ナポレオンはダールベルクに言ったという。「教皇と話し合いがつき次第、トイツ教会のために出来る限りのことをしよう」。ダールベルクのパリ行きに同行したアシャッフェンブルク補佐司教コルボルンも、コンスタンツ司教総代理ヴェッセンベルク宛書簡で、ナポレオンへの期待を表明している。「教会にとっての確かなアルキメデスの点は、現在の世界情勢ではナポレオンです。彼なしでは、カトリシズムは救われようがありません」。「トイツ教会のなかでカトリシズムをまとめている紐帯は引き裂かれ、教会はバラバラになり、プロテスタント勢力がトイツ教会の分割統治を成し遂げるでしょう」。ピウス七世は仏人バイヤンヌ枢機卿を全権大使としてパリに派遣し、ダールベルクとの交渉に当たらせた。ところが教皇庁は、一八〇六年六月にレーゲンスブルクに赴任した教皇大使アンニーバレ・デッラ・ジェンガ伯爵に、バイエルンを始めとするドイツ分邦との個別の政教条約交渉を行わせており、ダールベルクとの交渉は表面的なものだった。カトリック教会が国民国家単位に分裂するのを恐れる教皇庁と、「ドイツ国民教会」の設立、「ドイツの教皇」ともいうべき「ドイツ教会首座」の設置が目標のダールベルクとの間には、そもそも一致点などないのである。自国の主権を死守したいライン同盟諸侯も、「ドイツ国民教会」の設立など望んでおらず、むしろ教皇庁との個別交渉を望んでいた。「周知のように我が国の君主たち、特にバイエルン王は、もはやドイツ国民教会など認めず、バイエルン教会、ヴュルテンベルク教会、バーデン教会などしか認めないのであり、彼らの領邦の司教に対する首都大司教の裁治権を、自国の主権と両立しないと見ているのです」（コルボルン）。一八〇五年の年頭にダールベルクと帝国政教条約を巡る交渉をした教皇庁付き枢機卿ミケーレ・ディ・ピエトロは、バイヤンヌ枢機卿がパリに向かう前に、ダールベルクの構想を否定していた。ピエトロの見立てでは、ダールベルクはナポレオンの助けで、その「地獄的陰謀の盲目的道具」として、「ドイツ教皇」になろうとしているというのだった。ダールベルクは一八〇七年一〇月二二日にライン同盟政教条約案を示していたが、ナポレオンはこの頃イギリスとの戦争に目を奪われていた。ナポレオンは教皇庁に、イギリス艦船の寄港を拒否するよう求めていたが、教皇庁はフランスの対英戦争に協力することを拒んだ。これに対しナポレオンは、直ちに教皇領に進駐して脅しをかけ、教皇はバイヤンヌ枢機卿への政教条約交渉の権限付与を撤回した。バイヤンヌ枢機卿は一八〇八年一月九日にパリを去り、ナポレオンはローマ進軍を命じた。一八〇八年二月二日、フランス軍はローマを占領した。ダールベルクの交渉もそれまでとなった(113)。

ダールベルクへのナポレオンの冷淡な仕打ちは続く。一八〇八年九月二二日、エルフォール（独 エルフルト）に向かう途上のナポレオンに、ダールベルクはフランクフルトの宮殿（トゥルン・ウント・タクシス宮殿と推定される）を一泊の宿として提供した。だが彼の愛顧を求めるダールベルクを、ナポレオンは相手にしなかった。ナポレオンは宮殿での食事を、養女ステファニー・ドゥ・ボーアルネと二人だけで取り、招待した家主のダールベルクは、従者たちと別室で控えていなければならなかった(114)。

直後の一八〇八年九月二七日から一〇月一四日まで、ナポレオンは「エルフォール君侯会議」(Erfurter Fürstenkongreß)を開催した。この会議で、ヨーロッパ大陸の二大覇者であるフランス皇帝ナポレオン一世及びロシヤ皇帝アレクサンドル一世は会見して、同盟関係を確認した。「私はアレクサンドルに満足している。彼も私に満足しているに違いない。彼が女だったら、私は彼を私の恋人にしそうな気がする」(115)。この会見には、首座司教侯を始めライン同盟諸侯が全員陪席し、アレクサンドル一世にナポレオンの権勢を見せつけた。この頃ライン同盟は、すでに墺普及びホルシュタイン公国(デンマーク)、ポンメルン公国(スウェーデン)、フランス領ドイツを除く全ドイツ諸国に及んでいた。かつてダールベルクの任地だったエルフルトは、プロイセン領の五年間を経て、ティルジットの講和で仏帝御料地「エルフォール大公国」(Principauté d'Erford)となっていた。かつてダールベルクが執務をした総督府は、このときフランス皇帝の行在所となり、ダールベルクはカロリーネ・フォン・ヴォルツォーゲン宅に宿泊せざるを得なかった。それでもダールベルクは、この機会をライン同盟強化に活用したいと考えていた(116)。

この君侯会議では、ゲーテやヴィーラントもナポレオン一世に謁見する機会を得た。拝謁の栄に浴したゲーテは、晩年までその思い出を嬉々として語り続けた。「もちろんそれも見ておくだけの値打ちがあったよ――彼は世界を一身に体現していたわけだから!」「風貌も相当なものだった」「見ただけでそうだということが分かったな。これは大したことだったね」「もちろん彼の人格はずば抜けたものだったよ」「[若きナポレオンが世界を手玉に取ることができたのは]偉大な才能の持ち主には生まれつきのことだよ」等々。ゲーテは、ナポレオンが『若きヴェルテルの悩み』を陣中にも持参し、内容を知悉していたことに有頂天になった(117)。のちにゲーテは述べている。「私は、フランス人の支配から解放されたときには、神に感謝したものの、フランス人を憎んではいなかった。また文化及び野蛮の問題だけを重視している私が、地上で最も文明化した国の一つであり、私自身の教養のかくも大きな部分がそのお蔭を蒙っているような国民を、どうして憎めただろう[118]」。

七　首座司教侯国の統治

ダールベルクはライン同盟の充実を願いつつ、同時に自分の領邦の統治にも尽力した。ダールベルクの「首座司教侯国」(Primatialstaat)とは、レーゲンスブルク侯国、フルダ伯領、ヴェツラル伯領、フランクフルト市など、中部ドイツに点在する旧帝国ゆかりの地の集積である。ダールベルクはカトリック聖職者としてはレーゲンスブルク大司教・コンスタンツ司教だったが、ナポレオンからフランクフルトに居住するよう求められ、その近郊アシャッフェンブルクのヨハンニスブルク宮殿を居城としていた。アシャッフェンブルクはかつてのマインツ大司教領の一部であり、ダールベルクにも馴染みのある地だった。

一八〇六年九月九日、フランクフルト・アム・マイン市がフランス占領軍から首座司教侯国に移管された。午前一〇時、かつてローマ皇帝戴冠の関連行事が行われ、引き続きローマ皇帝・ドイツ王の肖像が掛かっている市庁舎「皇帝の間」に、同市幹部やフランス軍の将校たち、仏監察官ランベルティ、ダールベルク国家首相アルビーニらが集結した。一段高くなったところには、フランス軍元帥オージュローのための特等席が設けられたが、本人は体調不良と称して現れなかった。ランベルティが長い演説を行い[119]、フランクフルト市長はダールベルクへの忠誠を表明した。この式典の最中、市庁舎の外では祝砲が鳴り響き、教会などの鐘が鳴り響いていた。そして祝祭が続き、照明装飾が街を彩った。この式典と同時に、ダールベルクがフランクフルト市に加え、マイン川沿岸のレーヴェンシュタイン゠ヴェルトハイム公領・伯領、リーネック伯領、諸帝国騎士領、ドイツ騎士団領、マルタ騎士団領に対しても主権を有するとの勅書が渙発された。ダールベルク本人がフランクフルトに入ったのは、九月二五日だった[120]。

一八〇七年一月二日、ダールベルクは自ら臨席して、フランクフルト市領有式典を改めて実施した。この式典は、神聖ローマ帝国が崩壊し、フランス保護下で新秩序が生まれたことを内外に闡明するものとなった。同日午前九時、首座司教侯ダールベルクは大司教の装束で、大臣ポストを始め聖俗の廷臣たちを従えて現れ、天蓋の下の玉座に着いた。式典はダールベルクへの忠誠表明、祝砲へと進み、午後二時からはダールベルクの宮殿前で市民兵の騎兵、狙撃兵、歩兵の分列行進が行われた。この日、フランクフルト市は夜まで照明で飾られた[121]。

ダールベルク国家の行政は、マインツ系官僚と地元系官僚との協力で進められた。カール・テオドル・ゲマイナー（一七五六―一八二三年）はレーゲンスブルクの都市有力家出身の文書館・図書館司書で、新領主ダールベルクを地元で迎えた。後述のようにゲマイナーは、ダールベルクのユダヤ人解放に反対し、また一八〇九年の戦役では家屋を破壊されたが、一八一〇年以降はバイエルン王国官吏として再出発することになる[122]。

ダールベルクは新領国でも「貧民救済」（Armenpflege）に力を入れた。彼の見るところ、自力更生を超える部分を補完するのは国家の使命であった。一都市内に多くの帝国諸身分が犇めき、宗派も分かれたレーゲンスブルクは、行政の分断による福祉の停滞が著しかったが、ダールベルク国家の誕生で統一的行政が可能になった。ダールベルクはベンツェルに命じて、まずは貧民の数を把握し、更に諸組織が行ってきた貧民救済の統一化を進めた。炊き出しなどが行われると同時に、貧民向けの職業訓練や雇用創出が図られた。また貧民向けに医師、産婆など医療関係者が配置され、子供向けの天然痘の予防注射が徹底され、病院が整備されたが、宗派共同病院は市民の反対で実現しなかった。孤児院、廃兵院、精神病院、伝染病者隔離施設、養老院も設けられた[123]。

教育政策も啓蒙専制君主ダールベルクの十八番だった。一八〇八年一二月二二日、ダールベルクは「首座司教侯立・レーゲンスブルク大司教立アシャッフェンブルク大学」の創立勅書を渙発した。校舎にはヨハンニスブルク宮殿前の旧イエスス会神学校が充てられた。この大学は一八一〇年には「フランクフルト大公立アシャッフェンブルク・

カール大学」となる[124]。更にフランクフルト大公ダールベルクは一八一二年二月一日、小規模なギムナジウムを整理し、フランクフルト県、アシャッフェンブルク県、フルダ県、ハーナウ県及びヴェツラルに一つずつギムナジウムを設けた。これは財政難からの統合だったが、結果として宗派共同教育も実現し、フェブロニウス主義の理想に近付いた[125]。ダールベルクはカトリック神学教育も等閑にせず、一八〇七年アシャッフェンブルクに大司教立大神学校を設立した[126]。

ユダヤ人政策もダールベルクの課題の一つだった。フランクフルトでは、一八〇七年一一月二一日に百五十一箇条からなるユダヤ人定着保護令が出された。これはドイツ化による平等化という性格が強く、ラビはドイツで学んだドイツ人の候補者を祭祀共同体が提案し首座司教侯が認証することとされ、ドイツ語を授業語とし、ドイツ風の家名を名乗ることが求められた。またユダヤ人には工場を経営することが認められたが、金融取引、武器取引、燃料取引など重要業務への関与が禁止された。更にユダヤ教徒のキリスト教徒に対する振舞い方も規定された。ユダヤ人を管理しつつ平等化の方向に進むという方針は、レーゲンスブルクでも同じだった。同市では一五一九年にユダヤ人迫害があったが、帝国議会が常置されるに従い、帝国世襲式部官パッペンハイム伯爵や郵便総監トゥルン・ウント・タクシス侯爵の「庇護ユダヤ人」が、帝国議会への出入り業者として居住するようになっていく（「帝国議会ユダヤ人」ともいう）。彼らはユダヤ教の宗教活動は許されていたが、流入、移動、商工業は制限され、他の市内商工業者からは競争相手として警戒されていた。ユダヤ人の間には啓蒙思想も広まり、ラビのイザーク・アレクサンダーは宗教寛容令を出した皇帝ヨーゼフ二世を第二のソロモン王として顕彰し、ユダヤ人祭祀共同体議長でトゥルン・ウント・タクシス宮廷に仕えるフィリップ・ライヒェンベルガーはユダヤ人の対等化を要求した。一八〇四年、ダールベルクはその全領地で「ユダヤ人保護税」(Leibzoll)を廃止した。この時点ではまだレーゲンスブルクのユダヤ人はパッペンハイムの庇護下にあったが、彼らは膨大な補償金を支払って翌年ダールベルクの管轄に入った。一八〇六年の帝国議会廃止は、レーゲンスブルクの商工業に打撃を与え、ユダヤ人と非ユダヤ人との競合関係も激化させた。ライヒェンベルガーは領主ダールベルクにユダヤ人の市民権上の対等化を求め、非ユダヤ系の市幹部ゲマイナーらはこれに対抗して運動し、結局ダールベルクは一八〇八年一一月三〇日、「ユダヤ人も我々の兄弟である」として彼らに市民権を認めつつも、そこに受諾困難な条件を付し、商工業の自由をユダヤ人三家族のみに認めたため、ユダヤ人勢力との関係が緊張したまま一八一〇年の領土喪失を迎えることとなる(127)。

ダールベルクは「ナポレオン法典」の導入に踏み切った。「ナポレオン法典」のライン同盟諸国への導入は、フランス帝国との一体性を強める政治戦略である。それは身分制や教会の影響が残るドイツの民事法体系をフランスの流儀で同質化することでもあり、フランス人がドイツ人の財産を相続することを可能にする措置でもあったが、啓蒙主義的統治を推し進めることでもあった。ヴェストファーレン王国では、一八〇七年一一月一五日に「ナポレオン法典」(フランス語)が無修正で導入された。一八〇八年六月には、ベルク大公国で「ナポレオン法典」の無修正導入を答申する委員会報告が出された。そこでは、(ドイツの)相互に矛盾する習俗や習慣が、フランス革命で廃止された野蛮さの残滓として批判されていた。ミュラがナポリ王に転出したため、ベルク大公国では一八〇九年一一月一二日に、皇帝ナポレオン一世によって「ナポレオン法典」の無修正導入が布告され、翌年年頭から施行された。ドイツ人諸侯ではアレンベルク公やアンハルト＝ケーテン公が、一八〇八年七月に翌年年頭からの「ナポレオン法典」の無修正導入を命令したが、一八〇八年年末になって急遽延期となった。バーデン大公国では一八〇八年七月五日に、翌年七月一日に領邦法として発効するドイツ語版「ナポレオン法典」が発布され、ヘッセン大公国では一八〇八年八月の布告で、領邦の事情に合わせて修正した「ナポレオン法典」の導入が宣言された。首座司教侯国では、一八〇八年七月七日の布告で、啓蒙という時代精神に適い、万国に適用可能な民法典への需要が強まっている、大部分がローマ法に依拠する「ナポレオン法典」ほどそれに適したものはない、地域の事情や習慣が許す限りで導入するのが目的に適うと宣言され、ヴェツラルに「ナポレオン法典」を原典に基づき教授する法律学校を設立することなどが予告され、ジャン・ギョーム・ロクレ・ドゥ・ロワシ『ナポレオン法典の精神』が国定注釈書に採用された。のち導入方法を巡り争いも生じたが、結局一八一〇年七月二五日の勅書で、フランクフルト大公国に一八一一年年頭からの導入が命令された。一九世紀アシャッフェンブルクの年代史家フランツ・ハウスは、導入された「ナポレオン法典」は聖書より神聖なものとして扱われたと皮肉を言っているが、フランスに傾斜する政府への不満が、スペインでのように反仏感情を醸成した可能性はあるだろう。(128)

都市計画もダールベルクの重要な仕事であった。今日のレーゲンスブルクには、ダールベルクの痕跡を随所に見ることができる。マインツ大司教領の建築士だったポルトガル出身のエマヌエル・フォン・ヘリゴイェン(一七四六―一八一七年)は、レーゲンスブルクでも腕を振るい、官庁や劇場を作った。またかつての掘割跡に作られたレーゲンスブルク中央駅前の公園には、ヘリゴイェンが建築し、ダールベルクが一八〇八年一二月二七日に竣工式に参列したモノプテロス(円形神殿)が残っているが、そこにはレーゲンスブルクで歿した天文学者・数学者ヨハンネス・ケプラー(一五七一―一六三〇年)の胸像が安置されている。その近くには首席監察官・郵便総監カール・アンゼルム・フォン・トゥルン・ウント・タクシス侯爵(一七三三―一八〇五年)を顕彰するオベリスクも設けられているが、これもフリーメイソン仲間のダールベルクが一八〇六年に建てたものである。(129)

ダールベルクは分散している首座司教侯国の領土をまとめることも目指していた。ダールベルクは一八〇七年にパリ到着直後、ライン同盟で四番目の王国が新設されるとの噂を耳にした。当時かつてのヘッセン＝カッセル選帝侯国やプロイセン西部が、フランスに接収され新たな領土再編を待っていた。ダールベルクに命じられ、エーベルシュタインがナポレオンに、首座司教侯国の領土をヘヒスト、カステル、リューデスハイム、エルトヴィレからフランス帝国のライン川国境に至るライン・マイン川沿岸流域にまとめるという構想を申し出た。この案によれば、彼のレーゲンスブルクの大司教座はフランクフルトに移され、レーゲンスブルク侯国はダールベルクの甥エメリヒやフィリップ・フランツ・フォン・デル・ライエン侯に譲られることになっていた。だがナポレオンが想定していた新しい王国とは、弟ジェロームを王とするヴェストファーレン王国（首都カッセル）のことであり、ダールベルクの構想は受け入れられなかった[130]。

このパリ滞在で、ダールベルクは首座司教侯国の重要な収入源であるライン川通行税の一部もナポレオン一門に献上するに至った。前述のようにダールベルクは、ナポレオンの好意を得ようと、帝国崩壊以前からこの税をベルク大公ミュラに献上することを考えていた。一八〇七年、ダールベルクはミュラの妃（ナポレオンの末妹）カロリーヌのサロンに熱心に出入りし、批判者はダールベルクがカロリーヌに言い寄っていると噂したほどだった。カロリーヌの巧みな交渉により、ダールベルクはエーベルシュタインら側近にも諮らず、ライン通行税の一部をミュラに献上する条約を結んだのだった[131]。

八　マリー・ルイーズ輿入による墺仏和解構想

一八〇八年、スペイン独立戦争が勃発する。元来スペインはフランスと同盟し、トラファルガルの海戦でも仏西連合艦隊が英艦隊と対決していた。だがボルボン王家（仏ブルボン家）内で、国王カルロス四世と王太子フェルナンド（のちのフェルナンド七世）とが対立すると、ナポレオンは一八〇八年四月二〇日にボルボン王家の人々を南仏バイヨンヌに連行させ、同年七月二〇日にナポリ王ジュゼッペ一世だった兄ジョゼフをスペイン王ホセ一世としてマドリード王宮に送った。ホセ一世はフランス革命の理念を継承し、異端審問や封建的権利の廃止などを試みた。この政策がスペインでの反ナポレオン叛乱を誘発することになる。イギリス軍のアーサー・ウェルズリー（のちウェリントン公爵）に支援され、スペイン各地で反仏遊撃戦が展開された。この遊撃戦は「ゲリラ」と呼ばれ、この語がのちに広く世界に普及することになる。その鎮圧には、フランス軍のみならずライン同盟諸国やワルシャワ公国の分担兵力が投入された。首座司教国軍も二千以上の兵力を提供したが、これはフランス流に再編成され、初めての戦闘を経験した。動員された首座司教国軍（のちフランクフルト大公国軍）やヘッセン軍、ナッサウ軍、バーデン軍などは、庇護者ナポレオンからは「ドイツ」(allemand) 師団ではなく、「ライン同盟師団」(division de la confédération du Rhin) と名乗るよう指示された。灼熱のイベリア半島でスペイン・ゲリラと戦った彼らのうち、生存者は一八一四年に俘虜としてドイツに帰ることになる。[132]

スペイン独立戦争の長期化を好機と見て、旧帝国の盟主エステルライヒは、外相シュタディオンの指導下で対仏報復を決意する。イギリスと第五次対仏同盟を結んだエステルライヒは、一八〇九年四月九日にフランスに宣戦布告した。エステルライヒ軍総司令官のカール大公は、宣言「ドイツ国民へ」(An die deutsche Nation) を発表した。この宣言は、シュタディオンがフリードリヒ・シュレーゲルと共に書いたものとされている。[133]

エステルライヒ皇帝陛下は已むを得ず武器を手にしている。というのもフランス皇帝が、自分の宗主権を認めない、自分の征服意図に奉仕しない国家の存立を認めようとしないから、フランス皇帝がエステルライヒに、自立性を断念し、戦力を武装解除し、征服者の恣意に身を委ねることを望むから、フランス皇帝及びそれに依存する同盟者の軍隊が、エステルライヒを攻撃しようと進軍してくるからである。

エステルライヒの戦力は、その君主の合図に呼応して、自衛のために立ち上がった。私はそれを率い、間近に迫った幾つかの攻撃に先手を打つため、敵に向かっていく。

我々が国境を越えるのは、征服者、ドイツの敵としてではない。ドイツの国制、権利、習俗、伝統を破壊し、外国のそれらを強要するためではない。ドイツの財産を奪取し、ドイツの男たちを遠隔地で相手を隷属させる戦争の犠牲にするためではない。我々が戦うのは、エステルライヒ君主制の自立性を守り通すため——ドイツに相応の独立及び国民的名誉を再びもたらすためである。

我々をいま脅かしているそうした傲岸不遜に、ドイツはすでに屈服した。我々の抵抗は救済のための最後の拠り所である。我々の問題はドイツの問題である。エステルライヒと共に歩めば、ドイツは自立し幸福になる。エステルライヒの援助があって初めて、ドイツは再び自立し幸福になるのである。

ドイツ人よ！　君たちの状況を考えてみよ！　我々が君たちに差し出している助けの手を取り給え！　君たちの救済に協力せよ！　我々は、戦争が共通の問題にとって必要とする負担だけを求めている。君たちの財産、君たちの家庭の平安は、軍隊の兵士たちの規律によって保証される。エステルライヒ陸軍は、君たちから奪わないし、抑圧しない。それは君たちに兄弟として敬意を払う。我々の問題でも君たちの問題でもあることのために、我々と一致協力して戦う使命を帯びた兄弟である。我々の敬意に値する振舞をし給え！　ただ自ら機会を逃すようなドイツ人だけが、我々の敵である。

私がすでに何度も君たちの救済のために口にした言葉を信頼し給え！　決して破られたことのない私の皇帝、私の兄の言葉を信頼し給え！

総司令官　カール大公

この宣言の発想は、指導国エステルライヒの発展こそドイツ全体の発展に他ならないというものである。それはかつてのヨーゼフ二世の統一主義的な帝国愛国主義を受け継ぐものであり、またダールベルクの連邦主義的な帝国愛国主義と対立するものでもあった。一八五九年に建立されたヴィーン宮城前「英雄広場」のカール大公騎馬像にも、「ドイツの名誉のための頑強な闘士に」、「エステルライヒ軍の勇猛な総帥に」との献辞がある。

エステルライヒの挙兵に呼応して、各地で幾つかの反ナポレオン蹶起があった。ブラウンシュヴァイク＝エルス公フリードリヒ・ヴィルヘルムは、エステルライヒの支援で私兵隊を組織し、ベーメンから出撃した。ブラウンシュヴァイク公はプロイセン軍人としてイェナ＝アウエルシュテットの敗戦（一八〇六年）を経験し、領地ブラウンシュヴァイクを新設のヴェストファーレン王国に併合されて失っていた。領土恢復に燃える彼の部隊は、その黒い制服ゆえに「黒き軍勢」(Schwarze Schaar)と呼ばれた。旧エステルライヒ領のティロルでは、エステルライヒ諜報員の煽動もあって、反バイエルン一揆が起きた。プレスブルクの講和(一八〇五年)でバイエルンに編入され、「南バイエルン」と名付けられていたこの地方では、旧体制に共感を懐く農民たちが、モンジュラの統一主義的改革に不満を募らせていた。男装のシュテルンバッハ男爵夫人テレーゼに鼓舞された保守的ティロル人たちは、アンドレアス・ホーファーを指導者として蹶起した。同じ頃、皇弟ヨハン大公も山岳地帯で転戦していた。北ドイツでは、プロイセン軍のベルリン司令官シャゾ伯爵、カット大尉、フェルディナント・フォン・シル少佐などが個別に蹶起に参加した。首座司教侯国のフランクフルトでも、エステルライヒ公債の保有者が多いこともあって、エステルライヒには共感が広がっており、五月二一・二二日にカール大公がアスペルンでナポレオンに勝利したあとでは、政府が市民の政治的発言の抑制に躍起になったほどだった[134]。

だがドイツ総蹶起は実現しなかった。プロイセンではシュタイン、アウグスト・フォン・グナイゼナウ、ゲルハルト・フォン・シャルンホルストが反仏挙兵を目指したが、政府は一八〇八年にフランス駐留軍撤退を巡りフランスと合意したばかりで、差し当たりエステルライヒに資金援助をするに留めた。ドイツ諸国の住民による大規模な反仏蜂起も起こらなかった。ブラウンシュヴァイク公の「黒き軍勢」は、最後は劣勢になり北海からイギリスに亡命したが、通過したライプツィヒでは掠奪や暴行を行い、住民の反撥を買った。シルやホーファーは戦死、処刑の憂き目にあった。エステルライヒの侵攻を受けたバイエルンは、フランス側に立って抵抗した。一八〇九年四月一九日から二三日までの間に、エステルライヒ軍はフランス軍にタン、アベンスベルク、ランツフート、レーゲンスブルクで敗れた。ヴィーン北東で行われたヴァグラムの戦い(七月五・六日)では、激しい戦闘の末に、ナポレオン及びライン同盟軍の勝利が確定した。一〇月一四日、シェーンブルンの講和が結ばれた[135]。

首座司教侯ダールベルクは、この戦争で民衆にフランスへの加勢を呼び掛けた。一八〇九年四月二二日、ダールベルクはエステルライヒの声明に対抗して、「バイエルン国民」(bairische Nation)に協力を訴える勅語を渙発した。(136)

戦争が勃発した。バイエルン国民は、その誠実さ、その勇敢さ、その君主への愛情で尊敬されているが、このような危機にあって、避けがたい荒廃に晒されている。彼らが敬愛する君主、及び王室の高貴な方々は、王宮を退去する必要を感じている。そしてバイエルンは、このような不幸を自国に引き寄せるようなことを何一つしていないのである。その連合がライン同盟をなしている王たちや君主たちは、以下のことを痛切に感じている。すなわち、彼らの領土の不可侵性、彼らの所有物の安全、平和の維持といった、これら公共の福祉の源泉が、彼らが連合を組むに至った本質的な理由だったということ、そして彼らの相互の協調及び彼らの庇護者・擁護者たる皇帝ナポレオン陛下が、彼らの安全の揺るぎない基盤をなしているということ、一般の幸福と不可分である彼らの国家の政治的存在の維持に関する限りは、いかなる労苦を払うこともあり得ると思われることである。これが輿論である。ライン同盟に入ろうと躍起になった君主が、民衆の意志に反して加入したなどという噂が流れたときに、冷静にならなければならないのは民衆の方である。というのもライン同盟のような連合こそが、君主の安全を保障し、君主が彼ら自身及びその臣民のために、全ての主権を伴う独立状態と不可分の利点を伸ばしていける状態にしたからである。首座司教である朕は、光栄にもライン同盟の機関であるから、朕はこの義務を果たす。そうだ、民衆たちよ、高貴な擁護者の英雄的行為と、同盟した王たちや君主たちの一致団結した努力とが、神の助成を受けて、(天の最も美しい贈り物である)堅固で持続的な平和を直ちに恢復するであろう。

フランクフルト　一八〇九年四月二二日

この勅語にはもう「ドイツ」や「帝国」の語はない。ダールベルクは、民衆がドイツ愛国心に駆られて反ナポレオン闘争に熱狂し、ライン同盟に与する諸侯を非難するような事態になることを抑えようとしていた。ダールベルクによれば、ドイツ民衆に安全を提供しているのはライン同盟であり、その庇護者ナポレオンなのであって、それに対する反抗は、実は民衆にとって自殺行為だというのだった。

首座司教侯ダールベルクは、フランス軍が勝利するごとに神の讃歌「テ・デウム」を合唱させ、神に感謝を捧げた。ヴァグラムの勝利に際しては、ダールベルクはフランクフルト大聖堂で祝賀ミサを司式した。この大聖堂は、一七九二年までドイツ王選挙及びローマ皇帝戴冠式が行われた場所である。このときフランクフルトにはザクセン王一家が兵火を避けて滞在しており、この祝賀ミサに参列した。この一家には、王太弟アントンの妃マリア・テレジアのように、ハプスブルク家から嫁した者もおり、嫁ぎ先の一家と共に実家の敗北を祝福しなければならなかったのである。(137)

この第五次対仏同盟戦争では、前述のようにダールベルクの領国も戦場となった。一八〇九年四月末、カール大公麾下のエステルライヒ軍がレーゲンスブルク市内に籠り、これにフランス・バイエルン連合軍が猛攻撃を加えた。この戦いでは、ナポレオン自身も珍しく軽傷を負っているが、レーゲンスブルクはこののち第二次世界戦争まで経験しないような破壊を蒙り、その傷も癒えぬまま、翌年バイエルン王国に併合されることになる。ただこの破壊は、中世以来のレーゲンスブルクの街並みを近代化する契機ともなった。(138)

この戦争の最中、ダールベルクにとって後年のしこりとなる事件が起きた。一八〇八年一二月一六日、スペインの皇帝本陣で、プロイセン首相シュタイン男爵がフランス及びライン同盟の敵と名指しされた。ナポレオンは、密かに対仏蜂起を狙っていたシュタインから法的保護を剝奪し、その財産を没収した。シュタインはエステルライヒ領のプラーク、次いでブリュンに政治的庇護を求め、そこから各地の友人に書簡を送って助勢を請うたが、その一人がダールベルクだった。二人は共に西部ドイツの帝国騎士で、ダールベルクの協働司教選出にはプロイセン使節だったシュタインの兄も関与していた。だがこのときナポレオンの信奉者だったダールベルクは、ナポレオンに追われるシュタインの代理人に、自分はできることはするが、できることは少ないとして、冷淡な態度を取った。シュタインは結局ロシヤに亡命することになる[139]。

一八〇九年七月にシュタディオンの後任となったエステルライヒ外務大臣ロタール・ヴェンツェル・フォン・メッテルニヒ＝ヴィンネブルク帝国侯爵は、ライン＝モーゼル地方の帝国伯爵家の出身である。ダールベルクより二歳若い父フランツ・ゲオルク・カールもローマ皇帝に仕え、墺領ネーデルラントの統治を担ってリュティヒ暴動に対処した。つまりメッテルニヒ家はハプスブルク家直参ではなく帝国諸身分に列し、帝国官僚としてローマ皇帝フランツ二世の宮廷に出仕し、ライン左岸領地の仏領化、帝国修道院領オクセンハウゼンによる損害賠償、ヴュルテンベルク公による「陪臣化」、そして帝国崩壊を経てエステルライヒ帝国を担うに至ったのである。メッテルニヒは、幼少期にプロテスタント神学者を家庭教師とし、「ジャコバン派」を間近で観察する術を覚え、動乱を経て革命の断固たる敵対者とはなるが、パリ大使としてナポレオンとは信頼関係を築き、墺仏友好に努めてきた。ナポレオンは一八一〇年、墺外相メッテルニヒ侯爵、墺大使シュヴァルツェンベルク侯爵を、リヒテンシュタイン侯爵と同様独立の君主としてライン同盟に迎えようとまで述べている。革命騒擾を警戒しつつナポレオンとの友好に腐心する点では、メッテルニヒはダールベルクと共通した面を有していた[140]。

この間にダールベルクは、ライン同盟結成から冷却していたエステルライヒとの関係改善を試みていた。一八〇八年一〇月二〇日、ダールベルクはザクセン出身のプロテスタント教徒で、かつてローマ皇帝フランツ二世の侍従であった外交官フリードリヒ・エルンスト・フォン・マルシャル伯爵をヴィーンに送った。するとヴィーンからもフランクフルト駐箚公使としてヒューゲル男爵を送ってきた。彼はトリール大司教領からヴィーン宮廷に移り、最後の帝国議会駐箚エステルライヒ大公使節、共同監察官を務め、帝国代表者会議にも参加した、ダールベルクに馴染みの人物である。ただマルシャル伯爵もヒューゲル男爵も反ナポレオン派だったため、フランスはダールベルクのハプスブルク家との接近を警戒した。ダールベルクは、エステルライヒに反仏闘争を断念する（つまりフランス覇権体制に順応する)よう働きかけ、ナポレオンにもヴィーン宮廷に融和志向の人々がいることを知らせようとしたが、それでも一八〇九年のエステルライヒの対仏宣戦布告は予防できなかった。(141)

仏墺和解のために、ダールベルクはナポレオンにエステルライヒ皇女との結婚を勧めた。ダールベルクがナポレオンに、ハプスブルク家との縁談で仏墺関係を強化するよう勧めたのは一八〇九年一月三〇日で、これは第五次対仏同盟戦争の前だった。終戦後の外相メッテルニヒは、一八一〇年二月六日にはダールベルクが引き続き結婚による仏墺和解に情熱を傾けているとの報に接していた。ナポレオンはジョゼフィーヌとの離婚を決意したあとも、すぐにハプスブルク家との縁談を考えたわけではなく、当初は同盟国ロシヤの大公女との結婚を考えていた。だがエステルライヒ外相がシュタディオンからメッテルニヒに代わったのち、ナポレオン側がハプスブルク家との縁談の話題を出してきた。メッテルニヒの回顧録によれば、パリでフランス帝国大宰相・パルム公(パルマ公)ジャン＝ジャック・レジ・ドゥ・カンバセレスが仮面舞踏会を開催した際、この場に現れたある仮面男が、メッテルニヒ侯爵夫人(国家宰相カウニッツの孫娘)の腕をつかんで別室へ誘った。この男は他ならぬナポレオンであった。彼はとりとめもない話のあとで、エステルライヒ皇帝フランツ一世の長女マリア・ルドヴィカ(マリー・ルイーズ)大公女に自分が結婚を申し込んだら受けてもらえるか、父君の同意を得られるかと尋ねてきた。このときメッテルニヒ夫人は、それらの問いには返答不能だと答えた。するとナポレオンは、あなたがマリー・ルイーズだったら受け入れるか、あなたは夫君メッテルニヒ外相にこの件を仲介して下さるかと尋ねてきた。メッテルニヒ夫人は否と答え、駐仏エステルライヒ大使シュヴァルツェンベルク侯爵に依頼するよう言った。ナポレオンはメッテルニヒ夫人の冷淡さに失望し、「あなたは意地悪な方ですね」と述べた。パリからの急使に接したフランツ一世は、本人の意見も聞くなど逡巡した上で、国力恢復のための時間稼ぎとしてやむなくこの申し出を受諾した。ただ墺仏民衆はこの縁組に平和の到来を感じて熱狂的に歓迎したといい、ニクラス・フォークトなどもこの結婚を平和を実現した「最も喜ばしい出来事」と顕彰している。結婚式は一八一〇年四月二日、テュイルリー宮殿ディアナの間で行われた。本来ならば発案者のダールベルクが司式を担当しそうなものだが、これはフランツ一世が拒否した[142]。

ナポレオンの結婚は、ローマ＝カトリック教会にまたしても厄介な問題を持ち込むことになった。マリー・ルイーズとの結婚に先立つ一八〇九年一二月一五日、皇帝ナポレオン一世は子供が生まれないことを理由に、皇后ジョゼフィーヌとの離婚を発表した[143]。だが離婚を認めないローマ＝カトリック教会の教皇ピウス七世は、自らが請われてパリで司式したナポレオンのジョゼフィーヌとの結婚を、今更無効だと宣言するわけにはいかなかった。ナポレオンはすでに一八〇八年二月二日、対英大陸封鎖に参加しない教皇に業を煮やして、この間に復活していた教皇領を再び占拠し、一八〇九年五月にフランス帝国に併合していた。ピウス七世は翌月ナポレオンを批判する大勅書を発布した（ただナポレオンの名前を挙げることは避け、教皇の尊厳を貶めた彼の協力者たちが非難されていて、他に「嘘つき司教」(episcopus mendax)ダールベルクを糾弾する大勅書も存在するとの憶測があった）。このためナポレオンは七月五日に教皇をサヴォナに幽閉した。この教皇がナポレオンの再婚を祝福するはずもなく、ダールベルクのように従順な司教がそれを代行するしかなかった。ちなみにこの頃ダールベルクは、幽閉された教皇ピウス七世に冷淡だった。彼はナポレオンの教皇幽閉を批判せず、むしろ大陸封鎖令に従いアンコナ港をイギリス人に対し閉鎖しなかった教皇側の問題を指摘した[144]。

ナポレオンはこの離婚問題を機に、教皇の権限を叙任権闘争前の状態にまで抑え込もうとした。彼は一八一〇年にこう述べている。「将来は、教皇たちは私に宣誓しなければならない。シャルルマーニュとその前任者たちにかつてそうしたように。教皇たちは私の承認があって初めて任命される。コンスタンティノポリスの皇帝たちによって確認されたのと同様に[145]」。翌年一月には、ナポレオンは教皇を職務停止、あるいは廃位した前例があるか、調査報告をするように命じている[146]。もっともナポレオンは、カトリック教会を否定したわけではなく、死に際してもカトリシズムの終油や埋葬を希望していたのだが[147]。

新妻を得て元気溌剌たるナポレオンは、パリ滞在中だったお気に入りのエステルライヒ外相メッテルニヒに、ヨーロッパ支配の壮大な夢を語った。ヨーロッパのあらゆる文書館を全てパリに統合するというのである。歴史的な文書は、各地域の沿革を示す重要な証拠であり、それを誰が保存あるいは破棄するかは、一見単なる学術案件であるかのようで、実は最重要の政治案件である。ナポレオンは、陸軍士官学校と廃兵院との間の敷地に壮大な文書館を建築し、建材にはいかなる火災にも耐えうるように石と鉄しか使用しないと述べた。これを聞いたメッテルニヒは、建物以前にそもそも各国が自分たちの文書を提出するかが問題だ、簡単にはいかないだろうと述べたところ、ナポレオンは自信をもって反論した。「入手できないなんてことがどうしてあるかね。どの大国だって、自国の文書を全く安全な場所に保管してもらえるなら、急いで送ってくるだろう、そうじゃないかね。安全な上に、学問にも有利だという二重の利点から、恐らくそうする気になるはずだ。貴下自身で、歴史がそこからどれだけ膨大な利益を引き出すことになるのか、考えてみたまえ。もちろん、各国はそれぞれ自国の記録を専門の文書館員のしっかりした管理の下に置く権利を持つべきだ。文書館員は、全員自分の受け持ちの書類の近くに寝泊まりする。誰もが自由に自宅に真正証明をしてもらった複写を保管することができる。遠くまでかけていく必要がなくなるのだから、大変な利益が得られることになるじゃないかね！　ほんの少し足を運ぶ、廊下を一本横切るだけで、フランス、エステルライヒ、ローマ等々の歴史の宝庫から宝を取り出すことができるのだよ」(148)。

九　フランクフルト大公への転身

ダールベルクはドイツ首座司教としてシェーンブルンの勝者に懇願した。一八〇九年一〇月一七日の書簡で、ダールベルクはヴュルツブルク、バンベルク、フライジング、ミュンスター、オスナブリュック、パッサウの司教座が空席であり、在任中の司教や大聖堂参事会も収入不足で、ドイツのカトリック教会に堅固な基盤を与えることが必要だと訴えている。彼は一八〇九年一〇月三〇日の書簡では、自分の領国の不安定さにも触れ、ナポレオンがヴェストファーレン王国と同類の憲法を欽定してくれるよう願った。だがナポレオンの返事はなかった。新任のフランス外務大臣カドル公爵ジャン＝バティスト・ノンペール・ドゥ・シャンパーニは、前任者タレーランのようにはダールベルクと気性が合わなかった。それどころかフランス側からダールベルクを中傷する宣伝が始まり、彼に聖界君主であることを止め、政治から引退して学芸に専念するべきだとの声が上がった(149)。

シェーンブルンの講和を踏まえて、ライン同盟諸侯は一八〇九年秋にパリに集まり、ナポレオンによる領土再編に期待した。エステルライヒからイン川流域、ザルツブルク、ベルヒテスガーデンなどを獲得したバイエルン王マクシミリアン一世は、旧プロイセン領のバイロイトと共に、自国領が取り囲んでいるダールベルクのレーゲンスブルク侯国を併合する長年の望みを遂げようとした。ヘッセン大公はハーナウ、フルダを狙い、バーデン大公、ナッサウ公と共にダールベルクのアシャッフェンブルク、フランクフルトを獲得しようとした。当時はイタリア中部の教皇領も解体されていたので、ヨーロッパで唯一残った教会国家たるダールベルクの首座司教侯国も、解体すべきだとの声が上がっていたのである。ダールベルクもこれを機に改めてナポレオンに懇願するべく、一八〇九年一二月二〇日にレーゲンスブルクを発ってパリに向かった。同年一二月一四日の夕食時、エステルライヒ公使ファーネンベルクに、ダールベルクは二日前にフェッシュ枢機卿経由で内密にナポレオンの招待状をもらったと述べているが、実際には招待なしに自ら出向いたと見られている(150)。

一八一〇年二月一二日、ナポレオン一世は教会国家「首座司教侯国」の世俗国家「フランクフルト大公国」(Großherzogtum Frankfurt)への再編を決断した。そもそも革命理念の継承者であるナポレオンに、カトリック聖職者を君主と頂く国家を永続させる意思などなかった。ダールベルクはドイツ・カトリック教会の首座司教であり続けながら、同時に一代限りの世俗君主、つまり「殿下」(Königliche Hoheit) の称号を帯びた「大公」になったのである。またナポレオンはこの再編をボーアルネ家との関係修復にも利用した。皇后ジョゼフィーヌの連れ子ウジェーヌ・ドゥ・ボーアルネ皇子は、イタリア王ナポレオンの下でイタリア副王を務めていたが、ナポレオンの実母との事実上の離婚、マリー・ルイーズとの再婚で、ナポレオンに実子が生まれる可能性が生じた。ナポレオンは、自分に複数の息子が生まれる場合、第一子にフランス帝位を、第二子にイタリア王位を相続させようと考えていた。ナポレオンの息子が一人であろうと複数であろうと、いずれにしてもウジェーヌ皇子は将来イタリア王となることが難しくなっていた。ナポレオンは、ウジェーヌ皇子を子供の生まれ得ないフランクフルト大公ダールベルクの後継者に据えることで、彼に将来の君主の地位を保証したのだった。ダールベルクの死と共に、カトリック聖職者を元首と頂く世俗国家フランクフルト大公国は、世俗君主ウジェーヌを頂く世俗国家へと変容するはずだった(151)。

フランクフルト大公国設立に際し、レーゲンスブルクは遂にバイエルン王国に帰属することになった。バイエルンは、ナポレオンの後押しで公国・選帝侯国から王国に昇格し、神聖ローマ帝国の枠組からも解放され、フランス庇護下のライン同盟には属しつつも、主権国家への道を歩んでいた。バイエルンはレーゲンスブルクの併合を狙い、ナポレオンも一八〇七年にダールベルク国家の飛地である同市をバイエルンに与えることを考えたが、ダールベルクの拒否にあっていた。一八〇八年のエルフォール君侯会議で、バイエルン代表はこの問題を蒸し返し、仏外相シャンパーニとの間で条約を結び、バイロイト辺境伯領・レーゲンスブルク侯国の購入を決めたが、バイエルン財務大臣フランツ・カール・フォン・ホンペシュの反対で頓挫した。だが一八〇九年の年末、バイエルン政府は再びこの件で動き出し、一八一〇年二月にナポレオンとの間でパリ条約が調印された。これはバイエルンが南ティロルをナポレオンに譲渡する代わりに、ザルツブルク、ベルヒテスガーデン、バイロイト、レーゲンスブルクなどを得るものであった。ダールベルクは聖職者としてはレーゲンスブルク大司教であり続けつつ、世俗領主としてはレーゲンスブルクを失い、フランクフルト大公として再出発することになった。なおレーゲンスブルク市民は、経済的・文化的孤立から脱却できるとバイエルンへの統合を喜んだという[152]。

このバイエルン領土再編成を指揮したのが、マクシミリアン・フォン・モンジュラ伯爵（一七五九—一八三八年）である。モンジュラ家はサヴォイアの出身で、父ヤヌスの代から軍人としてヴィッテルスバッハ家に仕え、男爵に叙されていた。マクシミリアンはストラスブール大学で学び、ツヴァイブリュッケン時代からのちのバイエルン王マクシミリアン一世に仕えた。バイエルン王国内務大臣・外務大臣となったモンジュラ伯爵は、バイエルン領に取り囲まれて残存する外国の領地を放置せず、バイエルン主権下に組み込むべきだと考えていた。レーゲンスブルクの帰属に関しても、ライン同盟の充実如何に関しても、親仏的政治家同士のダールベルクとモンジュラとは対立する立場にあった[153]。

フランクフルト大公国は九十平方哩、人口三十万人余りの国家となった。ダールベルクは一八一〇年二月一六日締結の条約でレーゲンスブルク侯国をフランス皇帝ナポレオン一世に献上し、同年二月二八日締結の仏巴条約でレーゲンスブルクはバイエルン王国に帰属することになった。この際の秘密協定で、バイエルンはダールベルクの甥（エメリヒと考えられる）に毎年四十万フランを支払う旨が定められた（だがこの年金は同年一〇月に辞退された）。同年三月一日、首座司教侯国は大公国に昇格した。レーゲンスブルク侯国総督アルビーニは同年五月九日に、同国行政をフランス皇帝の全権使節コンパン伯爵に移管する旨を宣言した。最後に当たってダールベルクは、レーゲンスブルク市が蒙った戦禍を気にしつつ、「忠実な友」として都市の発展に「天の祝福」があることを祈って退去した。二週間のフランス統治を経て、同年五月二二日にコンパン伯爵は同市をバイエルン王国の宮廷監察官ヨゼフ・マリア・フォン・ヴァイクス男爵に移管し、翌日バイエルン王国の領有式典が行われた。なお、一八〇九年四月二四日にはドイツ騎士団の各領地がフランス皇帝の勅令により解体され、周辺領邦に編入されていた。首座司教侯国の枠内で命脈を保ってきたザンクト・エメラムなどの旧帝国教会領、その他教会領は、バイエルン施政下で建物を没収され、財産を売却されて、ここに教会領はドイツから完全消滅した。ダールベルクはレーゲンスブルク喪失の代わりに、旧ヘッセン゠カッセル領で仏軍政下にあったハーナウ、「世俗化」後プロイセン王家の縁戚だった旧ネーデルラント総督オラニエ家が一旦獲得し、イェナ゠アウエルシュテットの戦役後はフランス軍政下にあったフルダを獲得する。仏監察官ジョリヴェ伯爵の見守るなかで、二つの領土は一八一〇年五月一六、一九日にダールベルクの監察官ボイスト伯爵に引き渡され、領有式典が行われた。とはいえ領内のナウハイムの製塩所、ヴィルヘルムスバートの保養所、フィリップスルーエ宮殿は、フランス管理下に置かれた。この領土再編で、広範囲に点在していたダールベルクの領地は、飛地のヴェツラルを除きアシャッフェンブルク周辺にまとまることになった。隣接するのはヘッセン(゠ダルムシュタット)大公国(南北)、イーゼンブルク侯領(西)、バーデン大公国(南)、ヴェストファーレン王国(北)、ヴュルツブルク大公国(東)などである。ダールベルクは獲得した二つの領土を早速視察して回った。フルダには七月四日に到着して、下級聖職者たちや従僕たちに謁見の機会を与えた[154]。

フランクフルト大公国はライン同盟におけるフランス式統治の魁となった。フランス人を君主に頂くヴェストファーレン王国、ベルク大公国はすでにフランス式統治を導入し、立憲主義的憲法、「ナポレオン法典」などを導入していたが、ナポレオンの親族が支配する体制では、十分な統治は期待できなかった。ドイツ人君主国で先頭を切り、模範を示す形となったのが、まさしくダールベルクのフランクフルト大公国だったのである。

フランクフルト大公国の「一八一〇年八月一六日の組織勅令」では、皇帝ナポレオンのお蔭で成立した諸憲法のなかで最良のものである「ヴェストファーレン王国憲法」の原則を継承することが同国の利益になるという「朕の確信」が説かれた(前文)。同国軍は二千八百人と規定され(第三条)、ダールベルクの薨去後に「オイゲン・ボーアルネ皇子殿下」に大公位が譲渡され、その男系子孫が継承する世襲君主国になることが規定され(第四条)、将来のレーゲンスブルク大司教座のフランクフルトへの移転が示唆された(第五条)。更に同国が臣民の平等及び憲法に即して受容された宗教の礼拝の自由を保障する立憲君主国であることが宣言され（第一一条）、貴族制は存続するものの、貴族に官職や栄典などへの排他的権利はないとし（第一四条）、内閣の規定はないが、内務・司法・警察大臣、財務・御料・商務大臣、外務・文部・軍事大臣の三大臣が置かれ（第一七条）、公選制議会の規定はないが、政令を準備し起草する「国家評議会」（議長は大公）及び身分制議会（Stände）が設置された（第一八―二八条）。加えてフランス革命の流儀でフランクフルト、アシャッフェンブルク、フルダ、ハーナウという四つの「県」（Departement）及びヴェツラルという区域が置かれ、大公が任命する「県令」（Präfectur-Generalsecretair）（ヴェツラルには「準県令」（Unterpräfect））が派遣されて、中央集権制が導入されることになり（第二九―三二条）、「ナポレオン法典」を一八一一年一月一日に制定することも規定された（第三七条）。[155]

フランクフルト大公ダールベルクは、仏帝ナポレオン一世の強い要求に基づいて、一八一〇年一〇月一〇日の勅令で、それまで合法的に存在していた同国のドイツ語、フランス語の新聞八紙全てに廃刊を命じ、その新聞社を解散させ、警察大臣が任命した編集長が統括する『フランクフルト大公国新聞』に一本化した。この事件は、かつてのフリーメイソン団員、啓明団員ダールベルクの変節として、のちに非難される原因となった。[156]

一八一〇年、ダールベルクは「ライン同盟諸国における教会の平和について――レーゲンスブルク首都大司教カールの公表された願望」を刊行する。ライン同盟の現状への苛立ちから書かれたこの文書には、ダールベルクの切なる願いが述べられている。ダールベルクは、カトリック教徒の平穏な信仰生活のためには、ペトロの後継者たる司教が信徒を司牧することが必要だが、「世俗化」以降の混乱のなかで、カトリック教会はその財政基盤を奪われ、パッサウ、フライジング、バンベルク、ヴュルツブルク、ミュンスターの司教が空位で、マインツ、ヴォルムス、シュトラスブルク、コンスタンツ司教区のライン川右岸部分は臨時にレーゲンスブルク大司教が管理している状況にあり、それ以外の司教区にも現職者の薨去後に補充される見込みがないと、窮状を訴えた。「ああドイツよ！　その地には元来の素質から実直で気のいい民族が住んでいる。ああドイツよ！　そのうち最も美しい諸州が同盟諸国に属している。カトリック系キリスト教という天の賜物が、永遠のドイツの相続財産であり続けんことを！」。ダールベルクはカトリック教徒とプロテスタント教徒との一致にも言及し、「ドイツ国民教会」構想への期待をも滲ませた。このダールベルクのフェブロニウス主義は、ミケーレ・ディ・ピエトロ枢機卿を憤慨させることになる。(157)

ダールベルクは一八一一年六月一七日にパリで開会した「国民公会議」に参加した。この会議は、ナポレオンの命令でフランスのカトリック教会が開催した地方公会議で、教皇といえども公会議には服従すること、世俗君主は世俗事項でいかなる聖界権力にも従わないことなどを宣言した。この宣言は、君主権神授説の理論家だったモー司教ジャック・ベニーニュ・ボシュエの発案で、ルイ一四世が一六八二年に出した宣言を踏襲したものだった。このフランス国民公会議へのドイツ首座司教の参加は、この会議の威信を高めることになったが、ダールベルク周辺は彼の健康状態を理由に参加に難色を示していた。この国民公会議を前にしたサン・クルーでの夕食後、ダールベルクはナポレオンに教皇ピウス七世の解放を進言した。教皇を幽閉したままでは、教会が不自由な印象を与えるからというのである。だがその願いは聞き入れられなかった。なおダールベルクの国民公会議参加は、バイエルンやヴュルテンベルクなどライン同盟の大国の警戒感を誘うことにもなった。(158)

一八一二年になると、フランクフルト大公国では行政に対する様々な不満が囁かれるようになった。フランス軍が絶えず通過し、その際のフランクフルト市の負担が行政を圧迫した。フランス人が優先的に登用され、現場を知る古参官吏が粗略な扱いを受けているという不満も出た。一八一二年五月一日には、ダールベルクを揶揄するフランス人の諷刺が出たが、顕彰の詩だと誤解されて取り締まりが同月二三日まで遅れるという失態もあった。ダールベルク自身も臣民の陳情に不愛想な態度で接するなど、仕事への意欲の減退を窺わせる事態が起きた。このようにフランスのドイツ支配はすでに綻びが見えていた。だがそれでも、ドイツの将来は依然不透明だった。(159)

第六章　ダールベルクの落日

一　「難破の年」

一八一一年、「フランス人の皇帝」ナポレオン一世はその権勢の絶頂を迎えた。彼のマリー・ルイーズとの再婚で、仇敵エステルライヒはフランス帝国の同盟国となり、ボナパルト家はヨーロッパ随一の名家ハプスブルク家とも血統がつながった。教皇領も解体され、欧州諸国にはイギリスを除いて、フランスの覇権に抵抗する国がなくなった。一八一一年三月二〇日には待望の男子ナポレオン二世が生まれ、直ちに「ローマ王」の称号が授与された。ライン同盟ではダールベルクらの協力で、フランス式統治体制が拡大しつつあった。

得意の絶頂にあるナポレオンは、やがて仏露協調をも再考するようになる。ナポレオンは一八〇六年の大陸封鎖令によりイギリスを屈服させることを目指したが、ロシヤ帝国は国内経済上の理由からこの大陸封鎖を継続できず、一八一一年にイギリスとの交易を再開したので、ナポレオンを苛立たせていた。またバルカン半島では、ナポレオンはある程度ロシヤのトルコ領への侵攻を容認していたが、それがセルビアの保護国化にまで至ることには懸念し、新同盟国エステルライヒにベオグラードなど一定の領域を確保してやろうとした。更にナポレオンは、国王が廃位されたスウェーデンに、ポンテ＝コルヴォ大公ジャン＝バティスト・ジュール・ベルナドット仏帝国元帥（一七六三―一八四四年）を王太子として送り込み、北欧に支配を広げてロシヤを刺戟していた。ナポレオンはこのベルナドット問題でロシヤの反撥を予想し、すでに仏露開戦を視野に入れていた。メッテルニヒによれば、ナポレオンはロシヤ皇帝がフランスとの戦争には応じないか、応じても初戦の敗退で戦意を喪失するだろうと考えていた(1)。

権力を維持するためには、常に新たな栄光と恐怖とが必要だというのが、ナポレオンの信念である。伝統的正統性のない成り上がり者がその地位を保持するには、相次ぐ成功に喜ぶ民衆の喝采が必要なのである。「もし私が私の権力の基礎として、更に栄光と新しい戦勝とを加えなかったら、私の権力は失墜するだろう」。またナポレオンは、マキアヴェッリと同じく、指導者は畏怖されることが必要だと考えていた。「私が恐るべき者でなくなれば、私の帝国は滅ぼされる」。(弟のオランダ王ルイに)「治世の一年目にそんなによいと思われる君主は、二年目には馬鹿にされる君主である。王たる者が人民に感じさせる愛は男性的な愛でなければならず、そこには畏敬の念が交じっていなければならない。ある王がよい王だと言われるときには、その王の治世は失敗なのである」。(エジプト遠征中に)「トルコ人には、最も厳しく接しなければならぬ。毎日、本官はカイロの通りで五、六の首を刎ねさせている。これまでは、我々が来る前から広まっていた恐怖の評判を断つために、彼らに手心を加えねばならなかった。しかし今日では逆に、これらの連中が服従するのに相応しい態度をとる必要がある。連中にとって、服従するとは恐れることなのである」。こうした点から言えば、ナポレオンにはロシヤ帝国を叩きのめし、フランス国民の歓喜を呼び起こし、服属した国々から反抗する気力を奪うことが必要だった。従順でないロシヤ帝国を野放しにしては、傘下のドイツ諸国に示しが付かないのである(2)。

ナポレオンから標的にされたロシヤ帝国は、メッテルニヒ外相がパリにいる間に、エステルライヒに救援を求めた。サンクト・ペテルブルク宮廷は、シュヴァロフ伯爵を使者としてヴィーン宮廷に派遣し、フランスと戦争になった場合に、露墺同盟を結ぶという案を提示していた。このロシヤ皇帝の提案をヴィーンで迎えたのは、メッテルニヒ外相の実父で、フランツ一世の命令で宮廷・国家官房の指導を代行していたフランツ・ゲオルク・カール・フォン・メッテルニヒ＝ヴィンネブルク侯爵だった。だが帰国したメッテルニヒ外相は、このロシヤの同盟提案を拒否し、仏露関係の動向をより慎重に見極め、エステルライヒの行動の自由を確保することにした(3)。

ナポレオンはロシヤ膺懲のために「大陸軍」(La Grande Armée)を動員した。一八一二年五月九日、パリ郊外サン・クルーの居城を出発したナポレオンは、同一三日にアシャッフェンブルクに到達した。ダールベルクはナポレオンが寛げるように、マホガニー材の机、金箔を施した肘掛椅子、ビロードの緞帳、絨毯など、フランクフルトの自分の宮殿の家具をそっくりアシャッフェンブルクに運ばせ、またナポレオンの出陣を祝福するべく祝砲、幔幕、照明を準備した。だがナポレオンは、僅か数時間しかアシャッフェンブルクに滞在せずに通過し、ドレスデン(ザクセン王国)に滞在した。そこには、エステルライヒ皇帝フランツ一世及びライン同盟諸侯が集められていた。ナポレオンは岳父フランツにロシヤ遠征への同行を求めたが、これは実現しなかった。ナポレオンは五月二九日にドレスデンを発して三一日にポズナン(ワルシャワ公国)に着き、ケーニヒスベルク(プロイセン王国)を目指した(4)。

一八一二年六月二三日、「大陸軍」はコヴノ南方で露普国境のメーメル川(露 ニェーメン川)を渡り、ロシヤ遠征の口火を切った。ナポレオンはイタリア副王ウジェーヌ・ドゥ・ボーアルネ、ヴェストファーレン王ジェローム・ボナパルト、ミラノ王ジュアシャン・ミュラ、エルシンゲン公(独 エルヒンゲン公)ミシェル・ネー(独 ナイ)元帥、タラント公エティエンヌ・ジャック・マクドナル元帥、ワルシャワ公国軍司令官ユゼフ・ポニャトフスキらを部将とし、六十万以上の大軍を率いていた。これに対しロシヤ帝国は、陸軍大臣・第一軍総司令官ミハイル・ボグダノヴィチ・バルクライ・デ・トーリ元帥、総司令官を引き継いだ隻眼の老元帥ミハイル・イラリオノヴィチ・クトゥーゾフ公爵、ピョートル・イヴァノヴィチ・バグラチオン公爵、ピョートル・クリスティアノヴィチ・ヴィトゲンシュテイン元帥らの率いる大軍で迎え撃った(5)。

ナポレオンの「大陸軍」はドイツ系将兵を含む多民族の混成軍団だった。エステルライヒは武装中立を宣言したが、三万の補助部隊を求めるナポレオンの要求には応じた。エステルライヒ軍はシュヴァルツェンベルク侯爵(カール大公は参加拒否)、プロイセン軍はヨルク、バイエルン軍はヴレーデ侯爵が率いていた。ライン同盟のフランクフルト大公国、ヴュルツブルク大公国、ザクセン＝ヴァイマール・アイゼナハ公国、ザクセン＝ゴータ・アルテンブルク公国、ザクセン＝マイニンゲン公国、ザクセン＝ヒルトブルクハウゼン公国、アンハルト＝デッサウ公国、アンハルト＝ベルンブルク公国、アンハルト＝ケーテン公国、リッペ侯国、シュヴァルツブルク＝ゾンデルスハウゼン侯国、シュヴァルツブルク＝ルードルシュタット侯国、ヴァルデック侯国、諸ロイス侯国といった小国の分担兵力は「諸侯師団」(Division princière)に結集し、イギリス軍の上陸に備えてヴィリニュスに進軍した。他にもイタリア王国、ワルシャワ公国などが出兵していた。この「大陸軍」こそ、ナポレオンの「普遍君主制」(Universalmonarchie)の象徴であった。(6)

迎え撃つロシヤ帝国軍もドイツ人を含むユーラシアの諸民族で構成されていた。総司令官バルクライ・デ・トーリ伯爵(のち公爵)は、スコットランド貴族バークレイ・ディ・トリー家の系譜を引くリガのバルト＝ドイツ系都市貴族の出身とされ、ドイツではミヒャエル・アンドレアス・フォン・バルクライ・デ・トリー伯爵として知られる。ヴィトゲンシュテインは神聖ローマ帝国の帝国諸身分の出身で、ドイツではペーター・フォン・ザイン＝ヴィトゲンシュタイン＝ベルレブルク侯爵と呼ばれる。バグラチオン公爵はサカルトヴェロ(露 グルジア)王家の出身だった。(7)

一八一二年九月七日(露八月二六日)、露仏両軍がスモレンスク及びボロジノで激突した。ナポレオンは「大陸軍」将兵にこう告げた。「兵たちよ、諸君が待ちに待った戦闘が、今こそ始まるのである！　いまや勝利は諸君の双肩に掛かっている。我々には勝利が必要なのである。勝利は我々に豊富な物資とよき冬営とを与え、我々を速やかに祖国へ帰還させてくれるだろう。アウステルリッツや、フリートラントや、ヴィテプスクや、スモレンスクにおけるのと同様の働きを見せてもらいたい。そしていかに遠いのちの世の人々も、この日の戦闘における諸君の働きを誇りをもって褒め称えんことを。人々が諸君について、「あの人はモスクワの城壁の下でのあの大会戦に加わっていた！」と言わんことを」(8)。

ボロジノで勝利した「大陸軍」は古都モスクワに到達したが、これが時流の転換点となった。ロシヤ帝国の首都はサンクト・ペテルブルクだったが、古都モスクワはロシヤ正教会の中心都市であり、モスクワ大公国発祥の地でもあった。だがロシヤ皇帝アレクサンドル一世には一向に降伏する気配がなく、ロシヤ軍や住民は市外に退去し、物資の供給がないモスクワで「大陸軍」は孤立した。ロシヤ軍の放火は更にフランス軍を追い詰め、結局彼らは滞在一箇月にしてモスクワから撤退を開始する。「大陸軍」は補給も不十分なかで減少し、ロシヤ軍の追撃や冬の寒気に苦しめられた。ナポレオン自身の戦果報告にはこうある。「スモレンスクに着いたときには、我々は騎兵及び砲兵の多数の馬を失っていた。寒さが突如として加わり、一四日から一六日にかけては寒暖計が氷点下一六度乃至一八度を示した。道路は雨氷で蔽われ、騎兵・砲兵・輜重の馬は、毎夜数百頭どころか、数千頭ずつ死んでいった」。「敵は、フランス軍に襲いかかったこの恐るべき災禍の跡を道路の上に認めて、この災禍に乗じようとした。すなわちそのコサック騎兵によってあらゆる縦隊を包囲し、コサック騎兵は沙漠のなかのアラビア人のように、道路から逸れていた輜重や馬車を奪っていくのだった。いたずらに騒々しいばかりで、選抜歩兵の一個中隊を突破する力もない、あの取るに足らぬコサック騎兵も、この状況のために恐るべきものとなった(9)」。

ロシヤの「祖国戦争」(Отечественная война)は、ドイツの「解放戦争」(Befreiungskrieg)の呼び水となった。プロイセン軍司令官ルートヴィヒ・ヨルク(のちヨルク・フォン・ヴァルテンブルク伯爵)は、ヘルマン・フォン・ボイエンやナイトハルト・フォン・グナイゼナウと共にプロイセン軍から移籍していたロシヤ軍の軍使カール・フォン・クラウゼヴィッツ少佐の説得に応じ、一八一二年一二月三〇日にリトアニアのタウロッゲンで、ロシヤ軍司令官ハンス・カール・フォン・ディービッチュ＝ザバルカンスキ伯爵と停戦協定を結んだ。ヨルクはプロイセン王フリードリヒ・ヴィルヘルム三世の勅許を得ずに、麾下のプロイセン軍を「大陸軍」から離脱させたのだった。タウロッゲン協定に刺戟されて、東プロイセンでは反ナポレオンの動きが生まれ、プロイセン王フリードリヒ・ヴィルヘルム三世も一八一三年二月二八日に露普同盟を結んだ。プロイセン王は三月一七日にブレスラウで宣言「我が民衆に」(An mein Volk!)を発布し、同月二〇日に『シュレジエン特許新聞』に掲載した(10)。

私の忠良なる民衆にも、同様にドイツ人にも、いま始まるこの戦争の原因を説明する必要はないだろう。目の曇っていないヨーロッパには事態は明らかである。

我々は優勢なフランスに屈服した。我が臣民の半分を奪り取った講和は、我々にその恩恵をもたらさなかった。というのもその講和は、戦争自体よりも深い根を我々の国に下ろしたからである。国土は骨の髄までしゃぶり尽くされ、主な要塞は敵に占領されたままで、農耕は麻痺状態となった。我々の都市でいつもであればかくも盛んな工業が、いまでは停滞している。商業の自由は妨げられ、それにより収入や繁栄の泉が涸れた。国土は貧困化で荒廃している。

受け入れた義務を徹底して果たしていくことで、私は我が民衆を安堵させることを望み、プロイセンを独立した状態にしておくのが彼自身の利益になると、フランス皇帝をなんとか説得しようとした。だが私の純粋この上ない意図は、思い上がりと不誠実とによって挫折させられた。そして皇帝の課した条約が、彼の起こす戦争と同様に、より一層我々をゆっくりと破滅させるに違いないということを、我々はあまりにも明瞭に認識するに至った。いま、我々の状態に関する全てのごまかしを止めるときがきた。

ブランデンブルク人よ！　プロイセン人よ！　シュレジエン人よ！　ポンメルン人よ！　リトアニア人よ！　諸君らはほとんど七年の間、何を耐え忍んできたかを知っているだろう。諸君らは、もし我々が開始しようとしている闘争が名誉ある終結を迎えなければ、どのような悲しい運命が待っているかを知っているだろう。昔のこと、大選帝侯やフリードリヒ大王のことを思い出してみよ。我々の祖先が血を流して戦い取り、諸君らに残したもの、つまり良心の自由、名誉、独立、商業、工業、学問のことを忘れるな。我々の強力な同盟者であるロシヤ人の偉大な先例を考えてみよ。それどころかスペイン人、ポルトガル人のような小さな民族ですら、同じものを守るために、より強力な敵に対して戦いを挑み、勝利を得ているではないか。豪胆なシュヴァイツ人やネーデルラント人のことを想起してみよ。

大きな犠牲が全ての身分に求められている。というのも、我々が闘争を始めることが偉大なのであり、我々の敵の数も資金も少なくはないからである。諸君らは、どうせ犠牲を払うのなら、外国人の支配者よりも、祖国のために、諸君らの生まれながらの国王のために払いたいだろう。外国の支配者は、かくも多くの事例が示すように、諸君らの息子たちや最後の力を、諸君らには全く関係ない目的のために犠牲にしようとしているのである。神への信頼、忍耐、勇気、我々の同盟者の強力な加勢が、我々の誠実な努力に勝利の報酬を与えることだろう。

しかし、どのような犠牲が個々人からも求められるにしても、そうした犠牲は神聖なるものの埋め合わせになるものではない。もし我々がプロイセン人及びドイツ人であることを止めたくないのなら、我々はそうした神聖なもののために犠牲を捧げ、戦い、勝利しなければならないのである。

これは我々が生き残るための、我々の生存、我々の独立、我々の繁栄のための、最後の決定的な闘争なのである。名誉ある平和を実現するか、光栄ある没落を遂げるか以外には、他に逃れる道がないのである。そうした没落をも、名誉のためには、諸君らは安心して迎え入れるだろう。というのも名誉なしには、プロイセン人もドイツ人も生きることができないからである。我々はただ確信をもって信じることが許されるのみである。神と我々の固い意志が、我々の正当な行動に勝利をもたらすであろう。その勝利と共に、確実な、栄光の平和が、そして幸福な時代への復帰が成し遂げられるであろう。


この宣言には当時の状況が反映されている。プロイセン王は「朕」(Wir)ではなく「私」(ich)と名乗り、君主として臣民に下知するのではなく、民衆に訴える姿勢を取っている。またここではプロイセン臣民が「ブランデンブルク人」、(狭義の)「プロイセン人」、「シュレジエン人」、「ポンメルン人」、「リトアニア人」の集合体であることが意識され、更に(広義の)「プロイセン人」のアイデンティティの上に「ドイツ人」のアイデンティティ、その上に「ヨーロッパ」というアイデンティティが想定されている。なお再三帝国あるいはドイツの団結を攪乱し、皇帝に反抗して自国の利益増強に邁進してきたプロイセンに、ここでいきなり「ドイツ人」を糾合する資格があったのかどうかは疑問だろう。だが実際のところこの宣言から、プロイセン中心、ベルリン中心の近現代ドイツ史が始まるのである。

この「解放戦争」を機に、プロイセン王国は「鉄十字章」(Eisernes Kreuz)という勲章を創設した。これは身分の差なく勇敢な兵士を顕彰するために、安価な鉄で製作したものである。デザインはプロイセン王フリードリヒ・ヴィルヘルム三世が素描したものを、建築家・芸術家カール・フリードリヒ・シンケルが完成させた。その創設日は宣言よりも前の一八一三年三月一〇日とされたが、この日は三年前に他界していた伝説的な王妃ルイーゼの誕生日だった。[11]この「鉄十字章」は反ナポレオン戦争限定の勲章のはずだったが、やがてプロイセン軍、あるいはドイツ軍の代表的勲章として、一八七〇年、一九一四年、一九三九年に始まった諸戦役でも授与され、現在のドイツ連邦軍の徽章にも引き継がれている。

対仏戦争を決意したプロイセンは、ロシヤ、イギリスと第六次対仏同盟を結成した。フランスの覇権に抗して蹶起した露普両国の記憶は、一九世紀を通じてプロイセン保守派の親露主義の原点となった。この「解放戦争」に従軍し、のちにフリードリヒ・ヴィルヘルム四世の厚い信頼を得た侍従武官長レオポルト・フォン・ゲルラッハ(一七九〇―一八六一年)も、またその教え子であるオットー・フォン・ビスマルク(一八一五―一八九八年)も、ロシヤとの同盟関係をプロイセン(ドイツ)外交の基軸に据えていた。その方針が揺らいだのは、ようやく一八九〇年のことであった。[12]

すでに一八一三年二月には、民間で「義勇軍」(Freicorps)結成の動きが始まっていた。リュッツォー義勇軍の制服に由来する「黒赤金」は、ドイツ愛国旗の三色に採用され、のちドイツ連邦、ヴァイマール共和国、ドイツ連邦共和国、ドイツ民主共和国の国旗に採用された。ボン出身の作曲家ルートヴィヒ・ファン・ベートホーフェン(一七七〇―一八二七年)がヴィーンで発表した軍歌「戦士の惜別」(Des Kriegers Abschied)には、義勇軍に参加する若者の姿が描かれている(作詞はC・L・ライシヒ)。[13]

一　私は恋に燃えつつ戦場へ行く　それでも涙などはなしで別れるのだ
私の腕は祖国のものだ　私の心は可愛く美しい彼女のものだが
というのも真の勇者は優しく　いつも可愛い子のために燃えているから
しかしそれでも祖国のために戦場で　決然と死ぬことができるのだ

二　私は勲章が欲しくて　戦ったことなど一度もない
ああ恋人よ、汝の手からのみ　私は勲章を得ることを望む
一人のドイツの乙女の手から　勝利の栄冠が欲しい
私の腕は祖国のものだ　私の心は可愛く美しい彼女のものだが

三　私は戦いの最中でも愛情に満ちて　家にいる私の可愛い彼女のことを考える
そして誰がこの腕に　歯向かおうとするのか知りたい
というのも何という褒賞だろう　彼女の手が私に勝者の栄冠を授けるというのは
私の腕は祖国のものだ　私の心は可愛く美しい彼女のものだが

四　お達者で、我が恋人よ　栄誉や義務がいまドイツの戦士を呼んでいるのだ
お達者で、お達者で、そして泣きはしない　私は勝者として家に帰るのだから
そしてもし私が敵の手に落ちたとしても　私の名声は響くことだろう
私の腕は祖国のものだ　私の心は可愛く美しい彼女のものだが

だが第六次対仏同盟戦争もまた一進一退の展開となった。モスクワから帰還したナポレオンは、迅速な新兵募集によって陸軍を再建し、露普連合軍に立ち向かった。一八一三年五月二日、ナポレオンはグロースゲルシェンの戦い

（リュッツェンの戦い）で露普連合軍を撃破し、また同年五月二〇・二一日のバウツェンの戦いでも再びフランスが勝利した。両軍はエステルライヒの仲介で一旦休戦に入った。ただイギリスはイベリア半島でフランス軍を破り、そこからフランス本土への進撃を狙っていた。

この頃ライン同盟諸侯はまだナポレオン側に与していた。グロースゲルシェンの戦いに勝利したナポレオンに、ダールベルクは改めて揺るぎない忠誠心を表明した。これを嘉納したナポレオン一世は、「陛下の最も忠実な同盟者」（Plus fidèle allié de Sa Majesté）という称号をダールベルクに授与した。ダールベルクはこの栄誉に感激し、謝辞を伝えた。「何という幸せでしょう！　我が祖国はアジアの北方からの野蛮人の侵略を撃退すると、固く決意しています。そして私に何という称号でしょう。人類で最も偉大な人物の最も忠実な同盟者とは！　いまや私の名前は不滅のものとなることでしょう！」ナポレオンは勝利を誇示するべく、マイヤンスにライン同盟諸侯を集め、ダールベルクもこの召集に応じた。(14)

とはいえフランクフルト大公国でも反仏感情が顕在化しつつあった。一八一三年一月一七日、ハーナウで群衆がロシヤ皇帝や追放されたヘッセン＝カッセル選帝侯に万歳を叫び、諷刺の歌を口ずさみながら役所のフランスの紋章を破壊し、その場にいたフランス人将校二人にコサック兵の扮装をした若者たちが襲いかかるという事件が起きた。この事件で、大公国政府はギムナジウム校長に規律強化の指示を出すに留めたが、フランスは徹底した取り締まりを要求し、襲撃をしたミュラーなる男を裁くフランス軍法会議が、三月五日にハーナウ市庁舎で行われた。裁判長は酒に酔っての犯行と見て無罪判決としたが、見せしめの死刑判決を望んでいたナポレオンはこれを不服とし、容疑者は拘留され続けた。(15)

一八一三年八月一日、ダールベルクはアシャッフェンブルクで庇護者ナポレオンの突然の来訪を受けた。庇護者が真夜中に僅かな従者と共にヨハンニスブルク宮殿に現れたとき、ダールベルクはすでに就寝していたが、急いで起床して彼を正面階段で出迎えた。ナポレオンはマデイラ酒を一気に飲み干し、皇后マリー・ルイーズに「孤独で寂しい」、「会いたい」と書き送った。このときナポレオンは、ダールベルクとは言葉を交わさなかった。この真夜中の対面が、結果的に二人の今生の別れとなった。ナポレオンはアシャッフェンブルクを出て、ハプスブルク領ベーメン王国の首都プラークに向かった[16]。

武装中立国だったエステルライヒ帝国では、メッテルニヒ外相が事態の推移を慎重に見極めていた。エステルライヒは度重なる戦争で財政危機に陥っており、容易に対仏戦争への参加を決意できなかった。メッテルニヒは、シュタインらロシヤ宮廷のドイツ人亡命者や「ドイツ熱狂者」(Deutschtümler)たちが、ロシヤ政府と協力してエステルライヒに対仏宣戦布告を促してくるのを、冷ややかに眺めていた。旧帝国の「帝室」、多民族国家ながらドイツの指導国でもあったエステルライヒは、帝国崩壊後に四分割(ライン同盟・墺・普・仏領)されてきたドイツが、「ドイツ」の名を冠して復活するのかどうか、復活するならそれはどのような国制でか、墺普関係をどうするかなどを考慮しなければならなかった。一八一三年八月一一日、そのエステルライヒ帝国も遂に対仏同盟に参加した[17]。

欧州大陸の覇者ナポレオンも追い詰められ、ダールベルクにも危機が迫っていた。ダールベルクと共に対仏親善に努めてきたメッテルニヒは、欧州覇権に固執するフランスをもう見限っていた。ロシヤから帰国しドイツ再編に乗り出したシュタインは、ダールベルクとは因縁の仲になっていた。シュタインは、かつてダールベルクがマインツ協働司教に選出されたときには、これを「有能な人物」だと好意的に評価していた。だが帝国騎士領を失ったシュタインは、ライン川通行税で補償して欲しいという嘆願を却下した大宰相ダールベルクに侮辱されたと感じていた。またシュタインは自分がナポレオンに追われたときも、ダールベルクが救援に応じなかったことを覚えていた。いまや露普連合軍を背景に、ハプスブルク家を頂点とする神聖ローマ帝国を再建しようと意気込むシュタインと、ナポレオンの「第三のドイツ」庇護を信じるダールベルクとは、まさに水と油の関係であった。フランクフルト大公国内務大臣アルビーニは、かつてダールベルクとナポレオンとの接近を準備した人物だが、このときは素早く対仏同盟軍と連絡を取り、ハーナウ宮廷顧問官カール・ツェーザル・フォン・レオンハルト（一七七九―一八六二年）を通じて、ダールベルクに寝返りを進言した。だがダールベルクはレオンハルトの諫言を遮り、「巨大な精神の星が失墜する」という予想を拒否した。「私はそうは思わない！　私は違う！」。なおも説得しようとするレオンハルトを、ダールベルクは興奮して拒絶した。「その話は止めなさい！　駄目、駄目、駄目！　駄目だと言っているんだ！　その話は聞きたくないのだよ。自分の運命を信じる点では、私は――ほとんどトルコ人なのだ」[18]。

一八一三年一〇月一日早朝、ダールベルクは一頭立四輪馬車三台を伴いアシャッフェンブルクからコンスタンツに向かった。以前からダールベルクは、露普軍がフランクフルト大公国の国境に達したならば、コンスタンツ司教区の紛争処理のために「出張」することを計画していた。フランス側は、この緊急事態にコンスタンツの紛争など重要ではないとし、ダールベルクをアシャッフェンブルクに引き留めようとした。ナポレオンは八月二七日にドレスデン郊外で再び勝利したが、別方面では部将たちが敗れた。九月九日、対仏同盟国はテプリッツ協定でライン同盟解体を求め、コサック騎兵は近隣のヴェストファーレン王国に侵入していた。九月三〇日、ダールベルクは三人の大臣にフランクフルト大公国の全権を委ね、急遽出発の準備に入った。彼の個人文書はヨハンニスブルク宮殿に残され、やがて失われた。ダールベルクや供奉者の聖職顧問官コップらがダルムシュタット、ハイデルベルク、ドナウエッシンゲンなどを経由してコンスタンツに着いたのは、一〇月六日のことだった。ただコンスタンツに落ち着いたダールベルクは、この逃亡が適切だったのかを自問するようにもなる。一〇月二〇日の段階では、ダールベルクは近いうちにフランクフルト大公国に帰還することも思い描いていた[19]。

ダールベルクのアシャッフェンブルク脱出から一週間後、一八一三年一〇月八日には遂にバイエルン王国もエステルライヒとリート条約を結んで対仏同盟側に寝返り、ライン同盟は崩壊した。バイエルン王マクシミリアン一世は、フランスから離反し対仏同盟に参加する条件として、ナポレオンによって与えられた領地及び主権を安堵するという保証をエステルライヒ皇帝に求め、これがヴィーン会議でのドイツ再編論議の制約となった[20]。

一八一三年一〇月一六日、ライプツィヒ郊外で「諸国民戦争」(Völkerschlacht)の火蓋が切られた。バルクライ・デ・トーリの率いるロシヤ軍、ブリュッヒャーの率いるプロイセン軍、ベルナドットの率いるスウェーデン軍、シュヴァルツェンベルクの率いるエステルライヒ軍が、ナポレオンの率いるフランス軍と対峙した。この時点では、ライプツィヒのあるザクセン王国はまだフランスに与していた。一八日に対仏連合軍は総攻撃を開始し、兵力で劣るフランス軍は敗走した。決戦を前にヨハン・アドルフ・フォン・ティールマン男爵らザクセン軍の一部は対仏連合軍に寝返り、敗戦後にザクセン王・ワルシャワ公フリードリヒ・アウグスト一世は対仏連合軍の俘虜となった。ワルシャワ公国軍司令官ポニャトフスキは、ナポレオンからフランス帝国元帥に任命されたが、その直後に戦死した[21]。

パリに逃げ帰る途上で、ナポレオンはフランクフルト大公国を通過した。エステルライヒ・バイエルン軍の襲撃が迫るなか、ナポレオンは一〇月二六日にフルダに立ち寄り、もう一度ダールベルクと会おうとしたが、城代からは司教区の緊急案件でコンスタンツに行ったと告げられた。ナポレオンは一言、「恐らく怖気付いたのだろう」と零して去った。フランス軍が去ったフルダには、一〇月二七日朝にコサック隊が到着し、ロシヤ・プロイセンの混成部隊が市を占領した。統制の取れていない進駐軍は、フルダ市内の食糧倉庫やフランクフルト大公国の金庫などを掠奪し、一部残留していたフランス軍将兵を俘虜とした。一一月二日夕方には、「ドイツの救済者」(Salvator Germaniae)と喝采されつつ進軍してきたエステルライヒ皇帝フランツ一世が、フルダに華々しく入城した[22]。

一八一三年一一月一日、コンスタンツのダールベルクは敗走するナポレオンにフランス語の書簡を送った。それはダールベルクのナポレオンへの最後の書簡となった。

陛下！

畏くも皇帝・国王陛下は、私に友情をもって名誉を与え、慈悲を示されました。私が没落する運命にあるとしても、私は陛下に忠実であり、またそうあり続けることでしょう。フランスは海洋の自由のために立派に戦ったのです。ヨーロッパはまだこの善良な意図を評価できないでいます。それはあとになって理解できるようになることでしょう。いま偉大なナポレオン陛下がヨーロッパに平和をもたらそうとするなら、人々はこの目標に回帰していくことでしょう。ああ、我が尊敬する、崇高なる庇護者よ！　フランスかどこかで、陛下にお仕えすることはできますでしょうか？　できますなら、私をお使い下さい！自分個人の安全のために、私はここに来ました。身の安全がなければ、庇護者、善政者たる陛下にお仕えすることもできません。私はバイエルン王に、その義理の息子たるウジェーヌ皇子の名前で、フランクフルト大公国を占領するよう提案します。バイエルン王はその性格からしてフランスの同盟者であって、国民を恐れて一時的に陛下から離反したに過ぎません。かの有能な世襲大公なら、私の行動の意味を分かるでしょう。私はただ我が国民への愛情からそうするのです。我が国民を、私はいつも誇りをもって統治するでしょう。陛下、それが私の行動の理由です。私は、息絶えるときまで衷心より感謝し、心から尊敬しております、陛下！　皇帝・国王陛下に深く心服する、そして忠良なる崇拝者

コンスタンツ　一八一三年一一月一日

シャルル　フランクフォール大公(23)

この書簡でダールベルクは、諸国民戦争が決着した後もなお、場合によっては祖国ドイツを捨ててでも、ナポレオンの臣下であり続ける決意を示している。ダールベルクは、自分がフランクフルト大公で居られなくなるのを見越して、その領国をバイエルン王マクシミリアン一世に委ねようとした。マクシミリアン一世はすでに対仏同盟側に移っていたが、個人的には親仏的なので、ナポレオンが再起を図る場合には力になってくれると考えたのだろう。コンスタンツ逃避に関しては、ダールベルクは疚《やま》しさを感じていたのか、ナポレオンに仕えるために身の安全を確保したと

弁明している。

ダールベルクがこの書簡を認《したた》めた一八一三年一一月一日、ナポレオンはフランクフルトから撤退した。ナポレオンは前日には同地に着いていたが、一泊してすぐフランスに向かった。二日にフランスの殿軍が同市西側のボッケンハイム門から退去しようとしたときには、同市の東側にはもうエステルライヒ・バイエルン軍が到達していた。エステルライヒ軍最高司令官シュヴァルツェンベルク侯爵は、三日にエステルライヒ軍元帥ヘッセン＝ホンブルク公子フィリップをフランクフルト総督に任命し、翌日自らの本営もフランクフルトに置いた。[24] 一八一三年一一月九日、ダールベルクはコンスタンツにいても落ち着かないので、更にシュヴァイツのツューリヒへと逃避した。[25]

ダールベルク不在のアシャッフェンブルクにも対仏同盟軍が押し寄せてきた。一八一三年一〇月二七日、アシャッフェンブルクの留守居役だった枢密顧問官ミュラーが、コンスタンツのダールベルクに書き送っている。「今日、バイエルン王国の歩兵、騎兵がここにやってきて、通過していきました。町や周辺は彼らで一杯です。ヴレーデ将軍は城に宿泊しています。バイエルン人の振舞は非常に結構です。彼らのあとにすぐエストライヒ人がやってきます」。バイエルン陸軍大将カール・フィリップ・ヨーゼフ・フォン・ヴレーデ伯爵（一七六七―一八三八年）は、ナポレオンからフランス帝国の伯爵号を授与されていたが、このときは仏軍追撃の任務を負っていた。のちヴレーデは、バイエルン王国の侯爵、陸軍元帥となり、いまではミュンヒェンのオデオン広場にある「将軍堂」で、三十年戦争の英雄ティリー将軍と並び立っている。ヴレーデは一〇月二八日にフランクフルト大公国を軍事占領し、三〇・三一日にナポレオンとハーナウ郊外で激戦を繰り広げたが、ナポレオンのライン川渡河を阻止することはできなかった。ハーナウの戦いを踏まえて、一一月四日にミュラーはダールベルクに書いている。「我らとフランクフルト、フルト、ハーナウとのつながりを分断した流血の事件については、大公殿下ももうご存知のことでしょう。今日はアレクサンドル皇帝がここに見えました。ロシヤ人、特にコサック騎兵が溢れています。更に三万のロシヤ人が来るということです[26]」。

フランクフルト大公国は四分五裂し、バイエルン軍が占領したのはアシャッフェンブルクだけで、フルダはヘッセン＝カッセル軍、ヴェツラルはプロイセン軍が占領した。その他の「無主地」は、シュタイン議長が主宰する「中央行政評議会」(Zentralverwaltungsrat)の管理下に入った。これは、戦勝国のプロイセン、ロシヤ、エステルライヒからの協力者を加えてはいたが、主要方針から個々の論点に至るまでシュタインが決定する官僚機構だった。無主地の一つであるフランクフルトは、総督ヘッセン＝ホンブルク公子フィリップ、のちロイス＝グライス侯ハインリヒ一三世の統治下に置かれた。大公国大臣アルビーニは、この総督の下でも引き続き総裁を務め、現地の統治業務を継続した。[27]

一八一三年一〇月二八日、ダールベルクは閣僚評議会宛に、フランクフルト大公としてウジェーヌ・ドゥ・ボーアルネに譲位する旨を宣言し、大臣アルビーニに送付した。この宣言は一一月四日の閣僚評議会で読み上げられたが、すでにウジェーヌ即位は不可能で、閣僚評議会は様子見の態度を取った。ダールベルクは一一月二四日、相続者をウジェーヌからその息子アウグストに換え、バイエルン王マクシミリアン一世(アウグストの外祖父)の好意を得ようとしたが、失敗した。ダールベルクは一二月一三日、ツューリヒからルツェルンに戻り、二二日に再びツューリヒに行き、一二月末にコンスタンツに戻った。[28]

一八一三年一二月にダールベルクは各所に臣下を派遣して生き残りを模索した。曰く「フォン・メッテルニヒ侯爵、フォン・ネッセルローデ伯爵、フォン・シュタイン男爵は全部私の知り合いだ。フォン・ヒューゲル公使の親切さも強く確信している」[29]。中央行政評議会に派遣されたのは、エミグレ出身で、アルビーニの女婿だったジャン・ランベール・フィデル・アマブル・フォン・バリクール男爵(一七六六―一八四六年)である。ダールベルクはバリクールを通じ、自分が「生涯至高なる同盟諸国に示した」「深い敬意」をエステルライヒ、ロシヤ、プロイセンの三君主に表明し、自分がレーゲンスブルクに戻りたいこと、家も生活費もなく困窮していることを訴え、代々帝国大宰相が領有したアシャッフェンブルクを残すよう要請した。しかし戦勝諸国の対応は冷淡だった。コルボルンはエステルライヒ皇帝フランツ一世に謁見したが、ダールベルクについては一言も得られなかった。更にコルボルンは、シュタディオンの仲介をも当てにしていたが、同時に主君が自分の交渉中にナポレオンを追ってパリに行くことを恐れていた。アルビーニは、中央行政評議会の一員となっていたヒューゲルに、ダールベルクが本気でレーゲンスブルクに落ち着く気であると説いた。[30]

シュタインの振り回す大鉈からダールベルクを守ったのは、結局はメッテルニヒだった。メッテルニヒはダールベルクの庇護申請を認め、ミュンヒェン宮廷に彼をレーゲンスブルク大司教として許容するよう働きかけた。一八一四年一月一六日、バイエルン王マクシミリアン一世は、ダールベルクが(バイエルン)王国の憲法・法律を遵守するという条件で、レーゲンスブルクの司教職に留まる許可をフランス語で与えた。これによりダールベルクは、ザクセン王フリードリヒ・アウグスト一世のような俘虜生活を送る屈辱を免れた。ダールベルクは、三月七日にコンスタンツを発し、一〇日にレーゲンスブルクに到着した。[31]

ダールベルクはレーゲンスブルクに落ち着いたが、彼が去ったコンスタンツ司教区は崩壊した。コンスタンツ司教領が一八〇二年に「世俗化」されても、コンスタンツ司教区は依然広大で、南はベルン、西はフライブルク、東はウルム、北はシュトゥットガルトまで広がっていた。だがルツェルン駐箚教皇大使のファブリツィオ・スケベッラス・テスタフェッラータがヴェッセンベルクの改革への危惧を伝えたため、教皇ピウス七世はシュヴァイツ諸州をコンスタンツ司教区から分離した。ダールベルクは残部コンスタンツ司教区の司牧をヴェッセンベルクに委ねるつもりだったが、教皇の要求に屈して、一八一五年一月に彼を司教総代理から解任し、彼の典礼改革にも反対するようになった。それでも大聖堂参事会やバーデン大公カール・フリードリヒは、ヴェッセンベルクをダールベルクの後継者にしようとしたが、一八二一年にコンスタンツ司教座は解体された。[32]

ダールベルクが「難破の年[33]」と呼んだ一八一三年が終わり、一八一四年に入ると同盟軍はフランスに向けて殺到した。同年四月四日、仏帝ナポレオン一世はフォンテーヌブロー宮殿で退位した。四月二〇日、ナポレオンは宮殿前の馬蹄形の階段で、最後まで従った近衛連隊将兵に惜別の演説を行った。「私の古参近衛連隊の兵たちよ、私は諸君に別れを告げる」。「我が友人たちよ、諸君はフランスに仕え続け給え。フランスの幸福こそが私の唯一の関心事だったのだ」。「さらば、私の子らよ！　私は諸君をみなこの胸に抱きしめたい。せめて諸君の軍旗に接吻させて欲しい」。ナポレオンはこう言い残して馬車に乗り、トスカナ沖のエルバ島——彼に許容された領国「エルバ大公国」——に向かった[34]。

二　最後の日々

一八一四年一月三一日、レーゲンスブルクへの移住を前に、ダールベルクはコンスタンツからアルビーニに宛てて弁明を試みている。「ナポレオンは長年の友人で庇護者だった」。「自分は信念に基づき行動した」。「海洋の自由を支持し、北方のアジア的諸民族の侵入に抗して闘ったナポレオン体制は、私には意義深いものだった[35]」。

レーゲンスブルクでのダールベルクの生活は物質的には落ち着いた。彼の歿後、晩年のダールベルクが零落し、食事にも事欠いたと噂されたことがあったが、実際には引退した貴族の大聖堂参事会員並みの生活は出来たという。ヴィーン会議では、コンスタンツ司教総代理ヴェッセンベルクがダールベルクの代理を務めた。ヴェッセンベルク宛の当時の書簡では、ダールベルクはまだ誇り高く「首座司教侯シャルル」とフランス語で署名していた[36]。アウグスト・ヴィルヘルム・シュレーゲルがダールベルクを「良心なき野心家」、「ナポレオンの下僕」と蔑み、旧友ヴィルヘルム・フォン・フンボルトが彼を擁護するなか、結局ヴィーン会議はメッテルニヒの考えで、バイエルン代表ヴレーデの反対を押して、年に十万グルデンの年金をダールベルクに支払うことを決議した（最終議定書第四五条）。ダールベルクはこの決議に安堵した。「不偏不党なドイツ人なら誰でも、ドイツ国民精神に親切さ、公平さ、謙虚さという基本的特徴があることを喜び、感謝しつつそれを支持する理由がある。そういった基本的特徴は、次々と起こる事情によって党派精神が掻き立てられたようなときにも、しばしば現れてくるのである」。ただ年金支払の義務を負った旧フランクフルト大公国の後継諸国（プロイセン王国、バイエルン王国、バーデン大公国、ザクセン＝ヴァイマール・アイゼナハ大公国、連邦都市フランクフルト、ヘッセン＝カッセル選帝侯国）の間で、その負担割合を巡って一年半も議論が続き、その間に個人財産を使い果たしたダールベルクは、バイエルン王からの年二万四千グルデンの援助を頼みの綱とした。年金が完全に入るようになると、ダールベルクはエーベルシュタインなど臣下の生活支援もできるようになった。ダールベルクは、自分が凋落する際に巻き込んでしまった周囲の人々のことを気にしていた[37]。

ダールベルクの処遇がヴィーン会議で議論されている最中、ナポレオンは再起を図っていた。一八一五年三月一日、エルバ島を脱出し南仏ジュアン湾に上陸したナポレオンはこう宣言した。「兵士たちよ、我々は敗れたわけではない！」「国民［la Nation］が廃止したはずの国旗［復活したブルボン朝の百合の旗］を、引きずり下ろすのだ！　その国旗は、二十五年間に亙ってフランスのあらゆる敵を集めてきたものだ。この三色章を付け給え！　偉大なる戦いの日々に、諸君はこの三色章を付けてきたのである[38]」。だが雄弁さは健在でも、彼はもう過去の人であった。三箇月後の六月一四日、ナポレオンはワーテルローで敵国と対峙した。「勇気ある全てのフランス人にとって、勝つか滅びるかの瞬間が来たのである[39]」。この必死の訴えに、ダールベルクが何かしら反応したという話は伝わっていない。ナポレオンは「百日天下」ののち、一八二一年に南半球の孤島セント・ヘレナで憤死した。晩年のナポレオンがダールベルクをどう思っていたのかは定かでない。

「ヴィーン会議最終議定書」の一部である「ドイツ連邦規約」に基づき、一八一五年に「ドイツ連邦」（Deutscher

Bund)が発足した。バイエルン王国など、旧ライン同盟諸国が強硬に国家主権維持を主張した結果、シュタインが目指した神聖ローマ帝国の復活は実現しなかった。ドイツ連邦の意思決定機関は「連邦会議」で、これは旧帝国の「常設帝国議会」と同じく各分邦の使節会議であり、「連邦議会」と呼ばれることもあった。エステルライヒはもはや「ローマ皇帝」ではなく、事務を遂行するだけで決定権がほどんどない連邦会議「議長」に留まったが、これはエステルライヒにとって必ずしもマイナスではなかった。「ローマ皇帝」として帝国への義務を負わされ、領国強化を図れば非難され、プロイセンの突き上げを受け、中小諸国の協力も得られないのでは、エステルライヒにとって「ローマ皇帝」号など有害無益でしかないからである。なおドイツ連邦は一般に「国家連合」だと言われるが、それは単なる国際法的組織ではなく、一定の国家的機能をも備えていた。ドイツ連邦は各分邦と並んで各国と外交使節を交換し、「連邦介入」、「連邦執行」を通じて連邦が分邦に介入し、「連邦戦争」を宣言して分担兵力を動員したからである。(40)

ドイツ連邦は神聖ローマ帝国の普遍的性格を大幅に弱め、ドイツ色を強めた。ドイツ国民国家の建設を唱導する人々は、当時このドイツ連邦の有様に不満を募らせたが、客観的に言えばそれは旧帝国よりは遙かにドイツ的になっていたはずである。ドイツ連邦は正面から「ドイツ」を掲げ、古代ローマ的・キリスト教的普遍主義を清算した。ドイツ人居住地域とは言い難いイタリアも、ハプスブルク家領の非ドイツ系地域も、プロイセン東部州も、ドイツ連邦の領域から除外された。外国勢力のドイツ政治への関与は大幅に縮減され、仏露はもはや国制「保証国」ではなく、スウェーデンはドイツの地から撤退した。僅かにデンマーク王がホルシュタイン公として、ネーデルラント王がルクセンブルク大公として、イギリス王がハノーファー王として連邦政治に関与したが、前二者は影響が小さく、イギリスは一八三七年にハノーファーとの同君連合を解消した。ドイツ連邦は決してドイツ国民国家運動の抑圧に邁進したわけではなく、むしろドイツ国民の利益を増進する経済政策、文化政策、法整備に従事したのである。(41)

旧ライン同盟諸国はその明暗が分かれた。バーデン大公国やナッサウ公国のようにナポレオンからなかなか離反しなかった国々も含めて、ドイツ連邦で多くの国々は本領を安堵され、ベルリン東郊のフリードリヒスフェルデ宮殿で幽閉されていたザクセン王フリードリヒ・アウグスト一世ですら、国土の半分を失いながら王位を維持したが、イーゼンブルク侯国、フォン・デル・ライエン侯国、フランクフルト大公国は姿を消した。同大公国の領土のうち、フランクフルトは連邦集会(連邦議会)開催地として自由連邦都市となり、フルダ県、ハーナウ県はヘッセン＝カッセル選帝侯国に併合され、アシャッフェンブルクはエステルライヒが要求したが、結局バイエルン王国に併合された。そしてかつて数多くあった聖界諸侯領も、一つとして復活することはなかった。住民の意志とは無関係に、フランス革命前の支配者を復活させるという意味での「正統主義」は、ヘッセン＝カッセルやブラウンシュヴァイクなどを除いて、ドイツでは採用されなかったのである。

ドイツ政治におけるローマ＝カトリック教会の役柄も一変していた。フランス革命の衝撃がカトリック教会を反近代主義的にしたのである。高揚した「政治的カトリシズム」、つまりカトリック教徒の政治運動の担い手たちは、「山の向こう派」(die Ultramontanen)を自称して、教皇庁と連携しつつドイツ諸国政府の近代化政策への抵抗を試みた。一九世紀のカトリック教会にも、カントの影響を受けたゲオルク・ヘルメスの「ヘルメス主義」(Hermesianismus)や、トリール聖上衣への巡礼を「偶像崇拝」と嫌ったヨハンネス・ロンゲの「ドイツ的カトリシズム」(Deutschkatholizismus)のように、自由主義的気風を取り込もうとする潮流はあったが、少数派に留まった。ヘルメス主義と対決し、混宗婚にも厳格なケルン大司教クレメンス・アウグスト・ドロステ・ツー・フィシェリング帝国男爵(一七七三―一八四五年)は、宗教政策の近代化を進めるプロイセン政府に拘禁されて、信徒から殉教者のように崇められた。この事件に触発されて執筆されたヨーゼフ・ゲレスの『アタナジウス』は、保守主義の古典となった。革命前ヨーロッパで啓蒙の敵として嫌悪されたイエスス会は、解体後もロシヤ、ナポリ、シチリア、アイルランド、アメリカ合衆国などで密かに活動していたが、教皇ピウス七世はこれを徐々に追認し、遂に一八一四年八月七日の大勅書「ソリキトゥード・オムニウム・エックレシアールム」でその再建を許可した。バイエルン王ルートヴィヒ一世は、父マクシミリアン一世の時代に「世俗化」で廃止されたベネディクトゥス派修道院を次々と再興して、その建物を文化財として保護し、一八三八年にはあらゆる宗派のバイエルン兵士にカトリック教会で聖体に跪くことを命じる「跪拝勅令」を渙発した(42)。

古稀を過ぎたダールベルクは、そうした時代のうねりの外にあって、自己弁護的な著述活動をしていた。この頃ダールベルクは「カール・ダールベルク」と平民のように署名するようになっていた。一八一六年八月二一日、ダールベルクは「宗教と政治」と題する一頁の対話篇(ドイツ語・一部ラテン語)を書いた(43)。これは「背教者」と呼ばれたローマ皇帝ユリアヌス帝が、捕えたアレクサンドリア総主教アタナシオスと尋問の場で対話するという創作である。この対話篇には、生涯通じて一般的真理を追究してきた(と主観的には思っている)ダールベルクが、暴君ナポレオンに警告する姿が投影されていると見られている(44)。ユリアヌス曰く「私はローマ国家の元首であり、私の唯一の使命は、滅びゆくローマ帝国勢力、栄光、名声を再び恢復することだ。ローマ国家の唯一の目的は、全人類を一つにまとめ、この統一体を変わることなく守り抜くことだ」。これに対しアタナシオスは、正義に適わぬ国家は滅亡するだろうと返答している。だが実際のダールベルクは、ナポレオンにそのように毅然と諫言するどころか、その大陸支配に喝采していた。その彼がナポレオン没落後になって、自分の大司教の地位は維持しつつ、ナポレオンは正義に適わぬ統治をしたので滅びたのだと説いても、あまり説得的ではないだろう。同じ頃、ダールベルクは一八〇六年にナポレオンに献呈した仏語対話篇『ペリクレス』についても弁明している。前述のようにこの作品は、ナポレオンをペリクレスに準えて期待を滲ませたものである。だが一八一四年七月二〇日のアウグスト・ヴィルヘルム・シュレーゲル宛書簡で、ダールベルクはこの作品について、実は乱世の奸雄アルキビアデスを引き合いに出して、ナポレオンに際限なき功名心の危険性について警告したかったのだと述べている(45)。だがナポレオンにローマ帝冠を熱心に勧めていた一八〇六年の帝国大宰相ダールベルクが、そのような諫言を本当に意図していたのだろうか。

知的高みから普遍的真理を見据えるというのが、晩年に至るまでダールベルクの貫いた視角だった。一八一六年、ダールベルクは「孤高」と題する文章を書き、酒池肉林にいた石工ソクラテスが知の女神アテナの声で目覚め、「官能的悦楽」を肯定するソフィストの「誘惑的学派」から自立した様子を描いている。この孤高の哲人ソクラテスの姿こそ、まさしくダールベルクの懐く自己イメージだろう(46)。一八一六年の小論「多年に亙る分析的研究の成果としての世界成立の総合的・謙譲的観察」では、ダールベルクは人間の在るべき姿を神学的に論じた。ダールベルクは、人間は良い意味で相互に影響し合い、悪い意味で影響を受けないことができる唯一の動物であり、人間は神の恩寵により悪から自分を解放することができるとの信念を披露した(47)。一八一六年末から翌年にかけて発表された「時代精神についての考察」では、ダールベルクは「時代精神」、すなわち「現在支配的な考え方」のなかで、真なるもの、中庸なるもの、正しいものを見極めることが必要であり、判断基準は「より多くの人間の幸福」だと述べている(48)。政治的基盤を奪われ、寂寥感を懐きつつ著述に専念したダールベルクの脳裡に去来したのは、彼が論文「道徳的価値の決定についての考察」(一七八二年)で書いた次の一節ではなかっただろうか。「偉大な人間が、その試みが失敗に終わったからといって、的外れな評価をされる事例がいかに多いことか！(49)」。

一八一六年夏、ダールベルクを親仏派文筆家だったジャン・パウルが訪ねた。ジャン・パウルは若い頃ダールベルクの著作を多く読み、マイニンゲン、コーブルクなどエルフルトの近隣に住んでいたこともあった。一八〇八年にジャン・パウルは、当時住んでいたバイロイトから、ダールベルクに敬意を示しつつ、経済的支援を求める書簡を送り、ダールベルクが、彼を自分が結成したフランクフルトの知識人サークル「ムゼーウム」に加え、毎年千グルデンの年金を支給して以来、交流を続けていた。一八一二年にダールベルクはジャン・パウルにアシャッフェンブルク・リュツェウムの美学教授職を提示したが、彼は文筆業との両立が難しいとして断っていた。結局二人が対面したのは一八一六年夏が初めてだった。パウルは八月一四日から九月六日までレーゲンスブルクに滞在し、夕方に二人は宗教、物理学、哲学などについての会話を楽しんだ。ジャン・パウルの旅費や宿泊費はダールベルクが負担し、ダールベルクの馬車が宿泊先のホテル「金十字亭」に毎日午後六時にジャン・パウルを迎えに来て、午後七時四五分にそこに送り届けた。ジャン・パウルは、ダールベルクを「首座司教侯」と呼び続けた。二人の交流は更に続き、一八一七年のダールベルクの誕生日にジャン・パウルはバイロイトから祝辞を送っている[50]。

ダールベルクは、バイエルンの雑誌『エオス』の編集者Mが訪ねてきた際には、雑誌への寄稿を快諾した上で、自分にとっては全てのキリスト教宗派の統一以上の理想はなかったと語ったという。この求めに応じて書いた小文「情操の安定について」は、ダールベルクの死後に発表され、彼の白鳥の歌となった[51]。

ダールベルクは、身分相応の隠居生活を許してくれたヴィーン体制にも順応していった。一八一七年一月二六日の日付のある「時代精神についての考察」第二部で、ダールベルクはこう述べている。「敬意に値する時代精神が現れたのは、シュヴァルツェンベルク元帥がライプツィヒ郊外での勝利を同盟諸国の君主たちに通告したとき、そして皇帝フランツと国王フリードリヒ・ヴィルヘルムとが、神は我らと共にありと宣言したときであった。敬意に値する時代精神は、我らが国王マクシミリアン・ヨーゼフの心臓で脈打ったのであり、その精神は彼のバイエルン人にとっては父親のように優しいものだった」。そこにはもう、ナポレオンの勝利を祈っていた首座司教侯の姿はない。かつてヨーゼフ二世と対話してその愛国心を称え、次いで欧州の覇者ナポレオンに心服したダールベルクは、フランツ一世、フリードリヒ・ヴィルヘルム三世、マクシミリアン一世に最後の礼讃対象を見出したのである。ダールベルクは「敬意に値する時代精神」が、いまではバイエルン王家に体現されていると持ち上げた。「ヴィッテルスバッハ家の統治者の歴史は、そのような例を豊富に含んでいる[52]」。

一八一七年二月八日、ダールベルクは七十三歳の誕生祝いの席で倒れた。祝宴は、トゥルン・ウント・タクシス帝国侯爵家に仕えるアレクサンダー・フォン・ヴェスターホルト帝国伯爵の邸宅で行われた。数日前からダールベルクは体調が優れず、体力の減退が目立っていた。誕生日当日、ダールベルクは夕方七時にヴェスターホルト家に到着し、ヴュルツブルクのシュタイン葡萄酒を所望して、乾杯の辞で「人生」、「愛」、「神の意志」という言葉を口にしたが、ここで気を失った。ダールベルクは自宅に担ぎ込まれ、大聖堂司祭(のちレーゲンスブルク司教)ミヒャエル・ヴィットマンが聴罪僧になって終油を行い、ラテン語で祈禱文を読み上げた。二日後の一八一七年二月一〇日、午後二時少し前にダールベルクは薨去した。医師たちはダールベルクの死因を老衰と診断した。(53)

三　売国奴か愛国者か

ダールベルクの葬儀は、バイエルン王マクシミリアン一世によりレーゲンスブルクで行われた。郡長マクシミリアン・フォン・ロドロン伯爵の仲介で、マクシミリアン一世はダールベルクを、最後の帝国大宰相、聖界君主として鄭重に埋葬することを決めた。ダールベルクの心臓は外科医によって摘出されて銀の容器に入れられ、マインツ大司教の墓所があるアシャッフェンブルクのシュティフト教会に送られ、祭壇横の壁龕《へきがん》に安置された(**写真**)。遺体には防腐処理が施され、大司教の衣装が着せられた。二月一四日午後三時、ダールベルクの霊轜《れいじ》は大勢の供奉員と共に自宅を出発し、トゥルン・ウント・タクシス侯爵家の従僕など多くの関係者が松明を掲げ、バイエルン王の勅命でレーゲンスブルクのカトリック、プロテスタントの十七の教会が鐘を鳴らすなか市内を行進し、大聖堂内に埋葬された。(54)

一八二四年頃、ダールベルクの慰霊碑がレーゲンスブルク大聖堂の中央部に建立された。三メートルほどもあるこの白大理石の慰霊碑は、甥のエメリヒ・フォン・ダールベルク公爵(ダルベール仏公爵)が、ヴェスターホルト伯爵に依頼して建立したもので、ヴェネツィアの石工ルイージ・ザンドメネーギの作品である。その上部にはダールベルクの

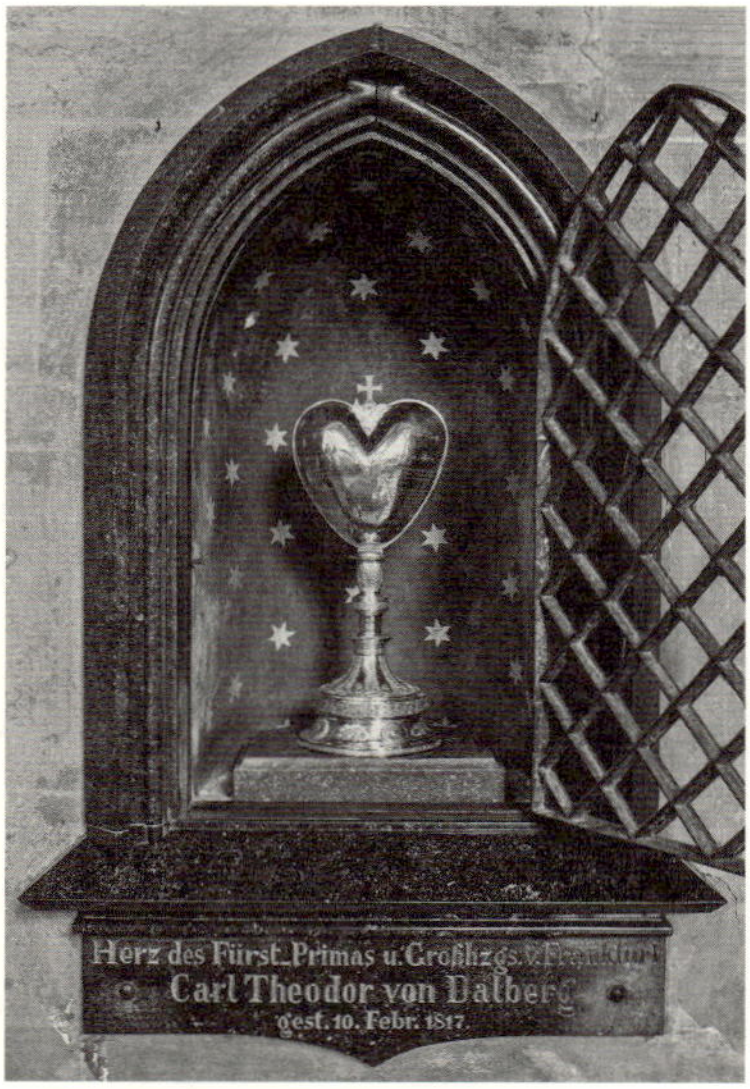

ダールベルクの心臓を入れた容器

最期の言葉である「人生、愛、神の意志」が、中部には「甥が伯父に」の献辞が、下部には蛇と蝶の装飾を付けて生歿年月日が記されている。生歿年月日に並んで、左にヴォルムス財務卿ゲナント・フォン・ダールベルク男爵家の紋章、右にマインツ選帝侯の紋章が彫刻されている。当時はこの慰霊碑以外にも、市中にダールベルクの記念碑を建立する計画があった。ヴュルツブルク大学ではすでに一八一八年八月二二日に彼の胸像が設置され、副学長（解剖学・生理学教授）イグナッツ・デリンガー（一七七〇—一八四一年）が故人を顕彰する講演を行った[55]（このデリンガーは有名な教皇不可謬論批判者の父）。

　ダールベルクの死後八年経った一八二五年、彼の最後の擁護者だったバイエルン王マクシミリアン一世が崩御し、王太子ルートヴィヒがルートヴィヒ一世として即位した。ミュンヒェン市内には、マクシミリアン一世の座像がマックス・ヨーゼフ広場に、ルートヴィヒ一世の騎馬像はオデオン広場に置かれている。だがこの二人の政治的立場は正反対だった。プファルツ＝ツヴァイブリュッケン公子マクシミリアン・ヨーゼフとして一四歳からフランス陸軍大佐として出仕し、ドイツ語を命令語とするアルザス軍を率いていた父マクシミリアンは、革命勃発後でフランスから逃避してもフランス文化の友であった。だが息子ルートヴィヒは、フランス帝国主義に憤慨し、革命理念によってもたらされた破壊行為、とりわけ帝国解体や「世俗化」を慨嘆し、カトリシズムを信奉する「右のドイツ・ナショナリスト」として生育した。王太子は父王やモンジュラと対立してバイエルンの解放戦争参加を先導し、フランスからのアルザス奪還を主張した。ルートヴィヒ一世は即位すると、国内に次々とドイツ（及びバイエルン）愛国主義の（だが多くの場合古典古代様式の）記念碑を建てた。凱旋門（ミュンヒェン）、ヴァルハラ（ドナウアウフラウフ）、解放記念堂（ケールハイム）、国王広場（ミュンヒェン）カロリーネ広場（ミュンヒェン）などがそれである。[56]

歴史を愛するルートヴィヒ一世は、建築家フリードリヒ・フォン・ゲルトナーらの協力を得て、一八一〇年にバイエルン王国の所有物となっていたレーゲンスブルク大聖堂の「再ゴシック化」を開始した。カスパル・ダーフィット・フリードリヒのドイツ・ロマン主義絵画にも表れているように、ゴシック建築はドイツ愛国主義者の憧憬の的だった。若きゲーテも、仏領ストラスブールとなっていたシュトラスブルクの大聖堂を見て、「ゴシック」様式ではなく「ドイツ」様式と呼ぶべきだ、外国のものではなく我が国のものとして取り戻すべきだと訴えたほどである。[57] その代表格だったケルン大聖堂（当時プロイセン領）は、一八四二年の「大聖堂建築祭」で数世紀来中断していた建設が再開された。レーゲンスブルク大聖堂では、バロック全盛期からゴシック様式・バロック様式の両立不可能を指摘する声があったが、一八三五年から一八三九年まで、聖ボニファティウスが司教区を創立して千百周年になるのを記念して、ゴシック様式の「恢復」（Restauration）あるいは「純化」（Purifizierung）の工事が行われた。それまで短いままだった大聖堂の二つの塔も巨塔へと再構築され、工事はルートヴィヒ一世崩御の翌年（一八六九年）に完結した。[58]

ダールベルクの慰霊碑

レーゲンスブルク大聖堂の「恢復」の際に、ダールベルクの慰霊碑は大聖堂の中央部から脇へと押し遣られた（ただ近世以降の記念碑が堂内から一掃されたなかで、ダールベルク及びフィリップ・ヴィルヘルム・フォン・バイエルン枢機卿の慰霊碑のみが例外的に堂内に残されたので、一定の敬意が表されたと見ることもできる）。ダールベルクの慰霊碑は今でもそこにある（**写真**）。ちなみに同じ頃、ナポレオンはダールベルクと対照的な運命を辿った。一八四〇年、フランスで眠りたいという遺言に沿って、英領セント・ヘレナ島にあったナポレオンの棺は、彼が建築を始めた凱旋門を通ってパリに帰還し、廃兵院の黄金の丸屋根の下に、巨大な赤大理石の石棺に入れて安置された。ナポレオン一世の欧州覇権の夢は、甥のナポレオン三世によって継承されたのだった。[59]

ダールベルクの慰霊碑が辿ったこのような運命は、彼の評価の変遷と無関係ではない。ダールベルクは歿後二百年間、絶えず毀誉褒貶に晒されてきた。本章ではダールベルク評価の変化を、(1)生前・歿後の顕彰論、(2)近代の売国奴論、(3)冷戦期の愛国者論、(4)冷戦後の愛国者論、(5)日本の先行研究という順で整理してみたい。

(1) ダールベルクの友人たちはその人柄を概ね好意的に回顧した。ヴィルヘルム・フォン・フンボルトは、一七九四年二月にダールベルク邸に長逗留した日々を懐かしげに振り返っている。フンボルトは、ダールベルクが革命の動乱に冷静に向き合い、自分の一族も被害に遭ったにも拘らず、彼が「あらゆる党派の動向をいつも公平無私に」診断していたことに驚嘆し、そうした姿が忘却されていくことに反対した。[60] ダールベルクと親密に交際していたカロリーネ・フォン・ヴォルツォーゲンも、彼が「邪悪な精神」ナポレオンの支持者だったとの通説を否定し、むしろ「真のドイツ精神を備えた君侯」だった、ナポレオンの絶滅政策からドイツを守った、エゴイズムを欠いていたために没落した、他者を傷付けることを恐れて自分の名誉を犠牲にした、生まれた時代が悪かったのだなどと懸命に弁護した。[61] エッカーマンの前ではダールベルクを笑っていたゲーテも、『形態学』や『色彩学歴史篇』では友人、庇護者、学者としてのダールベルクに温かい言葉をかけ、平和な時代なら幸福を得ただろうと慨嘆している。[62]

ダールベルク研究は、同時代のヴォルフガング・ヴィルヘルム・ツァプフやアウグスト・クレーマーから始まった。枢密顧問官ツァプフは、協働司教時代、フランクフルト大公時代にダールベルクの伝記を繰り返し書いた。ツァプフのダールベルク伝では、ダールベルクは「カール賢公」と呼ばれ、その家門の栄光が語られ、統治者としての善政が強調され、フェッシュの登用などフランスへの接近が曖昧にされている。「不滅の英雄ナポレオン大帝」という表現もあり、マリー・ルイーズとの結婚も絶讃され、フランス支配が肯定的に捉えられている。[63]トゥルン・ウント・タクシス侯爵家図書館司書アウグスト・クレーマー（一七七三—一八三四年）も、一八一七年年頭にダールベルク七十三歳の誕生日に記念誌を刊行し、バイエルン王に献呈した。ダールベルクが二月に薨去すると、クレーマーは同年七月に追悼誌を書いた。これは埋葬式の描写や弔辞などを含み、葬儀記録の様相を呈している。[64]一八二一年、クレーマーは二百十二頁に亙るダールベルク伝を刊行し、カール・アレクサンダー・フォン・トゥルン・ウント・タクシス侯爵に献呈した。ユダヤ系哲学者フリードリヒ・リッター・フォン・ヤコービ（一七四三—一八一九年）が故人を顕彰する詩を表紙に寄せたこの作品で、クレーマーはナポレオン戦争による祖国ドイツの崩壊を嘆きつつも、ダールベルクを激動の時代に苦悩した善良な君主として描いた。[65]

(2)　だが世代交代と共にダールベルクを批判する論者が増えていく。貴族や啓蒙派知識人による内輪の顕彰事業に業を煮やして、新しい世代はこの生き延びた聖界君主に厳しい目を向け始めた。そこで判断基準に用いられたのが「ドイツ国民」の観点だった。ダールベルクら帝国愛国主義者たちも信奉していたこの理念であれば、ダールベルクを批判する基準ともなり得たのである。やがてダールベルクの政治的言動だけでなく、彼の人間性にも疑問が提起されていく。ダールベルクが時代に翻弄される有様は、薄弱だ、見栄を張っていたとの印象を生んだ。聖職者ダールベルクの女性関係も問題視され、人妻カロリーネ・フォン・ヴォルツォーゲンとの関係が疑われたり、パリ滞在中に御婦人方とよろしくやっていたと噂されたりした。[66]

ハイデルベルク大学歴史学教授のルートヴィヒ・ホイサー（一八一八—一八六七年）は、その『フリードリヒ大王の死からドイツ連邦創立までのドイツ史』四巻本（一八五四—一八五七年）でダールベルクを批判している。プロイセン中心のドイツ国家を望んでいた国民自由主義者ホイサーは、諸侯同盟に期待したダールベルクやカール・アウグスト公ら

「第三のドイツ」流の愛国主義には懐疑的だった。更にホイサーは、「ドイツ陵辱の時代」なる章で帝国崩壊を論じ、ナポレオンを「陛下」(Sire)と崇め、「ドイツの再生者」とまで持ち上げたダールベルクの阿諛追従ぶり、例えばフェッシュ枢機卿の協働司教登用を、驚天動地の売国行為として非難した(67)。

ボン大学法学教授のクレメンス・テオドル・ペルテス(一八〇九—一八六七年)も、『フランス支配期ドイツの政治状況と人物』第一巻(一八六二年)でダールベルクに触れている。フランス支配へのドイツ人協力者を批判するペルテスは、フォルスターなどと並んでダールベルクを挙げ、ライン同盟のお先棒担ぎとして批判した。ペルテスは、ダールベルクが短期間の教育しか受けずに統治に当たり、民衆の意思に反して上から啓蒙を強要したとし、エルフルト統治も政治家としての才能を示すものではなかったとする。ペルテスはダールベルクのマインツ協働司教選出もプロイセンの支援によるものとし、ナポレオンへの態度も薄弱そのもので、主観的には善意だったにしても、他のライン同盟諸侯と同様に、祖国ドイツより個人の利益を優先したに過ぎないとした(68)。

マインツ郷土史家(ヘッセン大公国判事)カール・ゲオルク・ボッケンハイマー(一八三六—一九一四年)も、ドイツ・ナショナリズムの観点からダールベルクを批判した。ボッケンハイマーは一八七〇年二月の講演「C・Th・フォン・ダールベルクの一八〇七—一八〇八年のパリ滞在」で、「不明瞭で薄弱な本性」のダールベルクがナポレオンへの迎合という「的外れな手段」を採ったために、ドイツ国家再編という「善意の計画」をナポレオンに悪用された、「功名心」や「虚栄心」に取り憑かれ、「愛国主義者」を装いつつ外敵と協力した、ライン同盟は「不健康」で「不自然」だったなどとした。ボッケンハイマーは『一般ドイツ人名辞典』(ADB)でもダールベルクの批判的考察を披露している(69)。

ドイツ帝国成立後の一八七九年、文化史家カール・オリヴィエ・フォン・ボーリュー＝マルコネ男爵(ザクセン＝ヴァイマール・アイゼナハ大公国外交官：一八一一—一八八九年)は『カール・フォン・ダールベルクとその時代』を発表し、クレーマーの顕彰とホイサーの非難との中間を目指した。ボーリュー＝マルコネは、ダールベルクのゴータやヴァイマールでの知的交流を詳細に描いたが、彼の政治的言動については「動揺し、不明瞭で、自分の利益にも反する態度」、「恐らく哲学的に積み上げられた熱狂には向いているが、実際の行動には向いていない性格」などと辛辣に評価した。(70) ボーリュー＝マルコネはユグノー貴族の末裔ながら、ドイツ・ナショナリズムの立場で思考したが、ダールベルクを「ドイツにおけるフランスの影響拡大のための便利な道具」だったとし、ライン同盟を帝国国制を廃止しドイツ諸国を「フランス政治の意志なき道具」にしたものだと評価している。ボーリュー＝マルコネはプロイセンが帝国理念に反する行動を取っていたことも指摘し、ドイツ諸侯の分裂がフランスの侵略を招いた過去を遺憾とした。(71)

ドイツ帝国の興隆と共に歩んだプロイセン学派は、プロイセンを主役、エステルライヒ及び「第三のドイツ」を脇役として、神聖ローマ帝国末期の混乱を描いた。ベルリン大学教授レオポルト・フォン・ランケ（一七九五―一八八六年）は、『ドイツ列強と諸侯同盟』（一八七一・七二年）で、「客観性は同時に非党派性である」と高唱しつつ、神聖ローマ帝国を「ドイツ帝国」と呼び、小ドイツ主義的統一の淵源として諸侯同盟を描いた。ランケはその文脈でマインツ協働司教選出にも言及し、プロイセンやカール・アウグスト公に担ぎ出された名門出身の無邪気な帝国愛国主義者としてダールベルクを描いた。(72) 同じくベルリン大学教授のハインリヒ・フォン・トライチュケ（一八三四―一八九六年）は、その主著『一九世紀ドイツ史』で、マインツ協働司教選挙をプロイセンの勝利として扱い、ダールベルクの名前すら挙げなかった。逆にフェッシュの協働司教登用問題などでは、トライチュケはダールベルクを指弾している。(73)

同じ頃カトリック系歴史家も反近代主義の立場からダールベルクに懐疑的になっていた。マインツ大神学校教授で、のちにマインツ司教になったハインリヒ・ブリュック（一八三一―一九〇三年）は、その大著『一九世紀ドイツにおけるカトリック教会の歴史』の第一巻（一八八七年）で、百年前のドイツの司教たちがフランスから有害な思想を輸入し、教皇の権威を貶めたと述べ、フェブロニウス主義を否定した。ブリュックはダールベルクに関しても、「誤った啓蒙思想」に傾倒し、フリーメイソンや啓明団に加入したことを非難した。ブリュックは、ダールベルクによるフェッシュの協働司教登用にも、反教会的なフランス人独裁者に翻弄された彼の「ドイツ国民教会」構想にも懐疑的だった。トリールの教会史家フベルト(ベダ)・バストゲン(一八七九―一九四九年)も、ダールベルクらの「ドイツ国民教会」構想を、異端に利し、教皇に対し傲慢だなどと評価し、フェッシュ問題からライン同盟結成に至る過程を「ダールベルクの失敗」と呼んでいる(74)。

ヴァイマール共和国でもダールベルク評価は低かった。ケルン市文書館長ヨーゼフ・ハンゼン(一八六二―一九四三年)は、「帝国愛国主義」を過去への夢想的思い入れに過ぎないと診断し、ナショナリズム擡頭で退場した旧式の発想だったと断じた。また彼は強い軍事国家を志向する立場から、「小国割拠」(Kleinstaaterei)を旧帝国の痼疾だったとした。更に彼は、マインツ大司教などの聖界諸侯がフランス式宮廷生活を営み、プロイセンなど他諸侯の軍備に依存し、フランス革命後もまだ中世の帝国国制に固執し、無理な対仏戦争の原因を作り、軽率な啓蒙主義的統治で紛争の根源を作った迷惑者だったと見た(75)。

ドイツ系エステルライヒでもハインリヒ・リッター・フォン・スルビク(一八七八―一九五一年)がダールベルク批判に与していた。ヴィーン大学歴史学教授スルビクは、エステルライヒを含めた「全ドイツ史観」を掲げ、独墺合邦(一九三八年)を支持したが、元墺文部大臣、ヴィーン学術アカデミー院長として、「エステルライヒ」の地名保全に尽力し、ベルリン政府が与えた「オストマルク」という新名称に抗した人物である(76)。スルビクは『エステルライヒ帝制と神聖ローマ帝国の終焉』(一九二七年)で、皇帝が自分の権力基盤を強化し、帝国の利益を増進し国防を強化しようとすれば、帝国諸身分が「ドイツの自由」を掲げて反撥し、皇帝の権力基盤が十分でなければフランスなど外国の侵略を惹起するというジレンマ状況があったことを指摘した。『ドイツの一体性』(一九三五年)でも、スルビクは帝国を軽蔑していたフリードリヒ二世が「第三のドイツ」の帝国愛国主義を利用したとし、ヨーゼフ二世のエステルライヒ領国経営をローマ皇帝としての基盤強化政策でもあったとしたが、トゥグート外交については反普路線に固執しエステルライヒと帝国との阻害を決定的にしたとしている。「エステルライヒ帝制」については、ナポレオンの帝冠への野心に対しての防衛措置であったが、帝国法秩序とは齟齬を来したとしている。このようにハプスブルク皇帝を重視するスルビクはダールベルクへの注目度が低いが、『ゲーテと帝国』(一九四〇年)などではダールベルクを帝国破壊者ナポレオンに迎合した脇役として登場させ、「ドイツ民族の精神的元首」ゲーテと対置している[77]。

国民社会主義政権期にもダールベルク批判は続いた。同政権は、ヴァイマール共和国が着手した連邦主義の抑制を大胆な「同質化」(Gleichschaltung)により断固推進した。この時代に書かれたヴィルヘルム・コッペンの愛国的政治教育の書『ドイツに抗したドイツ人』(一九三六年)は、ドイツの「自由」を痼疾とし、拡大するフランス支配を前に、ダールベルクがローマ帝冠をナポレオンに捧げて失敗したこと、甥エメリヒがナポレオンに公爵にされ、のちブルボン家に付いたことなどを指摘し、ライン同盟を「失神」、「外国支配」、「民族の裏切り」として描いている[78]。

ダールベルク売国奴説は敗戦後も止まなかった。ドイツ人が戦勝国の圧迫に直面したのは、オーデル・ナイセ以東地域やソヴィエト占領地区でも、米英仏占領地区でも同じことだった。とりわけフランスは、米英の加勢で辛うじて戦勝国に列しながら、またもライン地方領有を目指して米英を困惑させた。「ドイツ連邦共和国」は、ソヴィエト連邦と対峙するという米英仏の都合の産物であった。ドイツ連邦共和国が国是に掲げた連邦主義も、統一主義的ドイツが再び周辺国の脅威となることを恐れた戦勝国の意向を反映していた。当時の(特に保守派の)西独政治家は、連邦制に反対ではなかったが、占領軍から建国を命じられた西独国家に当初は距離を置き、その憲法を臨時のものと看做して「基本法」と名付けた[79]。こうした状況下では、ダールベルクが不快な記憶を呼び起こす名前として語られても不思議はない。カール・アウグスト公の書簡を編纂したハイデルベルク大学教授ヴィリー・アンドレアス(一八八四―一九六七年)は、ダールベルクへの否定的評価を隠さなかった。アンドレアスは『ナポレオン時代と諸民族の蜂起』(一九五五年)でも、諸侯同盟に参加した「帝国愛国主義者」(Reichspatriot)ダールベルクが、のちに「神聖帝国の墓掘人」(Totengräber des Sacrum Imperium)になり下がり、ドイツ諸侯のなかでも際立ってナポレオンに迎合し、聖界君主として自分だけ生き残ったことを非難し、ダールベルクを「帝国破壊者」(Reichsverderber)、「ドイツ問題の裏切者」(Verräter der deutschen Sache)と呼んだ。アンドレアスは勿論、フランス革命に対しても警戒的で、マインツ共和国やナポレオンのことも批判的に描いている。(80) これ以外にも、フランスの史料を渉猟したハンブルク大学教授ライナー・ヴォールファイル(一九二七年—)の「ライン同盟史についての研究」(一九六〇年)は、同じ方向性を有している。(81)

(3) だが敗戦の記憶が薄れ、東西分断に慣れが生じると、歴史叙述にも「事実の規範力」が効いてくる。西独政府は国際社会での存在承認を得るために、ルール国際化などフランスの要求を甘受し、欧州統合のなかに生きる道を求めた。社会主義圏はスターリン批判後も瓦壊せず、「ベルリンの壁」構築、米ソ緊張緩和は冷戦永続化の気配を示した。ドイツ東西分断の固定化、欧州統合による主権国家の希薄化、「過去の克服」論の擡頭に呼応して、ドイツ国民国家再興論は退潮し、ドイツ連邦共和国を西欧化した「ポストナショナル」な秩序として称揚するという、学界の時代状況への順応が顕著になっていくのである。

神聖ローマ帝国研究で西独学派を率いたのが、マインツ大学教授のカール・オットマール・フォン・アレティン男爵(一九二三—二〇一四年)である。バイエルン王国成立史研究で哲学博士号を取得したアレティンは、一九六七年に浩瀚な教授資格論文『神聖ローマ帝国』を刊行した。ここでアレティンは、形骸化したとされてきたヴェストファーレンの講和以降の神聖ローマ帝国が、なおも活発な「帝国政治」(Reichspolitik)を展開していた様子を描写した。アレティンの研究は門下生カール・ヘルターらにより精緻化され、帝国再評価は近世史研究に定着した(とはいえ近現代史研究界では、その後もゼバスティアン・ハフナーやハンス゠ウルリヒ・ヴェーラーのように、領邦中心史観に固執し、帝国を「生ける屍」、「朽ち果てていく体」などとする論調が目立つ)。ただバイエルン貴族のアレティンは「第三のドイツ」、特に反皇帝派の聖界諸侯を重視するので、親皇帝派の帝国自由都市には関心が薄かった[82]。ちなみに西独学界が帝国再評価を始めた頃、独墺分離の宿命を甘受したエステルライヒ共和国では、歴史家が「帝国」、「ドイツ」というスルビク的な問題意識を減退させ、全欧州的、多民族的な「ハプスブルク君主国」像を好むようになる[83]。

アレティン男爵が神聖ローマ帝国再評価の出発点としたのがダールベルクだった。アレティンはランケに抗して、協働司教選挙におけるダールベルクをプロイセンの傀儡としてではなく、墺普両国の信頼を得た帝国愛国主義者として描いた[84]。「第三のドイツ」に感情移入するアレティンは帝国末期のハプスブルク家に批判的で、エステルライヒの領国経営と皇帝の帝国統治とが両立しないという前提に立ち、ヨーゼフ二世、フランツ二世、トゥグートらを帝国破壊者として描いた。アレティンは、ダールベルクに好意的だったカウニッツ侯爵やトラウトマンスドルフ伯爵の目線から、ヨーゼフ二世やフランツ二世の政治手法を強引だと批判し、逆に融和志向だったレオポルト二世には好意を寄せた。これに対し、アレティンのプロイセン評価は甘い。アレティンは、プロイセンが聖界諸侯領にとっての最大の脅威であり、一八世紀に侵略を繰り返し、諸侯同盟も帝国愛国主義を戦略的に利用したものに過ぎないことを認識しながら、「帝国国制保証者」というフリードリヒ二世の自己宣伝を踏襲し、彼を帝国政治における「非党派的」な「対立皇帝」(Gegenkaiser)だったと結論付けている。これらは結局、諸侯同盟に加入したダールベルクを擁護し、延いては一九四五年以後に確定した独墺分離を正当化する歴史認識だろう。ちなみにアレティンは、教会政策ではダールベルクらの「ドイツ国民教会」運動に共感し、「カトリック啓蒙」という概念の普及に努め、教皇中心主義を強めるトリエント公会議後の教皇庁やイエスス会に批判的だった[85]。

アレティン男爵は戦後独仏和解にも配慮した。アレティンは近代ドイツ学界が恐怖政治と見たフランス革命を、西独史学が好評するに至ったことを歓迎し、東独史学のドイツ・ジャコバン派研究が、連邦大統領グスタフ・ハイネマンの音頭で、西独にも浸透したことを喜んだ。この頃東独史学では、ドイツ・ナショナリズム批判の観点から親仏派が再評価され、「マインツ共和国」、フォルスター、ジャン・パウルなどが好意的に紹介されていたのである[86]。アレティンは、ドイツでの市民革命の欠如を嘆くヴェーラーとは異なり、ジャコバン革命の再発を恐れつつナポレオン支配下で「上からの近代化」を行ったのは欧州諸国の通例だったとし、ドイツをその一つとした。つまりアレティンは、ヴェーラーと違って「ドイツ特有の道」を批判はしないが、ヴェーラーと同じく仏主導の欧州近代化は肯定したのである[87]。アレティンは、彼の再評価する帝国、特に聖界諸侯領を消滅させた主原因がフランスのドイツ侵略だったにも拘らず、むしろフランスへの抵抗を主導したエステルライヒに矛先を向けた。第一次対仏同盟戦争に関しても、アレティンはそれがヴィーンやベルリンから、帝国の「防衛」、あるいは民衆暴動鎮圧と君主一家救援というより、フランス領の「征服」と見られていたと主張した。革命フランスの攻撃的側面、例えば帝国国境を侵犯してのアンギアン公誘拐・処刑事件にも、アレティンはほとんど紙幅を割かず、帝国を破壊したライン同盟を帝国のよき継承団体であるかのように位置付けた[88]。

帝国再評価はライン同盟再評価にもつながった。独仏和解を意識する西独歴史家たちは、覇権国フランスの抑圧性には口を噤み、帝国を「第三のドイツ」と重ねて観念し、ライン同盟を「存続した帝国」として称揚した。近代史家エリザベート・フェーレンバッハ（ザールラント大学教授：一九三七年—）は、ライン同盟諸国での「ナポレオン法典」受容を後進国ドイツの近代化の契機として歓迎し、彼女らから刺戟を受けた法制史家ゲルハルト・シュック（一九五九—二〇一一年）は、ライン同盟を「国民的恥辱」とする歴史叙述への対抗として、「ライン同盟愛国主義」(Rheinbundpatriotismus)なる概念を提唱し、ライン同盟支持派の国制論が一九世紀ドイツ自由主義の源流を為したことを高く評価した。「フランス革命の成果」を肯定するシュックは、ライン同盟を「外国支配」として否定せず、「伝統打破」として肯定した。シュックはダールベルクの協力者ヴィンコップに多くの紙幅を割き、バイエルンなどドイツ分邦の主権国家化を求める路線と対置している[89]。帝国国制の連邦主義的側面を重視する中世史家ハインツ・アンゲルマイヤー（レーゲンスブルク大学教授：一九二四—二〇〇七年）も、当時の「広範な領域で」ナポレオンが「旧帝国の破壊者」というより「より良き時代の告知者・保証者」とされていたと主張している。(90)

戦後秩序はダールベルクの伝記研究にもすぐに影響した。すでに一九五二年、ヴェルナー・ヘルテル（一九二八年—?）の未公刊博士論文（マインツ大学）『帝国とライン同盟との間のカール・テオドル・フォン・ダールベルク』が、ダールベルク再評価の口火を切っていた。パリに留学したヘルテルは、小ドイツ主義・大ドイツ主義歴史家のみならず、アドルフ・ティエールら仏歴史家も「第三のドイツ」を軽視し、ダールベルクをフランスの下僕として論じてきたと批判し、ダールベルクはナポレオンに傾倒しながらも帝国愛国主義者であり続けたとの見方（フランス人エミール・ダールの一九四九年の説）を踏襲した。(91) ダールベルク評価の変化は、神学（教会史研究）の領域にも現れた。ヘルダー社刊『神学・教会事典』でいうと、一九五九年の第二版ではフリブール大学教授ヘリベルト・ラープ（一九二三—一九九〇年）が、ダールベルクについて「相変わらず評価が分かれている」と結論付けたのに対し、一九九四年の第三版ではミュンヒェン大学教授ゲオルク・シュヴァイガー（一九二五年—）が、彼を私心なき教会救済者として称讃している。(92) アンチェ・フライは一九七八年刊行の『カール・テオドル・フォン・ダールベルク』（フランクフルト大学博士論文）で、ダールベルクの多岐に亙る思想及び政策を整理したが、ランケやボーリュー＝マルコネに対抗して、ダールベルクの帝国愛国主義を擁護するヘルテルの論調を継承している。フライは、ダールベルクが当初ライン同盟加盟を望んでおらず、Corps Germanique の統一性・独自性維持のために已む無く踏み切ったと断言し、ライン同盟議会を Reichstag と呼び、神聖ローマ帝国とライン同盟との連続性を強調している。(93) 一九八四年刊行のカール・ロープ『カール・テオドル・フォン・ダールベルク』（ケルン大学博士論文）も、ダールベルクの政治的軌跡を一貫して帝国愛国主義の追求として理解し、ヨーゼフ二世やフリードリヒ二世の自己中心主義と対置した。ロープはダールベルクの知的成熟度や性格には疑問符も付けるが、政治においては彼を「大領主的ヨーロッパ人」（der grandseigneurale Europäer）と呼び、彼のナポレオンへのローマ帝冠提供を「カロリング・ルネサンス」と呼んで、その帝国＝ドイツ愛国主義を積極的に評価した。(94)

西独学派は地方史研究も刺戟した。一九九四年はダールベルク生誕二百五十周年に当たり、各地で記念行事が行われた。そしてこの年、レーゲンスブルク系及びアシャッフェンブルク系の地方史家たちが、ダールベルク顕彰事業に本腰を入れた。

レーゲンスブルク大学出版会のコンラート・M・フェルバー（一九四一―二〇一三年）はその代表者である。フェルバーは、フランスやヴァティカンの史料を駆使した新たなダールベルク評価を提示した。彼の博士論文は一九八二年ミュンヒェン大学で受理されたが、一九九四年に『皇帝と大宰相』として刊行された。曰く「両立不可能なものを両立させ、対立を克服し、紛争を調停する――これが常にダールベルクの希望したことであり、彼の人生全体を貫く赤い糸である」。(95)ダールベルクが諸侯同盟に加入しそれをローマ皇帝の同盟にしようとしたこと、突然の強要に辞任を考えつつも墺普権力闘争に翻弄される「第三のドイツ」のためにライン同盟に参加したこと、フランスやスウェーデンを巻き込んだ彼のライン同盟構想が欧州統合を先取りしていたことなどを力説しつつ、フェルバーはダールベルクを雄弁に擁護した。フェルバーはまたダールベルクが権力を求めない誠実で質素な統治者だったとし、前任者のエルタールの宮廷生活と対置した。(96)フェルバーはこの一九九四年、エルフルト郷土史家ヴァルター・ブラハやアンチェ・フライと共に、ダールベルクの著作や関連文献の一覧を含む論文集も刊行した。(97)

レーゲンスブルク派のもう一人の旗振役が、バイエルン教会史家のレーゲンスブルク大学神学教授カール・ハウスベルガー（一九四四年―）である。ハウスベルガー神父は、論文集『カール・フォン・ダールベルク――最後の聖界帝国君主』（一九九五年）を編集し、小ドイツ主義国民国家を価値基準とするプロイセン史学、ローマ教皇への忠誠を価値基準とする教皇全権主義史学によって歪められたダールベルク像を、「客観的」なものにするべきとした。またハウスペルガーは、ダールベルクが失敗したのは、彼のドイツ統一構想、ヨーロッパ連邦構想が時期尚早だったためだったとした。(98)この論文集でハウスベルガーは、ダールベルクのドイツ政教条約構想について寄稿したが、ダールベルクは「ドイツ国民教会」を作ってローマ教皇に対抗しようとしたのではなく、教皇と結び付きドイツ諸侯と対峙するドイツ・カトリック教会の統一センターを作ろうとした、ダールベルクはナポレオンに盲従したのではなく、ドイツ・カトリック教会のために「常に善意だった」などと擁護した。(99)この論文集にはフェルバーも論文「カール・フォン・ダールベルク——帝国離反者か帝国愛国主義者か？」などを寄稿しており、売国奴説に積極的批判を試みている。(100)

アシャッフェンブルク派は、郷土史家ハンス＝ベルント・シュピース（一九四九年—）を中核としている。シュピースらもダールベルク研究の論文集を編集しており、アレティン男爵が「第三のドイツ」本位のダールベルク復権論を寄稿しているものの、全般的にはレーゲンスブルク派ほどダールベルクの政治的復権に拘りがなく、むしろ人間関係や評判など彼の人生を細部まで描き出すことに長けている。シュピースの論文集には、エルフルト郷土史家のギュンター・クリスト、ヴォルムス郷土史家のフリッツ・ロイターらも寄稿している。シュピースの最大の功績は、ボーリユー＝マルコネも探索を断念していた古い印刷物を発掘し、浩瀚なダールベルク著作集を刊行したことだろう。シュピースはフェルバーの論証に疑問を呈するなど、レーゲンスブルク派とは競合関係にある。(101)

従来のダールベルク研究を綜合したものとして、ヘルベルト・ヘーミヒ（一九四一年—）の浩瀚な『カール・テオドル・フォン・ダールベルク』（二〇一一年）がある。ドルトムント（工科）大学名誉教授・エルフルト実学アカデミー会員のヘーミヒは、カトリック研究を専攻する現代史家で、ケムニッツ流の帝国国制論の影響下にあり、ダールベルクをヨーゼフ二世やナポレオンに対し思いを貫けなかった帝国愛国主義者として描いている。その問題提起や史料に新しさはないが、そのダールベルク評価は批判的なものも一部含んでいる。(102)

(4) 東西ドイツ統一は神聖ローマ帝国再評価を加速させた。世紀転換期に統一ドイツは欧州統合の牽引国となり、西欧的＝「普遍的」価値を学習する立場から説教する立場へと変わった。アレティンを引き継いだ若手世代は、アレティンやフェーレンバッハが前提としていた西欧に対するドイツの「後進性」という先入観を捨て、西欧的＝「普遍的」価値を基準として、神聖ローマ帝国を積極的に評価するようになっていく。

一九九八年、アウクスブルク大学教授ヨハンネス・ブルクハルト（一九四三年―）は、三百五十周年を迎えたヴェストファーレンの講和を「近世最大の平和構築」だと激賞した。彼によれば、「プロイセン的＝国民的」歴史家世代はそれを神聖ローマ帝国の終焉の始まりと解釈したが、実際の帝国はその後なお百五十年以上も存続したのであり、国際的には列強の普遍的支配の要求を退けて各国共存の論理を確立し、国内的には皇帝と帝国諸身分との共存、宗教戦争の停止を実現した点で、大いに称讃に値するとしたのだった。[103]

同じく一九九八年、ミュンヒェン大学予算外教授ヴォルフガング・ブルクドルフ（一九六二年―）が博士論文（ボーフム大学）『帝国憲法と国民』を刊行し、神聖ローマ帝国から近代ドイツ国民国家への連続性を主張した。ブルクドルフはアレティンを以下の点で修正した。①アレティンはフランス革命に触発されたドイツの近代化を肯定したが、ブルクドルフはドイツの近代化（「ドイツ国民」意識や立憲主義の高揚）が神聖ローマ帝国内部に起源を有すると主張し、「初めにナポレオンありき」としたトーマス・ニッパーダイ、ドイツ内発の国制改革論議はなかったとした国法学者ミヒャエル・シュトルアイス、歴史学者ディーター・ランゲヴィーシェの見解を否定した。②アレティンがヨーゼフ二世を反帝国的な自己中心主義者のように描いたのに対し、ブルクドルフは諸侯同盟派、ローマ皇帝派双方の意見を紹介したため、結果的にアレティンの軽視した皇帝側にも帝国愛国主義者がいたことを示すことになった。これはすなわち、帝国愛国主義には連邦主義的なものも統一主義的なものもあったことを示したのである。③ただダールベルク論に関しては、ブルクドルフもアレティンと大差がなく、聖界諸侯など小帝国諸身分を皇帝の忠実な支持層とみなす通説を継承し、ダールベルクのヨーゼフ二世への帝国改革提案を、帝国愛国主義の発露、カウニッツとの連携による諸侯同盟と皇帝との架橋の試みと認識している。(104) 更にブルクドルフは、一方で歴代皇帝が更新した選挙協約をドイツの「原初的立憲君主制」の憲法として重視し、他方で帝国崩壊が人々の無関心の内に起きたという俗説を否定した。(105) 翌一九九九年、イェナ大学教授・エルフルト実学アカデミー会員ゲオルク・シュミット（一九五一年―）は、神聖ローマ帝国を「ドイツ国民国家」(Staat der deutschen Nation)と呼ぶ『旧帝国の歴史』を刊行した。フォルカー・プレス門下生のシュミットは、一四九五年の改革以降の帝国を、当時の表現を借りて「補完的帝国国家」(komplementärer Reichs-Staat)と呼び、これが「諸身分国家」(Ständestaat)と並行して発達した様子を三百年間に亙り描いた。またシュミットは外国、特にフランス、トルコの侵略が帝国国家の団結を強めたこと、「トイツの自由」がフランスの絶対王制、トルコの専制と対置されて称揚されていたことを指摘した。更にシュミットは、「ドイツ国民」は貴族から民衆まで含む観念だったとし、各時代の「ドイツ国民」意識を表現した実例として、帝国国法学から政治評論、民衆歌謡まで多様な史料を紹介し、フランス革命以前の「臣民の愛国主義者」(Untertan-Patriot)の存在も析出しようとしている。なおダールベルクに関してはシュミットは中立的態度を取り、ヨーゼフ二世との対決に関しては一方への肩入れを避け、ライン同盟に関してはそれを帝国の継続と見るダールベルク、ヴィンコップの構想を紹介している。(106)

　こうした近年の神聖ローマ帝国再評価は、いままさに論争の渦中にある。近代史家マルティン・タバチェクは、ブルクハルトの帝国評価を誇張とし、帝国国制は「近代憲法」ではなく、「法治国家」、「議会主義」、「連邦主義」とは乖離していたと論じた。これに対しブルクハルトは、ドイツ連邦共和国を念頭に置いたそうした諸概念を基準に帝国を評価するという議論は「時代錯誤」だと反論している。(107) またエルランゲン＝ニュルンベルク大学教授アクセル・ゴットハルト（一九五九年―）も、概説書『旧帝国』で帝国の近代国家との差異を力説している。(108)

(**5**) 日本のドイツ近世史研究は旧来の領邦中心主義の伝統を守っている。そもそも日本の西洋史学界では、国家権力への懐疑から、「社会史」を称揚し、国民国家、主権国家、中央集権制を批判し、欧州統合や地方分権に期待するという傾向が、西洋の学界以上に著しい。「社団国家」論、「礫岩国家」論、「複合君主政」論の相次ぐ輸入にも、そうした問題意識が垣間見える。領邦中心のハルトゥング『ドイツ国制史』が推奨され、エストライヒの「社会的規律化」論が大流行するなか、帝国国制研究は顧みられなかった。法学者、政治学者、歴史学者は、英仏の政治発展を理想化し、「ナチズム」に至るドイツ史の「逸脱」を際立たせる議論の一環で、神聖ローマ帝国の不可解さを喧伝した。(109)近年は中世・近世帝国国制の研究も散見されるが、領邦研究との連続性が強い。「帝国クライス」など「等族」が支配する分権的機構が注目され、帝国裁判所には多少関心が払われるが、皇帝、帝国大宰相、帝国議会の統合的機能は顧みられず、帝国教会は等閑視され、選挙・即位儀礼は考察されずにきた。「神聖ローマ帝国は国家ではない」という常套句が繰り返されるので、アレティンすら翻訳されず、G・シュミットやブルクドルフなどは受容されようがない。戦後秩序が歴史認識にも投影され、前近代に関してもエステルライヒを非ドイツ扱いするドイツ史家がいるほどで、エステルライヒ史研究者も「ハプスブルク君主国」の多民族性を強調して、ドイツ史研究、帝国国制研究への参画意欲が乏しい。(110)こうした日本で、村上淳一はスルビクやアレティンを介して逸早く帝国国制に着目し、二つの帝国裁判所の存在が領邦絶対主義を阻害したとして、領邦中心主義の成瀬治と対峙した。西川洋一はシュタウフェン期帝国国制を論じ、その門下生の田口正樹が中世末期の帝国観念、国王裁判権を研究してきた。(111)また池谷文夫は、皇帝と帝国諸身分との対立、帝国の弱体、近代化の遅滞のみを強調する先行研究を批判し、中世後期の帝国意識・ドイツ意識の形成を論じている。(112)近年では明石欽司や山本文彦がヴェストファーレンの講和を帝国国制の終わりの始まりとする「ウェストファリア神話」に異を唱え、帝国軍制(求馬久美子)、帝国宮廷顧問院を介した皇帝・都市連繫(池田利昭)などの研究も出てきた。対トルコ防衛を巡る皇帝と帝国議会との折衝過程を紹介した研究(河野淳)もある。(113)

いずれにしても日本でのダールベルクの知名度は低い。野村春美のダールベルク論は、アレティン、フェルバー、フライら西独学派の業績に依拠しつつ、帝国愛国主義の意味内容を「第三のドイツ」本位に解釈し、ライン同盟を帝国の継承団体として描いている。それ以外は、屋敷二郎がライン同盟規約の邦訳を試み、谷口健治がバイエルン王国成立史の枠内でダールベルクの名前を挙げた程度である。(114)

終章　帝国愛国主義の論理と心理

帝国大宰相ダールベルクは、一体どういう心境で自ら帝国を脱退し、ライン同盟の首座司教侯となったのか――この冒頭の問いに、筆者は本論を踏まえて回答したいと考える。

その前提として確認すべきなのは、同時代の擁護者も示唆する通り、ダールベルクの政治的行動が必ずしも自発的な行動ではなく、厳しい政治情勢において余儀なくされた面が大きかったということである。ライン同盟への加入は、彼のパリ駐箚使節ボイストが仏外相タレーランに強いられた調印を追認したもので、領邦君主として多少なりとも保身を図るなら、類似の行動は不可避だっただろう。のちにダールベルクは売国奴と罵られたが、彼のような振舞は世界史上幾度となく為されている。どこまでもナポレオンについていこうとするダールベルクの従属姿勢は、アメリカ合衆国に対する戦後日本のそれとよく似ている。絶対的な軍事支配者が自分たちの命運を握っていて、しかも文化的にも強い発信力を持っているのなら、どれほど裏切られ軽く見られても、とりあえずそれに服従しておくというのは、一つの合理的判断だとも言える。ダールベルクがドイツ連邦共和国でかくも称讃されてきたのも、この国が「第三次ライン同盟」として生まれたことと無関係ではあるまい。祖国ドイツへの愛情を公然と表明できない戦後ドイツでは、ある意味非愛国的であることが愛国的とみなされるのである。

しかしそれでも、ダールベルクが一八〇四年以降自らナポレオンに接近し、ライン同盟成立の当初から熱心にその拡充を図り、凋落が始まってもナポレオン支配に固執した点は見逃せない。ダールベルクには明らかに、ライン同盟との親和性があったのである。そこでここでは二つの点を指摘したい。

(1) 二つの帝国愛国主義の相克　帝国愛国主義の高唱者ダールベルクが帝国を真先に去った一因は、帝国から脱退し「自分側」の保身をしても、なお主観的には帝国愛国主義を貫けると考えたからである。彼が守ろうとした「自分側」とは、「第三のドイツ」、帝国教会、ドイツ首座司教座、帝国官吏、彼個人であり、時により力点の置き方が違っていた。

ダールベルクの帝国脱退とライン同盟への加盟とを、本人の言い分通りに帝国愛国主義の発露と解釈するアレティンらは軽率である。マインツ大司教ダールベルクは帝国大宰相であり、皇帝を補佐し、帝国議会と協力して帝国政治を運営するべき人物であり、帝国教会の責任者である。その彼が、帝国やカトリック教会の法秩序に反して、皇帝にも帝国議会にも諮ることなく、独断で帝冠をナポレオンに献呈したり、自分の協働司教にフェッシュを迎えたり、帝国を脱退してナポレオンを庇護者とするライン同盟に参加したりしたのである。なるほど本人は一連の行動を「帝国愛国主義」に基づくものと主張したが、帝国国制の観点から、あるいはローマ皇帝の立場から見ればそれは違法行為であり、帝国への謀叛であると言わざるを得ない。戦後の歴史家がダールベルクのみに共感し、彼の自己主張を鵜呑みにすることは適当でない。

そもそもの誤りは、帝国愛国主義を単一の思想と見ることにある。近世当時、帝国愛国主義は二つあったと見るべきだろう。つまり統一主義的なそれと、連邦主義的なそれとである。近世の神聖ローマ帝国において、前者の流派にはライプニッツ、モーザー父子、ヨーゼフ二世、カール大公、ヘーゲルなどが、後者の流派にはケムニッツ、カール・アウグスト公、ゲーテ、ヴィンコップなどが属していた。ダールベルクの行動は、後者の立場からは帝国愛国主義とも評価し得るが、前者の立場からは帝国からの離反そのものであった。

ダールベルクは、神聖ローマ帝国で時代を経るごとに、皇帝の権力が減退し、帝国諸身分の勢力が拡大してきた経緯を肯定し、ヴェストファーレンの講和や歴代皇帝の選挙協約をいわば帝国憲法として重視していた。ダールベルクは皇帝主導による帝国刷新を図ったヨーゼフ二世を帝国の敵として扱い、帝国愛国主義とは無縁で「世俗化」すら提唱するフリードリヒ二世が反皇帝の目的で組織した諸侯同盟に、帝国愛国主義を掲げつつ加入したのである。皇帝の統一主義的な帝国愛国主義と、小帝国諸身分の連邦主義的な帝国愛国主義とが対立した際に、ダールベルクが後者のみを（真の）帝国愛国主義であると主張したのは、なるほど彼にとっては都合のいい解釈だろう。アレティンらが、ダールベルクの主張をそのまま踏襲して、帝国諸身分こそ帝国愛国主義の担い手だったと説くのは、統一主義的ドイツ観、例えば国家主権重視のC・シュミット的国制理解に対する、戦後ドイツ知識人の不信感の産物だったのかもしれない。だが本来歴史家が指摘し得るのは、ダールベルクら帝国諸身分と皇帝とが、それぞれ自分側本位に解釈した帝国愛国主義を掲げて衝突していたという状況のみのはずである。

ダールベルクはこのように帝国愛国主義をいつも「自分側」本位に解釈していたが、それが意図的な戦略だったのか、無意識の思考だったのかは定かではない。ただ熱心に「真実」を語り、愚直に自分の「純粋」さを説き、ナポレオン退陣後も自己弁護ばかりで謝罪や反省の言葉などがないのを見るに、ダールベルクは自分の「帝国愛国主義」が、自分側の利益に沿って構築されたものになっていることを自覚していなかった可能性が高い。例えばダールベルクは、その「純粋」さゆえに、フリードリヒ二世がヨーゼフ二世攻撃のために結成した諸侯同盟を、皇帝を先頭にした帝国改革運動に変貌させせようなどという構想が、現実離れしていることが理解できず、結果的にプロイセンの反皇帝戦略の一端を担うことになったのだろう。

帝国の存在意義は帝国諸身分、特に聖界諸侯の擁護にあるという前提に立つダールベルクらの帝国愛国主義は、フランス革命に際して帝国滅亡を招来した面すらある。流入するエミグレを厚遇し、エルザスでの特権が廃止されたと訴えて、皇帝に対仏対決を求めたのは、西部ドイツの聖界諸侯である。しかも彼らは、対仏戦争でも自らの軍役奉仕には不熱心で、自分たちが存亡の危機に瀕すると、パリの権力者に贈賄して生き残りに奔走した。「第三のドイツ」の帝国愛国主義が危機に瀕して、領邦愛国主義という本音を露呈させたというのが、ヴィーン宮廷の見立てだろう。ただダールベルクの帝国愛国主義を、単なる自己愛の、あるいは領邦愛国主義の隠れ蓑でしかなかったとまでは言うべきでない。ダールベルクは帝国大審院や帝国宮廷顧問院の官吏の身の振り方も気にしており、自分だけでなく帝国関係者を広く守ろうとした面がある。ただ彼が救おうとした帝国関係者に、皇帝が含まれていなかったことは看過できないが。

ダールベルクの帝国愛国主義は、歴代マインツ大司教の行動様式からすれば、意外なものではない。帝国大宰相たるマインツ大司教は、皇帝の「大官房長」から出発しながら、近世に入ると帝国諸身分の代表として皇帝と対峙するようになる。ヘンネベルク大司教は、マクシミリアン一世と対峙して、帝国諸身分の意向を反映した帝国大審院を創立させた。シェーンボルン大司教は、フランスやトルコの侵入に悩む皇帝レオポルト一世と対抗し、フランスと連携して第一次ライン同盟を結成した。エルツ＝ケンペニヒ大司教は、ハプスブルク家から受託収賄をしながら、皇帝（国王）選挙ではフランスと通じてヴィッテルスバッハ家の皇帝カール七世に与した。ブライトバッハ大司教はヨーゼフ二世の帝国大審院監察に反撥し、エルタール大司教はプロイセンと結んで諸侯同盟に加入した。マインツ大司教やその宮廷の高官が輩出してきた家の出身であるダールベルクにとって、帝国諸身分のために帝国国制を守ると称して、フランスの権力者と結び、皇帝に正面から反抗するという手法は、初めから想定内の戦略だったに違いない。ただ前任者とは異なり、ダールベルクの行動は帝国滅亡にまでつながったので、歴史上目立つこととなったのである。

(2) 啓蒙思想の序列化作用　ダールベルクが帝国脱退をした背景には、彼が啓蒙派知識人だったことが絡んでいる。近世のプロテスタンティズムや啓蒙思想から近現代の自由民主主義に至る知性主義の系譜には、人間を知的に進んだ者と遅れた者とに分類し、無意識のうちに序列を築くという傾向が看取できる。この「知性主義の逆説」[1]が、ダールベルクの帝国脱退の背景にあったのである。

啓蒙思想家ダールベルクはフランス革命以前から「ドイツ国民」理念の唱道者でもあったが、その際にドイツが対決すべき相手は、啓蒙思想の国フランスではなく頑迷保守のローマ教皇庁だった。ドイツ・ナショナリズムとは自由や民主主義を生んだ英米仏（広義の「西欧」）に抵抗する非合理的思考だとするノルベルト・エリアス流の俗説は、二〇世紀前半の「西欧対ドイツ」図式に囚われた視野狭窄でしかない。(2) マルティン・ルターもそうだが、反教皇思想と結び付いた「ドイツ国民」意識は、英仏啓蒙思想と矛盾するどころか、むしろ共鳴した面があった。フランス教会のガリア主義は、ドイツ教会のフェブロニウス主義の模範であった。ダールベルクは、ナポレオンのピウス七世への影響力に期待して、教皇庁と「ドイツ国民教会」との政教条約を実現しようと尽力した。「ドイツ・ナショナリズム＝反西欧思想」という固定観念から解放されれば、「ドイツ国民」理念を唱道したダールベルクがフランス支配に与したということをも、容易に理解できるだろう。

ダールベルクはフランスにドイツの文化的模範を見ていた。彼は、フリードリヒ二世などと同じくドイツ語文化の振興に努めながらも、現状においてはドイツ語の言論活動はフランス語のそれより未熟だと認識していた。ダールベルクは幼少よりフランス人家庭教師にフランス語を学び、ドイツ内外の人々とフランス語で遣り取りをすることに慣れていた。彼はカール大帝論などでも、ゲルマン人、ドイツ人の野蛮さ、未熟さを指摘した。

啓蒙思想は東西文化勾配論を生んだ。文化勾配論とは、欧州大陸において英仏からドイツ、東欧、アジアへ、つまり西欧から東方へ移るにつれて、「文化」の水準が落ちていく、つまり人間としての発展度合が落ちていくという観念で、いわば西欧を「中華」とした華夷秩序論のことである。ダールベルクはフランス語を用い、英仏に敬意を示す一方で、ロシヤ人を野蛮人扱いし、非西洋人を否定的に描写した。ダールベルクが一八一三年にアシャッフェンブルクから逃げ出したのは、国境にコサック騎兵が迫ったときだった。

エステルライヒへの反抗やプロイセンへの従順も啓蒙思想と関係している。ダールベルクはカトリック啓蒙の論客として、フリードリヒ二世に宗派を越えた魅力を感じていた。協働司教選挙でのプロイセンとの同盟、プロイセンの反墺同盟たる諸侯同盟への参加、ヨーゼフ二世への不信感は、啓蒙主義者ダールベルクのエステルライヒへの知的不満の表現だったのではないだろうか。ヨーゼフ二世もフリードリヒ二世を模範とした啓蒙専制君主で、宗派間平等化や農奴解放などはダールベルクの統治方針とも共通するところがあったが、ダールベルクはヨーゼフ二世のそうした面を少しも評価せず、彼を繰り返し専制君主と指弾し、後者については肖像を掲げて英雄として称揚したのである。

英雄崇拝も啓蒙思想と結び付いている。ダールベルクのナポレオンに対する迎合ぶりは批判者を苛立たせたが、彼が上位権力者を称揚するのはこれが初めてではない。ダールベルクはミラノでフィルミアン伯爵に感激し、マインツでブライトバッハ大司教に心服し、一時はヨーゼフ二世も偉大な君主とみなした。ナポレオンが没落したあとは、バイエルン王マクシミリアン一世らを称揚した。また自分自身に対しても、臣民に盛大な忠誠宣誓をさせた。君主に対する忠誠宣誓は前近代の遺物であり、啓蒙の正反対だと思うなら、それは必ずしも正しくない。臣下が君主個人に何か特別なもの、特に知的な能力を感じて臣従する場合には、それは啓蒙思想と矛盾しない。ダールベルクがナポレオンに入れ込んだのは、単に軍事力を持っていたからではない。一八〇四年九月には仏領マイヤンスのナポレオンに伺候することすら躊躇っていたダールベルクが、同年一二月の戴冠式の頃までには彼にすっかり心服していた。これは、実利を考えての服従でもあっただろうが、やはりこの人物に対面して圧倒的な知的魅力を感じたからだろう。「巨大な精神の星が失墜する」ことはあり得ないと、最後まで信じていたのもそのためである。

結　語

筆者が西洋近世史研究を志してもう三十年以上になる。小学校卒業時に見た『アマデウス』が第一歩であった。あの映画に登場する皇帝ヨーゼフ二世の芸術振興、ドイツ語歌劇に固執するモーツァルトと反対するイタリア人同僚との確執、多様な人々を集めた帝都ヴィーンの華麗さが、筆者の心に残った。また中学二年生のとき、筆者はフランス革命史に関心を懐き、美術の授業でダヴィッドについてのレポートを提出し、東京都杉並区社会科研究発表会でナポレオンの生涯について報告した。当時筆者は、自分の肖像を描かせ、自ら皇帝制度を創設し、親類縁者を悉く君侯にするという、ナポレオンの壮大な権力構想に興味があった。

漠然たる西洋近世への憧憬は、東京大学に入って帝国国制研究に一つの発展の場を得た。ドイツ近世史研究といえば領邦研究ばかりだった当時、村上淳一教授は一年生夏学期の講義「法学」で、すでに「カロリーナ」(カール刑事法典)などに言及し、帝国国制を話題にしていた。近世帝国国制について具体的に学んだのは、海老原明夫教授の「ドイツ法第一部」講義である。同じ頃筆者は、西川洋一教授の「西洋法制史」演習に参加していた級友の日比野幹氏(現・名古屋高等裁判所判事)が、ペーター・モーラフのドイツ語論文と格闘しているのを見て、その複写をもらって勉強したりした。自分も大学院の西川ゼミに参加して、オットー・ダン、ゲルト・アルトホフの論文を読む機会を得た筆者は、西川教授の紹介でヘルムート・ボイマン、ヴァルター・シュレジンガーらの叢書『ナティオーネス』を知り、修士論文で近世国民意識論を志したこともあった。筆者の国民意識論への取り組みの契機は、当時の社会学者、政治学者、近現代史家が盛んに鼓吹し、同世代の院生たちが鵜呑みにしていた「ナショナリズムは近代の産物だ」という決め付けへの疑問だった。前近代のことをまだ何一つ具体的に学ばぬうちに、「近世ドイツには領邦アイデンティティしかなく、「ドイツ国民」意識はフランス革命への反動で創造・構築・捏造されたに過ぎない」などと言い、あるいは日本についても「江戸時代の人々は自分の村や藩にしか一体感がなかった」などと、まるで見てきたかのように説いて回る人々の物言いには、筆者は説得力を感じなかった。そういった政治的な演繹論の彼岸で自分の歴史像を構築するために、筆者は自力で帝国国制研究を始めようとしたのである。だが当時の指導教官から、前近代は「国際政治史」の枠外だと言われ、またそれ以前に筆者自身が具体的考察対象を見出せずにいた。このため、筆者はひとまず近代史家となった。

帝国国制研究が具体化したのはダールベルクに出会ってからだった。留学中のある日、筆者はレーゲンスブルク市博物館で、ナポレオンを皇帝に迎えて神聖ローマ帝国を救済しようとした人物だとして、ダールベルクが紹介されているのを見た。恐らくフェルバーかハウスベルガーの手による記述だったのだろう。筆者はこの事実を知って驚いたが、同時に独断で外国君主を担ぎ、結局は帝国を脱退した人物を、現代人が帝国愛国主義者だったと必死に擁護するのにも、戦後ならではの無理を感じた。なおこの人物のことを、ドイツ近現代史を共に学ぶベルリン大学の友人たちに語ってみたところ、そういう人物については聞いたことがないという反応だった。

二〇〇二年二月六日にベルリン大学第一哲学部で哲学博士号口頭試問が行われた際、筆者は初めて自分の帝国愛国主義論を披露した。同大学の歴史学の博士号口頭試問では、三つの命題を提示する決まりがあった。第一命題は博士論文の内容（マックス・ヴェーバーとポーランド問題）で、他の二つはそこから時代的、内容的に離し、歴史家としての度量の大きさを示すのが慣例だった。そこで筆者は、第二命題を帝国愛国主義、第三命題を日本でのドイツ政治受容（吉野作造と上杉愼吉）と決めた。第二命題に関して、アレティン男爵の近世帝国論を熟読した筆者は、そこで豊かに詳述された帝国政治の展開に驚き、近世帝国が形骸だったという通念が誤りであることを痛感した。またブルクドルフの帝国国法学研究に触れた筆者は、フランス革命にドイツ近代化の出発点を見る通説に違和感を強めた。こうして筆者は、ダールベルクを中心に帝国愛国主義を描く第二命題を用意した。だが主査でもあった筆者の指導教官は、「ドイツ特有の道」批判を牽引する近現代史研究者で、例によってドイツが主権国家・国民国家形成において英仏より遅れていたという前提に固執していたので、筆者が領邦愛国主義を十分に論じていない、特に自分の注目するプロイセン愛国主義者トーマス・アプトに触れなかった、と不満そうだった。

二〇〇七年から二〇一四年まで、筆者は権左武志教授（北海道大学法学部）を代表とするドイツ連邦制史の共同研究から刺戟を得た（科学研究費補助金（基盤研究（B）：課題番号 19330028/23330038））。権左教授は戦後民主主義の精神に立脚したヘーゲル研究、シュミット研究を推進し、その門下生の遠藤泰弘教授（松山大学法学部）はギールケ研究、プロイス研究を通じてドイツ連邦制の考察を深めていた。田口正樹教授（北大法学部）はドイツ国制史研究を着実に進め、山本文彦教授（北大文学部）は、日本の帝国国制研究を牽引し、ヴェストファーレンの講和の邦訳を試みていた。

二〇一二年にミュンヒェンの現代史研究所に滞在した際、筆者は前所長のホルスト・メラー教授（ミュンヒェン大学）を研究指導者と仰いだ。メラー教授は近世史研究から出発した人物で、筆者の主要課題も近世帝国国制だった。筆者はメラー教授との討論で、帝国愛国主義を「第三のドイツ」の連邦主義的な秩序論と同視する傾向に疑問を呈し、帝国政治で指導力を発揮しようとしたヨーゼフ二世も含め、主観的に帝国を愛する思想は全て公平に帝国愛国主義に勘定するべきだと述べた。だがメラー教授は、帝国愛国主義とはヴェストファーレンの講和以降の帝国国制を護持しようとする帝国諸身分側の思想だというアレティン的な立場を守り、筆者とは意見の一致を見なかった。連邦共和国の歴史審判所である現代史研究所にとっては、連邦主義及び統一主義はドイツ国制にとっての二つの可能性ではなく、前者のみが唯一不可侵の秩序なのかもしれないと、そのとき筆者は感じた。

このように紆余曲折を経て本論は執筆されたわけだが、この間に様々な刺戟を下さった以上の先生方に御礼申し上げると同時に、準備過程で各種競争的資金を頂いたことにも感謝したい（愛知県立大学長期学外研究員／科学研究費補助金（若手研究（B）：課題番号20720199）／科学研究費補助金（基盤研究（B）：課題番号22320148））。そして岩波書店の藤田紀子氏には、権左武志編『ドイツ連邦主義の崩壊と再建』以来お世話になってきたが、この単著に関してもご理解、ご尽力を頂いたことに、厚く御礼申し上げたいと思う。

二〇一七年二月一〇日

ダールベルク歿後二百周年に　尾張長久手

（二〇一八年八月一八日　ヴィーン帝室・宮廷・国家文書館にて加筆修正）

今野元識

注

序章

（１）二宮宏之『ソシアビリテと権力の社会史』；古谷大輔・近藤和彦編『礫岩のようなヨーロッパ』；立石博高編著『スペイン帝国と複合君主政』。

（２）Overhoff, Ein Kaiser für Amerika.

（３）ダンの帝国愛国主義論は一つの概観の試みだが、帝国末期に関しては完全にダールベルクら「第三のドイツ」本位の解釈をしている（Dann, Nation und Nationalismus in Deutschland, S. 38–44（『ドイツ国民とナショナリズム』、二二—三二頁））。

（４）Nipperdey, Deutsche Geschichte, S. 18 f., 28; Huber, Deutsche Verfassungsgeschichte, Bd. 1, S. 63, 68, 72, 90 usw.; Wehler, Deutsche Gesellschaftsgeschichte, S. 384, 669.

第１章

（１）Ficker, Das Deutsche Kaiserreich, bes. S. 1–14; Ders., Vom Reichsfuerstenstande, S. 1–11; Srbik, Das Österreichische Kaisertum, S. 1 f.

（２）Zeumer, Heiliges römisches Reich deutscher Nation, S. 5–16; Petersohn, Rom und der Reichstitel.

（３）Dilcher, Reichsitalien (Mittelalter); Aretin, Reichsitalien (Frühe Neuzeit).

（４）Eichmann, Die Kaiserkrönung im Abendland, Bd. 1, S. 24.

（５）Müller-Mertens, Regnum Teutonicum, S. 169 f., 182–211; Beumann, Regnum Teutonicum; Moraw et al., Reich, S. 439; Schütz, Die Beteiligten, S. 203, 205, 207.

（６）Battenberg, Die Gerichtsverfassung in der Herrschaft Dalberg, S. 43; Burgdorf, Die Wahlkapitulationen, S. 23, 35, 49, 62, 78, 93, 112, 131, 157, 189, 234, 276, 314, 365, 459, 551, 642, 736; Wagner, Das Staatsrecht, S. 46. ダンは貴族と市民との「国民」理解の差異を強調するが、そのような階級対立が一体どのような史料から指摘できるのかは明らかではない。むしろそれは近代主義的「社会科学」の前近代史への投影ではないだろうか（Dann, Nation und Nationalismus in Deutschland, S. 38–44（『ドイツ国民とナショナリズム』、二二—三二頁））。

（７）Zeumer, Heiliges römisches Reich deutscher Nation, S. 17–29; Wagner, Das Staatsrecht, S. 44; Ehlers, Die Entstehung, S. 97; シュルツェ『西欧中世史事典Ⅱ』、三六—三七頁。

（８）三佐川亮宏『ドイツ』。

(9) 田口正樹「ルーポルト・フォン・ベーベンブルクの帝国論」、八頁。

(10) 池谷文夫『ドイツ中世後期の政治と政治思想』、二四一―二五頁；Duchhardt, Et Germani eligunt, S. 232; Burgdorf, Reichskonstitution, S. 79 f.

(11) Burgdorf, Die Wahlkapitulationen, S. 26, 38, 52, 66, 82, 97, 116, 137, 180, 226, 270, 303, 354, 444, 534, 628, 721, 810; Hattenhauer, Wahl und Krönung, S. 13 f.; Hattenhauer, Zur Geschichte der deutschen Rechts- und Gesetzessprache; Die Goldene Bulle, in: Deutsche Geschichte in Quellen und Darstellungen, Bd. 2, S. 220; Wandruszka, Leopold II., S. 353.

(12) Kessel, Die sprachliche Bedeutung der Reichsabschiede.

(13) Voss, Vorwort, S. VIII–IX.

(14) 類似のことはブルクドルフがより体系的に論じているが、やや控えめに「原初的立憲主義」と呼んでいる(Burgdorf, Protokonstitutionalismus)。

(15) エーストライヒ「帝国国制とヨーロッパ諸国家体系」、二〇四頁；Schmidt, Die Geschichte des alten Reichs, S. 85–99.

(16) Buschmann, Kaiser und Reich, Bd. 1, S. 65 f.

(17) Buschmann, Kaiser und Reich, Bd. 1, S. 108–156.

(18) Buschmann, Kaiser und Reich, Bd. 1, S. 158–164.

(19) Buschmann, Kaiser und Reich, Bd. 1, S. 174–187.

(20) Buschmann, Kaiser und Reich, Bd. 1, S. 217–283.

(21) Buschmann, Kaiser und Reich, Bd. 2, S. 15–128.

(22) Buschmann, Kaiser und Reich, Bd. 2, S. 131–179.

(23) Burgdolf, Die Wahlkapitulationen.

(24) 白木太一『近世ポーランド「共和国」の再建』、四三頁。

(25) Duchhardt, Protestantisches Kaisertum; Hattenhauer, Wahl und Krönung, S. 33–40.

(26) Burgdorf, Die Wahlkapitulationen, S. 22, 34, 48, 61, 77, 92, 111, 130, 155, 187, 232, 276, 314, 365, 459, 550, 642, 736.

(27) Krammer, Das Kurfürstenkolleg; Latzke, Hofamt, Erzamt und Erbamt; Laufs, Erzämter, in: HRG 1, Sp. 1011–1015; Hattenhauer, Wahl und Krönung, S. 73–75; Wagner, Das Staatsrecht, S. 46.

(28) Laufs, Erzämter, in: HRG 1, Sp. 1011–1015; Erler, Kurwürde, in: HRG 2, Sp. 1315–1319; Hattenhauer, Wahl und Krönung, S. 73–75.

(29) Erler, Kurwürde, in: HRG 2, Sp. 1317 f.; Kühne, Geschichte der böhmischen Kur; Hattenhauer, Wahl und Krönung, S. 74 f.

(30) Eike, Der Sachsenspiegel, S. 205 f. und 247.

(31) Die Goldene Bulle, S. 41 f., 48 f. usw.

(32) Erkens, Der Erzbischof von Köln und die deutsche Königswahl, S. 115–129. usw.

(33) Eichmann, Die Kaiserkrönung im Abendland, Bd. 1, S. 274 f.; 池谷文夫『ドイツ中世後期の政治と政治思想』、七二―一〇九、二〇二―二四二頁。
(34) Erler, Erwählter Römischer Kaiser, in: HRG 1, Sp. 1010 f.; Hattenhauer, Wahl und Krönung, S. 75 f., 94; Schütz, Ludwig[der Bayer].
(35) Schiffer, Bonifatius, in: NDB 2, 1955; Stutz, Der Erzbischof von Mainz und die deutsche Königswahl, S. 9 f., 17; Becher, Der deutsche Primas, S. 11–22; May, Der Erzbischof von Mainz als Primas, S. 69–75.
(36) Kretschmayr, Das deutsche Reichsvicekanzleramt; Groß, Die Geschichte, S. 1–99; Stollberg-Rilinger, Maria Theresia, S. 165.
(37) Aretin, Heiliges Römisches Reich I, S. 51–57, 64–68, 77–79, 90–94; Lau, Unruhige Städte; Müller, Der letzte Kampf der Reichsritterschaft, S. 33 f.; 池田利昭「ヴェストファーレン条約以降の帝国都市と帝国宮内法院」。
(38) Fürnrohr, Das Patriziat, S. 279–293; Schlaich, Das Ende, S. 180–186; Hahn, Ratisbona politica I, S. 54–57; Aretin, Heiliges Römisches Reich I, S. 67 f.; Schmid, Regensburg, S. 187; Lanzinner, Facetten, S. 49 f., 55 f.
(39) Aretin, Heiliges Römisches Reich I, S. 58–68; Styra, Das Prinzipalkommissariat; Heut, Die Übernahme, S. 7–13; Schlaich, Das Ende, S. 182 f.; Trauttmansdorffs Schilderung des Reichstags bei seinem Abgang von Regensburg, in: Aretin, Heilges Römisches Reich II, S. 109 f.; 渋谷聡「広域情報伝達システムの展開」；山本文彦「近世ドイツにおける郵便レガーリア」。
(40) Gotthard, Das Alte Reich, S. 20; Löhnig, Zur Reichsidee, S. 65–67; Wysocki, Die Kurmainzer Reichstagsdirektorien um 1680.
(41) Krüger, K. F. W. v. Groschlag, S. 1; Aretin, Heiliges Römisches Reich I, S. 58.
(42) Aretin, Heiliges Römisches Reich I, S. 61–64.
(43) Groß, Die Geschichte, S. 97.
(44) Smend, Das Reichskammergericht, S. 1–67, 212–217, 226–238, 375–384, 388–397; Ruthmann, Das richterliche Personal, S. 26; Das Reichskammergerichtsmuseum, S. 36 f.
(45) Krüger, K. F. W. v. Groschlag, S. 8 f.; Das Reichskammergerichtsmuseum, S. 104; Schmidt, Der Rechtspraktikant Goethe, S. 5, 11 f., 16; Dichtung und Wahrheit, in: Goethes Werke, Bd. 9, S. 538（『詩と真実　第三部』、一五三頁（表記大幅変更））.
(46) Gschließer, Der Reichshofrat, S. 1–64, 419, 429, 469; Ehrenpreis, Die Tätigkeit des Reichshofrats, S. 27–34; Kampmann, Zur Entstehung der Konkurrenz, S. 185–196; Aretin, Heiliges Römisches Reich I, S. 98.
(47) Hattenhauer, Wahl und Krönung, S. 19–27; Das Reichskammergerichtsmuseum, S. 59.
(48) Hattenhauer, Wahl und Krönung, S. 25; 竹村仁美「国際刑事裁判所に対する国家の協力義務の内容と法的基礎（一）」、二三七、二四九―二五〇頁。
(49) Aretin, Heiliges Römisches Reich I, S. 70–76.
(50) Döberl, Aus dem Tagebuch, S. 770.
(51) Aus Metternichs Nachgelassenen Papieren I, S. 11（『メッテルニヒの回想録』、二三頁（表記大幅変更））.

(52) Eichmann, Die Kaiserkrönung im Abendland, Bd. 1, S. 3–23, 81–86; Schramm, Die Krönung, S. 184, 194 f.
(53) Eichmann, Die Kaiserkrönung im Abendland, Bd. 1, S. 23–, Bd. 2, S. 5–40.
(54) Schomann, Kaiserkrönung, S. 7 f.; Sieber, Volksbelustigungen, S. 11 f.
(55) Schomann, Kaiserkrönung, S. 15; Wallner, Der Krönungsstreit.
(56) Schomann, Kaiserkrönung, S. 15 f.; Sieber, Volksbelustigungen, S. 20, 27 f.
(57) Schomann, Kaiserkrönung, S. 17.
(58) Schomann, Kaiserkrönung, S. 17 f.
(59) Dichtung und Wahrheit, in: Goethes Werke, Bd. 9, S. 182(『詩と真実　第1部』、三〇七頁(表記大幅変更)).
(60) Schomann, Kaiserkrönung, S. 18–20.
(61) Erler, Reichsinsignien, Reichskleinodien; Schomann, Kaiserkrönung, S. 21 f.; Staats, Theologie der Reichskrone, S. 19–24; Fillitz, Die Insignien und Kleinodien, S. 9–43.
(62) Dotzauer, Die Ankunft des Herrschers.
(63) Schomann, Kaiserkrönung, S. 22–24; Sieber, Volksbelustigungen, S. 33–41.
(64) Dichtung und Wahrheit, in: Goethes Werke, Bd. 9, S. 190–193(『詩と真実　第1部』、三三〇—三三五頁(表記大幅変更)).
(65) Schomann, Kaiserkrönung, S. 24 f.; Lammers, Reichsvikariat; Hermkes, Das Reichsvikariat, S. 3–13, 101–121.
(66) Schomann, Kaiserkrönung, S. 25 f.
(67) Dichtung und Wahrheit, in: Goethes Werke, Bd. 9, S. 199 f.(『詩と真実　第1部』、三三四—三三六頁(表記大幅変更)).
(68) Schomann, Kaiserkrönung, S. 25–29; Schramm, Die Krönung, S. 184, 195, 234–266.
(69) Schomann, Kaiserkrönung, S. 29 f.
(70) Schomann, Kaiserkrönung, S. 34–44; Sieber, Volksbelustigungen, S. 60 f.
(71) Schomann, Kaiserkrönung, S. 44 f.; Holenstein, Die Huldigung der Untertanen, S. 479–503; Diestelkamp, Huldigung, in: HRG 2, Sp. 262–265; Allgäuer, Thronfolge, S. 75, 90–103.
(72) Press, Friedrich der Grosse als Reichspolitiker, S. 32, 51; Fehrenbach, Von Ancien Régime zum Wiener Kongress, S. 71; Brück, Geschichte, S. 56; Hausberger, „Unterm Krummstab ist gut leben"; Burgdorf, Reichskonstitutionalismus, S. 263, 266, 323–338. ウィルスンは帝国教会を「安定と連続の主要な源であり、帝国の存在を支えた重要な要素」とし、その消滅で帝国滅亡が早まったと主張し(『神聖ローマ帝国』一〇〇、一〇五頁)、シュルツェは聖界諸侯領解体が帝国解体の前触れだったとする(『西欧中世史事典Ⅱ』、vii頁)。
(73) Andreas, Goethe und Carl August, S. 4.
(74) Reinalter, Joseph II, S. 9–16, 23 f., 28, 38–43, 114–117; Ders., Am Hofe, S. 49–60; Ders., J. v. Sonnenfels; Wangermann, J. v. Sonnenfels.
(75) Aus der Zeit Maria Theresias, S. 479–482.

（76）Aus der Zeit Maria Theresias, S. 482.
（77）Menzel, F. J. v. Albini, S. 8 f.; Gutachten Kaunitz' über die Vorteile einer Wahl des Erzherzogs Maximilian zum Koadjutor von Köln, in: Aretin, Heiliges Römisches Reich II, S. 24–28; Denkschrift Trauttmansdorffs über die preussische Reichspolitik und die Möglichkeiten Österreichs, ihr zu begegnen, in: Ebenda, S. 58–67; Voltelini, Eine Denkschrift; usw.
（78）Aus der Zeit Maria Theresias, S. 482–518.
（79）Krüger, K. F. W. v. Groschlag, S. 71 f.; Aretin, Das Alte Reich, Bd. 3, S. 124–135, 557 f.
（80）Aretin, Das Alte Reich, Bd. 3, S. 135–167; Menzel, F. J. v. Albini, S. 2; Krüger, K. F. W. v. Groschlag, S. 80–91; Das Reichskammergerichtsmuseum, S. 99 f.; Schmidt, Der Rechtspraktikant Goethe, S. 7; Dichtung und Wahrheit, in: Goethes Werke, Bd. 9, S. 530（『詩と真実　第三部』、一四〇頁）; Aretin, Kaiser Joseph II. und die Kammergerichtsvisitation, S. 130–134.
（81）Aretin, Das Alte Reich, Bd. 3, S. 168–171; Hansen, Quellen zur Geschichte des Rheinlandes, Bd. 1, S. 13–16; Reinalter, Joseph II, S. 14, 25–30, 37, 56 f., 61, 63, 86–97, 99–102, 108–113, 118; Ders., Am Hofe, S. 16–48 usw.; 岩﨑周一「近世ハプスブルク君主国における軍隊と兵士」一三〇—一三一、一三六；同「近世ハプスブルク君主国における軍事と地域社会」；マホフスキー『革命家皇帝ヨーゼフ二世』。
（82）Burgdorf, Reichskonstitution, S. 56–64, 74, 77 f.; Alberti, Bogislaw Philipp von Chemnitz.
（83）Burgdorf, Reichskonstitution, S. 65–68; Könnecke, Ernst.
（84）Burgdorf, Reichskonstitution, S. 68–77; Breßlau, Pufendorf.
（85）Burgdorf, Reichskonstitution, S. 88–95, 98–100.
（86）Burgdorf, Reichskonstitution, S. 184–204; Löhnig, Zur Reichsidee, S. 68.
（87）Moser, Von dem Deutschen Nationalgeist, S. 3.
（88）Deutsche Geschichte in Quellen und Darstellungen, Bd. 5, S. 111–113; Brück, Geschichte, S. 24–30; Krüger, K. F. W. v. Groschlag, S. 28.
（89）Friedrich der Große, De la Litterature Allemande, pp. 3–5, 23（S. 43, 45, 66）.
（90）Friedrich der Große, De la Litterature Allemande, pp. 3, 4, 11（S. 43, 45, 52）.
（91）山田欣吾「「教会」としてのフランク帝国」; Brück, Geschichte, S. 1.
（92）山本文彦「一二—一五世紀ドイツにおける司教選出の諸問題」。
（93）Aretin, C. Th. v. Dalberg. Staatsmann und Bischof in schwierigen Zeiten, S. 9.
（94）Kurmainzischer Hof- und Staats-Kalender 1784, S. 1–10; Veit, Der Zusammenbruch, S. 32.
（95）Usinger, Das Bistum Mainz, S. 2 f.; Brück, Die verwandtschaftliche Verbundenheit, S. 39; Aretin, Heiliges Römisches Reich, S. 83 f.; Forst, Ahnenproben, S. CLX–CLXI, usw.; Rauch, Das Mainzer Domkapitel.
（96）Hömig, C. Th. v. Dalberg, S. 26; Christ, C. Th. v. Dalberg im Urteil des kaiserlichen Geschäftsträgers Graf Schlick, S. 58 f.; Usinger,

Das Bistum Mainz, S. 1–3; Hausberger, „Unterm Krummstab ist gut leben“; Brück, Geschichte, S. 5, 33–39.

(97) Aretin, Heiliges Römisches Reich I, S. 89; Brück, Geschichte, S. 2.

(98) Becher, Der deutsche Primas, S. 23.

(99) Beaulieu-Marconnay I, S. 68 f.; Aretin, Heiliges Römisches Reich I, S. 40–42, 50; Ders., Das Alte Reich, S. 237–257.

(100) Schwaiger, Die altbayerischen Bistümer, S. 87–89; Aretin, Das Alte Reich, Bd. 3, S. 241 f.

(101) Beaulieu-Marconnay I, S. 68 f.; Aretin, Das Alte Reich, Bd. 3, S. 257–297.

(102) Aretin, Das Alte Reich, Bd. 3, S. 243.

(103) Möller, Vernunft und Kritik, S. 26.

第一章

(1) Reuter/Teutsch, Die Kämmerer von Worms, S. 13; Reuter, Die Dalberg, S. 273 f.

(2) AT-OeStA/AVA, Adel RAA 77. 14; Reuter/Teutsch, Die Kämmerer von Worms, S. 12 f.; Reuter, Die Dalberg, S. 266–279; Freyh, K. Th. v. Dalberg, S. 28; Becker, Wappen erzählen von stolzen Geschlechtern; Battenberg, Die Gerichtsverfassung, S. 12–24; Beaulieu-Marconnay I, S. 1–5; Krämer, Carl Theodor, Reichsfreiherr von Dalberg, letzter Churfürst von Mainz, S. 6.

(3) Wolzogen, Schillers Leben, S. 41–49 usw.; Teutsch, Ahnen- und Verwandtschaftstafel, S. 15–18; Zapf, Karl Grosherzog von Frankfurt, S. 18; Eid, Marianne, S. 1–54; Freyh, K. Th. v. Dalberg, S. 30; Grütz, Erfurt, S. 5; Aretin, C. Th. v. Dalberg. Staatsmann und Bischof in schwierigen Zeiten, S. 10.

(4) Lennhoff et al., Internationales Freimaurerlexikon, S. 11–37, 200, 670–673; Hoede, Carl Theodor von Dalberg—ein Freimaurer; Hansen, Quellen zur Geschichte des Rheinlandes, Bd. 1, S. 41–51; Dotzauer, Mainzer Illuminaten und Freimaurer, S. 121–130.

(5) Lennhoff et al., Internationales Freimaurerlexikon, S. 409–411; Hansen, Quellen zur Geschichte des Rheinlandes, Bd. 1, S. 41–51; Dollinger, Illuminaten; Dotzauer, Mainzer Illuminaten und Freimaurer, S. 121–130; Knörzer, Ein aufgeklärter Seelsorger, S. 106 f.; Doeberl, M. v. Montgelas, S. 5 f.; Siemann, Metternich, S. 64.

(6) Zapf, Karl Grosherzog von Frankfurt, S. 19; Freyh, K. Th. v. Dalberg, S. 32 f.

(7) Freyh, Jugend und Werdegang, S. 30 f.; Beaulieu-Marconnay I, S. 8.

(8) Freyh, K. Th. v. Dalberg, S. 34–40, 63–64; Dies, Jugend und Werdegang, S. 31 f., 37; Zapf, Karl Grosherzog von Frankfurt, S. 20–23; Beaulieu-Marconnay I, S. 8 f.; Spies, Ein Beleg für Dalbergs Studienaufenthalt in Würzburg 1759, S. 23. 博士論文の表題は De matre praeterita vel a legitima inique exclusa testamentum patris pupillariter substituentis per querelam inofficiosi expugnante という。

(9) Zapf, Karl Grosherzog von Frankfurt, S. 23 f.; Ders., Johann von Dalberg, S. 20; Freyh, K. Th. v. Dalberg, S. 40–44; Beaulieu-Marconnay I, S. 9 f.; Felgel, Carl zu Firmian; Dalberg, Grundsaetze der Aesthetik, S. 528–534; Oberthür, Drey Reden, S. 44 f.

(10) Zapf, Karl Grosherzog von Frankfurt, S. 26; Der Dom zu Mainz; Schütz, Dalbergs „Lehrjahre“ in Mainz, S. 38–39; Beaulieu-Marconnay I, S. 10–13; Freyh, K. Th. v. Dalberg, S. 57.

(11) Leser, Friedrich Carl Freiherr von Groschlag zu Dieburg; Bockenheimer, Friedrich Graf Stadion; Petersdorff, Johann Friedrich Freiherr vom und zum Stein, S. 642; Jürgensmeier, Das Bistum Mainz, S. 244–249; Koenig, Fr. Graf v. Stadion.

(12) Jürgensmeier, Das Bistum Mainz, S. 240–249; Brück, Johann Friedrich Karl Graf von Ostein; Krüger, K. F. W. v. Groschlag, S. 13–15, 160–185; Koenig, Fr. Graf v. Stadion, S. 123.

(13) Jürgensmeier, Das Bistum Mainz, S. 245–249.

(14) Gross, Die Geschichte, S. 2; Jürgensmeier, Das Bistum Mainz, S. 167–171, 220–222; Klüpfel, Berthold Graf von Henneberg; Bockenheimer, Johann Philipp von Schönborn; Duchhardt, Philipp Karl Freiherr von Eltz.

(15) Krüger, K. F. W. v. Groschlag, S. 16–20, 56 f.

(16) Menzel, F. J. v. Albini, S. 7–10.

(17) Dalberg, Versuch einer Widerlegung, S. 17–31; Freyh, K. Th. v. Dalberg, S. 66–73.

(18) Troßbach, Illuminaten am Reichskammergericht, S. 152.

(19) Dalberg, Versuch einer Widerlegung, S. 8–13.

(20) Dalberg, Versuch einer Widerlegung, S. 13 f.

(21) Dalberg, Versuch einer Widerlegung, S. 14–17.

(22) Dalberg, Versuch einer Widerlegung, S. 1–31.

(23) Beaulieu-Marconnay II, S. 300 f.

(24) Beaulieu-Marconnay I, S. 12.

(25) Schütz, Dalbergs „Lehrjahre“ in Mainz, S. 38–39; Beaulieu-Marconnay I, S. 12–16; Christ, Lehrjahre, S. 32.

(26) Blaha, Karl Theodor Anton Maria Freiherr von Dalberg, S. 48–50; Beaulieu-Marconnay I, S. 17–19; Press, Zwischen Kurmainz, Kursachsen und dem Kaiser; Meisner, Nachreformatorische katholische Frömmigkeit, vor allem S. 1–20; Christ, Lehrjahre, S. 31; 永田諒一『ドイツ近世の社会と教会』、八一―九一頁。

(27) ポーター『啓蒙主義』、一一頁。

(28) Beaulieu-Marconnay I, S. 16–18.

(29) Beaulieu-Marconnay I, S. 20–22; Grütz, Erfurt, S. 16–18; Christ, Lehrjahre, S. 35–43.

(30) Beaulieu-Marconnay I, S. 22 f.

(31) Beaulieu-Marconnay I, S. 19 f.; Meisner, Nachreformatorische katholische Frömmigkeit, S. 20.

(32) Freyh, K. Th. v. Dalberg, S. 84–86; Beaulieu-Marconnay I, S. 29–38; Grütz, Erfurt, S. 18–21; Biereye, Geschichte der Akademie, S. 3–

8; Hansen, Quellen zur Geschichte des Rheinlandes, Bd. 1, S. 6 f.; Dalberg, Grundsaetze der Aesthetik, S. 370; Christ, Lehrjahre, S. 40–43; Möller, Vernunft und Kritik, S. 247–250.

(33) Beaulieu-Marconnay I, S. 35–38; Zapf, Karl Grosherzog von Frankfurt, S. 19; Baumgart, Die Wappenseite; Baum, C. Th. v. Dalberg und Würzburg; Göbl, Handschriftliche Reliquien.

(34) [Dalberg], Das sittliche Vergnügen, 1773; Freyh, K. Th. v. Dalberg, S. 78 f.

(35) [Dalberg], Von Bildung des moralischen Charakters in Schulen, 1774.

(36) Freyh, K. Th. v. Dalberg, S. 87–94.

(37) [Dalberg], Betrachtungen über das Universum, 1777, S. 3, 6, 62 f., 97, 102 f., 128, 147; Freyh, K. Th. v. Dalberg, S. 94–118.

(38) Dalberg, Beiträge zu Verbesserung der Armen Polizey, 1779; Freyh, K. Th. v. Dalberg, S. 126–135.

(39) Dalberg, Gedanken von Bestimmung des moralischen Werths, 1782; Freyh, K. Th. v. Dalberg, S. 137–141.

(40) Dalberg, Gefühl des Christen, 1782; Freyh, K. Th. v. Dalberg, S. 136.

(41) Dalberg, Verhältnisse zwischen Moral und Staatskunst, Erfurt, 1786; Freyh, K. Th. v. Dalberg, S. 143–149.

(42) Dalberg, Beytraege zur Geschichte der Erfurter Handlung, 1780.

(43) Freyh, K. Th. v. Dalberg, S. 120–122.

(44) Dalberg, Beyträge zur allgemeinen Naturlehre, Erfurt, 1773; Freyh, K. Th. v. Dalberg, S. 74–78.

(45) Freyh, K. Th. v. Dalberg, S. 135 f.

(46) Dalberg, Neue chemische Versuche um die Aufgabe aufzulösen, ob sich das Wasser in Erde verwandlen lasse, 1784; Ders., Quelques Vues Sur les Mashines Aérostatiques, 1785; Freyh, K. Th. v. Dalberg, S. 141 f.

(47) Beaulieu-Marconnay I, S. 34 f.

(48) Blisch, F. C. J. v. Erthal, S. 23–50; Hömig, C. Th. v. Dalberg, S. 50, 99; Wühr, Emigranten, S. 61 f.; Beaulieu-Marconnay I, S. 143; Jürgensmeier, Das Bistum Mainz, S. 249–255; Freyh, K. Th. v. Dalberg, S. 52.

(49) Beaulieu-Marconnay I, S. 143–150; Spies (Hrsg.), Carl von Dalberg, S. 41.

(50) Beaulieu-Marconnay I, S. 150–155.

(51) Tümmler, Weimar, Wartburg, Fürstenbund, S. 9–38.

(52) Beaulieu-Marconnay I, S. 39–41; Beck, Ernst II. Ludwig. ティモレオンはコリントスの政治家。

(53) Hoede, Carl Theodor von Dalberg — ein Freimaurer, S. 202; Deile, Die Erfurter Loge, S. 71–73, 75–78, 82 f.

(54) Beaulieu-Marconnay I, S. 41f.; Deile, Die Erfurter Loge, S. 75; Gotter, Zum Andenken der Frau von Buchwald; Beck, Juliane Franziska von Buchwald; Dalberg, Madame de Buchwald.

(55) Blaha, K. Th. A. M. Frhr. v. Dalberg, S. 48–50; Beaulieu-Marconnay I, S. 42–50; Wegele, Karl August.

（56）Tümmler, Weimar, Wartburg, Fürstenbund, S. 10; Beaulieu-Marconnay I, S. 50–56.
（57）Deile, Die Erfurter Loge, S. 84.
（58）Eckermann, Gespräche mit Goethe, S. 314 f., 322 f., 678, 719（エッカーマン『ゲーテとの対話（中）』、一〇九―一一二、一二五頁；同『ゲーテとの対話（下）』、二六六、三一九―三二〇頁）.
（59）Eckermann, Gespräche mit Goethe, S. 325 f., 340, 368, 666 f.（エッカーマン『ゲーテとの対話（中）』、一二九―一三一、一五三、二〇五頁；同『ゲーテとの対話（下）』、二五二―二五三頁）.
（60）Eckermann, Gespräche mit Goethe, S. 366（エッカーマン『ゲーテとの対話（中）』、二〇〇頁（表記大幅変更））.
（61）Eckermann, Gespräche mit Goethe, S. 77, 161, 503 f., 510 f., 536 f., 586 f., 653–655, 679（エッカーマン『ゲーテとの対話（上）』、一〇五―一〇六、二二一頁；同『ゲーテとの対話（下）』、四〇―四一、四八―五〇、八三―八四、一四八、二三五―二三七、二六八頁）.
（62）Beaulieu-Marconnay I, S. 56.
（63）Beaulieu-Marconnay I, S. 56–62; Spies, Ein Brief Dalbergs an Herder; Freyh. K. Th. v. Dalberg, S. 89.
（64）Blaha, K. Th. A. M. Frhr. v. Dalberg, S. 48–50; Beaulieu-Marconnay I, S. 56–62; Grütz, Erfurt, S. 21 f.

第三章

（1）Aretin, Das Alte Reich, Bd. 3, S. 173–183; Gutkas, Joseph II., S. 112–120; Reinalter, Joseph II., S. 19; Ders., Am Hofe, S. 14, 27–29.
（2）Deutsche Geschichte in Quellen und Darstellungen, Bd. 5, S. 141; Aretin, Das Alte Reich, Bd. 3, S. 183–203.
（3）Beaulieu-Marconnay I, S. 23–25.
（4）Beaulieu-Marconnay I, S. 25–29; Krüger, K. F. W. v. Groschlag, S. 29.
（5）Deutsche Geschichte in Quellen und Darstellungen, Bd. 5, S. 141–143; Aretin, Das Alte Reich, Bd. 3, S. 203–212; Ansicht des Fürsten Kaunitz über die militärische und politische Lage Österreichs, in: Aretin, Heiliges Römisches Reich II, S. 1 f.
（6）Aretin, Die Mission des Grafen Romanzoff; Ders., Das Alte Reich, Bd. 3, S. 206–208.
（7）Beaulieu-Marconnay I, S. 63–67; Kotulla, Einführung, S. 207 f.
（8）Aretin, Das Alte Reich, Bd. 3, S. 212–216; Feine, Die Besetzung der Reichsbistümer, S. 369–399; Hansen, Quellen zur Geschichte des Rheinlandes, Bd. 1, S. 3 f., 75–77; Gutachten Kaunitz' über die Vorteile einer Wahl des Erzherzogs Maximilian zum Koadjutor von Köln, in: Aretin, Heiliges Römisches Reich II, S. 24–28.
（9）Aretin, Das Alte Reich, Bd. 3, S. 216–226.
（10）Schwaiger, Die altbayerischen Bistümer, S. 87; Aretin, Das Alte Reich, Bd. 3, S. 226–235; Burgdorf, Reichskonstitution, S. 259 f.; Protest der deutschen Erzbischöfe und Bischöfe an Joseph II. gegen dessen Eingriffe in Diözesanreche, in: Aretin, Heiliges Römisches Reich II, S. 70–76.

(11) Beaulieu-Marconnay I, S. 63–65; Aretin, Das Alte Reich, Bd. 3, S. 314; Betrachtungen Josephs II. über den bayerisch-niederländischen Tausch, in: Aretin, Heiliges Römisches Reich II, S. 101–107, bes. 106.

(12) Kotulla, Einführung, S. 207 f.; Beaulieu-Marconnay I, S. 63–67; Aretin, Das Alte Reich, Bd. 3, S. 314; Burgdorf, Reichskonstitution, S. 265.

(13) Neusser, Fürstenbund, in: HRG 1, Sp. 1356.

(14) Aretin, Das Alte Reich, Bd. 3, S. 301 f.; Andreas(Hrsg.), Politischer Briefwechsel, S. 78; Burgdorf, Reichskonstitution, S. 263–265.

(15) Press, Friedrich der Grosse als Reichspolitiker, S. 52.

(16) Dichtung und Wahrheit, in: Goethes Werke, Bd. 9, S. 47(『詩と真実　第一部』、七七頁（表記大幅変更））.

(17) Dichtung und Wahrheit, in: Goethes Werke, Bd. 9, S. 535(『詩と真実　第三部』、一四八頁（表記大幅変更））.

(18) Beaulieu-Marconnay I, S. 75 f.

(19) Aretin, Die Mission des Grafen Romanzoff, S. 19 f.; Copie de la lettre de S. A. S. Mgr. le Duc de Deuxponts á S. E. Mr. le Comte de Romanzoff, in: GStAPK, I. HA Geheimer Rat, Rep. 12, Nr. 459, Bl. 16.

(20) Burgdorf, Reichskonstitution, S. 256–351.

(21) Acceptions-Urkunde des Churfürsten zu Mainz zu der Association, d. d. Auforderung, den 18. Oktober 1785, in: GStAPK, I. HA Geheimer Rat, Rep. 12, Nr. 485, Bl. 9–11; Kotulla, Einführung, S. 207 f.; Beaulieu-Marconnay I, S. 63–67; Menzel, F. J. v. Albini, S. 8, 18 f.; Aretin, Das Alte Reich, Bd. 3, S. 320; Burgdorf, Reichskonstitution, S. 318; Hansen, Quellen zur Geschichte des Rheinlandes, Bd. 1, S. 12, 19.

(22) Einladungsschreiben des Kurfürsten von Mainz an seinen Bruder, den Fürstbischof von Würzburg und Bamberg, dem Fürstenbund beizutreten, in: Aretin, Heiliges Römisches Reich II, S. 120–122, bes. 120.

(23) Würzburgisches Gutachten über die Frage, ob der Fürstenbund mit der Reichsverfassung zu vereinbaren ist, in: Aretin, Heiliges Römisches Reich II, S. 134–142.

(24) Generalinstruktion für Seilern als Kurböhmischer Gesandter am Reichstag, in: Aretin, Heiliges Römisches Reich II, S. 123–131, bes. S. 123 f.

(25) Aretin, Die Mission des Grafen Romanzoff, S. 20 f.; Burgdorf, Reichskonstitution, S. 324 f.

(26) Beaulieu-Marconnay I, S. 69 f.

(27) Beaulieu-Marconnay I, S. 69–96; Diel, Die Freiherrn von Fechenbach, S. 26–36.

(28) Brück, Die verwandtschaftliche Verbundenheit, S. 40–43; Aretin, Karl Theodor von Dalberg zwischen Kaiser und Fürstenbund; Christ, C. Th. V. Dalberg im Urteil des kaiserlichen Geschäftsträgers Graf Schlick, S. 61; Ranke, Die deutschen Mächte, Bd. 1, S. 370 f., 374.

（29） Beaulieu-Marconnay I, S. 71–75, 88.

（30） Dalberg, [Beitrittserklärung zum Fürstenbund], in: GStAPK, I. HA Geheimer Rat, Rep. 12, Nr. 495, Bl. 9–12; Beaulieu-Marconnay I, S. 79 f., 107 f.; Lettre de Edelsheim à Koch, Karlsruhe, le 1er mai 1788, in: Badische Historische Commission (Hrsg.), Politische Correspondenz, Bd. 1, S. 320.

（31） Findbuch von GStAPK, I. HA, Rep. 12, S. 106–113.

（32） Beaulieu-Marconnay I, S. 109 f., 116 f.; Koeppel, Dalberg, S. 407 f.

（33） Aretin, Die Mission des Grafen Romanzoff, S. 24 f.

（34） Brief von Dalberg an Trauttmansdorff, Mainz Juni 5. 1887, in: AT-OeStA/AVA, FA Trauttmansdorff 276. 17; Beaulieu-Marconnay I, S. 117.

（35） Geheime Correspondenz, S. 1 f. この「封書」が四月二六日の書簡なのか、六月五日付の文書なのか、あるいは七月三日付の「同盟についての考察」なのかは判然としない。

（36） Geheime Correspondenz, S. 1.

（37） Denkschrift Dalbergs, Aschaffenburg 20. Juli 1787, in: Gerlich, Briefe I, S. 158–160.

（38） Brief von Dalberg an Albini, Würzburg 13. Juni 1787, in: Gerlich, Briefe I, S. 158.

（39） Denkschrift Dalbergs, Aschaffenburg 20. Juli 1787, in: Gerlich, Briefe I, S. 160.

（40） Brief von Dalberg an Albini, Bamberg 10. November 1787, in: Gerlich, Briefe I, S. 165.

（41） Beaulieu-Marconnay I, S. 126–130.

（42） Copie d'une lettre de Joseph II à Dalberg, le 13 Juillet 1787, in: AT-OeStA/AVA, FA Trauttmansdorff 276. 17; Lettre (copie) de Joseph II à Dalberg, le 13 Juillet 1787; in: AT-OeStA/HHStA HA Sammelbände 5–3 (gedruckt in: Beaulieu-Marconnay I, S. 118–120).

（43） Geheime Correspondenz, S. 2–5; Lettre (copie) de Joseph II à Dalberg, le 18 Juillet 1787, in: AT-OeStA/HHStA HA Sammelbände 5–3 (gedruckt in: Beaulieu-Marconnay I, S. 130–135).

（44） Lettre de Dalberg à Joseph II, Aschaffenbourg, le 28 Juillet 1787, in: AT-OeStA/HHStA Haus Sammelbände 5 (gedruckt in : Beaulieu-Marconnay I, S. 120 f.).

（45） Brief von Dalberg an Albini, Mainz 1. Dezember 1787, in: Gerlich, Briefe I, S. 165.

（46） Brief von Dalberg an Colloredo, Aschaffenburg 18. September 1787, in: AT-OeStA/HHStA RK Friedensakten 192/194–6; Derselbe, Aschaffenburg 8. Oktober 1787, in: Ebenda.

（47） Brief von Dalberg an Albini, Mainz 19. Januar 1788, in: Gerlich, Briefe I, S. 166.

（48） Dalberg, Vorschläge zum Besten des teutschen Reichs, in: AT-OeStA/HHStA HA Sammelbände 5, Korrespondenz Kaiser Joseph II.—Dalberg; Brief von Dalberg an Colloredo, Aschaffenburg 8. Oktober 1787, in: AT-OeStA/HHStA RK Friedensakten 192/194–6.

(49) Beaulieu-Marconnay I, S. 118–120.
(50) Brief von Dalberg an Albini, Aschaffenburg 27. September 1787, in: Gerlich, Briefe I, S. 163.
(51) Brief von Dalberg an Albini, Aschaffenburg 1. Oktober 1787, in: Gerlich, Briefe I, S. 164.
(52) Brief von Dalberg an Albini, Aschaffenburg 12. September 1787, in: Gerlich, Briefe I, S. 163 f.
(53) Christ, C. Th. v. Dalberg im Urteil des kaiserlichen Geschäftsträgers Graf Schlick.
(54) Aretin, Das Alte Reich, Bd. 3, S. 349.
(55) Scherg, Das Schulwesen, S. 52–58; Bischofsweihe in Aschaffenburg; Färber, Kaiser und Erzkanzler, S. 35, 163.
(56) Aretin, Heiliges Römisches Reich I, S. 211; Färber, Kaiser und Erzkanzler, S. 36; Menzel, F. J. v. Albini, S. 10–13.
(57) Beaulieu-Marconnay I, S. 168 f.
(58) Beaulieu-Marconnay I, S. 251–254.
(59) Pollnick, Dalberg und Aschaffenberg, S. 143–145, 149, 151, 158.
(60) Dalberg, Grundsaetze der Aesthetik, S. 73 f. und 86 f.; Freyh, K. Th. v. Dalberg, S. 161–172.
(61) Dalberg, Versuch einiger Beyträge über die Baukunst; Blaha, Vom Bürgerhaus zum Kaiserpalast, S. 37.
(62) [Dalberg], Von dem Bewustseyn, S. 436; Beaulieu-Marconnay II, S. 333–335; Freyh, K. Th. v. Dalberg, S. 177–190, u. a. S. 183–185.
(63) [Dalberg], Kopf und Herz.
(64) Rehbach, Der Entwurf eines Kriminalgesetzbuches, S. 41–50, 189.
(65) Beaulieu-Marconnay I, S. 190–195; [Dalberg], Von den wahren Grenzen der Wirksamkeit des Staates, S. 634, 640; Freyh, K. Th. v. Dalberg, S. 197–216; Sutter, Dalbergs Antwort; Darmstaedter, Das Großherzogtum, S. 81–83; 吉永圭『リバタリアニズムの人間観』、一三三頁。
(66) Dalberg, Von Erhaltung der Staatsverfassungen; Freyh, K. Th. v. Dalberg, S. 221–231.
(67) Rehbach, Der Entwurf eines Kriminalgesetzbuches, S. 64–67, 70 f., 189–194; Freyh, K. Th. v. Dalberg, S. 173–176; Beaulieu-Marconnay I, S. 168; Beaulieu-Marconnay II, S. 326–333.
(68) Freyh, K. Th. v. Dalberg, S. 216–219.
(69) Dalberg, Teutsches Volk und Teutsche Sprache; Freyh, K. Th. v. Dalberg, S. 220–221.
(70) Zimmermann, Memoire; Dalberg, Von dem Einflusse der Wissenschaften und schönen Künste; Knörzer, Ein aufgeklärter Seelsorger, S. 108; Freyh, K. Th. v. Dalberg, S. 190–197.
(71) Dalberg, Kunstschule; Freyh, K. Th. v. Dalberg, S. 231–233.
(72) [Dalberg], Versuch über das Wissen; Freyh, K. Th. v. Dalberg, S. 233–235.
(73) Oellers, Johann Christoph Friedrich Schiller; Fischer, Johann Christoph Friedrich von Schiller; ダム『フリードリヒ・シラーの生

涯』、二二四―二三三頁。

（74）Wolzogen, Schillers Leben, S. 16, 76, 86; Dies., Literarischer Nachlaß, S. 328, 373, 378; Beaulieu-Marconnay I, S. 171–189.

（75）Wolzogen, Schillers Leben, S. 62, 109 f.; Beaulieu-Marconnay I, S. 181–190.

（76）Beaulieu-Marconnay I, S. 190–195; [Dalberg], Von den wahren Grenzen der Wirksamkeit des Staates, S. 634, 640; Blaha, Vom Bürgerhaus zum Kaiserpalast, S. 43–46; Freyh, K. Th. v. Dalberg, S. 198, 202, 216–219; Forster, Werke, 4. Bd., S. 456 f., 514 f., 546 usw.

第四章

（1）Strothotte, Die Exekution, S. 1–27; Néve, Die Lütticher Revolution, S. 5–24; Aretin, Das Alte Reich, Bd. 3, S. 354–357; Beaulieu-Marconnay I, S. 164 f.; Hattenhauer, Wahl und Krönung, S. 43; Siemann, Metternich, S. 90 f.

（2）Néve, Die Lütticher Revolution, S. 24–32; Aretin, Das Alte Reich, Bd. 3, S. 354–361, 379.

（3）Aretin, Das Alte Reich, Bd. 3, S. 379–381; Härter, Reichstag, S. 70–82; Müller, Der letzte Kampf der Reichsritterschaft, S. 42–45; 安酸香織「ウェストファリア講和会議（一六四三―四八）におけるエルザス譲渡問題」；同「近世エルザスにおける帝国等族とフランス王権」。

（4）Freyh, K. Th. v. Dalberg, S. 364 f.; Hansen, Quellen zur Geschichte des Rheinlandes, Bd. 1, S. 507.

（5）Freyh, K. Th. v. Dalberg, S. 365.

（6）Reinalter, Joseph II., S. 64–70; Ders., Am Hofe, S. 162–168.

（7）Aretin, Das Alte Reich, Bd. 3, S. 361–370; Burgdorf, Reichskonstitution, S. 352–383; Härter, Reichstag, S. 82–98.

（8）Freyh, K. Th. v. Dalberg, S. 365 f.; Aus Metternichs Nachgelassenen Papieren I, S. 9 f.（『メッテルニヒの回想録』、二一―二二頁）.

（9）Aretin, Das Alte Reich, Bd. 3, S. 371–389.

（10）Härter, Reichstag, S. 114 f.; Hattenhauer, Wahl und Krönung, S. 61 f.; Wandruszka, Die Persönlichkeit Kaiser Leopolds II.; Ders., Leopold II., S. 353 f.

（11）Jürgensmeier, Das Bistum Mainz, S. 253; Leser, A. J. Dorsch; Ders., F. A. Blau; Hansen, Quellen zur Geschichte des Rheinlandes, Bd. 1, S. 16, 35–38; Wühr, Emigranten, S. 64.

（12）Aus Metternichs Nachgelassenen Papieren I, S. 13（『メッテルニヒの回想録』、二五頁）; Wühr, Emigranten, S. 65–70.

（13）Rumpler, Österreichische Geschichte, S. 35 f.; Die Französische Revolution, S. 163–175; Wandruszka, Leopold II., S. 358–361; Hattenhauer, Wahl und Krönung, S. 62; Menzel, F. J. v. Albini, S. 30 f.; Vogt, Geschichte, S. 242.

（14）Härter, Reichstag, S. 141–168; Aretin, Das Alte Reich, Bd. 3, S. 381 f.

（15）Déclaration, signée en commune par l'Empereur et le Roi de Prusse, le 27. Août 1791, in: GLA 48/16.

（16）Menzel, F. J. v. Albini, S. 32; Aretin, Das Alte Reich, Bd. 3, S. 382–387; Härter, Reichstag, S. 167–186; Wirth, Ludwig Aloys.

(17) Aretin, Das Alte Reich, Bd. 3, S. 382–387; Härter, Reichstag, S. 173.
(18) Menzel, F. J. v. Albini, S. 32; Aretin, Das Alte Reich, Bd. 3, S. 382 f.; Härter, Reichstag, S. 171.
(19) Aretin, Das Alte Reich, Bd. 3, S. 387–389; Wühr, Emigranten, S. 72–74.
(20) Wolzogen, Literarischer Nachlaß I, S. 97; Beaulieu-Marconnay I, S. 201–203.
(21) Hattenhauer, Wahl und Krönung, S. 68; Reinalter, Joseph II., S. 59 f.; Ders., Am Hofe, S. 155.
(22) Härter, Reichstag, S. 167, 202, 229.
(23) Die Französische Revolution, S. 209–213; Hömig, C. Th. v. Dalberg, S. 194; Wentzke, Philipp Friedrich Freiherr von Dietrich.
(24) Härter, Reichstag, S. 229–242; Wühr, Emigranten, S. 76.
(25) Hattenhauer, Wahl und Krönung, S. 416 f.
(26) Wühr, Emigranten, S. 64, 77; Aus Metternichs Nachgelassenen Papieren I, S. 15 f.(『メッテルニヒの回想録』、二七—二九頁); Schomann, Kaiserkrönung, S. 24.
(27) Härter, Reichstag, S. 243–285, 383 f., 442; Aretin, Das Alte Reich, Bd. 3, S. 395–400; Wühr, Emigranten, S. 77.
(28) Die Französische Revolution, S. 214–217(河野健二編『資料フランス革命』、一九三—一九八頁).
(29) Campagne in Frankreich, in: Goethes Werke, Bd. 10, S. 189 f.; Wühr, Emigranten, S. 77.
(30) Napoléon, Les Pages Immortelles, pp. 154–155(オブリ編『ナポレオン言行録』、一八〇—一八一頁(表記一部変更)).
(31) Die Französische Revolution, S. 214, 217–244; ブラニング『フランス革命』、六〇—六二、六八頁。
(32) Campagne in Frankreich, in: Goethes Werke, Bd. 10, S. 235; Die Französische Revolution, S. 244 f., 251.
(33) Härter, Reichstag, S. 345–347; Aus Metternichs Nachgelassenen Papieren I, S. 17(『メッテルニヒの回想録』、三〇頁).
(34) Aus Metternichs Nachgelassenen Papieren I, S. 18(『メッテルニヒの回想録』、三一頁).
(35) Rumpler, Österreichische Geschichte, S. 36; Wühr, Emigranten, S. 77 f.; Menzel, F. J. v. Albini, S. 37 f.; Forster, Revolutionsbriefe, S. 28; Darmstaedter, Das Großherzogtum, S. 19 f.
(36) Beaulieu-Marconnay I, S. 203–206.
(37) Aretin, Das Alte Reich, Bd. 3, S. 400–401; Wühr, Emigranten, S. 63, 78 f.; 『ゲオルク・フォルスター作品集』、三〇七—三一七頁。
(38) Eid, Marianne, S. 55–112; Teutsch, Maria Anna von Dalberg, S. 22.
(39) Brief von Dalberg an Albini, Erfurt 10. Juni 1793, in: Gerlich, Briefe I, S. 173 f.; Brief von Dalberg an Albini, Erfurt 15. Juni 1793, in: Gerlich, Briefe I, S. 174 f.; Brief von Dalberg an Albini, Erfurt 10. Februar 1795, in: Gerlich, Briefe I, S. 175.
(40) Brief von Dalberg an Albini, Erfurt 5. Juni 1793, in: Gerlich, Briefe I, S. 167–173.
(41) Menzel, F. J. v. Albini, S. 40 f.;[Albini], Ein Paar derbe Worte des Dr. Gottlieb Teutsch.
(42) Aretin, Das Alte Reich, Bd. 3, S. 401–404; Andreas, Goethe und Carl August während der Belagerung von Mainz (1793); Jürgens-

meier, Das Bistum Mainz, S. 260 f.

(43) Beaulieu-Marconnay I, S. 206–210.

(44) Beaulieu-Marconnay I, S. 213–215.

(45) Aretin, Das Alte Reich, Bd. 3, S. 410–417; Härter, Reichstag, S. 383–403.

(46) Härter, Reichstag, S. 403–414.

(47) Aretin, Das Alte Reich, Bd. 3, S. 417–436; Ders., Heiliges Römisches Reich I, S. 311 f.; Ders., Heiliges Römisches Reich II, S. 282–284; Menzel, F. J. v. Albini, S. 46 f.; Vivenot/Zeissberg, Quellen, S. 33 f.

(48) Aretin, Das Alte Reich, Bd. 3, S. 436–449, 455, 458 f.; Brück, Geschichte, S. 40–44.

(49) Aretin, Das Alte Reich, Bd. 3, S. 450–462; Menzel, F. J. v. Albini, S. 52–56.

(50) Erler, Reichsinsignien, Reichskleinodien; Schomann, Kaiserkrönung, S. 21 f.; Staats, Theologie der Reichskrone, S. 22; Schroeder, Die Nürnberger Reichskleinodien in Wien; Fillitz, Die Insignien und Kleinodien, S. 43–46.

(51) Brosche, Kommentar, S. 9–19; Höfele, Deutsche Nationalhymnen, S. 8–12; 木村佐千子「ドイツ語圏の国歌について」。

(52) Brief von Dalberg an Albini, Erfurt 3. November 1796, in: Gerlich, Briefe I, S. 176; Brief von Dalberg an Albini, Erfurt 16. Februar 1797, in: Gerlich, Briefe I, S. 177.

(53) Brief von Dalberg an Albini, Erfurt 4. März 1797, in: Gerlich, Briefe I, S. 178.

(54) Kaisenberg, König Jerome, S. 4; Beaulieu-Marconnay I, S. 218–222.

(55) Brück, Geschichte, S. 44; Beaulieu-Marconnay I, S. 216 f.; Menzel, F. J. v. Albini, S. 62 f.; Koeppel, Dalberg, S. 409.

(56) Brück, Geschichte, S. 44–52; Aretin, Das Alte Reich, Bd. 3, S. 462–468; Färber, Kaiser und Erzkanzler, S. 38; Härter, Reichstag, S. 541, 556; Kaisenberg, König Jerome, S. 10.

(57) Färber, Kaiser und Erzkanzler, S. 38; Brief von Dalberg an Albini, Würzburg 31. Januar 1798, in: Gerlich, Briefe I, S. 184.

(58) Brief von Dalberg an Albini, Wien 25. Juli 1798, in: Gerlich, Briefe I, S. 190; Jürgensmeier, Das Bistum Mainz, S. 261 f.

(59) Fleig, Fürstbischof, S. 254 f.; Koeppel, Dalberg, S. 409–413; Beaulieu-Marconnay I, S. 234 f.

(60) Beaulieu-Marconnay I, S. 235 f.

(61) Grundsätze, nach welchen Österreich die Säkularisation behandelt sehen wollte, in: Aretin, Heiliges Römisches Reich II, S. 298–306; Vortrag Thuguts über die Bedeutung der Reichsstädte für den kaiserlichen Einfluß im Reich, in: Ebenda, S. 306 f.

(62) Vortrag der Minister Colloredo und Cobenzl über das kaiserliche Interesse an der Erhaltung der Reichsritterschaft, in: Aretin, Heiliges Römisches Reich II, S. 318–323.

(63) Färber, Kaiser und Erzkanzler, S. 39; Koeppel, Dalberg.

(64) Dalberg, Sammlung Bischöflicher Hirtenbriefe, S. 3–30; Freyh, K. Th. v. Dalberg, S. 235–238.

(65) Beaulieu-Marconnay I, S. 241; Reinhardt, K. Th. A. M. v. Dalberg, S. 468 f.; Bischof, I. H. v. Wessenberg-Ampringen, S. 479.
(66) Färber, Kaiser und Erzkanzler, S. 39 f.; Wessenberg, Autobiographische Aufzeichnungen, S. 157.
(67) Kaisenberg, König Jerome, S. 6.
(68) Fournier, Napoleon I., Bd. 1, S. 1–13, 50–139, 190–231, usw.
(69) Napoléon, Les Pages Immortelles, p. 53(オブリ編『ナポレオン言行録』、六八頁(表記一部変更)).
(70) Napoléon, Les Pages Immortelles, p. 96(オブリ編『ナポレオン言行録』、一一四頁(表記一部変更)).
(71) Napoléon, Les Pages Immortelles, pp. 132–133(オブリ編『ナポレオン言行録』、一五五頁(表記一部変更)).
(72) Napoléon, Les Pages Immortelles, p. 109(オブリ編『ナポレオン言行録』、一二九頁).
(73) Napoléon, Les Pages Immortelles, pp. 80–81(オブリ編『ナポレオン言行録』、九六—九七頁(表記一部変更)).
(74) Napoléon, Les Pages Immortelles, p. 114(オブリ編『ナポレオン言行録』、一三四頁(表記一部変更)).
(75) Brief von Dalberg an Albini, Erfurt 28. Dezember 1797, in: Gerlich, Briefe I, S. 183; Gerlich, Zum Napoleon-Bild Dalbergs, S. 188; Freyh, K. Th. v. Dalberg, S. 233 f.
(76) Lucchesini, Teil 1, S. 170–172; Wessenberg, Autobiographische Aufzeichnungen, S. 157; Färber, Kaiser und Erzkanzler, S. 43 f., 166.
(77) Färber, Kaiser und Erzkanzler, S. 44, 166; Jürgens, Emmerich, S. 175.
(78) Färber, Kaiser und Erzkanzler, S. 44.

第五章

(1) Aretin, Das Alte Reich, Bd. 3, S. 468–477; Beaulieu-Marconnay I, S. 244 f.; Menzel, F. J. v. Albini, S. 73–80; Brück, Geschichte, S. 53, 58 f.
(2) Corpus Juris Confoederationis Germanicae, S. 1–9; Brück, Geschichte, S. 53–67; Aretin, Das Alte Reich, Bd. 3, S. 490.
(3) Gelmi, Pius VI.; Gelmi, Pius VII.
(4) Brück, Geschichte, S. 67–72.
(5) Aretin, Heiliges Römisches Reich I, S. 445; Brück, Geschichte, S. 82.
(6) Brück, Geschichte, S. 73–78; Beaulieu-Marconnay I, S. 257–259.
(7) Brück, Geschichte, S. 78–81; Färber, Kaiser und Erzkanzler, S. 41, 44; Beaulieu-Marconnay I, S. 259–271; Menzel, F. J. v. Albini, S. 87–89.
(8) Brück, Geschichte, S. 84 f.
(9) Hegel, Über die Reichsverfassung, S. 3–46; Ders., Sämtliche Schriften, Bd. 7, S. 3–154(金子武蔵訳『政治論文集(上)』、二五一一九七頁). 権左武志はシュミットに依拠して、「絶対主義」による「主権」確立を近代国家形成の常道とし、仏英のボダン、ホッブズと並んでヘーゲルこそ（権左によれば後進的な）ドイツにおける「主権概念の最初の理論家」だと称揚する（『ヘーゲルにおける理性・国家・歴史』、九〇頁）。戦後ドイツの連邦制を肯定する論者が、近世に関しては中央集権制を肯定するというのは、西欧主義的なドイツ研究ではよくある逆転現象である。

（10） Beaulieu-Marconnay I, S. 246 f.

（11） [Dalberg], Ueber Bestimmung; Freyh. K. Th. v. Dalberg, S. 239–245.

（12） Doeberl, Die bayer. Konkordatsverhandlungen, S. 20 f.; Benedikt XVI., Licht der Welt, S. 72.

（13） Beaulieu-Marconnay I, S. 254 f.; Beaulieu-Marconnay II, S. 351; Färber, Kaiser und Erzkanzler, S. 44 f.; Spies, Erthals Tod und Dalbergs Regierungsantritt, S. 121–126; Pollnick, Dalberg und Aschaffenberg, S. 140 f.; Menzel, F. J. v. Albini, S. 89; Hertel, Karl Theodor von Dalberg, S. 25 f.

（14） Brief von Dalberg an Albini, Aschaffenburg 15. August 1802, in: Gerlich, Briefe II, S. 109.

（15） Brief von Dalberg an Albini, Aschaffenburg 12. Oktober 1802, in: Gerlich, Briefe II, S. 113.

（16） Pollnick, Dalberg und Aschaffenberg, S. 140–144.

（17） Gollwitzer, Franz Josef Martin Freiherr von Albini; Mejer, Franz Josef Albini; Hömig, C. Th. v. Dalberg, S. 263; Deile, Die Erfurter Loge, S. 81; Hertel, Karl Theodor von Dalberg, S. 31.

（18） Menzel, F. J. v. Albini, S. 1 f., 7–12, 30, 73–83; Bessel, Der kurmainzische Minister, S. 2; Hömig, C. Th. v. Dalberg, S. 267.

（19） Raab, Karl Hieronymus Karl Freiherr von Kolborn.

（20） Schulte, Heinrich Freiherr von Wessenberg; Knörzer, Ein aufgeklärter Seelsorger, S. 110; Bischof, I. H. v. Wessenberg-Ampringen; Engelsing, „Einer der Todesfeinde der Religion".

（21） Schmitt, Karl Christian Ernst Freiherr von, Graf von（seit 1790）Ben(t)zel-Sternau; Walther/Leser, Anselm Franz Bentzel.

（22） Gümbel, Kaspar Maria Graf von Sternberg; Schweizer, Kaspar Graf von Sternberg.

（23） Beaulieu-Marconnay I, S. 245; Hömig, C. Th. v. Dalberg, S. 264.

（24） Corpus Juris Confoederationis Germanicae, S. 16–74; Brück, Geschichte, S. 86–101; Aretin, Das Alte Reich, Bd. 3, S. 489–502; Färber, Kaiser und Erzkanzler, S. 46 f.

（25） Beaulieu-Marconnay I, S. 281–284.

（26） Corpus Juris Confoederationis Germanicae, S. 69–74; Hömig, Der Reichsdeputationshauptschluß, S. 30–38, 42.

（27） Brück, Geschichte, S. 103.

（28） Corpus Juris Confoederationis Germanicae, S. 52; Schlaich, Das Ende, S. 237–240; Brück, Geschichte, S. 102.

（29） Beschreibung, S. 1–14; Färber, Kaiser und Erzkanzler, S. 64; Ders., Ein Intermezzo, S. 39 f.; Spies, Erthals Tod und Dalbergs Regierungsantritt, S. 136–139; Sternberg, Ausgewählte Werke II, S. 71; Scherer, Zum Gedächtnis Karl von Dalbergs, S. 111.

(30) Döberl, Aus dem Tagebuch, S. 769; Färber, Kaiser und Erzkanzler, S. 64.
(31) Beaulieu-Marconnay I, S. 312; Beaulieu-Marconnay II, S. 1–8, 351; Färber, Kaiser und Erzkanzler, S. 51 f.; Ders., Dalberg, Bayern und das Fürstentum Regensburg, S. 695 f.; Schlaich, Das Ende, S. 244; Spies, Erthals Tod, S. 133–135; Widl, Die soziale Tätigkeit, S. 48–100; Hein, Der Staat, S. 43–54.
(32) Hausenstein, Die Wiedervereinigung, S. 61 f.; Bastgen, Bayern und der Heilige Stuhl, S. 222; Schlaich, Das Ende, S. 246; Reinhardt, K. Th. A. M. v. Dalberg, S. 469; Schwaiger, Das dalbergische Fürstentum Regensburg, S. 43; Staber, Kirchengeschichte, S. 169.
(33) Beaulieu-Marconnay II, S. 8–12; Schlaich, Das Ende; Menzel, F. J. v. Albini, S. 96; Färber, Dalberg, Bayern und das Fürstentum Regensburg, S. 695 f.; Schmid, Regensburg, S. 173–196, 203 f.
(34) Beaulieu-Marconnay I, S. 307; Färber, Kaiser und Erzkanzler, S. 49; Ders., Ein Intermezzo, in: Becker/Färber (Hrsg.), Regensburg wird bayerisch, S. 35.
(35) Färber, Kaiser und Erzkanzler, S. 69 f.; Beaulieu-Marconnay II, S. 1–3, 15 f.
(36) Beaulieu-Marconnay II, S. 15 f.
(37) Beaulieu-Marconnay II, S. 8–15.
(38) Beaulieu-Marconnay II, S. 16–18; Aretin, Das Alte Reich, Bd. 3, S. 522; Herzog von Rovigo, Ueber die Hinrichtung des Herzogs von Enghien; Menzel, F. J. v. Albini, S. 106; Heyl (Hrsg.), Aus dem politischen Nachlasse (1904), S. 45 f.; Jürgens, Emmerich, S. 39–52.
(39) Fournier, Napoleon I., Bd. 2, S. 47–52; 中村義孝編訳『フランス憲法史集成』、一〇三—一一九頁；Beaulieu-Marconnay II, S. 18 f.; Aus Metternichs Nachgelassenen Papieren I, S. 75(『メッテルニヒの回想録』、九六頁)；カバニス『ナポレオンの戴冠』、一五二頁。
(40) マルロー編『ナポレオン自伝』、二九五頁(表記一部変更)。
(41) Aretin, Das Alte Reich, Bd. 3, S. 510 f.; Srbik, Das Österreichische Kaisertum, S. 18–29.
(42) Färber, Kaiser und Erzkanzler, S. 70 f.; Beaulieu-Marconnay II, S. 18 f.; Jürgens, Emmerich, S. 56.
(43) Veit, Der Zusammenbruch, S. 101–105; Menzel, F. J. v. Albini, S. 59; Färber, Kaiser und Erzkanzler, S. 51, 71–73; Jürgensmeier, Das Bistum Mainz, S. 262–264; Lauchert, Josepf Ludwig Colmar; Hubensteiner, Biographenwege, S. 139; Usinger, Das Bistum Mainz, S. 12–38, 48; Beck, Zur Verfassungs-Geschichte, S. 4; Kaisenberg, König Jerome, S. 16.
(44) Beaulieu-Marconnay II, S. 27 f.; Färber, Kaiser und Erzkanzler, S. 73 f.
(45) Masson, Le sacre et le couronnement de Napoléon, p. 171; カバニス『ナポレオンの戴冠』、一五三、二二九頁。
(46) カバニス『ナポレオンの戴冠』、二三〇—二三一頁。
(47) カバニス『ナポレオンの戴冠』、二四〇頁。
(48) Beaulieu-Marconnay II, S. 28 f.; Färber, Kaiser und Erzkanzler, S. 73 f.; Masson, Le sacre et le couronnement de Napoléon, pp. 169–189; Freyh, Karl Theodor von Dalberg, S. 248; カバニス『ナポレオンの戴冠』、二三二—二三六頁。

(49) Kaisenberg, König Jerome, S. 19–21.
(50) Kaisenberg, König Jerome, S. 15.
(51) Färber, Kaiser und Erzkanzler, S. 74; Döberl, Aus dem Tagebuch, S. 771.
(52) Beaulieu-Marconnay II, S. 29; Geiger, Eine deutsche Zeitschrift.
(53) Napoléon, Les Pages Immortelles, p. 95（オブリ編『ナポレオン言行録』、一一三頁（表記一部変更））.
(54) Corpus Juris Confoederationis Germaniae, S. 75–83; Härter, Reichstag, S. 635 f.; Aretin, Das Alte Reich, Bd. 3, S. 522–523; Beaulieu-Marconnay II, S. 32–34; Aus Metternichs Nachgelassenen Papieren I, S. 50–53（『メッテルニヒの回想録』、六七—七〇頁）.
(55) Beaulieu-Marconnay II, S. 36–38.
(56) Correspondance de Napoléon Ier, Tome 10, p. 606; Beaulieu-Marconnay II, S. 41 f.
(57) Aretin, Das Alte Reich, Bd. 3, S. 524; Bayern, Eugen von Beauharnais, S. 68, 124–129; Färber, Kaiser und Erzkanzler, S. 77; Beaulieu-Marconnay II, S. 42.
(58) Färber, Kaiser und Erzkanzler, S. 77–79, 179; Jürgens, Emmerich, S. 10–37, 121–127, 170–173, 208–224; Beaulieu-Marconnay I, S. 6; Ulmann（Hrsg.）, Thil, S. 140 f.
(59) Färber, Kaiser und Erzkanzler, S. 76; Beck, Zur Verfassungs-Geschichte, S. 5.
(60) Färber, Kaiser und Erzkanzler, S. 76 f.; Beck, Zur Verfassungs-Geschichte, S. 4 f.
(61) Dalberg, Périclès; Freyh, K. Th. v. Dalberg, S. 255–260.
(62) Dalberg, Betrachtungen über den Charakter Karls des Grossen.
(63) Beaulieu-Marconnay II, S. 46 f.
(64) Beaulieu-Marconnay II, S. 47 f.
(65) Bastgen, Dokumente zur Dalbergs Kirchenpolitik, S. 96, 104 f.; Döberl, Aus dem Tagebuch, S. 773; Jürgens, Emmerich, S. 63, 94; Hausberger, Dalbergs Bemühungen um die Neuordnung der katholischen Kirche in Deutschland, S. 186; Beaulieu-Marconnay II, S. 50 f., 64–67; Färber, Kaiser und Erzkanzler, S. 81–90.
(66) Boudon, Joseph Fesch; Colombani, Le Cardinal Fesch, pp. 7–9; Beaulieu-Marconnay II, S. 69; カバニス『ナポレオンの戴冠』、九七頁。
(67) Döberl, Aus dem Tagebuch, S. 772.
(68) Bastgen, Dokumente zur Dalbergs Kirchenpolitik, S. 96–109.
(69) Bastgen, Dokumente zur Dalbergs Kirchenpolitik, S. 166–172.
(70) Bastgen, Dokumente zur Dalbergs Kirchenpolitik, S. 172–178.
(71) Aretin, Das Alte Reich, Bd. 3, S. 524 f.; Färber, Kaiser und Erzkanzler, S. 87–92, 94; Döberl, Aus dem Tagebuch, S. 773–775; Bastgen, Dokumente zur Dalbergs Kirchenpolitik, S. 98, 171 f.; Beaulieu-Marconnay II, S. 52–56.

(72) Gesammelte Nachrichten von der Familie Fäsch oder Fesch in Basel, S. V, VI usw.
(73) Hausberger, Dalbergs Bemühungen um die Neuordnung der katholischen Kirche in Deutschland, S. 187.
(74) Beaulieu-Marconnay II, S. 76–80; Wohlfeil, Untersuchungen zur Geschichte des Rheinbundes, S. 95; Jürgens, Emmerich, S. 100 f.
(75) Aretin, Das Alte Reich, Bd. 3, S. 526–528; Beaulieu-Marconnay II, S. 80 f.; Corpus Juris Confoederationis Germaniae, S. 93–107; Montgelas, Denkwürdigkeiten, S. 138 f.; Beck, Zur Verfassungs-Geschichte, S. 6; Bitterauf, Die Gründung, S. 383–402.
(76) Sch., Johann I.; Oberhammer, Johann I.
(77) Montgelas, Denkwürdigkeiten, S. 139; Döberl, Aus dem Tagebuch, S. 777; Färber, Kaiser und Erzkanzler, S. 93–96; Beaulieu-Marconnay II, S. 81–87; Corpus Juris Confoederationis Germaniae, S. 84–88; Kaisenberg, König Jerome, S. 178.
(78) Beaulieu-Marconnay II, S. 97 f.
(79) Beaulieu-Marconnay II, S. 99 f.
(80) Döberl, Aus dem Tagebuch, S. 777 f.
(81) Aretin, Das Alte Reich, Bd. 3, S. 527.
(82) Gutachten Friedrich Stadions über die Zweckmäßigkeit der Beibehaltung oder der Niederlegung der deutschen Kaiserkrone, in: Aretin, Heiliges Römisches Reich II, S. 334–344.
(83) Corpus Juris Confoederationis Germaniae, S. 90–92.
(84) ドイツ語では zu allen Zeiten［または allzeit］Mehrer des Reichs だが、ラテン語では semper Augustus という（Wagner, Das Staatsrecht, S. 44）。
(85) 日本国天皇の署名捺印のある文書を印刷する場合、縦書きで「御名御璽」と記すが、ドイツ君主の場合、横書きで左に印鑑の場所（L. S.: Loco Sigilli）が示され、右に君主の実名が印刷され、その1行下に大臣の副署が来る。
(86) 原文は Ad Mandatum Sacrae Caesareae ac caes. regiae apost. Maj. proprium。「神聖なる皇帝の」（Sacrae Caesareae）はローマ皇帝（ドイツ王）、次の「皇帝の」（caes［areae］）はエステルライヒ世襲皇帝、最後の「使徒的国王陛下の」（regiae apost［olicae］ Maj［estatis］）はハンガリー王を指すと思われる。
(87) Huber, Deutsche Verfassungsgeschichte, Bd. 1, S. 71–74: Burgdorf, Ein Weltbild verliert seine Welt, S. 128–131; Rößler, Napoleons Griff, S. 87.
(88) Burgdorf, Ein Weltbild verliert seine Welt, S. 131–140; Ulmann（Hrsg.）, Thil, S. 102.
(89) Burgdorf, Ein Weltbild verliert seine Welt, S. 175–181.
(90) Jürgens, Emmerich, S. 99–106; Darmstaedter, Das Großherzogtum, S. 23.
(91) Angermeier, Deutschland zwischen Reichstradition und Nationalstaat, S. 20 f.; Goethe, Sämtliche Werke. Briefe, Tagebücher und Gespräche. Von Schillers Tod bis 1811, S. 74, 76; Srbik, Goethe und das Reich, S. 5 f.; Kraus, Das Ende des Alten Deutschland, S. 78 f.

(92) Hitler, Mein Kampf, S. 93–95(『わが闘争(上)』、一三二頁); Meier, Palm; Beaulieu-Marconnay II, S. 102 f.; ユンケルマン『ナポレオンとバイエルン』、一三三頁。
(93) Corpus Juris Confoederationis Germaniae, S. 96 f.; Erler, Fürstprimas, in: HRG 1, Sp. 1362 f.; Ulmann(Hrsg.), Thil, S. 138.
(94) Corpus Juris Confoederationis Germaniae, S. 97; Correspondance de Napoléon Ier, Tome 13, pp. 83–84; Wohlfeil, Untersuchungen zur Geschichte des Rheinbundes, S. 96; Beaulieu-Marconnay II, S. 88 f.; B. H. C., Politische Correspondenz, Bd. 5, S. 715 f.; Weis, Napoleon, S. 68–70.
(95) Dalberg, Beherzigung über das Schicksal verdienstvoller Männer.
(96) Beaulieu-Marconnay II, S. 123–128.
(97) Beck, Zur Verfassungs-Geschichte, S. 20 f.; Beaulieu-Marconnay II, S. 106–108; Färber, Kaiser und Erzkanzler, S. 100 f.
(98) Färber, Kaiser und Erzkanzler, S. 100 f.; Winkopp, Der Rheinische Bund; Bockenheimer, Peter Adolph Winkopp; Bruyn, Das Leben, S. 283–288; 松本尚子「「ポリツァイブレッター」と「官房通信」」、一〇頁。
(99) Beck, Zur Verfassungs-Geschichte, S. 13–15; Färber, Kaiser und Erzkanzler, S. 98–100; Weis, Napoleon, S. 68–70; Correspondance de Napoléon Ier, Tome 13, pp. 205–206.
(100) Beaulieu-Marconnay II, S. 108 f.; Färber, Kaiser und Erzkanzler, S. 11 f., 99; Hubensteiner, Biographenwege, S. 146.
(101) Briefe von und an Hegel 1, S. 120.
(102) Kaisenberg, König Jerome, S. 22–30, 34, 37 f., 60–62.
(103) Bernays, Schicksale, S. 26–32; Beaulieu-Marconnay II, S. 143, 208.
(104) Wohlfeil, Untersuchungen zur Geschichte des Rheinbundes, S. 93.
(105) Beaulieu-Marconnay II, S. 109–111.
(106) Beaulieu-Marconnay II, S. 153–155.
(107) Aretin, Josef Karl Theodor Freiherr von Eberstein.
(108) Färber, Kaiser und Erzkanzler, S. 103.
(109) Beaulieu-Marconnay II, S. 155 f.; Kaisenberg, König Jerome, S. 31; Napoléon, Les Pages Immortelles, pp. 92–93(オブリ編『ナポレオン言行録』、一一一頁).
(110) Färber, Kaiser und Erzkanzler, S. 103 f.; Beaulieu-Marconnay II, S. 156 f.; Wohlfeil, S. 180.
(111) Aus Metternichs Nachgelassenen Papieren I, S. 61(『メッテルニヒの回想録』、八〇—八一頁(表記大幅変更)). 原文は前半がドイツ語、「神父さん」以降がフランス語。
(112) Napoléon, Les Pages Immortelles, pp. 105, 117–120(オブリ編『ナポレオン言行録』、一二四、一三六—一三八頁).
(113) Bastgen, Der Entwurf; Beaulieu-Marconnay II, S. 159–162; Färber, Kaiser und Erzkanzler, S. 104 f.; Kolbern an Wessenberg,

Aschaffenburg 22. Mai 1808, in: Raab, Briefwechsel, S. 105 f.; Kolborn an Wessenberg, Aschaffenburg 8. November 1811, Ebenda, S. 118 f.; Döberl, Aus dem Tagebuch, S. 768.

(114) Färber, Kaiser und Erzkanzler, S. 107; Ulmann(Hrsg.), Thil, S. 139.

(115) Napoléon, Les Pages Immortelles, p. 104(オブリ編『ナポレオン言行録』、一一三頁(表記一部変更)).

(116) Wolzogen, Literarischer Nachlaß I, S. 75; Färber, Kaiser und Erzkanzler, S. 107 f.; Andreas, Das Zeitalter Napoleons, S. 385–388; Weis, Napoleon, S. 65.

(117) Eckermann, Gespräche mit Goethe, S. 162, 318, 324 f., 624 f., 627 f.(エッカーマン『ゲーテとの対話(上)』、一一三頁(表記大幅変更); 同『ゲーテとの対話(中)』、一一七、一二七、一二九頁(表記大幅変更); 同『ゲーテとの対話(下)』、一九七—一九八、二〇一頁); Unterredung mit Napoleon, in: Goethes Werke, Bd. 10, S. 543–547. なおこのエルフォール会議の舞台となった「皇帝ホール」(Kaisersaal)で、一八九一年にドイツ社会民主党が党大会を開催して、「エルフルト綱領」を採択している。

(118) Eckermann, Gespräche mit Goethe, S. 682(エッカーマン『ゲーテとの対話(下)』、二七一頁(表記大幅変更)).

(119) Bernays, Schicksale, S. 25.

(120) Beaulieu-Marconnay II, S. 113–115; Bernays, Schicksale, S. 25.

(121) Beaulieu-Marconnay II, S. 119 f.

(122) Hege, Diener dreier Herren.

(123) Kick, Soziale Fürsorge im Dalbergstaat.

(124) Pollnick, Dalberg und Aschaffenberg, S. 149. 157.

(125) Reinhardt, Zur Schulpolitik Karl Theodor von Dalbergs.

(126) Brander, Die Rechtsverhältnisse.

(127) Beaulieu-Marconnay II, S. 128–130; „Stadt und Mutter in Israel“, S. 187–191.

(128) Beaulieu-Marconnay II, S. 137–142; Haus, Chronik, S. 18; Kaup, Die Umbenennung, S. 307 f.

(129) Hübner, Die Carl-Anselm-Straße; Färber/Klose/Reidel(Hrsg.), Carl von Dalberg, S. 200, 213; Pollnick, Dalberg und Aschaffenberg, S. 140 f.; Rübsam, Karl Anselm Fürst von Taxis.

(130) Färber, Kaiser und Erzkanzler, S. 105 f. タレーランがダールベルクにヘッセン＝ダルムシュタットやナッサウとの領土交換を提案したが、ダールベルクが不用意に口外して関係国の抗議に遭い、中止されたという説もある(Beaulieu-Marconnay II, S. 158)。

(131) Beaulieu-Marconnay II, S. 158 f.

(132) Beaulieu-Marconnay II, S. 164; Völkerschlacht, S. 66 f.; Bernays, Schicksale, S. 36–322, 442, bes. S. 109, 322.

(133) Rößler, Österreichs Kampf, Bd. 1, S. 498, Bd. 2, S. 311 f.

(134) Völkerschlacht, S. 66–77; Darmstaedter, Das Großherzogtum, S. 387; ユンケルマン『ナポレオンとバイエルン』、二三三—二三九頁。

(135) Völkerschlacht, S. 66-77; ユンケルマン『ナポレオンとバイエルン』、一七九—二四〇頁；Beaulieu-Marconnay II, S. 164 f.; Vogt/Weitzel(Hrsg.), Rheinisches Archiv, Bd. 1, S. 44-74.
(136) Beaulieu-Marconnay II, S. 165 f.
(137) Beaulieu-Marconnay II, S. 168 f.
(138) Paulus, Die Kriegszerstörungen von 1809; ユンケルマン『ナポレオンとバイエルン』、二一七—二二二頁。
(139) Beaulieu-Marconnay II, S. 166-169.
(140) Aus Metternichs Nachgelassenen Papieren I, S. 105 f.(『メッテルニヒの回想録』、一三一頁)；Siemann, Metternich, S. 64-67.
(141) Färber, Kaiser und Erzkanzler, S. 109 f.; Dorba, J. A. J. Freiherr v. Hügel, S. I, IV.
(142) Färber, Kaiser und Erzkanzler, S. 109 f.; Helfert, Marie Louise, S. 356; Aus Metternichs Nachgelassenen Papieren I, S. 98-105(『メッテルニヒの回想録』、一二二—一三一頁)；Vogt/Weitzel(Hrsg.), Rheinisches Archiv, S. 256-259.
(143) Napoléon, Les Pages Immortelles, pp. 110-111(オブリ編『ナポレオン言行録』、二一九頁).
(144) Gelni, Pius VII.; Beaulieu-Marconnay II, S. 169 f.
(145) マルロー編『ナポレオン自伝』、二九五頁(表記一部変更)。
(146) マルロー編『ナポレオン自伝』、三一二頁。
(147) マルロー編『ナポレオン自伝』、四七九頁；Napoléon, Les Pages Immortelles, p. 181(オブリ編『ナポレオン言行録』、二〇一頁).
(148) Aus Metternichs Nachgelassenen Papieren I, S. 110(『メッテルニヒの回想録』、一三五—一三六頁(表記大幅変更)).
(149) Färber, Kaiser und Erzkanzler, S. 110 f.; Ders., Dalberg, Bayern und das Fürstentum Regensburg, S. 699 f., 706-708.
(150) Färber, Kaiser und Erzkanzler, S. 111 f.; Ders., Dalberg, Bayern und das Fürstentum Regensburg, S. 700 f., 709.
(151) Färber, Kaiser und Erzkanzler, S. 112-114.
(152) Schlaich, Das Ende, S. 302-304.
(153) Doeberl, M. v. Montgelas, S. 19.
(154) Beaulieu-Marconnay II, S. 180-182; Färber, Dalberg, Bayern und das Fürstentum Regensburg, S. 695; Becker, Die Übergabe Regensburgs, S. 26-29, 32; Schlaich, Das Ende, S. 305-374; Staber, Kirchengeschichte, S. 173 f.; Becker, Kirche und Staat, S. 203-211; Scherer, Zum Gedächtnis Karl von Dalbergs, S. 120; Staehle, Die Johanniter, S. 22; Darmstaedter, Das Großherzogtum, S. 51-77.
(155) Historische Kommisson bei der Bayerischen Akademie der Wissenschaften(Hrsg.), Quellen zu den Reformen in den Rheinbundstaaten, Bd. 3, S. 106-113; Beaulieu-Marconnay II, S. 184 f., 200 f.
(156) Beaulieu-Marconnay II, S. 183 f.
(157) Dalberg, Von dem Frieden der Kirche, in: Ders., Ausgewählte Schriften, S. 811-820; Freyh. K. Th. v. Dalberg, S. 265 f.
(158) Beaulieu-Marconnay II, S. 236-240.

(159) Beaulieu-Marconnay II, S. 240–250.

第六章

(1) Aus Metternichs Nachgelassenen Papieren I, S. 110–116(『メッテルニヒの回想録』、一三六—一四三頁).

(2) Napoléon, Les Pages Immortelles, pp. 82, 87–88, 100(オブリ編『ナポレオン言行録』、九九、一〇六、一一九頁(表記一部変更)); マルロー編『ナポレオン自伝』、七四頁(表記一部変更)。

(3) Aus Metternichs Nachgelassenen Papieren I, S. 106, 115–117(『メッテルニヒの回想録』、一三二、一四二—一四四頁).

(4) Färber, Kaiser und Erzkanzler, S. 127 f.; Fournier, Napoleon I., Bd. 3, S. 73–76, 80.

(5) Fournier, Napoleon I., Bd. 3, S. 82–103.

(6) Aus Metternichs Nachgelassenen Papieren I, S. 122 f.(『メッテルニヒの回想録』、一四八—一四九頁); Bernays, Schicksale, S. 352–397, bes. 356 f.; Fournier, Napoleon I., Bd. 3, S. 82 f.

(7) Rauch, Michael Andreas Barclay de Tolly; Spies, Sayn-Wittgenstein; Pyotr Ivanovich Knyaz Bagration, in: The New Encyclopaedia Britannica, 15th ed., Vol. 1, Chicago, p. 796.

(8) Napoléon, Les Pages Immortelles, p. 122(オブリ編『ナポレオン言行録』、一四二頁(表記一部変更)).

(9) Napoléon, Les Pages Immortelles, pp. 125–126(オブリ編『ナポレオン言行録』、一四六—一四七頁(表記一部変更)).

(10) Zamoyski, 1812, S. 147, 597 f., 607 f.; Nasemann, H. D. L. York; Deutsche Geschichte in Quellen und Darstellungen, Bd. 6, S. 413–416; Kopelew, Zunächst war Waffenbruderschaft, S. 25.

(11) Münkler, Die Deutschen und ihre Mythen, S. 265 f., 268.

(12) Kraus, Leopold von Gerlach.

(13) Beethoven's Werke/240 = Serie 23.

(14) Färber, Kaiser und Erzkanzler, S. 131.

(15) Darmstaedter, Das Großherzogtum, S. 389–393; Gerlich, Zum Napoleon-Bild Dalbergs, S. 188.

(16) Färber, Kaiser und Erzkanzler, S. 131 f.

(17) Aus Metternichs Nachgelassenen Papieren I, S. 118 f., 127–134(『メッテルニヒの回想録』、一四五—一四六、一五五—一六一頁).

(18) Leonhard, Aus unserer Zeit, Bd. 1, S. 325 f.; Beaulieu-Marconnay II, S. 252 f.; Färber, Kaiser und Erzkanzler, S. 132 f.; Huber, Deutsche Verfassungsgeschichte, Bd. 1, S. 499–519.

(19) Spies, Dalbergs letzte Reise, S. 227–243; Färber, Kaiser und Erzkanzler, S. 134.

(20) Huber, Deutsche Verfassungsgeschichte, Bd. 1, S. 494.

(21) Huber, Deutsche Verfassungsgeschichte, Bd. 1, S. 572 f.

（22） Färber, Kaiser und Erzkanzler, S. 134; Goeßmann (Hrsg.), Beiträge, S. 268–284.

（23） Lettre de Dalberg à Napoléon 1er, Constance, le 1er Novembre 1813, in: Archives diplomatiques du Ministère des Affaires étrangères (Paris), MD France 2171 (Färber, Kaiser und Erzkanzler, S. 135–137).

（24） Beaulieu-Marconnay II, S. 262 f.

（25） Färber, Kaiser und Erzkanzler, S. 139.

（26） Huber, Aus den Nachlaßakten, S. 3; Heigel, Karl Philipp Fürst von Wrede.

（27） Färber, Kaiser und Erzkanzler, S. 139; Kielmansegg, Stein, S. 44.

（28） Spies, Dalbergs letzte Reise, S. 246–250; Färber, Kaiser und Erzkanzler, S. 139; Beaulieu-Marconnay II, S. 261.

（29） Brief von Dalberg an Albini, Luzern 17. Dezember 1813, in: Gerlich, Briefe II, S. 136.

（30） Färber, Kaiser und Erzkanzler, S. 141; Ders., Dalberg, Bayern und das Fürstentum Regensburg, S. 702; Brief von Kolborn an Wessenberg, Aschaffenburg 30. November 1813, in: Raab, Aus dem Briefwechsel, S. 126 f.

（31） Huber, Aus den Nachlaßakten, S. 6; Färber, Kaiser und Erzkanzler, S. 142; Spies, Dalbergs letzte Reise, S. 249 f.

（32） Reinhardt, K. Th. A. M. v. Dalberg, S. 471; Bischof, I. H. v. Wessenberg-Ampringen, S. 483 f.; Engelsing, „Einer der Todesfeinde der Religion".

（33） Wolzogen, Literarischer Nachlaß I, S. 85 f.; Huber, Aus den Nachlaßakten, S. 27.

（34） Napoléon, Les Pages Immortelles, p. 138–141（オブリ編『ナポレオン言行録』、一六一－一六五頁（表記一部変更））; Färber, Kaiser und Erzkanzler, S. 144.

（35） Brief von Dalberg an Albini, Konstanz 31. Januar 1814, in: Gerlich, Briefe II, S. 137.

（36） Lettre de Dalberg à Wessenberg, le 27. aout 1815, in: AT-OeStA/HHStA HA, StK Interiora 79.

（37） Wolzogen, Literarischer Nachlaß I, S. 85–88; Färber, Kaiser und Erzkanzler, S. 144–146.

（38） Napoléon, Les Pages Immortelles, p. 143（オブリ編『ナポレオン言行録』、一六七頁（表記一部変更））.

（39） Napoléon, Les Pages Immortelles, p. 147（オブリ編『ナポレオン言行録』、一七一－一七二頁（表記一部変更））.

（40） Huber, Deutsche Verfassungsgeschichte, Bd. 1, S. 583–657; Corpus Juris Confoederationis Germanicae, S. 165–241.

（41） Müller, Der deutsche Bund, S. 54 f.

（42） Huber, Deutsche Verfassungsgeschichte, Bd. 2, S. 263–268, 437; Freyh, K. Th. v. Dalberg, S. 272; Weis, Die polit. und hist. Auffassungen Ludwigs I., S. 14; Switek, Jesuiten, Sp. 798.

（43） Dalberg, Religion und Politik, 1816, S. 821.

（44） Freyh, K. Th. v. Dalberg, S. 268–270.

（45） Dalberg, Périclès; Freyh, K. Th. v. Dalberg, S. 259 f.

(46) Dalberg, Einsamkeit; Freyh, K. Th. v. Dalberg, S. 272–274.
(47) Dalberg, Synthetisch-demüthiger Blick; Freyh, K. Th. v. Dalberg, S. 274 f.
(48) Dalberg, Betrachtungen über den Zeitgeist; Freyh, K. Th. v. Dalberg, S. 275 f.
(49) Dalberg, Gedanken von Bestimmung des moralischen Werths, S. 267.
(50) Spies, Jean Paul und Dalberg; Bruyn, Das Leben, S. 285; Färber, Kaiser und Erzkanzler, S. 148.
(51) Dalberg, Ueber die GemüthsRuhe, S. 843.
(52) Dalberg, Betrachtungen über den Zeitgeist, S. 838–840.
(53) Westerholt, Karl Dalberg's Lebensbeschluß, S. 5–8; Reidel, Das Grabdenkmal Dalbergs; Färber, Kaiser und Erzkanzler, S. 148 f.; Krämer, Carl Theodor Reichsfreyherr von Dalberg, vormaliger Großherzog von Frankfurt, Fürst-Primas und Erzbischof, S. 79 f.
(54) Krämer, Carl Theodor Reichsfreyherr von Dalberg, vormaliger Großherzog von Frankfurt, Fürst-Primas und Erzbischof, S. 82–84; Spies, Die Beisetzung von Dalbergs Herz; Färber, Kaiser und Erzkanzler, S. 149–151; Darmstaedter, Das Großherzogtum, S. 44.
(55) Reidel, Das Grabdenkmal Dalbergs; Färber, Kaiser und Erzkanzler, S. 152; Jung, Zur Entstehung; Döllinger, Rede.
(56) Gollwitzer, Ludwig I., S. 55 f.; Weis, Die polit. und hist. Auffassung Ludwigs I.; ユンケルマン『ナポレオンとバイエルン』、七九―八一、二九八、三二〇頁など。
(57) Becker, Kirche und Staat, S. 215–218; Dichtung und Wahrheit, in: Goethes Werke, Bd. 9, S. 386, 507 f.(『詩と真実　第二部』、二八一―二八二頁、『詩と真実　第三部』、一〇四―一〇五頁); Eckermann, Gespräche mit Goethe, S. 51(エッカーマン『ゲーテとの対話(上)』、六九頁).
(58) Fuchs, Der Dom St. Peter, S. 237–264; Hausberger, Geschichte des Bistums Regensburg, Bd. II, S. 134–136, 201; Trapp, Geist der Gotik, S. 131–133.
(59) Reidel, Das Grabdenkmal Dalbergs; Färber, Kaiser und Erzkanzler, S. 152; Trapp, Geist der Gotik, S. 133.
(60) Beaulieu-Marconnay I, S. 202 f.; Wolzogen, Literarischer Nachlaß II, S. 66.
(61) Wolzogen, Literarischer Nachlaß I, S. 75 f., 103.
(62) Goethe, Geschichte der Farbenlehre, in: Goethes Werke, Bd. 14, S. 262; Ders., Morphologie, in: Goethes Werke, Bd. 13, S. 110.
(63) Zapf, Johann von Dalberg; Ders., Karl Grosherzog von Frankfurt, S. 25, 37, 38.
(64) Krämer, Carl Theodor Reichs-Freyherr von Dalberg, Fürst-Primas und Erzbischof; Ders., Carl Theodor Reichsfreyherr von Dalberg, vormaliger Großherzog von Frankfurt, Fürst-Primas und Erzbischof
(65) August Krämer, Indexeintrag: Deutsche Biographie, https://www.deutsche-biographie.de/gnd116353112.html[22.01.2017]; Krämer, Carl Theodor, Reichsfreiherr von Dalberg, letzter Churfürst von Mainz; Prantl, Friedrich Heinrich Ritter von Jacobi.
(66) Fleig, Fürstbischof, S. 254; Rob, Karl Theodor von Dalberg(1744–1817), S. 48 f.; Beck, Zur Verfassungs-Geschichte, S. 21, 28.

（67） Häusser, Deutsche Geschichte, Bd. 1, S. 162–190, Bd. 2, S. 686–700.
（68） Perthes, Politische Zustände und Personen, S. 307–347.
（69） Bockenheimer, C. Th. von Dalberg's Aufenthalt in Paris; Ders., C. Th. A. M. v. Dalberg.
（70） Beaulieu-Marconnay I, S. 116.
（71） Beaulieu-Marconnay I, S. 26, 218, II, S. 76.
（72） Ranke, Die deutschen Mächte, Bd. 1, S. VIII, 364–380.
（73） Treitschke, Deutsche Geschichte, S. 23, 40.
（74） Brück, Geschichte, S. 1–22, 79–81, 245–256, 273–279; Bastgen, Der Entwurf; Ders., Dalberg und Napoleons Kirchenpolitik, S. 171–279.
（75） Hansen, Quellen zur Geschichte des Rheinlandes, Bd. 1, S. 4–6.
（76） Fellner, Heinrich Ritter von Srbik.
（77） Srbik, Das Österreichische Kaisertum, S. 1–5; Ders., Deutsche Einheit, S. 137 f., 152, 162 f.; Ders., Goethe und das Reich, S. 5.
（78） Koppen, Deutsche gegen Deutschland, S. 6, 63.
（79） 今野元「戦後ドイツ連邦制の誕生」。
（80） Andreas, Die Zeitalter Napoleons, S. 292, 315, 337–340, 422, 554; Ders., Goethe und Carl August, S. 8–10.
（81） Wohlfeil, Die Untersuchungen.
（82） Aretin, Heiliges Römisches Reich, bes. I, S. 1–6, 64, 67f.; Härter, Reichstag; ハフナー『図説プロイセンの歴史』、一〇一頁；Wehler, Deutsche Gesellschaftsgeschichte, S. 44–48.
（83） ツェルナー『オーストリア史』、三八二―四三六頁；Vocelka, Österreichische Geschichte, S. 120–134, 353–389. 但しRumpler, Österreichische Geschichte, S. 17–135は、帝国、ドイツの枠組も意識している（特にS. 68）。
（84） Aretin, Höhepunkt und Krise des deutschen Fürstenbundes.
（85） Aretin, Karl Theodor von Dalberg zwischen Kaiser und Fürstenbund; Ders., Heiliges Römisches Reich I, S. 1, 10, 13–23, 42, 45–51, 54 usw.; Bericht Trauttmansdorffs an Kaunitz über die Möglichkeiten, das Österreich verlorengegangene Vertrauen im Reich wiederzuerwerben, in: Heiliges Römisches Reich II, S. 150–155; Beurteilung Josephs II. durch Kaunitz, in: Ebenda, S. 204 f.; Ansichten Trauttmansdorffs über die Ursachen der außenpolitischen Lage Österreichs, in: Ebenda, S. 314–317.「対立皇帝」という表現はプレスも用いている（Press, Friedrich der Grosse als Reichspolitiker, S. 52）。
（86） Scheel（Hrsg.）, Mainzer Republik; Forster, Revolutionsbriefe; Bruyn, Das Leben.
（87） Aretin, Deutschland und die Französische Revolution, S. 9 f.
（88） Aretin, Das Alte Reich, Bd. 3, S. 390, 522, 530.
（89） Schuck, Rheinbundpatriotismus und politische Öffentlichkeit.

(90) Angermeier, Deutschland zwischen Reichstradition und Nationalstaat, S. 21–23.
(91) Hertel, Karl Theodor von Dalberg zwischen Reich und Rheinbund.
(92) Raab, K. Th. A. M. Frhr. v. Dalberg; Schwaiger, C. Th. A. M. Frhr. v. Dalberg.
(93) Freyh, Karl Theodor von Dalberg, S. 10, 17, 20–23, 246, 277, 337–421 usw.
(94) Rob, Karl Theodor von Dalberg (1744–1817), S. 13 f. usw.
(95) Färber, Kaiser und Erzkanzler, S. 147.
(96) Färber, Ein Intermezzo, S. 46 f.; Färber, Kaiser und Erzkanzler, S. 93–98, 187.
(97) Färber/Klose/Reidel (Hrsg.), Carl von Dalberg. Erzbischof und Staatsmann.
(98) Hausberger (Hrsg.), Carl von Dalberg. Der letzte geistliche Reichsfürst, S. 9 f.
(99) Hausberger, Dalbergs Bemühungen um die Neuordnung der katholischen Kirche in Deutschland, S. 183, 198.
(100) Färber, Carl von Dalberg—Reichsverräter oder Reichspatriot?
(101) Aretin, C. Th. v. Dalberg. Staatsmann und Bischof in schwierigen Zeiten; Spies (Hrsg.), Carl von Dalberg; Dalberg, Ausgewählte Schriften, hrsg. v. Hans-Bernd Spies; Spies, Ein Beleg für Dalbergs Studienaufenthalt in Würzburg 1759, S. 21 (Anmerkung 1).
(102) Hömig, C. Th. v. Dalberg, S. 97, 111.
(103) Burkhardt, Das größte Friedenswerk der Neuzeit.
(104) Burgdorf, Reichskonstitution, S. 263, 266, 323–338.
(105) Burgdorf, Protokonstitutionalismus; Ders., Ein Weltbild verliert seine Welt.
(106) Schmidt, Geschichte des alten Reiches.
(107) Tabaczek, Wieviel tragen; Burkhardt, Über das Recht der Frühen Neuzeit.
(108) Gotthard, Das Alte Reich, S. 1 f.
(109) ハルトゥング『ドイツ国制史』；エストライヒ『近代国家の覚醒』；エーストライヒ「帝国国制とヨーロッパ諸国家体系」、二〇六—二〇八頁など；神寶秀夫『近世ドイツ絶対主義の構造』；同「領邦国家体制」、五—六頁；勝田有恒他『概説西洋法制史』、二二五頁；篠原一『ヨーロッパの政治』、九五—九七頁；石田勇治『二〇世紀ドイツ史』、一三—一九頁など。
(110) 山本文彦『近世ドイツ国制史研究』；同「近世ドイツ国制史研究」；伊藤宏二『ヴェストファーレン条約と神聖ローマ帝国』；求馬久美子「Das Reich」；渋谷聡『近世ドイツ帝国国制史研究』；同「近世神聖ローマ帝国をめぐる研究動向」；皆川卓『等族制国家から国家連合へ』；同「神聖ローマ帝国は連邦国家か」；同「読書案内：近世神聖ローマ帝国の国制」；安酸香織「近世エルザスにおける帝国等族とフランス王権」など。
(111) 村上淳一「「良き旧き法」と帝国国制」；同「国家の概念史における帝国と領邦」；同「ナショナリズムとフェデラリズム」；成瀬治「村上報告へのコメント」；西川洋一「一二世紀ドイツ帝国国制に関する一試論」；田口正樹「皇帝ハインリヒ七世とナポリ王ロベルトの訴訟」；同「ペーター・フォン・アンドラウの帝国論」；同「ルーポルト・フォン・ベーベンブルクの帝国論」。

(112) 池谷文夫『ドイツ中世後期の政治と政治思想』。

(113) 明石欽司『ウェストファリア条約』；山本文彦『近世ドイツ国制史研究』；同「一六四八年ヴェストファーレン条約に関する一試論」；求馬久美子「一六八一／八二年「帝国軍制」について」；池田利昭「ヴェストファーレン条約以降の帝国都市と帝国宮内法院」；河野淳『ハプスブルクとオスマン帝国』。

(114) 野村春美「ダールベルクと神聖ローマ帝国」；屋敷二郎訳「ライン同盟規約」；谷口健治『バイエルン王国の誕生』、一二五、一二七―一二八、一三四、二一三頁。

終　章

(1) 今野元『教皇ベネディクトゥス一六世』、三八九―三九一頁。

(2) 笠原賢介『ドイツ啓蒙と非ヨーロッパ世界』、二二四頁など。

今野 元

1973年生まれ．愛知県立大学外国語学部教授．博士(法学)(東京大学)．Doctor Philosophiae(Humboldt-Universität zu Berlin)．専門はドイツ近世・近代・現代政治史，日本近現代史．2002年ベルリン大学第一哲学部歴史学科修了．2005年東京大学大学院法学政治学研究科博士課程修了．2006年愛知県立大学外国語学部専任講師，准教授を経て2015年より現職．
著書に，『マックス・ヴェーバーとポーランド問題——ヴィルヘルム期ドイツ・ナショナリズム研究序説』『マックス・ヴェーバー——ある西欧派ドイツ・ナショナリストの生涯』『教皇ベネディクトゥス一六世——「キリスト教的ヨーロッパ」の逆襲』(以上，東京大学出版会)，『多民族国家プロイセンの夢——「青の国際派」とヨーロッパ秩序』『吉野作造と上杉愼吉——日独戦争から大正デモクラシーへ』(以上，名古屋大学出版会)などがある．

フランス革命と神聖ローマ帝国の試煉
——大宰相ダールベルクの帝国愛国主義

2019年2月19日　第1刷発行

著　者　今野《こんの》 元《はじめ》

発行者　岡本 厚

発行所　株式会社 岩波書店
〒101-8002 東京都千代田区一ツ橋2-5-5
電話案内 03-5210-4000
http://www.iwanami.co.jp/

印刷・理想社　カバー・半七印刷　製本・牧製本

ISBN 978-4-00-061314-9　　Printed in Japan

史料文献一覧

〈未公刊文書〉

1　エステルライヒ帝室・宮廷・国家文書館(Österreichisches Staatsarchiv, Haus-, Hof- und Staatsarchiv (AT-OeStA/HHStA))

Hausarchiv Habsburg-Lothringen (HA): Sammelbände 5–3 (Korrespondenz des Kaisers Joseph II. mit Mainzer Koadjutor Dalberg)

Reichskanzlei (RK): Friedensakten 192/194–6 (Vorschläge des Freiherrn von Dalberg zur Verbesserung der Reichsverfassung und Festigung des Vertrauens zwischen Haupt und Gliedern); Ministerialkorrespondenz 196–1–8 (Korrespondenz mit Freiherrn von Dalberg); Staatskanzlei (StK) Interiora 79 (Briefe Albinis und Dalbergs an Wessenberg)

Obersthofmeisteramt (OmeA): Ältere Zeremonialakten (ÄZA) 61–1 (Wahl und Krönung Josefs II. in Frankfurt, 1763.01.03–1764.03.31)

Mainzer Erzkanzlerarchiv (MEA): Korrespondenz 134–11 (Korrespondenzen des Coadjutores Dalberg mit Erzbischof Erthal usw. (Abschriften))

2　エステルライヒ一般行政文書館(Österreichisches Staatsarchiv, Allgemeines Verwaltungsarchiv—Finanz- und Hofkammerarchiv (AT-OeStA/AVA))

Adelsarchiv (Adel): RAA 77. 14 (Dalberg, das ganze Geschlecht der Freiherren von, Kämmerer von Worms, genannt Dalberg, Erneuerung und Bestätigung des unter den vormaligen Kaisern und Königen genossenen Vorrechtes, dass bei einer jeweiligen Kaiserkrönung einer aus diesem Geschlechte auf der Tiberbrücke aufgerufen und zum Ritter geschlagen wird usw.)

Familienarchiv (FA): Trauttmansdorff 276. 17 (Koadjutor von Mainz Dalberg, Briefe an Ferdinand und vice versa sowie Joseph II an Dalberg und Stücke Dalberg betreffend, 1786–1788)

3　外務省文書館(フランス)(Archives diplomatiques du Ministère des Affaires étrangères)

Memoires et documents France 463 (MD France), 2171

4　バイエルン中央国家文書館(Bayerisches Hauptstaatsarchiv (München))

Nachlaß Carl Theodor von Dalberg

5　バイエルン国立ミュンヒェン図書館(Bayerische Staatsbibliothek München)

Dalbergiana

6　レーゲンスブルク司教座中央文書館(Bischöfliches Zentralarchiv Regensburg)

Altes Domkapitel'sches Archiv Regensburg (ADK) 4541

Regensburger Ordinariats-Acten (OA), Generalia 104, 110, 1351

7　カールスルーエ総合領邦文書館(Generallandesarchiv Karlsruhe)

GLA 48/15, 16, 17, 544, 545

8　プロイセン文化財枢密国家文書館(Geheimes Staatsarchiv Preußischer Kulturbesitz)

I. HA Geheimer Rat, Rep. 12 Wahl- und Kurfürstentage, Verhandlungen und Bündnisse in Reichsangelegenheiten, Nr. 454, 457, 459, 460, 462, 471, 485, 495

〈ダールベルクの著作〉(公刊年順に配列)

Dalberg, Carl Theodor v., Versuch einer Widerlegung des siebenden Stückes im dritten Theile der Vermischten Briefe, über die Verbesserung des Justizwesens am Kammergerichte in welchem einige Kurmaynzische Erzkanzlariats-Befugniße in Ansehung

der Kammergerichtskanzley angegriffen worden, Maynz/Frankfurt, 1768, in: Ders., Ausgewählte Schriften, S. 1–31.

Dalberg, Carl Theodor v., Beyträge zur allgemeinen Naturlehre, Erfurt, 1773, in: Ders., Ausgewählte Schriften, S. 32–63.

Verfasser der Beyträge zur allgemeinen Naturlehre [Dalberg, Carl Theodor v.], Das sittliche Vergnügen, (Der Deutsche Merkur, May 1773), in: Ders., Ausgewählte Schriften, S. 64–67.

[Dalberg, Carl Theodor v.], Von Bildung des moralischen Charakters in Schulen, 1774, in: Ders., Ausgewählte Schriften, S. 68–76.

[Dalberg, Carl Theodor v.], Betrachtungen über das Universum, 1777, in: Ders., Ausgewählte Schriften, S. 77–152.

Dalberg, Carolus de, [De illvstratione et amplificatione hvmani intellectvs], Teil I, 1777, in: Ders., Ausgewählte Schriften, S. 153–176.

Dalberg, Carolus de, De illvstratione et amplificatione hvmani intellectvs, Teil II, 1778, in: Ders., Ausgewählte Schriften, S. 177–203.

Dalberg, Karl Theodor v., Beiträge zu Verbesserung der Armen Polizey im Hochstift Würzburg, 1779, in: Archiv des Historischen Vereins von Unterfranken und Aschaffenburg, 54. Bd. (1912), S. 188–215.

Dalberg, Carl v., Beytraege zur Geschichte der Erfurter Handlung, 1780, in: Ders., Ausgewählte Schriften, S. 205–260.

Dalberg, Carl v., Gedanken von Bestimmung des moralischen Werths, 1782, in: Ders., Ausgewählte Schriften, S. 261–296.

Dalberg, Carl v., Gefühl des Christen, 1782, in: Ders., Ausgewählte Schriften, S. 297–299.

Dalberg, Carl Theodor v., Neue chemische Versuche um die Aufgabe aufzulösen, ob sich das Wasser in Erde verwandlen lasse. Eine Vorlesung bey der Akademie der Wissenschaften am 2. Dezember 1783, in: Acta Academiae Electoralis Moguntinae Scientiarum Utilium quae Erfurti, Erfurt: Georg Adam Keyser, 1784.

[Dalberg, Carl v.], Quelques Vues Sur les Mashines Aérostatiques, 1785, in: Ders., Ausgewählte Schriften, S. 317–330.

Dalberg, Karl v., Verhältnisse zwischen Moral und Staatskunst, Erfurt, 1786, in: Ders., Ausgewählte Schriften, S. 331–349.

Dalberg, Charles de, Madame de Buchwald, 1787, in: Ders., Ausgewählte Schriften, S. 351–363.

Dalberg, Karl v., Grundsaetze der Aesthetik. Deren Anwendung und künftige Entwicklung, Erfurt, 1791, in: Ders., Ausgewählte Schriften, S. 365–535.

Dalberg, Karl v., Versuch einiger Beyträge über die Baukunst, Erfurt, 1792, in: Ders., Ausgewählte Schriften, S. 536–592.

[Dalberg, Carl Theodor v.], Von dem Bewustseyn als allgmeinem Grunde der Weltweisheit, Erfurt: Georg Adam Keyser, 1793.

Dalberg, Karl v., Von dem Einflusse der Wissenschaften und schönen Künste in Beziehung auf öffentliche Ruhe, Erfurt, 1793, in: Ders., Ausgewählte Schriften, S. 593–631.

[Dalberg, Carl Theodor v.], Von den wahren Grenzen der Wirksamkeit des Staates in Beziehung auf seine Mitglieder, Leipzig: Sommersche Buchhandlung, 1793, in: Ders., Ausgewählte Schriften, S. 633–655.

Dalberg, [Carl Theodor v.], Teutsches Volk und Teutsche Sprache, 1794, in: Ders., Ausgewählte Schriften, S. 656–659.

Dahlberg, K. v., Kopf und Herz, 1794, in: Ders., Ausgewählte Schriften, S. 660–670.

Dalberg, Carl Theodor v., Kunstschule, 1795, in: Ders., Ausgewählte Schriften, S. 671–683.
Dalberg, Carl v., Von Erhaltung der Staatsverfassungen, Erfurt: Georg Adam Keyser, 1795, in: Ders., Ausgewählte Schriften, S. 685–712.
[Dalberg, Carl Theodor v.], Versuch über das Wissen. Aus dem Französischen, 1797, in: Ders., Ausgewählte Schriften, S. 713–725.
[Dalberg, Carl Theodor v.], Ueber Bestimmung der Entschädigungsmittel für die Erbfürsten, Meersburg 1802.
Dalberg, Carl Theodor v., Betrachtungen über den Charakter Karls des Grossen, Frankfurt (M): Andreäische Buchhandlung, 1806.
Dalberg, Carl von, Beherzigung über das Schicksal verdienstvoller Männer, welche durch die neuen Ereignisse in der teutschen Verfassung aus ihrem Wirkungskreise gesetzt worden sind, 1806, in: Ders., Ausgewählte Schriften, S. 727–730.
Dalberg, Carl Theodor v., Erzbischöfliche Dispensation in dem vierzigtägigen Fastengebothe sammt einem kurzen Unterrichte für das Jahr 1807, Aschaffenburg, in: Ders., Ausgewählte Schriften, S. 731–745.
D'alberg, Charles, Périclès. De l'influence des beaux-arts sur la félicité publique, nouvelle edition, Paris: A. G. Debray, 1807.
Dalberg, Carl Theodor v., Sammlung Bischöflicher Hirtenbriefe und Verordnungen Seiner Hoheit des Durchlauchtigsten Fürsten-Primas des Rheinischen Bundes, Bischofs zu Konstanz. Für das Bistum Konstanz, Konstanz: Nikol. Thaddäus Waibel, 1808.
Dalberg, Carl Theodor v., Von dem Frieden der Kirche in den Staaten der Rheinischen Conföderation. Ausgesprochene Wünsche Carls Erzbischof-Metropoliten von Regensburg, 1810, in: Ders., Ausgewählte Schriften, S. 811–820.
Dalberg, Carl, Religion und Politik, 1816, in: Ders., Ausgewählte Schriften, S. 821.
C. v. D. [Dalberg, Carl v.], Einsamkeit, 1816, in: Ders., Ausgewählte Schriften, S. 822–825.
Dalberg, Carl, Synthetisch-demüthiger Blick über Welt-Entstehung als Resultat vieljähriger analytischer Untersuchungen, 1816, in: Ders., Ausgewählte Schriften, S. 826–827.
Dalberg, Carl, Betrachtungen über den Zeitgeist, 1816/17, in: Ders., Ausgewählte Schriften, S. 828–842.
Dalberg, Karl von, Ueber die GemüthsRuhe, 1818, in: Ders., Ausgewählte Schriften, S. 843–848.
Dalberg, Carl Theodor v., Ausgewählte Schriften, hrsg. v. Hans-Bernd Spies, Aschaffenburg: Geschichts- und Kunstverein Aschaffenburg e. V., 1997.

〈それ以外の公刊史料・研究文献〉（著者名のアルファベット順に配列）

Abert, Joseph Friedrich, Vorschläge Karl Theodor v. Dalbergs zur Verbesserung der Armenpolizei im Hochstift Würzburg (1779), in: Archiv des Historischen Vereins von Unterfranken und Aschaffenburg, 54. Bd. (1912), S. 183–215.
明石欽司『ウェストファリア条約——その実像と神話』（慶應義塾大学出版会，2009年）.
Alberti, Eduard, Bogislaw Philipp von Chemnitz, in: Allgemeine Deutsche Biographie (ADB), Bd. 4 (1876), S. 114–116.
[Albini, Franz Josef von], Ein Paar derbe Worte des Dr. Gottlieb Teutsch an seinen tapfern Widerleger den vormaligen k. mainzischen Hofgerichtsrath, nunmehr fränkischen Republikaner. Kaspar Hartmann. Mit einem Sendschreiben an den Schildknappen des Generals Custine Daniel Stamm, Frankfurt (M)/Leipzig, 1793.
Allgäuer, Robert, Thronfolge. Von Fürst Franz Josef II. zu Fürst Hans-Adam II., Vaduz: Verlag der Fürstlichen Regierung, 1990.

Allgeier, Arthur, Martin Gerbert und Karl Theodor von Dalberg. Beiträge zu den Schlußkapiteln der Geschichte des Bistum[s] Konstanz, in: Freiburger Diözesan-Archiv, Bd. 69 (3. Folge, Bd. 1: 1950), S. 66–91.

Amrhein, August, Reihenfolge der Mitglieder des adeligen Domstiftes zu Würzburg, St. Kilians-Brüder genannt, von seiner Gründung bis zur Säkularisation 742–1803, in: Archiv des Historischen Vereins von Unterfranken und Aschaffenburg, 32. Bd. (1889), S. 1–314, 33. Bd. (1890), S. 1–380.

Andreas, Willy (Hrsg.), Politischer Briefwechsel des Herzogs und Großherzogs Carl August von Weimar, bearbeitet von Hans Tümmler, Bd. 1: Von den Anfängen der Regierung bis zum Ende des Fürstenbundes 1778–1790, Stuttgart: Deutsche Verlags-Anstalt, 1954.

Andreas, Willy, Die Zeit Napoleons und die Erhebung der Völker, Heidelberg: Quelle & Meyer, 1955.

Andreas, Willy, Goethe und Carl August während der Belagerung von Mainz (1793), München: Bayerische Akademie der Wissenschaften, 1956.

Andreas, Willy, Napoleon. Entwicklung—Umwelt-Wirkung, Konstanz: Jan Thorbecke, 1962.

Angermeier, Heinz, Deutschland zwischen Reichstradition und Nationalstaat, in: Zeitschrift der Savigny-Stiftung für Rechtsgeschichte, Germanistische Abteilung, Bd. 107 (1990), S. 19–101.

青野公彦「教会改革とナツィオ(国民)——1418年のコンコルダートをめぐって」, 森原隆編『ヨーロッパ・エリート支配と政治文化』, 77–92頁.

Arens, Fritz, Die Grabmäler der Mainzer Beamten in St. Emmeram in Regensburg, in: Mainzer Zeitschrift, Bd. 79/80 (1984/85), S. 55–66.

Aretin, Karl Otmar Freiherr von, Josef Karl Theodor Freiherr von Eberstein, in: Neue Deutsche Biographie (NDB), Bd. 4, Berlin-West: Duncker & Humblot, 1959, S. 252 f.

Aretin, Karl Otmar Freiherr von, Höhepunkt und Krise des deutschen Fürstenbundes. Die Wahl Dalbergs zum Coadjutor von Mainz (1787), in: Historische Zeitschrift 196 (1963), S. 36–73.

Aretin, Karl Otmar Freiherr von, Karl Theodor von Dalberg zwischen Kaiser und Fürstenbund. Aktenstücke zur Coadjutorwahl in Mainz 1787, in: Archiv für mittelrheinische Kirchengeschichte, 16. Jg. (1964), S. 328–377.

Aretin, Karl Otmar Freiherr von, Heiliges Römisches Reich 1776–1806. Reichsverfassung und Staatssouveränität, 2 Bde., Wiesbaden, 1967.

Aretin, Karl Otmar Freiherr von, Bayerns Weg zum Souveränen Staat. Landstände und konstitutionelle Monarchie 1714–1818, München: Beck, 1976.

Aretin, Karl Otmar Freiherr von, Die Mission des Grafen Romanzoff im Reich 1782–1797, in: Klaus Hildebrand/Rainer Pommerin (Hrsg.), Deutsche Frage und europäisches Gleichgewicht. Festschrift für Andreas Hillgruber zum 60. Geburtstag, Köln/Wien: Böhlau, 1985, S. 15–29.

Aretin, Karl Otmar von, Das Reich. Friedensgarantie und europäisches Gleichgewicht 1648–1806, Stuttgart: Klett-Cotta, 1986.

Aretin, Karl Otmar Freiherr von/Härter, Karl (Hrsg.), Revolution und konservatives Beharren. Das alte Reich und die Französische Revolution, Mainz: Philipp von Zabern, 1990.

Aretin, Karl Otmar Freiherr von, Deutschland und die Französische Revolution, in: Aretin/Härter (Hrsg.), Revolution und konservatives Beharren, S. 9–20.

Aretin, Karl Otmar von, Reichsitalien (Frühe Neuzeit), in: HRG 4, Sp. 648–651.

Aretin, Karl Otmar von, Kaiser Joseph II. und die Kammergerichtsvisitation 1766–1776, in: Zeitschrift für Neuere Rechtsgeschichte, 1991, S. 129–144.

Aretin, Karl Otmar Freiherr von, Vom Deutschen Reich zum Deutschen Bund, Göttingen: Vandenhoeck & Ruprecht, 1993.
Aretin, Karl Otmar Freiherr von, Carl Theodor von Dalberg. Staatsmann und Bischof in schwierigen Zeiten, in: Spies (Hrsg.), Carl von Dalberg, S. 9–20.
Aretin, Karl Otmar von, Das Alte Reich 1648–1806. Bd. 3: Das Reich und der österreichisch-preußische Dualismus (1745–1806), Stuttgart: Klett-Cotta, 1997.
朝治啓三／渡辺節夫／加藤玄編著『〈帝国〉で読み解く中世ヨーロッパ――英独仏関係史から考える』(ミネルヴァ書房，2017 年).
Aus der Zeit Maria Theresias. Tagebuch des Fürsten Johann Josef Khevenhüller-Metsch, Kaiserlichen Obersthofmeisters 1742–1776, Bd. 6: 1764–1767, Wien: Holzhausen, 1917.
Badische Historische Commission (Hrsg.), Politische Correspondenz Karl Friedrichs von Baden 1783–1806, Bd. 1 (1783–1792), bearbeitet von Bernhard Erdmannsdörffer, Heidelberg: Carl Winter, 1888.
Badische Historische Commission (Hrsg.), Politische Correspondenz Karl Friedrichs von Baden 1783–1806, Bd. 5 (1804–1806), bearbeitet von Bernhard Erdmannsdörffer/K. Obser, Heidelberg: Carl Winter, 1888.
Badische Historische Commission (Hrsg.), Politische Correspondenz Karl Friedrichs von Baden 1783–1806, Bd. 6 (Ergänzungsband) (1783–1806), bearbeitet von K. Obser, Heidelberg: Carl Winter, 1888.
Bastgen, Hubert, Dalbergs und Napoleons Kirchenpolitik in Deutschland, Paderborn: Ferdinand Schöningh, 1917.
Bastgen, Hubert, Dokumente zur Dalbergs Kirchenpolitik, in: Historisch-Politische Blätter für das katholische Deutschland, Bd. 159 (1917), S. 93–109, 166–178.
Bastgen, Hubert, Die vatikanischen Aktenstücke zur „Causa" Wessenbergs in Rom im Jahre 1817, in: Freiburger Diözesan-Archiv, Bd. 60 (Neue Folge Bd. 33: 1932), S. 219–261.
Bastgen, Hubert, Der Entwurf des Regensburger Erzbischofs Dalberg zu einem Konkordat für den Rheinbund und seine Ablehnung durch Rom, in: Vierzehnter Jahresbericht des Vereins zur Erforschung der Regensburger Diözesangeschichte (1940), S. 1–27.
Bastgen, P. Beda (Hubert), Bayern und der Heilige Stuhl in der ersten Hälfte des 19. Jahrhunderts, 1. Teil, München: Lentner'sche Buchhandlung, 1940.
Battenberg, Friedrich, Dalberger Urkunden. Regesten zu den Urkunden der Kämmerer von Worms gen. von Dalberg und der Freiherrn von Dalberg 1165–1843, 3 Bde., Darmstadt, 1981/1986/1987.
Battenberg, Friedrich, Die Gerichtsverfassung in der Herrschaft Dalberg in der frühen Neuzeit. Ein Beitrag zur Organisation eines reichsritterschaftlichen Territoriums, in: Archiv für hessische Geschichte und Altertumskunde, Neue Folge 40. Bd. (1982), S. 9–95.
Bauer, Michael, Dalberg im Umkreis der Weimarer—Der Fürstprimas und der Dichterfürst, in: Jubiläumsfestschrift des Karl-Theodor-von-Dalberg-Gzmnasiums. 200 Jahre Schuledikt für das Fürstentum Aschaffenburg. 130 Jahre Kgl. Bayer. Höhere Weibliche Bildungsanstalt. 100 Jahre Bau in der Grünewaldstraße. 40 Jahre Karl-Theodor-von-Dalberg-Gymnasium, 2005, S. 191–196.
Baum, Hans-Peter, Carl Theodor von Dalberg und Würzburg, in: Färber/Klose/Reidel (Hrsg.), Carl von Dalberg, S. 61.
Baumgart, Peter, Die Wappenseite Karl Theodor von Dalbergs in der Würzburger Universitätsmatrikel, in: Färber/Klose/Reidel (Hrsg.), Carl von Dalberg, S. 60.
Bayern, Adalbert Prinz von, Eugen Beauharnais. Der Stiefsohn Napoleons. Ein Lebensbild, 2. Aufl., München: F. Bruckmann, 1950.

Beaulieu-Marconnay, Karl Olivier Freiherr von, Karl von Dalberg und seine Zeit. Zur Biographie und Charakteristik des Fürsten Primas, 2 Bde., Weimar: Hermann Böhlau, 1879.

Becher, Hubert, Der deutsche Primas. Eine Untersuchung zur deutschen Kirchengeschichte in der ersten Hälfte des neuzehnten Jahrhunderts, Kolmar (Elsaß): Alsatia, 1944.

Beck, August, Juliane Franziska von Buchwald, in: ADB, Bd. 3 (1876), S. 494.

Beck, August, Ernst II. Ludwig, in: ADB, Bd. 6 (1877), S. 308–311.

Beck, D., Freiherr von und zum Stein und Dalberg, in: Schwäbisches Archiv, 27. Jg., Nr. 4 (1909), S. 49–58.

Beck, Karl, Zur Verfassungs-Geschichte des Rheinbunds, Mainz: H. Prickarts, 1890.

Becker, Ernst Wolfgang, Zeit der Revolution!—Revolution der Zeit? Zeiterfahrungen in Deutschland in der Ära der Revolutionen 1789–1848/49, Göttingen: Vandenhoeck & Ruprecht, 1997.

Becker, Hans-Jürgen, Kaiserkrönung, in: HRG 2, 555–561.

Becker, Hans-Jürgen, Mehrheitsprinzip, in: HRG 3, Sp. 431–438.

Becker, Hans-Jürgen, Ordines der Kaiserkrönung, in: HRG 3, Sp. 1289–1291.

Becker, Hans-Jürgen, Die Übergabe Regensburgs an Bayern. Regensburg wird bayerisch—doch erst einmal französisch, in: Becker/Färber (Hrsg.), Regensburg wird bayerisch, S. 23–32.

Becker, Hans-Jürgen, Umbruch im Mitteleuropa. Der Reichsdeputationshauptschluss von 1803, in: Schmid/Unger (Hrsg.), 1803—Wende in Europas Mitte, S. 17–34.

Becker, Hans-Jürgen/Färber, Konrad Maria (Hrsg.), Regensburg wird bayerisch. Ein Lesebuch, Regensburg: Friedrich Pustet, 2009.

Becker, Hans-Jürgen, Kirche und Staat vor 200 Jahren. Die „verspätete“ Säkularisation in Regensburg im Jahre 1810, in: Zeitschrift der Savigny-Stiftung für Rechtsgeschichte, Kanonistische Abteilung, Bd. 128 (2011), S. 199–218.

Becker, Josef, Wappen erzählen von stolzen Geschlechtern—IV. Carl Theodor von Dalberg, Fürst von Aschaffenburg, in: Spessart. Monatsschrift des Spessartbundes, Bd. 1 (1966), S. 7–8.

Becker, Josef, Wappen erzählen von stolzen Geschlechtern—V. Friedrich Karl von Erthal, der letzte Kurfürst und Erzbischof von Mainz, in: Spessart. Monatsschrift des Spessartbundes, Bd. 1 (1966), S. 13.

Beethoven, Ludwig van, Beethoven's Werke / 240 = Serie 23: Lieder und Gesänge mit Begleitung des Pianoforte: Des Kriegers Abschied: [WoO 143], Leipzig: Breitkopf und Härtel, [1862–1865].

Belstler, Ulrich, Die Stellung des Corpus Evangelicorum in der Reichsverfassung. Diss. Universität Tübingen, Bamberger Fotodruck, 1968.

Benedikt XVI. (Ratzinger, Joseph), Licht der Welt. Der Papst, die Kirche und die Zeichen der Zeit. Ein Gespräch mit Peter Seewald, Freiburg (Br.): Herder, 2010.

Bernays, Guillaume, Schicksale des Großherzogs Frankfurt und seiner Truppen. Eine kulturhistorische und militärische Studie aus der Zeit des Rheinbundes, Berlin: Ernst Siegfried Mittler & Sohn, 1882.

Beschreibung der am 23ten April 1804 dem Herrn Herrn Karl, des H. Röm. Reichs Kurfürsten und Erzkanzler u. von dem Regensburgischen Stadtmagistrate und der gesammten Bürgerschaft geleiteten feyerlichen Huldigung und der Festlichkeiten / welche auf dieselbe gefolgt sind, Regensburg.

Bessel, Leopold von, Der kurmainzische Minister Franz Joseph v. Albini u. seine Familie, in: Hessische Familienkunde, Bd. 3, Heft 1 (1953), S. 2–11.

Beumann, Helmut, Regnum Teutonicum und res Teutonicorum. Bemerkungen zu einem Buch von Eckhard Müller-Mertens, in: Archiv für Kulturgeschichte, Bd. 55 (1973), S. 215–223.

Beumann, Helmut/Schröder, Werner (Hrsg.), Nationes. Historische und philologische Untersuchungen zur Entstehung der europäischen Nationen im Mittelalter. Bd. 1 Aspekte der Nationenbildung im Mittelalber. Ergebnisse der Marburger Rundgespräche 1972–1975, Sigmaringen: Jan Thorbecke, 1978.

Beumann, Helmut, Die Bedeutung des Kaisertums für die Entstehung der deutschen Nation im Spiegel der Bezeichnungen von Reich und Herrscher, in: Beumann/Schröder (Hrsg.), Nationes, Bd. 1, S. 317–366.

Biereye, Johannes, Geschichte der Akademie gemeinnütziger Wissenschaften zu Erfurt 1754–1929, Erfurt: Carl Villaret, 1930.

Bischof, Franz Xaver, Ignaz Heinrich (Karl Joseph Thaddäus Fidel Dismas) von Wessenberg-Ampringen, 1817–1827, in: Helvetia Sacra, Abteilung 1, Bd. 2: Erzbistümer und Bistümer II, 1. Teil, Basel/Frankfurt (M): Helbig/Lichtenhahn, 1993, S. 479–489.

Bischofsweihe in Aschaffenburg am 31. August 1788 in der Muttergottskirche, in: Aschaffenburger Geschichtsblätter, 26. Jg. (1934), Nr. 10/11, S. 33–35, Nr. 12, S. 39 f.

Bitterauf, Theodor, Die Geschichte des Rheinbundes. Bd. 1: Die Gründung des Rheinbundes und der Untergang des alten Reiches, München: Beck, 1905.

Blaha, Walter, Vom Bürgerhaus zum Kaiserpalast. Die Kurmainzische Statthalterei in Erfurt, München: Bayerische Vereinsbank, 1992.

Blaha, Walter, Karl Theodor Anton Maria Freiherr von Dalberg—Statthalter von Erfurt, in: Färber/Klose/Reidel (Hrsg.), Carl von Dalberg, S. 48–50.

ブラニング, T. C. W.(天野知恵子訳)『フランス革命』(岩波書店, 2005 年).

Blisch, Bernd, Friedrich Carl Joseph von Erthal (1774–1802). Erzbischof—Kurfürst—Erzkanzler, Frankfurt (M): Peter Lang, 2005.

Blitz, Hans-Martin, Aus Liebe zum Vaterland. Die deutsche Nation im 18. Jahrhundert, Hamburg: Hamburger Edition, 2000.

Bockenheimer, Karl Georg, C. Th. von Dalberg's Aufenthalt in Paris in den Jahren 1807–1808. Vortrag, gehalten im Vereine für Erforschung rheinischer Geschichte und Alterthümer am 24. Februar 1870, Mainz: Zabern, 1870.

Bockenheimer, Karl Georg, Karl Theodor Anton Maria von Dalberg, in: ADB, Bd. 4 (1876), S. 703–709.

Bockenheimer, Karl Georg, Karl Joseph Hieronymus Kolborn, in: ADB, Bd. 16 (1882), S. 467.

Bockenheimer, Karl Georg, Johann Philipp von Schönborn, in: ADB, Bd. 32 (1891), S. 274–276.

Bockenheimer, Karl Georg, Peter Adolph Winkopp, in: ADB, Bd. 43 (1898), S. 456 f.

Bockenheimer, Karl Georg, Friedrich Graf Stadion, in: ADB, Bd. 54 (1908), S. 427–429.

Böhl, Rudolf, Die Einverleibung Aschaffenburgs in Bayern und ihre Auswirkung, vornehmlich auf das Verwaltungswesen, Aschaffenburg: Druckerei Rückziegel, 1934.

ベーン, マックス・フォン(飯塚信雄他訳)『ドイツ 18 世紀の文化と社会』(三修社, 1984 年).

ボナパルト, ナポレオン(オクターヴ・オブリ編/大塚幸男訳)『ナポレオン言行録』第 9 刷(岩波書店, 1988 年).

Bonaparte, Napoléon, Correspondance de Napoléon Ier: publiée par ordre de l'empereur Napoléon, Tome 9, Paris: Imprimerie Impériale, 1861.

Bonaparte, Napoléon, Correspondance de Napoléon Ier: publiée par ordre de l'empereur Napoléon, Tome 10, Paris: Imprimerie Impériale, 1862.

Bonaparte, Napoléon, Correspondance de Napoléon Ier: publiée par ordre de l'empereur Na-

poléon, Tome 11, Paris: Imprimerie Impériale, 1862.

Bonaparte, Napoléon, Correspondance de Napoléon Ier: publiée par ordre de l'empereur Napoléon, Tome 12, Paris: Imprimerie Impériale, 1862.

Bonaparte, Napoléon, Correspondance de Napoléon Ier: publiée par ordre de l'empereur Napoléon, Tome 13, Paris: Imprimerie Impériale, 1863.

Bonaparte, Napoléon, Correspondance de Napoléon Ier: publiée par ordre de l'empereur Napoléon, Tome 26, Paris: Imprimerie Impériale, 1868.

Bonaparte, Napoléon, Les Pages Immortelles de Napoléon, choisies et expliquees par Octave Aubry, Paris: Édition Corrêa, 1941.

Bonjour, Edgar, Studien zu Johannes von Müller, Basel/Stuttgart: Benno Schwabe & Co., 1957.

Borell, Winfried von, Ein ungewöhnliches Lob Dalbergs für seinen Kabinettssekretär, in: Mitteilungen aus dem Stadt- und Stiftsarchiv Aschaffenburg, Bd. 3, Heft 2 (1990), S. 49–52.

Boudon, Jacques-Olivier, Joseph Fesch, in: Lexikon für Theologie und Kirche, Bd. 3, Freiburg (Br.): Herder, 2006, Sp. 1248.

Brander, Vitus, Die Rechtsverhältnisse des Dalbergischen Klerikalseminarfonds Aschaffenburg, in: Aschaffenburger Jahrbuch für Geschichte, Landeskunde und Kunst des Untermaingebietes, Bd. 4 (1957), „1000 Jahre Stadt und Stift Aschaffenburg". Festschrift zum Aschaffenburger Jubiläumsjahr 1957, S. 903–925.

Breßlau, Harry, Samuel Freiherr von Pufendorf, in: ADB, Bd. 26 (1888), S. 701–708.

Brosche, Günter, Kommentar von: Joseph Haydn, Gott! erhalte Franz den Kaiser und Streichquartett op. 76, Nr. 3: Variationssatz, Graz: Akademische Druck- und Verlagsanstalt, 1982.

Brück, Anton Ph., Johann Friedrich Karl Graf von Ostein, in: NDB, Bd. 10 (1974), S. 499.

Brück, Anton Ph., Die verwandtschaftliche Verbundenheit der Mainzer Domherren bei der Koadjutorwahl im Jahre 1787, in: Zentralstelle für Personen- und Familiengeschichte (Hrsg.), Genealogisches Jahrbuch, Bd. 20 (1980), S. 39–43.

Brück, Heinrich, Geschichte der katholischen Kirche in Deutschland im neunzehnten Jahrhundert, 1. Band: Vom Beginne des neunzehnten Jahrhunderts bis zu den Concordatsverhandlungen, Mainz: Franz Kirchheim, 1887.

Bruyn, Günter de, Das Leben des Jean Paul Friedrich Richter, Frankfurt (M): Fischer, 1976 (Original: Halle (Saale): 1975).

Büttner, Heinrich, Verschwundene Mainzer Geschichtsquellen, in: Mainzer Zeitschrift, Jg. 41–43 (1946–1948), S. 106–108.

Burgdorf, Wolfgang, Reichskonstitution und Nation. Verfassungsreformprojekte für das Heilige Römische Reich Deutscher Nation im politischen Schrifttum vom 1648 bis 1806, Mainz: Philipp von Zabern, 1998.

Burgdorf, Wolfgang, Ein Weltbild verliert seine Welt. Der Untergang des Alten Reiches und die Generation 1806, München: Oldenbourg, 2009.

Burgdorf, Wolfgang, Protokonstitutionalismus. Die Reichsverfassung in den Wahlkapitulationen der römisch-deutschen Könige und Kaiser 1519–1792, Göttingen: Vandenhoeck & Ruprecht, 2015.

Burgdolf, Wolfgang, Wahlkapitulationen der römisch-deutschen Könige und Kaiser 1519–1792, Göttingen: Vandenhoeck & Ruprecht, 2015.

Burkhardt, Johannes, Das größte Friedenswerk der Neuzeit. Der Westfälische Frieden in neuer Perspektive, in: Geschichte in Wissenschaft und Unterricht, Bd. 49 (1998), S. 592–612.

Burkhardt, Johannes, Über das Recht der Frühen Neuzeit, politisch interessant zu sein, in: Geschichte in Wissenschaft und Unterricht, Bd. 50 (1999), S. 748–756.

Buschmann, Arno, Kaiser und Reich. Verfassungsgeschichte des Heiligen Römischen Reiches Deutscher Nation vom Beginn des 12. Jahrhuderts bis zum Jahre 1806 in Dokumenten, 2 Bde., 2., ergänzte Aufl., Baden-Baden: Nomos, 1994.

カバニス，ジョゼ(安斎和雄訳)『ナポレオンの戴冠』(白水社，1987 年).

Charismar, Josef von, Aschaffenburger Hofleben beim Fürsten Primas, in: Erheiterungen. Wochenbeilage zur Aschaffenburger Zeitung, 14. Januar 1922, S. 2 f.

Christ, Günter, Carl Theodor von Dalberg im Urteil des kaiserlichen Geschäftsträgers Graf Schlick, in: Deutsches Gymnasium Aschaffenburg, Jahresbericht für das Schuljahr 1961/62, S. 58–65.

Christ, Günter, Grundzüge der Verwaltung des Mainzer Oberstifts und des Dalbergstaates, München: Kommission für Bayerische Landesgeschichte, 1963.

Christ, Günter, Karl Theodor von Dalberg, in: Festschrift zur Renovierung und Erweiterung des Karl-Theodor-v.-Dalberg-Gymnasiums Aschaffenburg 1978–1985, 1985, S. 66–77.

Christ, Günter, Lehrjahre eines Erzkanzlers—Dalberg als Statthalter in Erfurt, in: Spies (Hrsg.), Carl von Dalberg, S. 29–52.

Christ, Günter, Karl Theodor von Dalberg—Leben und Wirken in wechselvoller Zeit, in: Jubiläumsfestschrift des Karl-Theodor-von-Dalberg-Gymnasiums, S. 176–190.

Chrobak, Werner, Der Verlust Regensburger Kunstschätze in der Säkularisation, in: Becker/Färber (Hrsg.), Regensburg wird bayerisch, S. 97–106.

Colombani, Hélène, Le Cardinal Fesch, Paris: Édition Albatros, 1979.

Corpus Juris Confoederationis Germanicae oder vollständige Sammlung der Quellen des deutschen Bundesrechts, vom Lüneviller Frieden bis zu den neuesten Bundesgesetzen, nach den Original-Documenten herausgegeben von Guido von Meyer, Frankfurt (M): Ferdinand Boselli, 1822.

Dallmeier, Martin/Heilmeier, Klaus/Reidel, Hermann (Hrsg.), Das Fürstentum Regensburg. Von der freien Reichsstadt zur bayerischen Kreishauptstadt. Kunst und Geschichte im Spannungsfeld von Klassizismus und Romantik (1789–1848), Regensburg: Universitätsverlag Regensburg, 2003.

Dambmann, Georg Peter, Sr. Kurfürstlichen Gnaden dem Herrn Kurfürsten Erzkanzler am Karlstage aus vollem Herzen unterthänigst geweiht, 1804.

ダム，ジークリット(中村元保／渡邉洋子訳)『フリードリヒ・シラーの生涯』(同学社，2009 年).

Dann, Otto, Nation und Nationalismus in Deutschland 1770–1990, Original-Ausgabe, 2. Aufl., München: Beck, 1994.

ダン，オットー(末川清／姫岡とし子／高橋秀寿訳)『ドイツ国民とナショナリズム 1770–1990』(名古屋大学出版会，1999 年).

Darmstaedter, Paul, Das Großherzogtum Frankfurt. Ein Kulturbild aus der Rheinbundszeit, Frankfurt (M): Joseph Baer & Co., 1901.

Deile, Gotthold, Die Erfurter Loge unter Dalberg und Dominikus und ihre Beziehungen zur Erfurter Akademie, in: Jahrbücher der königlichen Akademie der gemeinnützlichen Wissenschaften zu Erfurt, Neue Folge, Bd. 34 (1908), S. 71–98.

Deutsche Geschichte in Quellen und Darstellungen, Bd. 2: Spätmittelalter 1250–1495, Stuttgart: Reclam, 2000.

Deutsche Geschichte in Quellen und Darstellungen, Bd. 5: Zeitalter des Absolutismus 1648–1789, Stuttgart: Reclam, 1997.

Deutsche Geschichte in Quellen und Darstellungen, Bd. 6: Von der Französischen Revolution bis zum Wiener Kongreß 1789–1815, Stuttgart: Reclam, 1995.
Diel, Karl, Die Freiherrn von Fechenbach. Ihr Wirken in Kirche und Staat, Aschaffenberg: Paul Pattloch, 1951.
Diestelkamp, Bernhard, Huldigung, in: HRG 2, Sp. 262–265.
Diestelkamp, Bernhard, Das Reichskammergericht im Rechtsleben des Heiligen Römischen Reiches Deutscher Nation, Wetzlar: Gesellschaft für Reichskammergerichtsforschung, 1985.
Diestelkamp, Bernhard (Hrsg.), Die politische Funktion des Reichskammergerichts, Köln/Weimar/Wien: Böhlau, 1993.
Dilcher, Gerhard, Reichsitalien (Mittelalter), in: HRG 4, Sp. 642–648.
Döberl, Anton, Annibale della Genga's Nuntiaturberichte, in: Historisch-Politische Blätter für das katholische Deutschland, Bd. 153 (1914), S. 190–205.
Döberl, Anton, Die Säkularisation und die päpstliche Diplomatie (1789–1803), in: Historisch-Politische Blätter für das katholische Deutschland, Bd. 153 (1914), S. 759–770.
Döberl, Anton, Aus dem Tagebuch des Nuntius A. della Genga, in: Historisch-Politische Blätter für das katholische Deutschland, Bd. 154 (1914), S. 768–779.
Doeberl, Anton, Die bayerischen Konkordatsverhandlungen in den Jahren 1806 und 1807, München/Freising: Dr. F. P. Datterer und Cie (Sellier), 1924.
Doeberl, Ludwig, Maximilian von Montgelas und das Prinzip der Staatssouveränität, München: Hugo Schmidt, 1925.
Dollinger, Ingo, Illuminaten, in: Lexikon für Theologie und Kirche, Bd. 5, Freiburg (Br.): Herder, 2006, Sp. 423.
Döllinger, Ignaz, Rede bey der feyerlichen Aufstellung der Büste Seiner königlichen Hoheit des hochwürdigsten Fürsten und Erzbischofs Carl Theodor aus dem Geschlechte der Reichsfreyherren von Dalberg, Bischofs von Konstanz und Worms u. auf dem Bibliothekssaale am 22ten August 1818.
Der Dom zu Mainz. Bilder einer Kathedrale. Gesehen von Martin Blume und Bernd Radtke, hrsg. von der Stiftung Hoher Dom zu Mainz, Mainz: Universitätsdruckerei H. Schmidt, 2009.
Dorba, Ulrike M., Johann Aloys Joseph Reichsfreiherr von Hügel (1754–1825), Nürnberg: Franken-Verlag Lorenz Spindler, 1969.
Dotzauer, Winfried, Mainzer Illuminaten und Freimaurer vom Ende der kurfürstlichen Zeit bis zu den Freiheitskriegen, in: Nassauische Annalen. Jahrbuch des Vereins für Nassauische Altertumskunde und Geschichtsforschung, Bd. 83 (1973), S. 120–146.
Dotzauer, Winfried, Die Ankunft des Herrschers, in: Archiv für Kulturgeschichte, Bd. 55 (1973), S. 245–258.
ドイル，ウィリアム（福井憲彦訳）『アンシャン・レジーム』（岩波書店，2004 年）.
Duchhardt, Heinz, Dalbergs politische Publizistik, in: Jahrbuch der Vereinigung „Freunde der Universität Mainz“, 23./24. Bd. (1973/74), S. 47–72.
Duchhardt, Heinz, Protestantisches Kaisertum und Altes Reich. Die Diskussion über die Konfession des Kaisers in Politik, Publizistik und Staatsrecht, Wiesbaden: Steiner, 1977.
Duchhardt, Heinz, Et Germani eligunt et Germanus eligendus. Die Zulassung ausländischer Fürsten zum Kaiseramt im Jus Publicum des 17./18. Jahrhunderts, in: Zeitschrift der Savigny-Stiftung für Rechtsgeschichte, Germanische Abteilung, Bd. 97 (1980), S. 232–253.
Duchhardt, Heinz (Hrsg.), Friedrich der Grosse, Franken und das Reich, Köln/Wien: Böhlau, 1986.

Duchhardt, Heinz, Philipp Karl Freiherr von Eltz, in: NDB, Bd. 20 (2001), S. 381 f.
Düwel, Sven, Die Diskussionen um eine Reform der Reichsverfassung in den Jahren von 1763 bis 1803, Eine Verfassungsstudie auf der Grundlage ausgewählter publizistischer Schriften der damaligen Zeit, Hamburg: Verl. Dr. Kovač, 2008.
Dumont, Franz, Mainz und die Französische Revolution, in: Voss (Hrsg.), Deutschland und die Französische Revolution, S. 132–148.
海老原明夫「カメラールヴィッセンシャフトにおける「家」――J. H. G. フォン・ユスティの思想を中心として」,『國家學會雜誌』第 94 巻第 7・8 号(1981 年), 1–53(451–503)頁, 同第 9・10 号(1981 年), 1–56(603–658)頁, 第 95 巻第 7・8 号(1982 年), 39–100(429–490)頁, 同第 11・12 号(1982 年), 1–47(637–683)頁.
Eckermann, Johann Peter, Gespräche mit Goethe in den letzten Jahren seines Lebens, hrsg. v. Fritz Bergemann, Baden-Baden: Insel-Verl., 1981.
エッカーマン, ヨハーン・ペーター(山下肇訳)『ゲーテとの対話(上)』第 29 刷(岩波書店, 2013 年).
エッカーマン, ヨハーン・ペーター(山下肇訳)『ゲーテとの対話(中)』第 37 刷(岩波書店, 2013 年).
エッカーマン, ヨハーン・ペーター(山下肇訳)『ゲーテとの対話(下)』第 26 刷(岩波書店, 2005 年).
Ehlers, Joachim, Die Entstehung des deutschen Reiches, München: Oldenbourg, 1994.
Ehrenpreis, Stefan, Die Tätigkeit des Reichshofrats um 1600 in der protestantischen Kritik, in: Sellert (Hrsg.), Reichshofrat und Reichskammergericht, S. 27–46.
Eichmann, Eduard, Die Kaiserkrönung im Abendland. Ein Beitrag zur Geistesgeschichte des Mittelalters. Mit besonderer Berücksichtigung der kirchlichen Rechte, der Liturgie und der Kirchenpolitik, 2 Bde., Würzburg: Echter, 1942.
Eid, Ludwig, Marianne von der Leyen, geb. v. Dalberg, die „Große Reichsgräfin“ des Westrichs. Gedenkblätter, Zweibrücken: M. Ruppert, 1896.
Eike [von Repgow], Der Sachsenspiegel, Zürich: Manesse, 1984.
エリス, ジェフリー(杉本淑彦／中山俊訳)『ナポレオン帝国』(岩波書店, 2008 年).
Engelsing, Tobias, „Einer der Todesfeinde der Religion“. Reformwerk, Scheitern und soziales Wirken des letzten Konstanzer Generalvikars Ignaz Heinrich von Wessenberg, in: Barbara Stark (Hrsg.), Ignaz Heinrich von Wessenberg 1774–1860. Kirchenfürst und Kunstfreund, Konstanz: Städtische Wessenberg-Galerie Konstanz, 2010, S. 9–20.
Erkens, Franz-Reiner, Der Erzbischof von Köln und die deutsche Königswahl. Studien zur Kölner Kirchengeschichte, zum Krönungsrecht und zur Verfassung des Reiches (Mitte 12. Jahrhundert bis 1806), Siegburg: Franz Schmitt, 1987.
Erler, Adalbert, Erwählter Römischer Kaiser, in: HRG 1, Sp. 1010 f.
Erler, Adalbert, Fürstprimas, in: HRG 1, Sp. 1362 f.
Erler, Adalbert, Kaiser und Reich, in: HRG 2, Sp. 546–548.
Erler, Adalbert, Kurwürde, in: HRG 2, Sp. 1314–1319.
Erler, Adalbert, Reichsapfel, in: HRG 4, Sp. 537–538.
Erler, Adalbert, Reichsinsignien, Reichskleinodien, in: HRG 4, Sp. 638–641.
Ernstberger, Anton, Reichsheer und Reich. Ein Reformvorschlag 1794/95, in: Gesamtdeutsche Vergangenheit, S. 179–186.
エヴァンズ, R. J. W.(新井皓士訳)『バロックの王国――ハプスブルク朝の文化社会史 1550–1700 年』(慶應義塾大学出版会, 2013 年).
Färber, Konrad Maria, Dalberg, Bayern und das Fürstentum Regensburg. Neue Quellen aus den Archiven von Wien und Paris, in: Zeitschrift für Bayerische Landesgeschichte, Bd.

49 (1986), S. 695–717.
Färber, Konrad Maria, Kaiser und Erzkanzler. Carl von Dalberg und Napoleon, Regensburg: Mittelbayerische Druck- und Verlags-Gesellschaft, 1994.
Färber, Konrad Maria/Klose, Albrecht/Reidel, Hermann (Hrsg.), Carl von Dalberg. Erzbischof und Staatsmann (1744–1817), Regensburg: Mittelbayerische Druck- und Verlags-Gesellschaft, 1994.
Färber, Konrad Maria, Carl von Dalberg.—Reichsverräter oder Reichspatriot?, in: Hausberger (Hrsg.), Carl von Dalberg, S. 153–175.
Färber, Konrad Maria, Regensburgs langer Weg nach Bayern, in: Becker/Färber (Hrsg.), Regensburg wird bayerisch, S. 11–22.
Färber, Konrad Maria, Ein Intermezzo. Das Fürstentum Regensburg zwischen 1802 und 1810, in: Becker/Färber (Hrsg.), Regensburg wird bayerisch, S. 33–56.
Fehrenbach, Elisabeth, Traditionelle Gesellschaft und revolutionelles Recht. Die Einführung des Code Napoleon in den Rheinbund-Staaten, Göttingen 1974.
Fehrenbach, Elisabeth, Der Einfluß des napoleonischen Frankreich auf das Rechts- und Verwaltungssystem Deutschlands, in: Reden-Dohna (Hrsg.), Deutschland und Italien, S. 23–39.
Fehrenbach, Elisabeth, Verfassungsstaat und Nationsbildung 1815–1871, 2., um einen Nachtrag erweiterte Aufl., München: Oldenbourg, 2007.
Fehrenbach, Elisabeth, Von Ancien Régime zum Wiener Kongress, 5. Aufl., München: Oldenbourg, 2008.
Feine, Hans Erich, Die Besetzung der Reichsbistümer vom Westfälischen Frieden bis zur Säkularisation 1648–1803, Stuttgart: Ferdinand Enke, 1905 (Nachdruck 1964).
Feine, Hans Erich, Zur Verfassungsentwicklung des Heiligen Römischen Reiches seit dem Westfälischen Frieden, in: Zeitschrift der Savigny-Stiftung für Rechtsgeschichte, Germanische Abteilung, Bd. 52 (1937), S. 65–133.
Felgel, Anton Victor, Carl zu Firmian, in: ADB, Bd. 7 (1878), S. 27–29.
Fellner, Fritz, Heinrich Ritter von Srbik, in: NDB, Bd. 24 (2010), S. 773–775
Ficker, Julius, Vom Reichsfuerstenstande. Forschungen zur Geschichte der Reichsverfassung, zunaechst im XII. und XIII. Jahrhunderte, Bd. 1, Innsbruck: Wagner, 1861.
Ficker, Julius, Das Deutsche Kaiserreich in seinen nationalen und universalen Beziehungen. Vorlesungen. Gehalten im Ferdinandeum zu Innsbruck, Innsbruck: Verlag der Wagner'sche Universitaets- und Buchhandlung, 1862 (Reprint Bibliolife).
Fillitz, Hermann, Die Insignien und Kleinodien des Heiligen Römischen Reiches, Wien: Anton Schroll, 1954.
Fischer, Hermann, Johann Christoph Friedrich Schiller, in: ADB, Bd. 31 (1890), S. 215–245.
Fleig, Edgar, Fürstbischof Karl Theodor v. Dalberg und die Säkularisation des Fürstbistums Konstanz, in: Freiburger Diözesan-Archiv, Bd. 56 (1928), S. 250–293.
Forst, Otto, Die Ahnenproben der Mainzer Domherren, Wien/Leipzig, Halm & Goldmann, 1913.
Forster, Georg, Revolutionsbriefe. Auswahl und Einleitung von Kurt Kersten, Berlin-Ost: Der Malik-Verl., o.J.
Forster, Georg, Werke in vier Bänden, herausgegeben von Gerhard Steiner, 3. Band: Kleine Schriften zu Kunst, Literatur, Philosophie, Geschichte und Politik, Frankfurt (M): Insel Verl., 1970.
Forster, Georg, Werke in vier Bänden, herausgegeben von Gerhard Steiner, 4. Band: Briefe, Frankfurt (M): Insel Verl., 1970.

フォルスター研究会訳『ゲオルク・フォルスター作品集――世界旅行からフランス革命へ』(三修社, 1983年).
Fournier, August, Napoleon I. Eine Biographie, Bd. 2: Napoleons Kampf um die Weltherrschaft, 2., umgearbeitete Aufl., Wien/Leipzig: F. Tempsky/G. Freytag, 1902.
Fournier, August, Historische Studien und Skizzen, 3. Reihe, Wien/Leipzig: F. Tempsky/G. Freytag, 1912.
Fournier, August, Napoleon I. Eine Biographie, Bd. 1: Von Napoleons Geburt bis zur Begründung seiner Alleinherrschaft über Frankreich, 3., verbesserte Aufl., Wien/Leipzig: F. Tempsky/G. Freytag, 1913.
Die Französische Revolution. Ein Lesebuch mit zeitgenössischen Berichten und Dokumenten, Mit 22 Abbildungen und 3 Karten, ausgewählt, übersetzt und kommentiert von Christian E. Paschold und Albert Gier, Stuttgart: Philipp Reklam jun., 2005.
Freyh, Antje, Karl Theodor von Dalberg. Ein Beitrag zum Verhältnis von politischer Theorie und Regierungspraxis in der Endphase des aufgeklärten Absolutismus, Frankfurt (M): Peter Lang, 1978.
Freyh, Antje, Jugend und Werdegang, in: Färber/Klose/Reidel (Hrsg.), Carl von Dalberg, S. 30–37.
Freytag, Rudolf, Karl Theodor Reichsfreiherr von Dalberg, in: Buchberger, Michael (Hrsg.), Zwölfhundert Jahre Bistum Regensburg, Geschichte der Diözese Regensburg, Regensburg: Pustet in Komm., 1939, S. 233.
Friese, Alfred, Ein Beitrag zur Geschichte des Dalbergarchivs. Vernichtung und Wiederauffindung von Archivalien, in: Aschaffenburger Jahrbuch für Geschichte, Landeskunde und Kunst des Untermaingebietes, Bd. 2 (1959), S. 277–282.
Fuchs, Friedrich, Der Dom St. Peter in Regensburg. Mit Fotographien von Florian Monheim, herausgegeben v. Domkapitel des Bistums Regensburg, Regensburg: Schnell & Steiner, 2010.
Fürnrohr, Walter, Das Patriziat der Freien Reichsstadt Regensburg zur Zeit des Immerwährenden Reichstags, in: Verhandlungen des Historischen Vereins für Oberpfalz und Regensburg, Bd. 93 (1952), S. 153–308.
藤田一成『皇帝カルロスの悲劇――ハプスブルク帝国の継承』(平凡社, 1999年).
古谷大輔/近藤和彦編『礫岩のようなヨーロッパ』(山川出版社, 2016年).
Gebhardt, Armin, Staatskanzler Metternich. Eine Studie, Marburg: Tectum, 2009.
Geiger, Ludwig, Eine deutsche Zeitschrift in Frankreich (1805), in: Zeitschrift für vergleichende Literaturgeschichte, Neue Folge, Bd. 10 (1896), S. 350–352.
Geiger, Ludwig, Vermischtes. Noch einmal eine deutsche Zeitschrift in Frankreich, in: Zeitschrift für vergleichende Literaturgeschichte, Neue Folge, Bd. 10 (1896), S. 493–495.
Gelmi, Josef, Pius VI., in: Lexikon für Theologie und Kirche, Bd. 8, Freiburg (Br.): Herder, 2006, Sp. 326 f.
Gelmi, Josef, Pius VII., in: Lexikon für Theologie und Kirche, Bd. 8, Freiburg (Br.): Herder, 2006, Sp. 327–329.
Geheime Correspondenz Josefs II. mit seinem Minister in den österreichischen Niederlanden Ferdinand Grafen Trauttmansdorff. 1787–1789, Wien: Adolf Holzhausen, 1902.
Gensicke, Hellmuth, Ernst, Landgraf von Hessen-Rheinfels, in: NDB, Bd. 4 (1959), S. 611–612.
Gerlich, Alois, Zum Napoleon-Bild des Mainzer Kurfürsten Karl Theodor von Dalberg, in: Mainzer Almanach, 1965, S. 185–193.
Gerlich, Alois (Hrsg.), Briefe des Mainzer Koadjutors Karl Theodor von Dalberg an den Staatsminister Franz Joseph von Albini, in: Geschichtliche Landeskunde (Universität

Mainz), Bd. 2 (1965), S. 150–201.
Gerlich, Alois (Hrsg.), Briefe Karl Theodors von Dalberg an Franz Joseph von Albini, in: Geschichtliche Landeskunde (Universität Mainz), Bd. 7 (1972), S. 108–139.
Gesammelte Nachrichten von der Familie Fäsch oder Fesch in Basel. Aus welcher Se. Eminenz, der von Sr. Kurfürstl. Gnaden, dem Herrn Kur-Erzkanzler zum Coadjutor und Regierungsnachfolger ernannte Herr Kardinal Fesch abstammt. Mit 1 Stammtafel, Regensburg: Montag & Weiß, 1806.
Gesamtdeutsche Vergangenheit. Festgabe für Heinrich Ritter von Srbik zum 60. Geburtstag am 10. November 1938, München: F. Bruckmann, 1938.
Göbl, S., Handschriftliche Reliquien von Karl Theodor Freiherrn von Dalberg, in: Archiv des Historischen Vereins von Unterfranken und Aschaffenburg, 40. Jg. (1898), S. 85–97.
Görres, Joseph, Gesammelte Schriften, Bd. 6–8: Joseph Görres, Rheinischer Merkur, 1. Bd. 1814, Köln: Gilde-Verlag, 1928.
Goeßmann, Joseph (Hrsg.), Beiträge zur Geschichte des vormaligen Fürstenthums Fulda, nebst einer Beschreibung des alten Buchenlandes nach seiner Gaueintheilung, Fulda: G. F. Euser, 1857.
Goethe, Johann Wolfgang von, Goethes Werke (Hamburger Ausgabe), Bd. 13: Naturwissenschaftliche Schriften I, 9. Aufl., München: Beck, 1981.
Goethe, Johann Wolfgang von, Goethes Werke (Hamburger Ausgabe), Bd. 9: Autobiographische Schriften I, 10. Aufl., München: Beck, 1982.
Goethe, Johann Wolfgang von, Goethes Werke (Hamburger Ausgabe), Bd. 10: Autobiographische Schriften II, 8. Aufl., München: Beck, 1982.
Goethe, Johann Wolfgang von, Goethes Werke (Hamburger Ausgabe), Bd. 11: Autobiographische Schriften III, 11. Aufl., München: Beck, 1982.
Goethe, Johann Wolfgang von, Goethes Werke (Hamburger Ausgabe), Bd. 14: Naturwissenschaftliche Schriften II, 7. Aufl., München: Beck, 1982.
Goethe, Johann Wolfgang von, Sämtliche Werke. Briefe, Tagebücher und Gespräche. Johann Wolfgang von Goethe. Napoleonische Zeit. Briefe, Tagebücher und Gespräche vom 10. Mai 1805 bis 6. Juni 1816, Teil 1: Von Schillers Tod bis 1811, herausgegeben von Rose Unterberger, Frankfurt (M): Deutscher Klassiker Verlag, 1993.
ゲーテ(山崎章甫訳)『詩と真実』全4巻(岩波書店, 1997年).
Goethe, Johann Wolfgang, Götz von Berlichingen mit der eisernen Hand. Ein Schauspiel, Stuttgart: Philipp Reclam jun., 1999.
Die Goldene Bulle. Das Reichsgesetz Kaiser Karls IV. vom Jahre 1356, Weimar: Hermann Böhlau Nachfolger, 1978.
Goldinger, Walter, Das Zeremoniell der deutschen Königskrönung seit dem späten Mittelalter, in: Mitteilungen des Oberösterreichischen Landesarchivs, Bd. 5 (1957), S. 91–111.
Gollwitzer, Heinz, Franz Josef Martin Freiherr von Albini, in: NDB 1, 1953, S. 149.
Gollwitzer, Heinz, Ludwig I. von Bayern. Königtum im Vormärz. Eine politische Biographie, München: Süddeutscher Verlag, 1987.
権左武志『ヘーゲルにおける理性・国家・歴史』(岩波書店, 2010年).
権左武志『ヘーゲルとその時代』(岩波書店, 2013年).
Gotter, Friedrich Wilhelm, Zum Andenken der Frau von Buchwald. Nebst zwey ungedruckten Briefe des Herrn von Voltair, Gotha: Ettinger, 1790.
Gotthard, Axel, Das Alte Reich 1495–1806, 4., durchgesehene und bibliographisch ergänzte Aufl., Darmstadt: Wissenschaftliche Buchgesellschaft, 2009.

Gross, Lothar, Die Geschichte der Deutschen Reichshofkanzlei von 1559 bis 1806, Wien: Selbstverlag des Haus-, Hof- und Staatsarchivs, 1933.

Groß, Lothar, Der Panisbrief Kaiser Josefs II. Ein Beitrag zu seiner Reichskirchenpolitik, in: Gesamtdeutsche Vergangenheit, S. 169–178.

Grütz, Reinhard, Erfurt im Schatten der Französischen Revolution. Regierungspraxis und Staatstheorie Carl Theodor von Dalbergs (1744–1817), Leipzig: St. Benno, 2000.

Gschließer, Oswald von, Der Reichshofrat. Bedeutung und Verfassung, Schicksal und Besetzung einer obersten Reichsbehörde von 1559 bis 1806, Wien: Adolf Holzhausens NFG., 1942.

Gümbel, Wilhelm von, Kaspar Maria Graf von Sternberg, ADB, Bd. 36 (1893), S. 118 f.

Gutkas, Karl, Kaiser Joseph II. Eine Biographie, Wien/Darmstadt: Paul Zsolnay, 1989.

H., Karl Theodor Frhr. von Dalberg, Biographisches Wörterbuch zur Deutschen Geschichte, 2., völlig neubearbeitete und stark erweiterte Aufl., 2. Bd., München: Francke Verl., 1974, Sp. 1429–1433.

Härter, Karl, Reichstag und Revolution 1789–1806. Die Auseinandersetzungen des immerwährenden Reichstags zu Regensburg mit den Auswirkungen der Französischen Revolution auf das alte Reich, Göttingen: Vandenhoeck & Ruprecht, 1992.

ハフナー，セバスチァン『図説プロイセンの歴史——伝説からの解放』(東洋書林，2000年).

Hahn, Wolfgang R., Ratisbona politica. Studien zur politischen Geschichte der Reichsstadt Regensburg im 17. Jahrhundert bis zum Beginn des Immerwährenden Reichstages. Teil I, in: Verhandlungen des Historischen Vereins für Oberpflaz und Regensburg, Bd. 125 (1985), S. 7–160, Teil II, in: Ebenda, Bd. 126 (1986), S. 8–98.

Haider-Pregler, Die Schaubühne als „Sittenschule“ der Nation. Joseph von Sonnenfels und das Theater, in: Reinalter (Hrsg.), Joseph von Sonnenfels, S. 191–244.

Handschreiben des Fürsten Primas an Pfarrer Kirchner, in: Mittheilungen an die Mitglieder des Vereins für Geschichte und Alterthumskunde in Frankfurt a. M., Bd. 5 (1879), S. 473 f.

Handwörterbuch zur deutschen Rechtsgeschichte (HRG), Bd. 1, Berlin-West: Erich Schmidt, 1971.

Handwörterbuch zur deutschen Rechtsgeschichte (HRG), Bd. 2, Berlin-West: Erich Schmidt, 1978.

Handwörterbuch zur deutschen Rechtsgeschichte (HRG), Bd. 3, Berlin-West: Erich Schmidt, 1984.

Handwörterbuch zur deutschen Rechtsgeschichte (HRG), Bd. 4, Berlin-West: Erich Schmidt, 1990.

Handwörterbuch zur deutschen Rechtsgeschichte (HRG), Bd. 5, Berlin-West: Erich Schmidt, 1998.

Hansen, Joseph, Quellen zur Geschichte des Rheinlandes im Zeitalter der französischen Revolution 1780–1801, Bd. 1/2/3/4, Bonn: P. Hanstein, 1931/1933/1935/1938.

Hartmann, Peter Claus (Hrsg.), Der Mainzer Kurfürst als Reichserzkanzler. Funktionen, Aktivitäten, Ansprüche und Bedeutung des zweiten Mannes im Alten Reich, Stuttgart: Franz Steiner, 1997.

Hartmann, Peter Claus (Hrsg.), Reichskirche—Mainzer Kurstaat—Reichserzkanzler, Frankfurt (M): Peter Lang, 2001.

Hartmann, Peter C./Schuller, Florian (Hrsg.), Das Heilige Römische Reich und sein Ende 1806. Zäsur in der deutschen und europäischen Geschichte, Regensburg: Friedrich Pustet, 2006.

ハルトゥング，F.(成瀬治／坂井栄八郎訳)『ドイツ国制史』(岩波書店，1980年).

ハルトゥング，F.／フィーアハウス，R.他(成瀬治編訳)『伝統社会と近代国家』(岩波書店，1982年).

Hase, Bonifacius, in: ADB, Bd. 3, Leipzig: Duncker & Humblot, 1876, S. 123–127.

Hashagen, Justus, Das Rheinland und die französische Herrschaft. Beiträge zur Charakteristik ihres Gegensatzes, Bonn: Peter Hanstein, 1908.

蓮實重彦／山内昌之編『いま，なぜ民族か』第4刷(東京大学出版会，1995年).

Hattenhauer, Christian, Wahl und Krönung Franz II. AD 1792. Das Heilige Reich krönt seinen letzten Kaiser. Das Tagebuch des Reichsquartiermeisters Hieronymus Gottfried von Müller und Anlagen, Frankfurt (M): Peter Lang, 1995.

Hattenhauer, Hans, Zur Geschichte der deutschen Rechts- und Gesetzessprache, vorgelegt in der Sitzung vom 30. Januar 1987, Hamburg: Joachim Jungius-Gesellschaft der Wissenschaften (Göttingen: Vandenhoeck & Ruprecht), 1987.

Haus, Franz, Chronik von der Stadt Aschaffenburg oder der lustige Zeitvertreib. Nur für Freunde und Liebhaber geschrieben, Aschaffenburg: J. Hembt, 1855.

Hausberger, Karl, Geschichte des Bistums Regensburg, Bd. II: Vom Barock bis zur Gegenwart, Regensburg: Friedrich Pustet, 1989.

Hausberger, Karl (Hrsg.), Carl von Dalberg. Der letzte geistliche Reichsfürst, Regensburg: Universitätsverlag, 1995.

Hausberger, Karl, Dalbergs Bemühungen um die Neuordnung der katholischen Kirche in Deutschland, Hausberger (Hrsg.), Carl von Dalberg, S. 177–198.

Hausberger, Karl, „Unterm Krummstab ist gut leben“. Zur Situation der fürstbischöflichen Germania Sacra am Vorabend der Säkularisation, in: Schmid/Unger (Hrsg.), 1803—Wende in Europas Mitte, S. 35–52.

Hausberger, Karl, Reichskirche, Staatskirche, »Papstkirche«. Der Weg der deutschen Kirche im 19. Jahrhundert, Regensburg: Friedrich Pustet, 2008.

Hausenstein, Wilhelm, Die Wiedervereinigung Regensburgs mit Bayern im Jahre 1801 (Zur Beurteilung Karls von Dalberg), München: J. Lindauersche Buchhandlung, 1905.

Hausenstein, Wilhelm, Dalberg und Bayern. Zur Entstehungsgeschichte der staatlichen Selbständigkeit des jungen Königreichs, in: Altbayerische Monatsschrift, Bd. 6 (1906), S. 7–13.

Häusser, Ludwig, Deutsche Geschichte vom Tode Friedrichs des Großen bis zur Gründung des Deutschen Bundes, 4 Bde., Berlin: Weidmann, 3., verb. und verm. Aufl., 1861–1863.

Hege, Hermann, Diener dreier Herren. Der Regensburger Hofarchivar und -bibliothekar[sic!] Carl Theodor Gemeiner, 1756–1823, in: Dallmeier/Heilmeier/Reidel (Hrsg.), Das Fürstentum Regensburg, S. 135–138.

Hegel, Georg Wilhelm Friedrich, Briefe von und an Hegel, hrsg. von Johannes Hoffmeister, Bd. 1, Berlin-Ost: Akademie-Verlag, 1970.

Hegel, Georg Wilhelm Friedrich, Sämtliche Werke, hrsg. v. Georg Lasson, Bd. 7, Schriften zur Politik und Rechtsphilosophie, Leipzig: Felix Meiner, 1913.

ヘーゲル(金子武蔵訳)『政治論文集(上)』第9刷(岩波書店，1996年).

Hegel, Georg Wilhelm Friedrich, Über die Reichsverfassung, herausgegeben von Hans Maier, nach der Textfassung von Kurt Raier Meist, Hamburg: Felix Meiner, 2004.

Heigel, Karl Theodor von, Karl Philipp Fürst von Wrede, in: ADB, Bd. 44 (1898), S. 246–252.

Hein, Nils, Der Staat Karl Theodor von Dalberg's. Theoretischer Führungsanspruch und politischer Ohnmacht im Alten Reich und im Rheinbund (1802 bis 1813), Diss. Frankfurt (M), 1996.

Helfert, Joseph Alexander Freiherr von, Maria Louise, Erzherzogin von Oesterreich, Kaiserin der Franzosen: mit Benützung von Briefen an ihre Ältern und von Schriftstücken des k. k. Haus-, Hof- und Staats-Archivs, Wien: Wilhelm Braumüller, 1873.

Helm, Claudia, Das Reichskammergericht und Aschaffenburg, in: Spies (Hrsg.), Carl von Dalberg, S. 280–304.

Hermann, Karl Theodor Frhr. von Dalberg, in: Biographisches Wörterbuch zur Deutschen Geschichte, 2. Bd., München: Francke Verl., 1974, Sp. 1429–1433.

Hermkes, Wolfgang, Das Reichsvikariat in Deutschland. Reichsvikare nach dem Tode des Kaisers von der Goldenen Bulle bis zum Ende des Reiches, Karlsruhe: C. F. Müller, 1968.

Hertel, Werner, Karl Theodor von Dalberg zwischen Reich und Rheinbund. Grundgedanken seiner Politik vom Regierungsantritt bis zur Gründung des Rheinbundes (1802–1806), Diss. Mainz, 1952 (Bayerische Staatsbibliothek München).

Hertling, Karl Freiherr von, Beitrag zur Geschichte des Fürsten-Primas Karl Freihr. von Dalberg, in: Historisches Jahrbuch, Bd. 16 (1895), S. 575–585.

Heut, Anton, Die Übernahme der Taxisschen Reichsposten in Bayern durch den Staat, München: Hugo Schmidt, 1925.

Heyl, Erwin v. (Hrsg.), Aus dem politischen Nachlasse des Herzogs von Dalberg, in: Vom Rhein, 2. Jg. (1903), S. 57–59 sowie 3. Jg. (1904), S. 45–47.

Hiltl, Franz Xaver, Die Geschichte der Säkularisation des Reichsstiftes Obermünster zu Regensburg. Eine Erinnerungsgabe zum 1100 jährigen Jubiläum der Gründung des Reichsstiftes Obermünster 833–1933, Regensburg: Verlag des Bischöflichen Knabenseminars Obermünster, 1933.

平島健司『EU は国家を超えられるか――政治統合のゆくえ』(岩波書店, 2004 年).

Historische Kommisson bei der Bayerischen Akademie der Wissenschaften (Hrsg.), Quellen zu den Reformen in den Rheinbundstaaten, Bd. 1: Regierungsakten des Großherzogtums Berg 1806–1813, bearbeitet von Klaus Rob, München: Oldenbourg, 1992.

Historische Kommisson bei der Bayerischen Akademie der Wissenschaften (Hrsg.), Quellen zu den Reformen in den Rheinbundstaaten, Bd. 2: Regierungsakten des Königreichs Westphalen 1807–1813, bearbeitet von Klaus Rob, München: Oldenbourg, 1992.

Historische Kommisson bei der Bayerischen Akademie der Wissenschaften (Hrsg.), Quellen zu den Reformen in den Rheinbundstaaten, Bd. 3: Regierungsakten des Primatialstaates und des Großherzogtums Frankfurt 1806–1813, bearbeitet von Klaus Rob, München: Oldenbourg, 1995.

Historische Kommisson bei der Bayerischen Akademie der Wissenschaften (Hrsg.), Quellen zu den Reformen in den Rheinbundstaaten, Bd. 4: Regierungsakten des Kurfürstentums und des Königreichs Bayern 1799–1816, bearbeitet von Maria Schimke, München: Oldenbourg, 1996.

ヒトラー, アドルフ(平野一郎/将積茂訳)『わが闘争(上) I 民族主義的世界観』第 33 刷(角川書店, 1994 年).

Hitler, Adolf, Mein Kampf. Eine kritische Edition. Bd. 1, München/Berlin: Institut für Zeitgeschichte, 2016.

Hoede, Roland, Carl Theodor von Dalberg—ein Freimaurer, in: Färber/Klose/Reidel (Hrsg.), Carl von Dalberg, S. 202 f.

Höfele, Bernhard, Deutsche Nationalhymnen. Geschichte—Melodien—Texte, Bonn: Books on Demand, 2006.

Hömig, Herbert, Carl Theodor von Dalberg. Staatsmann und Kirchenfürst im Schatten Napoleons, Paderborn: Ferdinand Schöningh, 2011.

Hömig, Klaus Dieter, Der Reichsdeputationshauptschluß vom 25. Februar 1803 und seine Bedeutung für Staat und Kirche unter besonderer Berücksichtigung württembergischer Verhältnisse, Tübingen: Mohr, 1969.

ホフマン，シュテファン＝ルートヴィヒ（山本秀行訳）『市民結社と民主主義 1750–1914』（岩波書店，2009年）．

Holenstein, André, Die Huldigung der Untertanen. Rechtskultur und Herrschaftsordnung (800–1800), Stuttgart/New York: Gustav Fischer, 1991.

ホーン，アリステア（大久保庸子訳）『ナポレオン時代――英雄は何を遺したか』（中央公論新社，2017年）．

Hubensteiner, Benno, Biographenwege. Lebensbilder aus dem alten Bayern, München: Süddeutscher Verlag, 1984.

Huber, Ernst Rudolf, Deutsche Verfassungsgeschichte seit 1789, Bd. 1: Reform und Restauration 1789 bis 1830, revidierter Nachdruck der 2. verbesserten Aufl., Stuttgart/Berlin/Köln: W. Kohlhammer, 1960.

Huber, Heinrich, Aus den Nachlaßakten des Fürstprimas Karl von Dalberg, Regensburg: Josef Kösel & Friedrich Pustet, 1926.

Huber, Heinrich, Der Übergang der Stadt Regensburg an Bayern im Jahre 1810, in: Zeitschrift für Bayerische Landesgeschichte, Bd. 4 (1931), S. 95–106.

Huber, Heinrich, Der Nachlaß des Fürstprimas Karl von Dalberg, in: Aschaffenburger Jahrbuch für Geschichte, Landeskunde und Kunst des Untermaingebietes, Bd. 2 (1959), S. 271–276.

Hübner, Wolfram, Die Carl-Anselm-Straße in Regensburg zwischen 1778 und 1817. Theorie und individuelle Erlebnis, in: Dallmeier/Heilmeier/Reidel (Hrsg.), Das Fürstentum Regensburg, S. 33–49.

池田利昭「ヴェストファーレン条約以降の帝国都市と帝国宮内法院――トーマス・ラウの業績から」，『愛知県立大学大学院国際文化研究科論集』第16巻（2015年），241–260頁．

池谷文夫『ドイツ中世後期の政治と政治思想――大空位時代から『金印勅書』の制定まで』（刀水書房，2000年）．

Illuminaten, in: Lennhoff et al., Internationales Freimaurerlexikon, S. 409–411.

イム・ホーフ，ウルリヒ（成瀬治訳）『啓蒙のヨーロッパ』（平凡社，1998年）．

石田勇治『20世紀ドイツ史』（白水社，2005年）．

伊藤宏二『ヴェストファーレン条約と神聖ローマ帝国――ドイツ帝国諸侯としてのスウェーデン』（九州大学出版会，2005年）．

岩崎周一「「共通の危機」が国家をつくる――近世ハプスブルク君主国における軍事と諸身分」，『一橋社会科学』第5号（2008年），169–212頁．

岩崎周一「近世ハプスブルク君主国における軍隊と兵士」，『京都産業大学論集（社会科学系列）』第30号（2013年），123–154頁．

岩崎周一「近世ハプスブルク君主国における軍事と地域社会」，『京都産業大学論集（社会科学系列）』第31号（2014年），201–230頁．

岩崎周一『ハプスブルク帝国』（講談社，2017年）．

井柳美紀『ディドロ――多様性の政治学』（創文社，2011年）．

Joseph II. und Graf Ludwig Cobenzl. Ihr Briefwechsel, hrsg. v. Adolf Beer und Joseph Ritter von Fiedler, Erster Band: 1780–1784, Wien: Buchhändler der Kais. Akademie der Wissenschaften, 1901.

Joseph II. und Graf Ludwig Cobenzl. Ihr Briefwechsel, hrsg. v. Adolf Beer und Joseph Ritter von Fiedler, Zweiter Band: 1785–1790, Wien: Buchhändler der Kais. Akademie der Wissenschaften, 1901.

Jubiläumsfestschrift des Karl-Theodor-von-Dalberg-Gymnasiums. 200 Jahre Schuledikt für das Fürstentum Aschaffenburg. 130 Jahre Kgl. Bayer. Höhere Weibliche Bildungsanstalt. 100 Jahre Bau in der Grünewaldstraße. 40 Jahre Karl-Theodor-von-Dalberg-Gymnasium, 2005.

Jürgens, Arnulf, Emmerich von Dalberg zwischen Deutschland und Frankreich. Seine politische Gestalt und Wirksamkeit 1803–1810, Stuttgart: Kohlhammer, 1976.

Jürgensmeier, Friedhelm, Das Bistum Mainz. Von der Römerzeit bis zum II. Vatikanischen Konzil, Framkfurt (M): Josef Knecht, 1988.

Jung, Wilhelm, Zur Entstehung des Grabmals des Mainzer Fürstprimas Carl von Dalberg (†10. Februar 1810) im Dom zu Regensburg, in: Mainzer Almanach, 1965, S. 194–203.

ユンケルマン，マルクス（辻伸浩訳）『ナポレオンとバイエルン』（銀河書籍，2016年）．

Kaisenberg, Moritz von, König Jerome Napoleon. Ein Zeit- und Lebensbild, Leipzig: Heinrich Schmidt & Carl Günther, 1899.

Kampmann, Christoph, „Der Leib des Römischen Reichs ist der Stände Eigentum und nicht des Kaisers“: Zur Entstehung der Kokurrenz zwischen Kaiserhof und Reichstag beim Achtverfahren, in: Sellert (Hrsg.), Reichshofrat und Reichskammergericht, S. 169–198.

笠原賢介『ドイツ啓蒙と非ヨーロッパ世界――クニッゲ，レッシング，ヘルダー』（未來社，2017年）．

勝田有恒／森征一／山内進編著『概説西洋法制史』（ミネルヴァ書房，2004年）．

Kaup, Wolfgang, Die Umbenennung der Großen Metzgergasse zu Aschaffenburg in Dalbergstraße, in: Spies (Hrsg.), Carl von Dalberg, S. 305–315.

Kessel, Katja, Die sprachliche Bedeutung der Reichsabschiede. Am Beispiel des Reichstags in Regensburg 1532, in: Unger, et al. (Hrsg.), Regensburg zur Zeit des Immerwährenden Reichstags, S. 33–45.

Kick, Karl G., Von der Armenpflege zur Sozialpolitik. Die Entwicklung des Fürsorgewesens im 19. Jahrhundert am Beispiel Regensburgs, Regensburg: Universitätsverlag Regensburg, 1995.

Kick, Karl, Soziale Fürsorge im Dalbergstaat, in: Dallmeier/Heilmeier/Reidel (Hrsg.), Das Fürstentum Regensburg, S. 71–75.

Kielmansegg, Peter Graf von, Stein und die Zentralverwaltung 1813/14, Stuttgart: Kohlhammer, 1964.

木村佐千子「ドイツ語圏の国歌について」，『獨協大学ドイツ学研究』第53号（2005年），1–37頁．

Kircheisen, Friedrich M. (Hrsg.), Fürstenbriefe an Napoleon I. Deutsche Fürsten und Fürstinnen, Stuttgart/Berlin: J. G. Cotta’sche Buchhandlung Nachfolger, 1929.

Kleinheyer, Gerd, Die kaiserlichen Wahlkapitulationen. Geschichte, Wesen und Funktion, Karlsruhe: C. F. Müller, 1968.

Klüpfel, Karl, Berthold Graf von Henneberg in: ADB, Bd. 2 (1875), S. 524–528.

Klueting, Harm, Dalbergs Großherzogtum Frankfurt—ein napoleonischer Modellstaat? Zu den rheinbündischen Reformen im Fürstentum Aschaffenburg und im Großherzogtum Frankfurt, in: Aschaffenburger Jahrbuch, Bd. 11/12 (1989), S. 359–380.

Knörzer, Guido, Ein aufgeklärter Seelsorger zu Beginn des 19. Jahrhunderts. Bemerkungen zu einem Brief Carl von Dalbergs an seinen Klerus, in: Spies (Hrsg.), Carl von Dalberg, S. 105–119.

Koenig-Warthausen, Gabriele Freiin von, Friedrich Graf von Stadion. Kurmainzischer Minister, Diplomat und Aufkläler, Begründer des Warthauser Musenhofes 1691–1768, in: Max Miller/Robert Uhland (Hrsg.), Lebensbilder aus Schwaben und Franken, Stuttgart:

Kohlhammer, 1962, S. 113–136.
Koeppel, Ferdinand, Dalberg und die Säkularisation des Bistums Konstanz, in: Zeitschrift für die Geschichte des Oberrheins, Bd. 102 (1954), S. 407–413.
河野淳「エリートがつくる・つなぐ近世政治——16世紀後半のハプスブルク宮廷における顧問(Rat)の役割について」，森原隆編『ヨーロッパ・エリート支配と政治文化』，43–58頁.
河野淳『ハプスブルクとオスマン帝国——歴史を変えた〈政治〉の発明』(講談社，2010年).
河野健二編『資料フランス革命』(岩波書店，1989年).
今野元編訳『少年期ヴェーバー　古代・中世史論』(岩波書店，2009年).
今野元『教皇ベネディクトゥス一六世——「キリスト教的ヨーロッパ」の逆襲』(東京大学出版会，2015年).
今野元「戦後ドイツ連邦制の誕生——戦勝国とドイツとの相克の視角から」，権左武志編『ドイツ連邦主義の崩壊と再建』(岩波書店，2015年)，249–267頁.
Kopelew, Lew, Zunächst war Waffenbruderschaft, in: Mechthild Keller (Hrsg.), Russen und Rußland aus deutscher Sicht. 19. Jahrhundert: Von der Jahrhundertwende bis zur Reichsgründung (1800–1871), München: Wilhelm Fink, 1992, S. 11–80.
Koppen, Wilhelm, Deutsche gegen Deutschland. Geschichte des Rheinbundes, Hamburg: Hanseatische Verlagsanstalt, 1936.
コゼレック，ラインハルト(村上隆夫訳)『批判と危機——市民的世界の病因論のための一研究』第2刷(未來社，2017年).
Kotulla, Michael, Einführung in die deutsche Verfassungsgeschichte. Vom alten Reich bis Weimar 1495–1934, Berlin/Heidelberg: Springer, 2008.
Krämer, August, Carl Theodor Reichs-Freyherr von Dalberg, Fürst-Primas und Erzbischof. Eine dankbare Rückerinnerung bey Höchstdessen 73. Geburtstage für seine Freunde und Verehrer, Regensburg: Rotermundt, 1817.
Krämer, August, Carl Theodor Reichsfreyherr von Dalberg, vormaliger Großherzog von Frankfurt, Fürst-Primas und Erzbischof: Eine dankbare Rückerinnerung in sein wohlthätiges Leben, und eine Blume auf sein Grab, 2. um das Dreyfache vermehrte, u. mit 4 Kupfern verzierte Aufl., Regensburg: Rotermundt, 1817.
Krämer, August, Carl Theodor, Reichsfreiherr von Dalberg, letzter Churfürst von Mainz und Churerzkanzler des deutschen Reichs, Primas von Deutschland, Erzbischof und Fürst zu Regensburg, Fürstbischof von Constanz, später Fürst-Primas der rheinischen Conföderation, und Großherzog von Frankfurt. Grundzüge zu einer Geschichte seines politischen Lebens, Leipzig: Brockhaus, 1821.
Kramer, K.-S., Mahl und Trunk, in: HRG 3, Sp. 154–156.
Krammer, Mario, Das Kurfürstenkolleg von seinen Anfängen bis zum Zusammenschluß im Renser Kurverein des Jahres 1338, Weimar: Hermann Böhlaus Nachfolger, 1913.
Kraus, Hans-Christof, Leopold von Gerlach - ein Rußlandanwalt, in: Mechthild Keller (Hrsg.), Russen und Rußland aus deutscher Sicht. 19. Jahrhundert: Von der Jahrhundertwende bis zur Reichsgründung (1800–1871), München: Wilhelm Fink, 1992, S. 636–661.
Kraus, Hans-Christof, Das Ende des alten Deutschland. Krise und Auflösung des Heiligen Römischen Reiches Deutscher Nation 1806, Berlin: Duncker & Humblot, 2006.
Kretschmayr, Heinrich, Das deutsche Reichsvicekanzleramt, in: Archiv für Österreichische Geschichte, Bd. 84 (1898), S. 381–501.
Kroemer, Ekkehard, Die staatsrechtlichen Grundgedanken Karl von Dalbergs, Diss. Köln, 1958.
Krüger, Karin-Jutta, Karl Friedrich Willibald von Groschlag (1729–1799). Ein Beitrag zur Kurmainzer Politik und zur Aufklärung im Rhein-Main-Gebiet, Diss. Universität

München, Köln 1970.
Kühne, Ulrich, Geschichte der böhmischen Kur in den Jahrhunderten nach der Goldenen Bulle, in: Archiv für Urkundenforschung, Bd. 10 (1928), S. 1–110.
熊谷英人『フランス革命という鏡――19 世紀ドイツ歴史主義の時代』(白水社, 2015 年).
Kurmainzischer Hof- und Staats-Kalender. Auf das Jahr 1784. Mit einem Verzeichniß des erzhohen Domkapitels, auch aller zum kurf. Hof- und Kurstaate gehörigen Stellen und Aemter, Mainz: St. Rochus Hospitals-Buchdr., 1784.
Lammers, W., Reichsvikariat, in: HRG 4, Sp. 807–810.
Lanzinner, Maximilian, Facetten des periodischen Reichstags in Regensburg, in: Unger, et al. (Hrsg.), Regensburg zur Zeit des Immerwährenden Reichstags, S. 47–61.
Lauchert, Jakob, Josepf Ludwig Colmar, in: ADB, Bd. 47 (1903), S. 505–507.
Laufs, Adolf, Erzämter, in: HRG 1, Sp. 1011–1015.
Laufs, Adolf, Goldene Bulle, in: HRG 1, Sp. 1739–1746.
Latzke, Irmgard, Hofamt, Erzamt und Erbamt im mittelalterlichen deutschen Reich, Diss. Frankfurt (M), 1970.
Lenhart, Ludwig, Carl Theodor Anton Maria von Dalberg, NDB, Bd. 3 (1957), S. 489 f.
Lennhof, Eugen/Posner, Oskar/Binder, Dieter A., Internationales Freimaurerlexikon, Wien: Amalthea Verl., 1932, (5. überarbeitete und erweiterte Aufl., München: F. A. Herbig, 2006).
Leonhard, K[arl] C[äser] von, Aus unserer Zeit in meinem Leben, Bd. 1, Stuttgart: Schweizerbart, 1854.
Leser, Emanuel, Felix Anton Blau, in: ADB, Bd. 2 (1875), S. 699 f.
Leser, Emanuel, Anton Joseph Dorsch, in: ADB, Bd. 5 (1877), S. 361–363.
Leser, Emanuel, Friedrich Carl Freiherr von Groschlag zu Dieburg, in: ADB, Bd. 9 (1879), S. 741 f.
Lucchesini, Girolamo Marchese di, Historische Entwickelung der Ursachen und Wirkungen des Rheinbundes, Teil 1/Teil 2 (Bd. 1/Bd. 2), Leipzig: F. A. Brockhaus, 1821/1822/1825.
Ludscheid, Michael (Hrsg.), Aufklärung in der Dalbergzeit. Literatur, Medien und Diskurse in Erfurt im späten 18. Jahrhundert, Erfurt: Ulenspiegel, 2006.
Luttenberger, Albrecht P., Karl Theodor von Dalberg, das Reich und der Rheinbund, in: Schmid/Unger (Hrsg.), 1803—Wende in Europas Mitte, S. 53–79.
マホフスキー, エクハルト(倉田稔監修/松本利香訳)『革命家皇帝ヨーゼフ二世――ハプスブルク帝国の啓蒙君主 1741–1790』(藤原書店, 2011 年).
Maier, Hans, Ältere deutsche Staatslehre und westliche politische Tradition, Töbingen: Mohr, 1966.
マルロー, アンドレ編(小宮正弘訳)『ナポレオン自伝』(朝日新聞社, 2004 年).
Masson, Frédéric, Le Sacre et le couronnement de Napoléon, préface de Jean Tulard, Paris: Jules Tallandier, 1978.
Mathy, Helmut, Über das Mainzer Erzkanzleramt in der Neuzeit. Stand und Aufgaben der Forschung, in: Geschichtliche Landeskunde (Universität Mainz), Bd. 2 (1965), S. 109–149.
松本彰『記念碑に刻まれたドイツ――戦争・革命・統一』(東京大学出版会, 2012 年).
松本尚子「「ポリツァイブレッター」と「官房通信」――ライン同盟公法論における行政(法)専門誌の役割」,『北大法学論集』第 50 巻第 1 号(1999 年), 1–48 頁.
松本尚子『ホイマン『ドイツ・ポリツァイ法事始』と近世末期ドイツの諸国家学』(有斐閣, 2016 年).
May, Georg, Der Erzbischof von Mainz als Primas, in: Archiv für katholisches Kirchenrecht,

Bd. 164/1 (1995), S. 76–122.
May, Georg, Der Erzbischof von Mainz als Primas, in: Hartmann (Hrsg.), Der Mainzer Kurfürst als Reichserzkanzler, S. 35–76.
Meier, Uwe, Philipp Palm, in: NDB. Bd. 20 (2001), Berlin, S. 20–21.
Meisner, Joachim, Nachreformatorische katholische Frömmigkeit in Erfurt, Leipzig: St. Benno, 1971.
Mejer, Otto, Franz Josef Albini, in: ADB, Bd. 1, 1875, S. 220 f.
Menzel, Gerhard, Franz Josef von Albini 1748–1815. Ein Staatsmann des alten Reiches. Zu Wandel und Fortleben der Reichstradition bei der Neugestaltung Deutschlands 1787–1815, in: Mainzer Zeitschrift, Bd. 69 (1974), S. 1–126.
Metternich-Winneburg, Clemens Wenzel Fürst von, Aus Metternich's nachgelassenen Papieren. Herausgegeben von dem Sohn des Staatskanzlers Fürsten Richard Metternich-Winneburg. Erster Theil: Von der Geburt Metternich's bis zum Wiener Congreß 1773–1815, 1. Band, Wien: Wilhelm Braumüller, 1880.
メッテルニヒ，クレメンス・W.(安斎和雄監訳・安藤俊次／貴田晃／菅原猛訳)『メッテルニヒの回想録』(恒文社，1994 年).
皆川卓『等族制国家から国家連合へ――近世ドイツ国家の設計図「シュヴァーベン同盟」』(創文社，2005 年).
皆川卓「「ならず者」の騎士はどのようにして秩序に取り込まれたか――『等族制国家から国家連合へ――近世ドイツ国家の設計図「シュヴァーベン同盟」』刊行に当たって」，『創文』第 478 号(2005 年)，17-20 頁.
皆川卓「前近代ドイツにおける「地域的アイデンティティ」の可能性――中世後期・近世初期のシュヴァーベンを例に」，『史觀』第 154 号(2006 年)，60-80 頁.
皆川卓「神聖ローマ帝国は連邦国家か」，『創文』第 518 号(2009 年)，6-9 頁.
皆川卓「新ストア主義はエリートの「紀律化」に貢献したか――バイエルン公マクシミリアン 1 世の枢密評議会を例に」，森原隆編『ヨーロッパ・エリート支配と政治文化』，242-259 頁.
皆川卓「読書案内：近世神聖ローマ帝国の国制」，『歴史と地理(世界史の研究)』第 244 号(2015 年)，41-44 頁.
Mirbt, Carl (Hrsg.), Quellen zur Geschichte des Papsttums und des römischen Katholizismus, 4. verbesserte und wesentlich vermehrte Aufl., Tübingen: Mohr, 1924.
三佐川亮宏『ドイツ史の始まり――中世ローマ帝国とドイツ人のエトノス生成』(創文社，2013 年).
三佐川亮宏『ドイツ――その起源と前史』(創文社，2016 年).
Mitteis, Heinrich, Die deutsche Königswahl und ihre Rechtsgrundlagen bis zur goldenen Bulle, Brünn: Rudolf M. Rohrer, 1938.
ミッタイス，ハインリッヒ(リーベリッヒ，ハインツ改訂)『ドイツ法制史概説』改訂版・第 2 刷(創文社，1974 年).
Möller, Horst, Primat der Außenpolitik: Preußen und die Französische Revolution 1789–1795, in: Voss (Hrsg.), Deutschland und die Französische Revolution, S. 65–81.
Möller, Horst, Vernunft und Kritik. Deutsche Aufklärung im 17. und 18. Jahrhundert, Frankfurt (M): Suhrkamp, 1986.
Möller, Horst, Fürstenstaat oder Bürgerwelt. Deutschland 1763–1815, vollständige Taschenbuchausgabe, Berlin 1998.
メーザー，ユストゥス(肥前榮一／山崎彰／原田哲史／柴田英樹訳)『郷土愛の夢』(京都大学学術出版会，2009 年).
Mohnhaupt, Heinz, Johann Stephan Pütter (1725–1807), in: Michael Stolleis (Hrsg.), Juristen.

Ein biographisches Lexikon. Von der Antike bis zum 20. Jahrhundert, München: Beck, 2001, S. 518–520.
Mommsen, Wilhelm, Die politischen Anschauungen Goethes, Stuttgart 1948.
Montgelas, Maximilian Graf von, Denkwürdigkeiten des bayerischen Staatsministers Maximilian Grafen von Montgelas. (1799–1817.) im Auszug aus dem französischen Original übersetzt von Max Freiherrn von Freytag-Eisenberg und herausgegeben von Ludwig Grafen von Montgelas, Stuttgart: Cotta, 1887.
Moraw, Peter, Von offener Verfassung zu gestalteter Verdichtung. Das Reich im späten Mittelalter 1250 bis 1490 (Propyläen Studienausgabe), Frankfurt (M)/Berlin: Ullstein, 1989.
Moraw, Peter/Aretin Otmar Freiherr von/Hammerstein, Notkar/Fehrenbach Elisabeth, Reich, in: Geschichtliche Grundbegriffe. Historisches Lexikon zur politisch-sozialen Sprache in Deutschland, Bd. 5, 1. Aufl. der Studienausgabe mit beigefügten Korrigenda, Stuttgart: Klett-Cotta, 2004, S. 423–508.
森原隆編『ヨーロッパ・エリート支配と政治文化』(成文堂，2010 年).
森田安一「ドイツ「連邦制」の淵源――皆川卓『等族制国家から国家連合へ――近世ドイツ国家の設計図「シュヴァーベン同盟」』を読んで」，『創文』第 481 号(2005 年)，21–24 頁.
Moser, Friedrich Carl von, Von dem Deutschen Nationalgeist, o. O. 1766 (Reprint: Selb: Nomot, 1976).
求馬久美子「Das Reich—Friedensgarantie und europaisches Gleichgewicht 1648–1806/K. O. v. Aretin(1986)」，『北大史学』第 34 巻(1994 年)，44–52 頁.
求馬久美子「1681/82 年「帝国軍制」について――17 世紀後半のドイツにおける帝国防衛体制」，『西洋史論集』第 1 巻(1998 年)，34–59 頁.
Müller, Heinrich, Der letzte Kampf der Reichsritterschaft um ihre Selbständigkeit (1790–1815), Berlin (Lübeck): Matthiesen, 1910 (Vaduz: Kraus Reprint, 1965).
Müller, Jürgen, Der deutsche Bund 1815–1866, München: Oldenbourg, 2006.
Müller-Mertens, Eckhard, Regnum Teutonicum. Aufkommen und Verbreitung der deutschen Reichs- und Königsauffassung im früheren Mittelalter, Wien/Köln/Graz: Herman Böhlaus Nachfolger, 1970.
Münkler, Herfried, Die Deutschen und ihre Mythen, Berlin: Rowohlt, 2009.
村上淳一「「良き旧き法」と帝国国制」，『法學協會雜誌』第 90 巻第 10 号(1973 年)，1–48(1241–1288)頁，同第 11 号(1973 年)，25–74(1409–1458)頁，第 91 巻第 2 号(1974 年)，1–44(209–252)頁.
村上淳一「国家の概念史における帝国と領邦」，吉岡昭彦／成瀬治編『近代国家形成の諸問題』(木鐸社，1979 年)，127–153 頁.
村上淳一「ナショナリズムとフェデラリズム――ドイツ人の近代」，『國家學會雜誌』第 100 巻第 5・6 号(1987 年)，112–178(484–550)頁.
永田諒一『ドイツ近世の社会と教会――宗教改革と信仰派対立の時代』(ミネルヴァ書房，2000 年).
中村義孝編訳『フランス憲法史集成』(法律文化社，2003 年).
成瀬治「プロイセン絶対王政成立期における官僚制の性格――Rekrutenkasse の問題を中心に」，柴田三千雄／成瀬治編『近代史における政治と思想』(山川出版社，1977 年)，1–54 頁.
成瀬治「「近代国家」の形成をめぐる諸問題――「等族制」から「絶対制」への移行を中心として」，吉岡昭彦／成瀬治編『近代国家形成の諸問題』(木鐸社，1979 年)，3–60 頁.
成瀬治「村上報告へのコメント」，吉岡昭彦／成瀬治編『近代国家形成の諸問題』(木鐸社，1979 年)，155–182 頁.
成瀬治『ルターと宗教改革』(誠文堂新光社，1980 年).

成瀬治「「三月前期」における代議制の性格」，世良晃志郎編『ヨーロッパ身分制社会の歴史と構造』(創文社，1987年)，247–278頁.
成瀬治『絶対主義国家と身分制社会』(山川出版社，1988年).
成瀬治『伝統と啓蒙——近世ドイツの思想と宗教』(法政大学出版局，1988年).
成瀬治／山田欣吾／木村靖二編『ドイツ史Ⅱ』(山川出版社，1996年).
成瀬治／山田欣吾／木村靖二編『ドイツ史Ⅰ』第2刷(山川出版社，2002年).
Nasemann, Hans David Ludwig York, in: ADB, Bd. 44 (1898), S. 594–606.
Neugebauer-Wölk, Monika, Reichsjustiz und Aufklärung. Das Reichskammergericht im Netzwerk der Illuminaten, Wetzlar: Gesellschaft für Reichskammergerichtsforschung, 1993.
Neusser, G., Fürstenbund, in: HRG 1, Sp. 1356–1357.
Néve, Paul L., Die Lütticher Revolution von 1789 vor dem Reichskammergericht, Wetzlar: Gesellschaft für Reichskammergerichtsforschung, 1990.
二宮宏之『二宮宏之著作集3　ソシアビリテと権力の社会史』(岩波書店，2011年).
Nipperdey, Thomas, Deutsche Geschichte 1800–1866. Bürgerwelt und starker Staat, 46.-51. Tausend, München: C. H. Beck, 1994.
西川洋一「12世紀ドイツ帝国国制に関する一試論——フリードリヒ1世・バルバロッサの政策を中心として」，『國家學會雜誌』第94巻第5・6号(1981年)，1–63(309–371)頁，第95巻第1・2号(1982年)，1–58(1–58)頁，同第9・10号(1982年)，61–100(585–624)頁，同第11・12号(1982年)，48–92(684–728)頁.
Nolte, Ernst, Die Deutschen und Ihre Vergangenheiten. Erinnerung und Vergessen von der Reichsgründung Bismarcks bis heute, Berlin/Frankfurt (M): Propyläen, 1995.
野村春美「ダールベルクと神聖ローマ帝国」，『聖心女子大学大学院論集』第26巻第1号(2004年)，37–62頁.
Oberhammer, Evelin, Johann I. Fürst von und zu Liechtenstein, in: NDB, Bd. 14 (1985), S. 519 f.
Oberthür, Franz, Drey Reden bey verschiedenen Veranlassungen zu Würzburg gehalten, Erlangen: Palm, 1797.
踊共二／山本文彦「近世の神聖ローマ帝国と領邦国家」，木村靖二／千葉敏之／西山暁義編『ドイツ史研究入門』(山川出版社，2014年)，65–110頁.
Oellers, Norbert, Johann Christoph Friedrich von Schiller, in: NDB, Bd. 22, Berlin, 2005, S. 759–763.
エーストライヒ，ゲルハルト「帝国国制とヨーロッパ諸国家体系」，ハルトゥング他『伝統社会と近代国家』，203–231頁.
エストライヒ，ゲルハルト(阪口修平／千葉徳夫／山内進編訳)『近代国家の覚醒——新ストア主義・身分制・ポリツァイ』(創文社，1993年).
Overhoff, Jürgen, Ein Kaiser für Amerika, in: Zeit, Nr. 45, 31. Oktober 2012, S. 20.
Paulus, Helmut-Eberhard, Die Kriegszerstörungen von 1809 und ihre städtebaulichen Konsequenzen für Regensburg, in: Dallmeier/Heilmeier/Reidel (Hrsg.), Das Fürstentum Regensburg, S. 83–98.
Perthes, Clemens Theodor, Politische Zustände und Personen in Deutschland zur Zeit der französischen Herrschaft, (Bd. 1:) Das südliche und westliche Deutschland, 2., unveränderte Auflage, Gotha: Friedrich Andreas Perthes, 1862.
Petersdorff, Hermann von, Johann Friedrich Freiherr vom und zum Stein, in: ADB, Bd. 35, Leipzig: Duncker & Humblot, 1893, S. 642–645.
Petersohn, Jürgen, Rom und der Reichstitel „Sacrum Romanum Imperium“, Stuttgart: Franz Steiner, 1994.

Pollnick, Carsten, Dalberg und Aschaffenburg—eine chronologische Übersicht, in: Spies (Hrsg.), Carl von Dalberg, S. 140–162.
ポーター，ロイ（見市雅俊訳）『啓蒙主義』（岩波書店，2004年）.
Prantl, Carl von, Friedrich Heinrich Ritter von Jacobi, in: ADB, Bd. 13 (1881), S. 577–584.
Press, Volker, Friedrich der Grosse als Reichspolitiker, in: Duchhardt (Hrsg.), Friedrich der Grosse, Franken und das Reich, S. 25–56.
Press, Volker, Zwischen Kurmainz, Kursachsen und dem Kaiser. Von städtischer Autonomie zur Erfurter Reduktion 1664, in: Weiß (Hrsg.), Erfurt, S. 385–402.
Press, Volker, Kurmainz und die Reichsritterschaft, in: Ders., Adel im Alten Reich. Gesammelte Vorträge und Aufsätze, Tübingen: bibliotheca academica Verl., 1998, S. 265–279.
Probst, Erwin, Carl Theodor von Dalberg und das „Fürstentum Regensburg“. Zum Todestag des Kurerzkanzlers und Fürstprimas vor einhundertfünfzig Jahren, in: Schönere Heimat, 56.-59. Jg. (1967–1970), S. 27–31.
Pütter, Johann Stephan, Selbstbiographie. Mit einer Einleitung herausgegeben von Arno Buschmann, 2 Bde., Göttingen 1798 (Nachdruck: Hildesheim, 2012).
Raab, Heribert, Karl Hieronymus Karl Freiherr von Kolborn, in: NDB, Bd. 12 (1979), S.456 f.
Raab, Heribert, Aus dem Briefwechsel des Aschaffenburger Weihbischofs Joseph Hieronymus Karl von Kolbern mit dem Konstanzer Generalvikars Ignaz Heinrich von Wessenberg, in: Aschaffenburger Jahrbuch für Geschichte, Landeskunde und Kunst des Untermaingebietes, Bd. 2 (1959), S. 98–133.
Raab, Heribert, Karl Theodor Anton Maria Frhr. v. Dalberg, in: Lexikon für Theologie und Kirche, Bd. 3, 2., völlig neu bearb. Aufl., Freiburg (Breisgau): Herder, 1959, Sp. 125 f.
Raab, Heribert, Karl Theodor von Dalberg. Das Ende der Reichskirche und das Ringen um den Wiederaufbau des kirchlichen Lebens 1803–1815, in: Archiv für mittelrheinische Kirchengeschichte, 18. Jg. (1966), S. 27–39.
Ranke, Leopold von, Die deutschen Mächte und der Fürstenbund. Deutsche Geschichte von 1780 bis 1790, 2 Bde., Leipzig: Duncker & Humblot, 1871/1872.
Rauch, Georg von, Michael Andreas Fürst Barclay de Tolly, in: NDB, Bd. 1 (1953), S. 583.
Rauch, Günter, Das Mainzer Domkapitel in der Neuzeit. Zu Verfassung und Selbstverständnis einer adligen geistlichen Gemeinschaft (Mit einer Liste der Domprälaten seit 1500), in: Zeitschrift der Savigny-Stiftung für Rechtsgeschichte, Kanonistische Abteilung, Bd. 92 (1975), S. 161–227.
Reden-Dohna, Armgard (Hrsg.), Deutschland und Italien im Zeitalter Napoleons. Deutsch-Italienisches Historikertreffen in Mainz 29. Mai bis 1. Juni 1975, Wiesbaden: Franz Steiner, 1979.
Rehbach, Bernd, Der Entwurf eines Kriminalgesetzbuches von Karl Theodor von Dalberg aus dem Jahre 1792, Berlin-West: Duncker & Humblot, 1986.
Das Reichskammergerichtsmuseum Wetzlar, hrsg. von der Gesellschaft für Reichskammergerichtsforschung e. V., 2., erweiterte Aufl., 1997.
Reidel, Hermann, Das Grabdenkmal Dalbergs im Regensburger Dom, in: Hausberger (Hrsg.), Carl von Dalberg, S. 117–136.
Reidel, Hermann, Die Bauten des Stadt- und Landbaumeisters Emanuel von Herigoyen, in: Dallmeier/Heilmeier/Reidel (Hrsg.), Das Fürstentum Regensburg, S. 60–70.
Reinalter, Helmut, Einwirkungen der Französischen Revolution auf die Politik in Wien, in: Voss (Hrsg.), Deutschland und die Französische Revolution, S. 49–64.
Reinalter, Helmut (Hrsg.), Joseph von Sonnenfels, Wien: Verlag der Österreichischen Akademie der Wissenschaften, 1988.

Reinalter, Helmut, Joseph von Sonnenfels. Leben und Werk in Grundzügen, in: Ders. (Hrsg.), Joseph von Sonnenfels, S. 1–9.

Reinalter, Helmut, Am Hofe Josephs II., Leipzig: Edition Leipzig, 1991.

Reinalter, Helmut, Joseph II. Reformer auf dem Kaiserthron, München: Beck, 2011.

Reinhard, Ewald, Karl Theodor von Dalberg am Bodensee, in: Das Bodenseebuch, Bd. 20 (1933), S. 29–32.

Reinhard, Ewald, Dalberg und Wessenberg, in: Das Bodenseebuch, Bd. 24 (1937), S. 37–42.

Reinhard, Ewald, Karl von Dalberg als Schriftsteller, in: Historisches Jahrbuch, Bd. 58 (1938), S. 440–462.

Reinhardt, Rudolf, Fürstprimas Karl Theodor von Dalberg (1744 bis 1817) im Lichte der neueren Forschung, in: Theologische Quartalschrift, Bd. 144 (1964), S. 257–275.

Reinhardt, Rudolf, Karl Theodor Anton Maria von Dalberg, 1800–1817, in: Helvetia Sacra, Abteilung 1, Bd. 2: Erzbistümer und Bistümer II, 1. Teil, Basel/Frankfurt (M): Helbig/Lichtenhahn, 1993, S. 464–478.

Reinhardt, Rudolf, Zur Schulpolitik Karl Theodor von Dalbergs. Zugleich ein Beitrag zu seiner Bibliographie, in: Rottenburger Jahrbuch für Kirchengeschichte, Bd. 12 (1993), S. 169–173.

Reinhardt, Rudolf, Carl Theodor von Dalberg, in: Deutsche biographische Enzyklopädie, Bd. 2, München: K. G. Sauer, 1995, S. 432 f.

Reuter, Fritz/Teutsch, Friedrich, Die Kämmerer von Worms, genannt von Dalberg, in: Färber/Klose/Reidel (Hrsg.), Carl von Dalberg, S. 12–14.

Reuter, Fritz, Die Dalberg in Worms und in Herrnsheim, in: Spies (Hrsg.), Carl von Dalberg, S. 263–279.

Reuter-Pettenberg, Helga, Bedeutungswandel der Römischen Königskrönung in der Neuzeit, Diss. Köln, 1963.

Rob, Klaus, Karl Theodor von Dalberg (1744–1817). Eine politische Biographie für die Jahre 1744–1806, Frankfurt (M): Peter Lang, 1984.

Rößler, Hellmuth, Österreichs Kampf um Deutschlands Befreiung. Die deutsche Politik der nationalen Führer Österreichs 1805–1815, 2 Bde., Hamburg: Hanseatische Verlagsanstalt, 1940.

Rößler, Hellmuth, Napoleons Griff nach der Karlskrone. Das Ende des alten Reiches 1806, München: Oldenbourg, 1957.

Rovigo, Herzog von, Ueber die Hinrichtung des Herzogs von Enghien, Leipzig: Wilhelm Zirges, 1824.

Rübsam, Josef, Karl Anselm Fürst von Taxis, in: ADB, Bd. 37 (1894), S. 504–507.

Rumpler, Helmut, Österreichische Geschichte 1804–1914. Eine Chance für Mitteleuropa. Bürgerliche Emanzipation und Staatsverfall in der Habsburgermonarchie, Wien: Ueberreuter, 1997.

Ruthmann, Bernhard, Das richterliche Personal am Reichskammergericht und seine politischen Verbindungen um 1600, in: Sellert (Hrsg.), Reichshofrat und Reichskammergericht, S. 1–26.

坂井栄八郎『ゲーテとその時代』(朝日新聞社，1996 年).

坂井榮八郎『ドイツ近代史研究——啓蒙絶対主義から近代的官僚国家へ』(山川出版社，1998 年).

坂井榮八郎『ユストゥス・メーザーの世界』(刀水書房，2004 年).

Sch., Johann I. Fürst von und zu Liechtenstein, in: ADB, Bd. 18 (1883), S. 610–614.

Scheel, Heinrich (Hrsg.), Die Mainzer Republik. Bd. 1: Protokolle des Jakobinerklubs, 2.,

durchgesehene und ergänzte Auflage, Berlin-Ost: Akademie-Verlag, 1984.
Scheel, Heinrich (Hrsg.), Die Mainzer Republik. Bd. 2: Protokolle des Rheinisch-deutschen Nationalkonvents mit Quellen zu seiner Vorgeschichte, Berlin-Ost: Akademie-Verlag, 1981.
Scheel, Heinrich (Hrsg.), Die Mainzer Republik. Bd. 3: Die erste bürgerlich-demokratische Republik auf deutschem Boden, Berlin-Ost: Akademie-Verlag, 1989.
Schembs, Hans-Otto, Kaiserkrönungen im historischen Frankfurt, Velbert-Neviges: BeRing-Verl., 1987.
Scheppler, Paul R., Dalbergs Privatkorrespondenz und das Archiv des Kurstaates, in: Spessart, Jg. 14 (1928), Heft 12, S. 10–12.
Scherer, Wilhelm, Karl v. Dalbergs religiöse Entwicklung, in: Sechs Vorträge von der Generalversammlung der Görresgesellschaft zu Regensburg, Köln: J. P. Bachem, 1909, S. 65–83.
Scherer, Wolfgang, Zum Gedächtnis Karl von Dalbergs an seinem 100. Geburtstage, in: Verhandlungen des Historischen Vereins für Oberpfalz und Regensburg, Bd. 67 (1917), S. 109–129.
Scherg, Theodor Jos., Das Schulwesen unter Karl Theodor von Dalberg, 1. Teil, München: Herold-Verl., 1939.
Schiffer, Theodor, Bonifatius, in: NDB, Bd. 2, Berlin-West, 1955, S. 444–446.
Schiller, Friedrich/Goethe, Johann Wolfgang von, Ihre Briefe sind meine einzige Unterhaltung. Briefwechsel in den Jahren 1794 bis 1805, hrsg. v. Manfred Beertz, 2 Bde., München: Carl Hanser, 1990.
Schlaich, Wolfgang, Das Ende der Regensburger Reichsstifte St. Emmeram, Ober- und Niedermünster, in: Verhandlungen des Historischen Vereins für Oberpfalz und Regensburg, Bd. 97 (1956), S. 163–376.
Schlesinger, Walter, Die Entstehung der Nationen. Gedanken zu einem Forschungsprogramm, in: Beumann/Schröder (Hrsg.), Nationes, Bd. 1, S. 11–62.
Schmid, Alois, Regensburg. Reichsstadt—Fürstbischof—Reichsstifte—Herzogshof, München: Kommission für Bayerische Landesgeschichte, 1995.
Schmid, Peter/Unger, Klemens (Hrsg.), 1803—Wende in Europas Mitte. Vom feudalen zum bügerlichen Zeitalter. Begleitband zur Ausstellung im Historischen Museum Regensburg 29. Mai bis 24. August 2003, Regensburg: Schnell & Steiner, 2003.
Schmidbauer, Irmengard, Die Vermögenssäkularisation der Regensburger Reichsstifte St. Emmeram, Nieder- und Obermünster nach 1803, in: Regensburger Almanach 1990, S. 64–73.
Schmidt, Georg, Geschichte des alten Reiches. Staat und Nation in der Frühen Neuzeit 1495–1806, München: Beck, 1999.
Schmidt, Hartmut, Der Rechtspraktikant Goethe, Wetzlar: Gesellschaft für Reichskammergerichtsforschung, 1993.
Schmidt, Peter, Marschall, in: HRG 3, Sp. 348–353.
Schmitt, Franz Anselm, Karl Christian Ernst Freiherr von, Graf von (seit 1790) Ben(t)zel-Sternau, in: NDB, Bd. 2 (1955), S. 59 f.
Schneider, Reinhard, Der Dalberger Hof in Mainz und sein Architekt Caspar Herwartel 1675–1720, Worms: Wernersche Verlagsgesellschaft, 1986.
Schneidmüller, B., Salbung, in: HRG 4, Sp. 1268–1273.
Schoeps, Julius H. (Hrsg.), Preußen. Geschichte eines Mythos, Berlin: be.bra-Verl., 2000.
Schomann, Heinz, Kaiserkrönung. Wahl und Krönung in Frankfurt nach den Bildern der Fest-

bücher, Dortmund: Harenberg, 1982.
Schramm, Percy Ernst, Die Krönung in Deutschland bis zum Beginn des Salischen Hauses (1028), in: Zeitschrift der Savigny-Stiftung für Rechtsgeschichte, Kanonische Abteilung, Bd. 55 (1935), S. 184–232.
Schroeder, Klaus-Peter, Die Nürnberger Reichskleinodien in Wien. Ein Beitrag zur, großdeutschen' Rechts- und Zeitgeschichte, in: Zeitschrift der Savigny-Stiftung für Rechtsgeschichte, Germanische Abteilung, Bd. 108 (1991), S. 323–346.
Schubert, Ernst, König und Reich. Studien zur spätmittelalterlichen deutschen Verfassungsgeschichte, Göttingen: Vandenhoeck & Ruprecht, 1979.
Schuck, Gerhard, Rheinbundpatriotismus und politische Öffentlichkeit zwischen Aufklärung und Frühliberalismus. Kontinuitätsdenken und Diskontinuitätserfahrung in den Staatsrechts- und Verfassungsdebatten der Rheinbundpublizistik, Stuttgart: Franz Steiner, 1994.
シュック，ゲルハルト(屋敷二郎訳)「ライン同盟規約と近代ドイツ立憲主義の端緒」，『一橋法学』第3巻第2号(2004年)，483–498頁.
Schütz, Alois, Ludwig [der Bayer], in: NDB, Bd. 15 (1987), S. 334–347.
Schütz, Dieter, Die Beteiligten an der Kaiserwahl nach dem Sachsenspiegel, in: Juristische Arbeitsblätter 1993, S. 203–211.
Schütz, Friedrich, Dalbergs „Lehrjahre" in Mainz, in: Färber/Klose/Reidel (Hrsg.), Carl von Dalberg, S. 38–40.
Schulte, Alois, Die Kaiser- und Königskrönungen zu Aachen, Bonn/Leipzig: Kurt Schroeder, 1924.
Schulte, von, Heinrich Freiherr von Wessenberg, in: ADB, Bd. 42 (1897), S. 147–157.
シュルツェ，ハンス・K.(五十嵐修／浅野啓子／小倉欣一／佐久間弘展訳)『西欧中世史事典II——皇帝と帝国』(ミネルヴァ書房，2005年).
Schwaiger, Georg, Die altbayerischen Bistümer Freising, Passau und Regensburg zwischen Säkularisation und Konkordat (1803–1817), München: Max Hueber, 1959.
Schwaiger, Georg, Das dalbergische Fürstentum Regensburg (1803–1810), in: Zeitschrift für Bayerische Landesgeschichte, Bd. 23 (1960), S. 42–65.
Schwaiger, Georg, Fürstprimas Carl Theodor von Dalberg, in: Beiträge zur Geschichte des Bistums Regensburg, Bd. 1 (1967), S. 11–27.
Schwaiger, Georg, Carl Theodor Anton Maria Frhr. v. Dalberg, in: Lexikon für Theologie und Kirche, Bd. 2, 3., völlig neu bearb. Aufl., Freiburg (Breisgau): Herder, 1994, Sp. 1376 f.
Schweizer, Claudia, Kaspar Graf von Sternberg, in: NDB, Bd. 25 (2013), S. 291 f.
Sellert, Wolfgang (Hrsg.), Reichshofrat und Reichskammergericht. Ein Konkurrenzverhältnis, Köln: Böhlau, 1999.
ゼラート，ヴォルフガング(和田卓朗訳)「特にライヒスホーフラート〔帝国宮廷法院，帝国宮廷顧問会〕とライヒスカンマーゲリヒト〔帝室裁判所〕の例に見る当事者に対する判決の合理的理由付けの歴史について——講演翻訳と解題ならびに討論要旨報告」，『大阪市立大學法學雜誌』第45巻第3/4号(1999年)，437–473(811–847)頁.
ゼラート，ヴォルフガング(和田卓朗訳)「帝国宮廷顧問会と帝国カンマー裁判所——その意義と研究」，『大阪市立大學法學雜誌』第46巻第4号(2000年)，152–210(648–706)頁.
渋谷聡『近世ドイツ帝国国制史研究——等族制集会と帝国クライス』(ミネルヴァ書房，2000年).
渋谷聡「広域情報伝達システムの展開とトゥルン・ウント・タクシス家——16，17世紀における帝国駅逓の拡充を中心に」，前川和也編著『コミュニケーションの社会史』(ミネルヴァ書房，2001年)，47–72頁.

渋谷聡「近世神聖ローマ帝国をめぐる研究動向――近年のドイツにおける「国家・国民」意識によせて」,『史林』第 89 巻第 1 号(2006 年), 109–136 頁.
渋谷聡「帝国都市と帝国裁判所――18 世紀帝国最高法院におけるケルン上層市民間の裁判」,『社会文化論集(島根大学法文学部紀要社会文化学科編)』第 7 号(2011 年), 1–10 頁.
下野義朗「中世フランスにおける国家と「国民」について――西欧中世国家史の研究序説」, 世良晃志郎編『ヨーロッパ身分制社会の歴史と構造』(創文社, 1987 年), 587–670 頁.
神寶秀夫『近世ドイツ絶対主義の構造』(創文社, 1994 年).
神寶秀夫「領邦国家体制」, 若尾祐司/井上茂子編著『近代ドイツの歴史』(ミネルヴァ書房, 2005 年), 5–28 頁.
神寶秀夫『中・近世ドイツ都市の統治構造と変質――帝国自由都市から領邦都市へ』(創文社, 2010 年).
神寶秀夫『中・近世ドイツ統治構造史論』(創文社, 2013 年).
篠原一『ヨーロッパの政治――歴史政治学試論』(東京大学出版会, 1986 年).
白木太一『近世ポーランド「共和国」の再建――四年議会と五月三日憲法への道』(彩流社, 2005 年).
Sieber, Siegfried, Volksbelustigungen bei deutschen Kaiserkrönungen, in: Archiv für Frankfurts Geschichte und Kunst, 3. Folge, 11. Bd. (1913), S. 1–116.
Siemann, Wolfram, Metternich. Stratege und Visionär, München: Beck, 2016.
Smend, Rudolf, Das Reichskammergericht. Erster Teil: Geschichte und Verfassung, Weimar: Hermann Böhlau, 1911.
Sonntag, Jasmin, Gesetzgebung und Verwaltung im Dalbergstaat 1802–1810, Frankfurt (M): Peter Lang, 2012.
Spies, Hans-Bernd (Hrsg.), Carl von Dalberg 1744–1817. Beiträge zu seiner Biographie, Aschaffenburg: Geschichts- und Kunstverein Aschaffenburg, 1994.
Spies, Hans-Bernd, Ein Beleg für Dalbergs Studienaufenthalt in Würzburg 1759, in: Spies (Hrsg.), Carl von Dalberg, S. 21–24.
Spies, Hans-Bernd, Ein Brief Dalbergs an Herder aus dem Jahre 1794, in: Spies (Hrsg.), Carl von Dalberg, S. 97–104.
Spies, Hans-Bernd, Erthals Tod und Dalbergs Regierungsantritt in Aschaffenburg und Regensburg, in: Spies (Hrsg.), Carl von Dalberg, S. 120–139.
Spies, Hans-Bernd, Jean Paul und Dalberg, in: Spies (Hrsg.), Carl von Dalberg, S. 210–226.
Spies, Hans-Bernd, Dalbergs letzte Reise von Aschaffenburg nach Regensburg. Überstürzte Flucht oder geplanter Rückzug?, in: Spies (Hrsg.), Carl von Dalberg, S. 227–250.
Spies, Hans-Bernd, Die Beisetzung von Dalbergs Herz in Aschaffenburg 1817, in: Spies (Hrsg.), Carl von Dalberg, S. 256–262.
Spies, Hans-Bernd, Sayn-Wittgenstein, in: NDB, Bd. 22 (2005), S. 482 f.
Srbik, Heinrich Ritter von, Das Österreichische Kaisertum und das Ende des Heiligen Römischen Reiches 1804–1806, Berlin: Deutsche Verlagsgesellschaft für Politik und Geschichte,1927.
Srbik, Heinrich Ritter von, Deutsche Einheit. Idee und Wirklichkeit vom Heiligen Reich bis Königgrätz, Bd. 1, 2. Aufl., München: F. Bruckmann, 1936.
Srbik, Heinrich Ritter von, Goethe und das Reich, Leipzig: Insel, 1940.
Srbik, Heinrich Ritter von, Metternich. Der Staatsmann und der Mensch, 3. Aufl. (unveränderter fotomechanischer Nachdruck der 1 Aufl. Von 1925), Bd. 1, Darmstadt: Wissenschaftliche Buchgesellschaft, 1957.
Staats, Reinhart, Theologie der Reichskrone. Ottonische „Renovatio Imperii“ im Spiegel einer Insignie, Stuttgart: Anton Hiersemann, 1976.

Staber, Josef, Kirchengeschichte des Bistums Regensburg, Regensburg: Josef Habbel, 1966.
„Stadt und Mutter in Israel“. Jüdische Geschichte und Kultur in Regensburg, Ausstellung vom 9. November bis 12. Dezember 1989, Regensburg, Stadtarchiv und Runtingersäle.
シュタットミュラー，ゲオルク（丹後杏一訳）『ハプスブルク帝国史——中世から 1918 年まで』（刀水書房，1989 年）．
Staehle, Ernst, Geschichte der Johanniter und Malteser. Bd. 4: Die Johanniter und Malteser der deutschen und bayerischen Zunge. International und überregional, Gnas: Weishaupt, 2002.
Stein, Carl Reichsfreiherr vom und zum, Briefe und amtliche Schriften, Bd. 9: historische und politische Schriften, Stuttgart: Kohlhammer, 1972.
Steitz, Georg Eduard (Hrsg.), Der Staatsrath Georg Steitz und der Fürst Primas Karl von Dalberg. Ein Blatt aus Frankfurt's Geschichte im Anfange des XIX. Jahrhunderts mit urkundlichen Beilagen, Frankfurt (M): Verein für Geschichte und Alterthumskunde zu Frankfurt am Main, 1869.
Sternberg, Kaspar Graf von, Ausgewählte Werke des Grafen Kaspar von Sternberg, 2. Bd.: Materialien zu meiner Biographie, hrsg. von Wladimir Helekal, Prag: J. G. Calve'sche Hof und Universitäts-Buchhandlung, 1909.
Stoll, Adolf, Der junge Savigny. Kinderjahre, Marburger und Landshuter Zeit Friedrich Karl von Savignys. Zugleich ein Beitrag zur Geschichte der Romantik, Berlin: Carl Heymann, 1927.
Stoll, Adolf, Friedrich Karl von Savigny. Professorenjahre in Berlin 1810–1842, Berlin: Carl Heymann, 1929.
Stollberg-Rilinger, Barbara, Das Heilige Römische Reich Deutscher Nation, 5., aktualisierte Aufl., München: C. H. Beck, 2006.
Stollberg-Rilinger, Barbara, Des Kaisers alte Kleider. Verfassungsgeschichte und Symbolsprache des Alten Reiches, München: C. H. Beck, 2008.
Stollberg-Rilinger, Barbara, Maria Theresia. Die Kaiserin in ihrer Zeit, 2., durchgesehene Aufl., München: C. H. Beck, 2017.
Stolleis, Michael, Geschichte des öffentlichen Rechts in Deutschland, Bd. 1: Reichspublizistik und Polizeywissenschaft, München: C. H. Beck, 1988.
Strothotte, Heinz, Die Exekution gegen Lüttich 1789–1792. Ein Beitrag zur des Hl. Deutschen Reiches deutscher Nation, Gütersloh: Thiele, 1936.
Stutz, Ulrich, Der Erzbischof von Mainz und die deutsche Königswahl. Ein Beitrag zur deutschen Recht- und Verfassungsgeschichte, Weimar: Hermann Böhlaus Nachfolger, 1910.
Styra, Peter, Das Prinzipalkommissariat des Fürsten Thurn und Taxis, in: Unger, et al. (Hrsg.), Regensburg zur Zeit des Immerwährenden Reichstags, S. 145–155.
杉本淑彦『ナポレオン——最後の専制君主，最初の近代政治家』（岩波書店，2018 年）．
Sutter, Bertholt, Dalbergs Antwort auf Wilhelm von Humboldts „Ideen zu einem Versuch, die Grenzen der Wirksamkeit des Staats zu bestimmen“, in: Reformen des Rechts. Festschrift zur 200-Jahr-Feier der Rechtswissenschaftlichen Fakultät der Universität Graz, Graz: Leykam, 1979, S. 687–776.
Switek, Günter, Jesuiten, in: Lexikon für Theologie und Kirche, Sonderausgabe, Freiburg (Breisgau): Herder, 2006, Sp. 794–800.
Tabaczek, Martin, Wieviel tragen Superlative zum historischen Erkenntnisfortschritt bei? Anmerkungen zum Beitrag von Johannes Burkhardt „Das größte Friedenswerk der Neuzeit“, in: Geschichte in Wissenschaft und Unterricht, Bd. 50 (1999), S. 740–747.

田口正樹「皇帝ハインリヒ7世とナポリ王ロベルトの訴訟――14世紀初めの皇帝権」,『北大法学論集』第56巻第2号(2005年), 517–565頁.
田口正樹「ペーター・フォン・アンドラウの帝国論――15世紀中葉の帝国とドイツ人」,『北大法学論集』第62巻第3号(2011年), 1–47頁.
田口正樹「ルーポルト・フォン・ベーベンブルクの帝国論――14世紀中葉における帝国とドイツ人」,『北大法学論集』第63巻第1号(2012年), 1–45頁.
髙田太『カントにおける神学と哲学――プロイセン反啓蒙政府とカントの自由を巡る闘い』(晃洋書房, 2016年).
高津秀之「近世都市ケルンにおける権力構造の変容と1608–1610年の都市騒擾――「市制概要」とガッフェル条令を史料として」,『史觀』第156号(2007年), 39–55頁.
高津秀之「近世都市ケルンにおける「学者が統治する共和政」の誕生」, 森原隆編『ヨーロッパ・エリート支配と政治文化』, 59–76頁.
竹村仁美「国際刑事裁判所に対する国家の協力義務の内容と法的基礎(一)」,『愛知県立大学外国語学部紀要(地域研究・国際学論)』第47号(2015年), 235–271頁.
丹後杏一『オーストリア近代国家形成史――マリア・テレジア, ヨーゼフ2世とヨーゼフ主義』(山川出版社, 1986年).
丹後杏一『ハプスブルク帝国の近代化とヨーゼフ主義』(多賀出版, 1997年).
谷川稔『十字架と三色旗――もうひとつの近代フランス』(山川出版社, 1997年).
谷川稔『国民国家とナショナリズム』第5刷(山川出版社, 2002年).
谷口健治『バイエルン王国の誕生――ドイツにおける近代国家の形成』(山川出版社, 2003年).
立石博高編著『スペイン帝国と複合君主政』(昭和堂, 2018年).
Teutsch, Friedrich, Ahnen- und Verwandtschaftstafel für Carl Theodor von Dalberg, in: Färber/Klose/Reidel (Hrsg.), Carl von Dalberg, S. 15–18.
Teutsch, Maria Anna von Dalberg, verheiratete Gräfin von der Leyen (1745–1804), in: Färber/Klose/Reidel (Hrsg.), Carl von Dalberg, S. 22 f.
Theuerkauf, G., Fürst, in: HRG 1, Sp. 1337–1351.
トーマス, ハインツ(三佐川亮宏/山田欣吾編訳)『中世の「ドイツ」――カール大帝からルターまで』(創文社, 2005年).
Trapp, Eugen, Geist der Gotik. Zur Mitteralter-Rezeption in der Regensburger Kunst des 19. Jahrhunderts, in: Becker/Färber (Hrsg.), Regensburg wird bayerisch, S. 129–147.
Treitschke, Heinrich von, Deutsche Geschichte im 19. Jahrhundert, illustrierte Ausgabe, Essen: Phaidon, ohne Datum.
Troßbach, Werner, Illuminaten am Reichskammergericht, Diestelkamp (Hrsg.), Die politische Funktion des Reichskammergerichts, S. 135–156.
Trusen, Winfried, Kurmainz und das Einberufungsrecht zur deutschen Königswahl seit der Goldenen Bulle, in: Geschichtliche Landeskunde (Universität Mainz), Bd. 3: Festschrift für Johannes Bärmann, Teil 2, Wiesbaden: Franz Steiner, 1967, S. 127–152.
塚本哲也『メッテルニヒ』(文藝春秋, 2009年).
Tümmler, Hans, Carl August von Weimar und die Wahl Dalbergs zum Koadjutor von Mainz 1787. Ein Beitrag zur Geschichte des Deutschen Fürstenbundes, in: Jahrbücher der Akademie gemeinnütziger Wissenschaften zu Erfurt, Erfurt: Carl Villart, 1941, S. 93–129.
Tümmler, Hans, Weimar, Wartburg, Fürstenbund 1776–1820. Geist und Politik im Thüringen der Goethezeit. Gesammelte Aufsätze, Bad Neustadt an der Saale: Dietrich Pfaehler, 1995.
Tulard, Jean, Napoleon oder der Mythos des Retters. Eine Biographie, übersetzt von Caroline Vollmann, Tübingen: Rainer Wunderlich, 1978.
Ulmann, Heinrich (Hrsg.), Denkwürdigkeiten aus dem Dienstleben des Hessen-Darmstäd-

tischen Staatsministers Freiherrn du Thil 1803–1848, Deutsche Verlags-Anstalt, Stuttgart/Berlin, 1921.

Ulrich, Thomas, Anthropologie und Ästhetik in Schillers Staat. Schiller im politischen Gespräch mit Wilhelm von Humboldt und Carl von Dalberg, Frankfurt (M): Peter Lang, 2011.

Unger, Klemens/Styra, Peter/Neiser, Wolfgang (Hrsg.), Regensburg zur Zeit des Immerwährenden Reichstags. Kultur-historische Aspekte einer Epoche der Stadtgeschichte, Regensburg: Schnell & Steiner, 2013.

Usinger, Franz, Das Bistum Mainz unter französischer Herrschaft (1798–1814), Mainz: Joh. Falk II. Söhne, 1911.

Veit, Ludwig Andreas, Der Zusammenbruch des Mainzer Erzstuhles infolge der französischen Revolution. Ein Beitrag zur Geschichte der Säkularisation der deutschenn Kirche, Mainz: Kommissions-Verlag Kirchheim & Ko., 1927.

Vivenot, Alfred Ritter von/Zeissberg, Heinrich Ritter von (Hrsg.), Quellen zur Geschichte der deutschen Kaiserpolitik Oesterreichs während der Französischen Revolutionskriege 1790–1801, 5. Bd.: Quellen zur Geschichte der Politik Oesterreichs während der Französischen Revolutionskriege (1793–1797), Bd. 3, Wien: Wilhelm Braumüller, 1890.

Vocelka, Karl, Österreichische Geschichte 1699–1815. Glanz und Untergang der höfischen Welt. Repräsentation, Reform und Reaktion im Habsburgischen Vielvölkerstaat, Wien: Ueberreuter, 2001.

Völkerschlacht. Stadtgeschichtliches Museum Leipzig. FORUM 1813, 3. Aufl., 2008.

Vogt, N./Weitzel, J. (Hrsg.), Rheinisches Archiv für Geschichte und Litteratur, Bd. 1, Mainz: Florian Kupferberg, 1810.

Vogt, Niklas, Geschichte des Verfalls und des Untergangs der Rheinischen Staaten des alten deutschen Reichs, o. O., 1833.

Voltelini, Hans, Eine Denkschrift des Grafen Johann Anton Pergen über die Bedeutung der römischen Kaiserkrone für das Haus Österreich, in: Gesamtdeutsche Vergangenheit, S. 152–168.

Voss, Jürgen (Hrsg.), Deutschland und die Französische Revolution, München/Zürich: Artemis, 1983.

Voss, Jürgen, Vorwort des Herausgebers, in: Voss (Hrsg.), Deutschland und die Französische Revolution, S. VII-XV.

Vulpius, Wolfgang, Goethe und Karl Theodor von Dalberg, in: Goethe-Jahrbuch, Bd. 90 (1973), S. 212–232.

Wagner, Wolfgang (Hrsg.), Das Staatsrecht des Heiligen Römischen Reichs deutscher Nation. Eine Darstellungder Reichsverfassung gegen Ende des 18. Jahrhunderts nach einer Handschrift der Wiener Nationalbibliothek, Karlsruhe: C. F. Müller, 1968.

Wallner, Günter, Der Krönungsstreit zwische Kurmainz und Kurköln (1653–1657), Diss Mainz, 1967.

Walther/Leser, Anselm Franz Freiherr von Bentzel, ADB, Bd. 2 (1875), S. 347.

Wandruszka, Adam, Die Persönlichkeit Kaiser Leopolds II., in: Historische Zeitschrift, Bd. 192 (1961), S. 295–375.

Wandruszka, Adam, Leopold II. Erzherzog von Österreich, Grossherzog von Toskana, König von Ungarn und Böhmen, römischer Kaiser, 2 Bde., Wien: Herold, 1963/1965.

Wangermann, Ernst, Joseph von Sonnenfels und die Vaterlandsliebe der Aufklärung, in: Reinalter (Hrsg.), Joseph von Sonnenfels, S. 157–169.

Weber, Camilla (Hrsg.), Bischof und Landesherr in Regensburg. Carl Theodor von Dalberg

(1744–1817) zum 200. Todestag. Begleitpublikation anlässlich des 50. Jahrestags der Gründung des Vereins für Regensburger Bistumsgeschichte e. V. Am 10. Februar 2017, Regensburg: Schnell & Steiner, 2017.

Weber, Hermann (Hrsg.), Aufklärung in Mainz, Wiesbaden: Steiner, 1984.

Wegele, Franz Xaver von, Karl August, in: ADB, Bd. 15 (1882), S. 338–355.

Wehler, Hans-Ulrich, Deutsche Gesellschaftsgeschichte, 1. Band: Vom Feudalismus des Alten Reiches bis zur Defensiven Modernisierung der Reformära 1700–1815, 3. Aufl., München: C. H. Beck, 1996.

Wehler, Hans-Ulrich, Nationalismus. Geschichte—Formen—Folgen, 3. Aufl., München: C. H. Beck, 2007.

Weinrich, Lorenz (Hrsg.), Quellen zur Verfassungsgeschichte des römisch-deutschen Reichs im Spätmittelalter (1250–1500), Darmstadt: Wissenschaftliche Buchgesellschaft, 1983.

Weis, Eberhard, Napoleon und der Rheinbund, in: Reden-Dohna (Hrsg.), Deutschland und Italien, S. 57–80.

Weis, Eberhard, Pfalz-Bayern, Zweibrücken und die Französische Revolution, in: Voss (Hrsg.), Deutschland und die Französische Revolution, S. 118–131.

Weis, Eberhard (Hrsg.), Reformen im rheinbündischen Deutschland, München: Oldenbourg, 1984.

Weis, Eberhard, Die politischen und historischen Auffassungen Ludwigs I. in der Kronprinzenzeit, in: Johannes Erichsen/Uwe Puschner (Hrsg.), „Vorwärts, vorwärts sollst du schauen...“ Geschichte, Politik und Kunst unter Ludwig I., Bd. 9, Aufsätze, München: Haus der Bayerischen Geschichte, 1986, S. 11–28.

Weiß, Ulman (Hrsg.), Erfurt 742–1992. Stadtgeschichte. Universitätsgeschichte, Weimar: Hermann Böhlaus Nachfolger, 1992.

Wentzke, Paul, Philipp Friedrich Freiherr von Dietrich, Neue Deutsche Biographie, Bd. 3, Berlin-West: Duncker & Humblot, 1957, S. 693 f. Karl Dalberg's Lebensbeschluß im Westerholtischen Hause, am 8. Horn. 1817 (1817).

Wessenberg, Heinrich von, Unveröffentlichte Manuskripte und Briefe I/1, Autobiographische Aufzeichnungen, herausgegeben von Kurt Aland, Fraiburg (Breisgau): Herder, 1968.

Westerholt, Alexander von, Karl Dalberg's Lebensbeschluß im Westerholtischen Hause, am 8. Horn. 1817.

ウィートクロフツ，アンドリュー(瀬原義生訳)『ハプスブルク家の皇帝たち——帝国の体現者』(文理閣，2009年).

Widl, August, Die soziale Tätigkeit des Fürstprimas Karl von Dalberg im Fürstentum Regensburg, Erlangen: Gutenberg-Druckerei, 1931.

Wierichs, Marion, Napoleon und das „Dritte Deutschland“ 1805/06. Die Entstehung der Großherzogtümer Baden, Berg und Hessen, Frankfurt (M): Peter Lang, 1978.

Will, Cornelius, Verzeichnis der Schriften des Fürsten-Primas Carl von Dalberg. Sonderdruck aus dem XLIX. Bande der Verhandlungen des historischen Vereines von Oberpfalz und Regensburg, Stadtamhof: J. & K. Mayr, 1897 (Bayerische Staatsbibliothek München).

Willoweit, Dietmar, Deutsche Verfassungsgeschichte. Vom Frankenreich bis zur Wiedervereinigung Deutschlands, 3., erw. Aufl., München: C.H. Beck, 1997.

ウィルスン，ピーター・H.(山本文彦訳)『神聖ローマ帝国　1495–1806』(岩波書店，2005年).

Winkopp, Peter Adolf (Hrsg.), Der Rheinische Bund. Eine Zeitschrift historisch-politisch-statistisch-geographischen Inhalts, Frankfurt (M), 1806–1813.

Wirth, Markus, Ludwig Aloys zu Hohenlohe-Waldenburg-Bartenstein (1765–1829). Marschall und Pair von Frankreich, in: Alma Hannig/Martina Winkelhofer-Thyri (Hrsg.), Die Fa-

milie Hohenlohe. Eine europäische Dynastie im 19. Und 20. Jahrhundert, Köln/Weimar/Wien: Böhlau, 2013, S. 51–69.

Wohlfeil, Rainer, Untersuchungen zur Geschichte des Rheinbundes 1806–1813. Das Verhältnis Dalbergs zu Napoleon, in: Zeitschrift für die Geschichte des Oberrheins, 108. Bd. (1960), S. 85–108.

Wohlfeil, Rainer (Hrsg.), Reformation oder frühbürgerliche Revolution?, München: Nymphenburger Verlagshandlung, 1972.

Wolter, Udo, Der immerwährende Reichstag zu Regensburg (1633–1806), in: Juristische Schulung, Bd. 24 (1984), Heft 11, S. 837–841.

Wolzogen, Caroline von, Literarischer Nachlaß, 2 Bde. in einem Band, Hildesheim/Zürich/New York: Georg Olms, 1990 (Original: Leipzig: Breitkopf & Härtel, 1848).

Wolzogen, Caroline von, Schillers Leben, 2 Teile in einem Band, Hildesheim/Zürich/New York: Georg Olms, 1990 (Original: Stuttgart/Tübingen: Cotta, 1830).

Wühr, Wilhelm, Emigranten der Französischen Revolution im Kurfürstentum Mainz, in: Aschaffenburger Jahrbuch für Geschichte, Landeskunde und Kunst des Untermaingebietes, Bd. 2 (1959), S. 61–97.

Wysocki, Josef, Frankreich und die Kurpfalz von 1680 bis 1688, in: Geschichtliche Landeskunde (Universität Mainz), Bd. 2 (1965), Wiesbaden: Franz Steiner, S. 46–108.

Wysocki, Josef, Die Kurmainzer Reichstagsdirektorien um 1680. Die Praxis einer Reichsinstitution, in: Geschichtliche Landeskunde (Universität Mainz), Bd. 3 (1967): Festschrift für Johannes Bärmann, Teil 2, Wiesbaden: Franz Steiner, S. 153–167.

安酸香織「Christian Ohler, Zwischen Frankreich und dem Reich. Die elsässische Dekapolis nach dem Westfälischen Frieden, Frankfurt am Main 2002, 337 S.」,『西洋史研究』新輯第 43 号(2014 年), 188–197 頁.

安酸香織「ウェストファリア講和会議(1643–48)におけるエルザス譲渡問題――ミュンスターの交渉と条文の考察から」,『北大史学』第 56 号(2016 年), 1–34 頁.

安酸香織「近世エルザスにおける帝国等族とフランス王権――十帝国都市をめぐる紛争と調停の事例から(1648–79)」,『西洋史研究』新輯第 45 号(2016 年), 25–47 頁.

山内進『新ストア主義の国家哲学――ユストゥス・リプシウスと初期近代ヨーロッパ』(千倉書房, 1985 年).

山崎彰『ドイツ近世的権力と土地貴族』(未來社, 2005 年).

山田欣吾「「教会」としてのフランク帝国――西ヨーロッパ初期中世社会の特色を理解するために」, 世良晃志郎編『ヨーロッパ身分制社会の歴史と構造』(創文社, 1987 年), 521–585 頁.

山田欣吾『教会から国家へ――古相のヨーロッパ』(創文社, 1992 年).

山根徹也/今野元「「長い 19 世紀」」, 木村靖二/千葉敏之/西山暁義編『ドイツ史研究入門』(山川出版社, 2014 年), 111–150 頁.

山本文彦『近世ドイツ国制史研究――皇帝・帝国クライス・諸侯』(北海道大学図書刊行会, 1995 年).

山本文彦「近世ドイツ帝国国制に関する一考察」,『北海道大學文學部紀要』第 48 巻第 2 号(1999 年), 79–114 頁.

山本文彦「12–15 世紀ドイツにおける司教選出の諸問題――近世ドイツにおける聖界諸侯の予備的考察」,『西洋史論集』第 3 号(2000 年), 31–49 頁.

山本文彦「(書評)伊藤宏二著「『帝国等族としてのスウェーデンと不上訴特権――ヴェストファーレン条約に基づく最高上訴審裁判所の設置を中心に』(『ヨーロッパ文化史研究(東北学院大)』五号)」」,『法制史研究』第 55 号(2005 年), 499–501 頁.

山本文彦「近世ドイツにおける郵便レガーリア――帝国郵便とブランデンブルグ郵便」,『西洋

史論集』第10号(2007年)，44–60頁.
山本文彦「1648年ヴェストファーレン条約に関する一試論——オスナブリュック条約の解釈とその歴史的意義をめぐって」，『北海道大學文學研究科紀要』第139巻(2013年)，135–168頁.
屋敷二郎『紀律と啓蒙——フリードリヒ大王の啓蒙絶対主義』(ミネルヴァ書房，1999年).
屋敷二郎訳「ライン同盟規約(1806年7月12日)全文試訳」，『一橋法学』第3巻第2号(2004年)，499–508頁.
屋敷二郎『フリードリヒ大王——祖国と寛容』(山川出版社，2016年).
吉永圭『リバタリアニズムの人間観——ヴィルヘルム・フォン・フンボルトに見るドイツ的教養の法哲学的展開』(風行社，2009年).
Zamoyski, Adam, 1812. Napoleons Feldzug in Russland, 10. Aufl., München: Beck, 2012.
Zapf, Georg Wilhelm, Johann von Dalberg. Bischof von Worms, Augsburg: Caspar Philipp Nettesheim, 1799.
Zapf, Geheimrath Georg Wilhelm, Karl Grosherzog von Frankfurt, Koenigliche Hoheit, in einer Vorlesung im Museum zu Frankfurt, Frankfurt, 1810.
ツェルナー，エーリヒ(リンツビヒラ裕美訳)『オーストリア史』(彩流社，2000年).
Zeumer, Karl, Heiliges römisches Reich deutscher Nation. Eine Studie über den Reichstitel, Weimar: Hermann Böhlaus Nachfolger, 1910.
ジマー，オリヴァー(福井憲彦訳)『ナショナリズム 1890–1940』(岩波書店，2009年).
Zimmermann, Johann Georg, Memoire an Seine Kaiserlichkönigliche Majestät Leopold den Zweiten über den Wahnwitz unsers Zeitalters und die Mordbrenner, welche Deutschland und ganz Europa aufklären wollen. Nach der Handschrift im Haus-, Hof- und Staatsarchiv Wien mit einem Nachwort von Christoph Weiß, St. Ingbert: Röhrig Verl., 1995.